ЛЕКЦИИ ПО ЗАРУБЕЖНОЙ ЛИТЕРАТУРЕ

VLADIMIR NABOKOV

LECTURES ON LITERATURE

AUSTEN, DICKENS, FLAUBERT, JOYCE, KAFKA, PROUST, STEVENSON

A HARVEST BOOK

ВЛАДИМИР НАБОКОВ

ЛЕКЦИИ ПО ЗАРУБЕЖНОЙ ЛИТЕРАТУРЕ

ОСТЕН, ДИККЕНС, ФЛОБЕР, ДЖОЙС, КАФКА, ПРУСТ, СТИВЕНСОН

МОСКВА
ИЗДАТЕЛЬСТВО НЕЗАВИСИМАЯ ГАЗЕТА

ББК 83.3(4)
Н14

Рекомендовано
Министерством образования России
в качестве дополнительного учебного пособия
для высших учебных заведений

Перевод с английского
*Бернштейн И. М., Голышева В. П.,
Дашевского Г. М., Касаткиной Е. Н.,
Кротовской Н. Г., Кулагиной-Ярцевой В. С.,
Мушинской М. С.*
под общей редакцией *Харитонова В. А.*

Набоков Владимир Владимирович

Н14 Лекции по зарубежной литературе / Пер. с англ. под редакцией Харитонова В. А; предисловие к русскому изданию Битова А. Г. — М.: Издательство Независимая Газета, 2000. — 512 с. — (Серия «Литературоведение»). — Прил.: Набоков В. В. «Мигель де Сервантес Сааведра».

«Есть книги... которые влияют на сознание целого литературного поколения, кладут свой отпечаток на столетие», — писала Нина Берберова. Лекции по зарубежной литературе Владимира Набокова подтверждают этот тезис дважды: во-первых, потому что каждый герой набоковских рассуждений — будь то Джойс или Флобер — действительно оставил отпечаток в судьбах литературных поколений. Во-вторых, и сама книга Набокова достойна схожего отношения: при всей блистательности и близорукости, лекции поражают художественной наблюдательностью, которая свойственна только крупным писателям.

Лекции по зарубежной литературе, прочитанные в пятидесятых годах американским студентам, отдельной книгой в России публикуются впервые.

ББК 83.3(4)

Publishing by Arrangement with
Harcourt Brace & Company / Bruccoly Clark

© 1980 by the Estate of Vladimir Nabokov
© 1980 by Fredson Bowers
© 1980 by John Updike
© Издательство Независимая Газета, 2000
© А. Битов, предисловие к русскому изданию, 2000

ISBN 5-86712-042-2   © А. Рыбаков, художественное оформление, 2000

МУЗЫКА ЧТЕНИЯ

Есть у Набокова рассказ, не вспомню точно какой, где герой, со всякими оговорками, что ничего не смыслит в музыке, заходит в чей-то дом или салон (возможно, это связано с его лирическим переживанием) и попадает случайно на некий квартет или трио и вынужден ради приличия выстоять и выслушать до конца. И вот, описывая, как он ничего не слышит и не понимает, Набоков достигает такого эффекта, что я как читатель не только услышал, что они играют, но и каждый инструмент в отдельности.

Типичный эффект Набокова: создать атмосферу непосвященности для того, чтобы выявить высокую точность действительности. Отрицая то Бога, то музыку, он только о них и повествует.

Так прозаик — прежде всего композитор. Ибо и композитор — это не только и не столько человек с абсолютным музыкальным слухом, имеющий мелодический талант, сколько архитектор, правильно сочетающий гармонию частей для построения целого. Набоков приписал своему герою свои собственные неоднократно им более частно высказанные признания в неспособности к восприятию музыки, являясь именно великим композитором (кстати, гроссмейстерскую квалификацию он имел как шахматный композитор).

Очевидна мысль, что партитура, на которой записан музыкальный текст, сама по себе не звучит, без исполнения она всего лишь бумага, хотя именно в голове композитора, испещрившего листы, эта музыка впервые прозвучала.

То же — книга. Полкило бумаги. Автор—писатель—композитор — не может выступить ее читателем. Без натяжки, читатель в литературе играет ту же роль, что и исполнитель в музыке, с той принципиальной разницей, что это не соборное действие (оркестр—публика), а индивидуальное исполнение наедине с самим собой, то есть *понимание*.

Сочтем это положение читателя привилегией: Рихтер для вас одного не сыграет. Как правило, читатель не умеет потом донести свой восторг до собеседника (критики не в счет). Есть плохая музыка и слабые исполнители, как есть слабая литература и бездарные читатели. Всеобщая грамотность тому не помеха. Если бы все умели читать ноты, представляете, какая бы царила в мире какофония!

Доказав миру, что он великий композитор в литературе, он оказался и величайшим исполнителем литературы, присоединив ее таким образом к своему творчеству. (Сочетание композитор—исполнитель, и в музыке являющееся достаточно редким: либо-либо...)

Можно было бы лишь помечтать о таком учебнике, который бы учил человека *читать* в этом заветном, музыкальном, смысле слова.

Такой учебник перед вами.

Именно в лекциях об иностранной литературе сказалось выше всего это редкое искусство чтения. В «Лекциях по русской литературе» Набоков — все же сам часть ее: учит, преподает, размышляет, внушает, как правило, невразумленному иностранцу. Он имеет всегда в виду все тело русской литературы, рассуждая о той или иной ее прекрасной части. Иностранную же литературу в этой вот книге он подает как читательское исполнение отдельных излюбленных им шедевров. Разница, возможно, та же, как между сольной партией в оркестре и сольным концертом маэстро.

Прочитав эти лекции, мне так захотелось перечитать «Дон-Кихота»!

А также взять и прочесть (уже по нотам Набокова) отчего-то пропущенных Джейн Остен и Стивенсона.

Может, я их пропустил, потому что не умел читать?..

22 сентября 1998 г. *Андрей Битов*

ПРЕДИСЛОВИЕ

Владимир Владимирович Набоков родился в 1899 году в Санкт-Петербурге в один день с Шекспиром. Семья его — и аристократическая, и богатая — носила фамилию, которая, возможно, происходит от того же арабского корня, что и слово «набоб», и появилась на Руси в XIV веке с татарским князьком Набок-мурзой. С XVIII века Набоковы отличались на военном и государственном поприщах. Дед нашего автора, Дмитрий Николаевич, был министром юстиции при Александре II и Александре III; его сын Владимир Дмитриевич отказался от многообещающей придворной карьеры ради того, чтобы в качестве политика и журналиста принять участие в безнадежной борьбе за конституционную демократию в России. Воинственный и отважный либерал, в 1908 году просидевший три месяца в тюрьме, он жил, не мучаясь предчувствиями, на широкую ногу и держал два дома: городской, в фешенебельном районе, на Морской, построенный его отцом, и загородное имение в Выре, которое принесла ему в качестве приданого жена, происходившая из семьи сибирских золотопромышленников Рукавишниковых. Первому оставшемуся в живых ребенку, Владимиру, по свидетельству младших детей, досталось особенно много родительского внимания и любви. Он был не по летам развит, энергичен, в раннем детстве часто болел, но со временем окреп. Друг дома вспоминал потом «тонкого, стройного мальчика, с выразительным подвижным лицом и умными пытливыми глазами, сверкавшими насмешливыми искорками».

В. Д. Набоков был изрядный англоман; детей учили и английскому, и французскому. Его сын в своей мемуарной книге «Память, говори»[1] утверждает: «Я научился читать по-английски раньше, чем по-русски»; он вспоминает «череду английских бонн и гувернанток» и «бесконечную череду удобных, добротных изделий», которые «текли к нам из Английского Магазина на Невском. Тут были и кексы, и нюхательные соли, и покерные карты... и в цветную полоску спортивные фланелевые пиджаки... и белые как тальк, с девственным пушком, теннисные мячи...» Из авторов, о которых идет речь в этом томе, первым его знакомцем стал, вероятно, Диккенс. «Мой отец был знатоком Диккенса и одно время читал нам, детям, вслух большие куски из Диккенса, — писал он спустя сорок лет Эдмунду Уилсону. — Может быть, это чтение вслух "Больших надежд" — дождливыми вечерами, за городом... когда мне было лет двенадцать или тринадцать, отбило у меня охоту перечитывать его в дальнейшем». Именно Уилсон порекомендовал ему в 1950 году «Холодный дом». О своем детском чтении Набоков вспоминал в интервью, опубликованном в журнале «Плейбой». «В возрасте между десятью и пятнадцатью годами в Санкт-Петербурге я прочел, наверное, больше прозы и поэзии — на английском, русском и французском, — чем за любой другой пятилетний период жизни. Особенно я увлекался Уэллсом, По, Браунингом, Китсом, Флобером, Верленом, Рембо, Чеховым, Толстым и Александром Блоком. На другом уровне моими героями были Скарлет Пимпернел, Филеас Фогг[2] и Шерлок Холмс». Может быть, этим «другим уровнем» и объясняется увлекательная лекция о таком поздневикторианском, запеленутом в туманы образчике готики, как стивенсоновская история о Джекиле и Хайде, несколько неожиданно включенная Набоковым в курс европейской классики.

Французская гувернантка, толстая Mademoiselle, подробно описанная в мемуарах, поселилась у Набоковых, когда Владимиру было шесть лет, и хотя «Госпожа

---

[1] Здесь и далее цитаты из кн.: *Набоков В.В.* Другие берега. — М.: Книжная палата, 1989. (Русская версия книги «Память, говори».)

[2] Скарлет Пимпернел — герой одноименного романа английской писательницы баронессы Э. Оркси (1865—1947). Филеас Фогг — герой романа Жюля Верна (1828—1905) «Вокруг света в восемьдесят дней».

Бовари» отсутствует в списке романов, которые она читала вслух своим подопечным («Ее изящный голос тек да тек, никогда не ослабевая, без единой заминки») — «всех этих "Les Malheurs de Sophie", "Les Petites Filles Modèles", "Les Vacances"»[1], — книга, безусловно, имелась в семейной библиотеке. После бессмысленного убийства В. Д. Набокова на берлинской сцене в 1922 году «его однокашник, с которым он когда-то совершил велосипедное путешествие по Шварцвальду, прислал моей овдовевшей матери томик "Госпожи Бовари", бывший при отце в то время, с надписью на форзаце его рукой: "Непревзойденный перл французской литературы" — суждение это по-прежнему в силе». В книге «Память, говори» Набоков рассказывает о том, как читал запоем Майн Рида, ирландца, сочинителя вестернов, и утверждает, что лорнет в руке одной из его мучимых героинь «я впоследствии нашел у Эммы Бовари, а потом его держала Анна Каренина, от которой он перешел к Даме с собачкой и был ею потерян на ялтинском молу». В каком возрасте он впервые приник к флоберову классическому исследованию адюльтера? Можно предположить, что весьма рано; «Войну и мир» он прочел в одиннадцать лет «в Берлине, на оттоманке, в обставленной тяжеловесным рококо квартире на Приватштрассе, глядевшей окнами на темный, сырой сад с лиственницами и гномами, которые остались в книге навсегда, как старая открытка».

Тогда же, в одиннадцать лет, Владимир, прежде обучавшийся только дома, был записан в сравнительно передовое Тенишевское училище, где его «обвиняли в нежелании "приобщиться к среде", в надменном щегольстве французскими и английскими выражениями (которые попадали в мои русские сочинения только потому, что я валял первое, что приходило на язык), в категорическом отказе пользоваться отвратительно мокрым полотенцем и общим розовым мылом в умывальной... и в том, что при драках я пользовался по-английски наружными костяшками кулака, а не нижней его стороной». Другой воспитанник Тенишевского училища, Осип Мандельштам, называл тамошних

---

[1] «Сонины проказы», «Примерные девочки», «Каникулы» *(фр.).* — *Примеч. В. Н. в книге «Другие берега».*

учеников «маленькими аскетами, монахами в детском своем монастыре». В изучении литературы упор делался на средневековую Русь — византийское влияние, летописи, — затем, углубленно, Пушкин и далее — Гоголь, Лермонтов, Фет, Тургенев. Толстой и Достоевский в программу не входили. Но по крайней мере один учитель на юного Набокова повлиял: Владимир Гиппиус, «тайный автор замечательных стихов»; в шестнадцать лет Набоков напечатал книгу стихов, и Гиппиус «принес как-то экземпляр моего сборничка в класс и подробно его разнес при всеобщем, или почти всеобщем смехе. Был он большой хищник, этот рыжебородый огненный господин...».

Школьное образование Набокова завершилось как раз тогда, когда рухнул его мир. В 1919 году его семья эмигрировала. «Условились, что брат и я поедем в Кембридж, на стипендию, выделенную, скорее, в компенсацию за политические невзгоды, нежели за интеллектуальные достоинства». Он изучал русскую и французскую литературу, продолжая начатое в Тенишевском, играл в футбол, писал стихи, ухаживал за юными дамами и *ни разу* не посетил университетскую библиотеку. Среди отрывочных воспоминаний об университетских годах есть одно о том, как «ворвался в мою комнату П. М. с экземпляром "Улисса", только что контрабандой доставленным из Парижа». В интервью для журнала «Пэрис ревю» Набоков называет этого однокашника — Питер Мрозовски — и признается, что прочел книгу лишь пятнадцать лет спустя, с необыкновенным удовольствием. В середине тридцатых годов, в Париже, он несколько раз встречался с Джойсом. А однажды Джойс присутствовал на его выступлении. Набоков подменял внезапно заболевшего венгерского романиста перед молчаливой и разношерстной аудиторией: «Источником незабываемого утешения был вид Джойса, который сидел, скрестив руки и блестя очками, в окружении венгерской футбольной команды». Еще одна невыразительная встреча произошла в 1938 году, когда они обедали с их общими приятелями Полом и Люси Леон; из беседы Набокову не запомнилось ничего, а его жена Вера вспоминала, что «Джойс спросил, из чего составляется русский "мед", и все давали ему разные ответы». Набоков относился холодно к такого рода светским встречам писателей, и несколько раньше, в одном из писем Вере, рассказал о легендарной, единственной и бесплодной встрече Джойса с Прустом. Когда Набоков впервые прочел Пруста? Английский романист Генри Грин в своих мемуарах «Собираю чемодан» писал об Оксфорде начала двадцатых годов: «Всякий, кто претендовал на интерес к хорошей литературе и знал французский, знал назубок Пруста». Кембридж вряд ли в этом смысле отличался, хотя в студенческие годы Набоков был одержим русскостью: «Страх забыть или засорить единственное, что я успел выцарапать, довольно, впрочем, сильными когтями, из России, стал прямо болезнью». Во всяком случае, в первом опубликованном интервью, которое он дал корреспонденту рижской газеты, Набоков, отрицая какое бы то ни было немецкое влияние на свое творчество в берлинский период, заявляет: «Правильнее было бы говорить о французском влиянии: я обожаю Флобера и Пруста».

Прожив в Берлине больше пятнадцати лет, Набоков так и не научился — по его собственным высоким меркам — немецкому языку. «Я с трудом говорю и читаю по-немецки», — сказал он рижскому корреспонденту. Тридцатью годами позже, в первом записанном на пленку интервью для Баварского радио, Набоков остановился на этом подробнее: «По приезде в Берлин я стал панически бояться, что, научившись бегло говорить по-немецки, я как-то испорчу этим мой драгоценный слой русского. Задача лингвистического ограждения облегчалась тем, что я жил в замкнутом эмигрантском кругу русских друзей и читал исключительно русские газеты, журналы и книги. Мои вылазки в туземную речь ограничивались обменом любезностями с очередными домовладельцами или домовладелицами и рутинными диалогами в магазинах: Ich möchte etwas Schinken[1]. Теперь я сожалею, что так мало преуспел в языке, — сожалею с культурной точки зрения». Тем не менее с немецкими энтомологическими трудами он был знаком еще в детстве, а его первым литературным успехом был перевод песен Гейне, сделанный в

---

[1] Мне нужно ветчины (нем.).

Крыму для концертного исполнения. Немецкий знала его жена, и позже с ее помощью он проверял переводы своих книг на этот язык, а для своих лекций о «Превращении» отважился подправлять английский перевод Уиллы и Эдвина Мюир. Нет причины сомневаться в том, что до 1935 года, когда было написано «Приглашение на казнь», Набоков действительно не читал Кафку, как он утверждает в предисловии к этому довольно кафкианскому роману. В 1969 году он уточнил в интервью для Би-би-си: «Я не знаю немецкого и поэтому смог прочесть Кафку лишь в тридцатых годах, когда в "La nouvelle revue française" появилась его "La Métamorphose"[1]». Через два года он сказал корреспонденту Баварского радио: «Я читал Гете и Кафку en regard[2] — так же, как Гомера и Горация».

Автор, с рассказа о творчестве которого начинаются эти лекции, был последним, кого Набоков включил в свой курс. Историю эту можно подробно проследить по переписке Набокова и Уилсона[3]. 17 апреля 1950 года Набоков пишет Уилсону из Корнеллского университета, где недавно получил должность преподавателя: «В будущем году я веду курс под названием "Европейская проза" (XIX и XX вв.). Кого из английских писателей (романы и рассказы) Вы бы мне посоветовали? Мне нужны по крайней мере два». Уилсон отвечает незамедлительно: «Насчет английских романистов: на мой взгляд, два безусловно лучшие (исключая Джойса, как ирландца) — Диккенс и Джейн Остен. Попробуйте перечитать, если не перечитывали, позднего Диккенса — "Холодный дом" и "Крошку Доррит". Джейн Остен стоит прочесть всю — даже незавершенные романы у нее замечательны». 5 мая Набоков пишет опять: «Спасибо за советы насчет моего курса прозы. Я не люблю Джейн и предубежден против писательниц. Это другой класс. Никогда ничего не находил в "Гордости и предубеждении"... Вместо Джейн О. я возьму Стивенсона». Уилсон возражает: «Вы ошибаетесь относительно Джейн Остен. Мне кажется, Вам стоит прочесть "Мэнсфилд-парк"... Она, на мой взгляд, — один из полудю-

---

[1] «Превращение» *(фр.).*
[2] Параллельно с переводом *(фр.).*
[3] См.: The Nabokov—Wilson Letters. Harper and Row, 1978.

жины величайших английских писателей (остальные — это Шекспир, Мильтон, Свифт, Китс и Диккенс). Стивенсон — второразрядный. Не понимаю, почему вы им так восхищаетесь, хотя несколько хороших рассказов он написал». Набоков, вопреки обыкновению, капитулировал и 15 мая написал: «Я на середине "Холодного дома" — продвигаюсь медленно, потому что делаю много заметок для обсуждения на уроках. Отличная вещь... Приобрел "Мэнсфилд-парк" и думаю тоже включить его в курс. Спасибо за чрезвычайно полезные предложения». Через шесть месяцев он не без ликования сообщал Уилсону: «Хочу отчитаться за полсеместра в связи с двумя книгами, которые Вы порекомендовали мне для занятий. Для "Мэнсфилд-парка" я велел им прочесть произведения, упоминаемые персонажами, — две первые песни из "Песни последнего менестреля", "Задачу" Купера, отрывки из "Генриха VIII", из "Праздного" Джонсона, Брауна "Обращение к табаку" (подражание Попу), "Сентиментальное путешествие" Стерна (весь кусок с дверями без ключа и скворец) и, конечно, "Обеты любви" в неподражаемом переводе миссис Инчболд[1] (умора)... Кажется, я получил больше удовольствия, чем мои студенты».

В первые берлинские годы Набоков зарабатывал на жизнь частными уроками, преподавая пять весьма несхожих дисциплин: английский и французский языки, бокс, теннис и стихосложение. Позже публичные чтения в Берлине и других центрах эмиграции, таких, как Прага, Париж и Брюссель, приносили ему больше денег, чем продажа его русских книг. Так что, несмотря на отсутствие ученой степени, он был отчасти подготовлен

---

[1] «Песнь последнего менестреля» — поэма Вальтера Скотта (1771—1832).

«Задача» — поэма английского поэта Уильяма Купера (1731—1800).

«Генрих VIII» — пьеса Шекспира.

«Праздный» — серия эссе английского критика, лексикографа и поэта Сэмюэла Джонсона (1709—1784) в «Еженедельной газете» за 1758—1760 гг.

«Обращение к табаку» (1797) английского поэта Хокинса Брауна содержит подражание разным поэтам, в том числе Александру Попу (1688—1744).

«Обеты любви» — английская версия пьесы немецкого драматурга Августа Коцебу (1761—1819) «Побочный сын». Наибольшей популярностью пользовался перевод, сделанный писательницей Элизабет Инчболд (1753—1831).

к роли лектора, когда перебрался в 1940 году в Америку, и вплоть до выхода «Лолиты» преподавание было основным источником его дохода. Первый цикл лекций, разнохарактерных по тематике, — «Неприукрашенные факты о читателях», «Век изгнания», «Странная судьба русской литературы» и т. д. — он прочел в 1941 году в Уэлсли-колледже; одна из них, «Искусство литературы и здравый смысл», включена в этот том. До 1948 года он жил в Кембридже (Крейги-Серкл, 8 — самый долговременный из его адресов, до гостиницы «Палас» в Монтрё, которая стала в 1961 году его последним приютом) и совмещал две академические должности: преподавателя в Уэлсли-колледже и научного сотрудника-энтомолога в Гарвардском музее сравнительной зоологии. В те годы он работал неимоверно много и дважды попадал в больницу. Помимо внедрения элементов русской грамматики в умы юных учениц и размышлений над миниатюрными структурами гениталий бабочек, он складывался как американский писатель, опубликовав один за другим два романа (первый был написан по-английски в Париже), эксцентричную и остроумную книгу о Гоголе, полные изобретательности и энергии рассказы, стихи, воспоминания в журналах «Атлантик мансли» и «Нью-Йоркер». Среди все умножающихся поклонников его англоязычного творчества был Моррис Бишоп, виртуозный поэт в легком жанре и глава романского отделения Корнеллского университета; он предпринял успешную кампанию по переводу Набокова из Уэлсли, где его работа была и ненадежна, и плохо оплачиваема. Как явствует из воспоминаний Бишопа[1], Набоков был назначен доцентом кафедры славистики и сперва «читал промежуточный курс русской литературы и спецкурс повышенной сложности — обычно по Пушкину или по модернистским течениям в русской литературе. <...> Поскольку его русские группы неизбежно были малы, а то и невидимы, ему дали английский курс мастеров европейской прозы». Сам Набоков вспоминал, что курс «Литературы 311—312» среди студентов именовался «Похаблит.», каковое прозвище досталось ему по наследству «от предшественника, грустного, мягкого,

---

[1] «Triquarterly, № 17, Winter 1970» — специальный выпуск, посвященный семидесятилетию В.Н.

крепко пившего человека, которого больше интересовала половая жизнь авторов, чем их книги».

Бывший слушатель его курса Росс Уэтстион напечатал в том же выпуске «Трикуотерли» теплые воспоминания о Набокове-лекторе. «Caress the details» — «Ласкайте детали», — возглашал Набоков с раскатистым «г», и в голосе его звучала шершавая ласка кошачьего языка, — «божественные детали!» Лектор настаивал на исправлениях в каждом переводе, чертил на доске забавную диаграмму и шутливо умолял студентов «перерисовать ее в точности, как у меня». Из-за его акцента половина студентов писали «эпидраматический» вместо «эпиграмматический». Уэтстион заключает: «Набоков был замечательным учителем не потому, что хорошо преподавал предмет, а потому что воплощал собой и пробуждал в учениках глубокую любовь к предмету». Еще один одолевший «Литературу 311—312» вспоминал, что Набоков начинал семестр словами: «Места пронумерованы. Прошу вас выбрать себе место и держаться его, потому что я хочу увязать ваши лица с вашими фамилиями. Все довольны своими местами? Хорошо. Не разговаривать, не курить, не вязать, не читать газет, не спать и, ради Бога, записывайте». Перед экзаменом он говорил: «Одна ясная голова, одна голубая тетрадь, думайте, пишите, не спешите и сокращайте очевидные имена, например госпожа Бовари. Не приправляйте невежество красноречием. Без медицинской справки посещение туалета воспрещается». Лекции его были электризующими, полными евангелического энтузиазма. Моя жена, прослушавшая последние курсы Набокова — в весеннем и осеннем семестрах 1958 года, перед тем как, внезапно разбогатев на «Лолите», он взял отпуск, из которого уже не вернулся, — настолько попала под его обаяние, что на одну из лекций пошла с высокой температурой, а оттуда прямиком угодила в больницу. «Я чувствовала, что он может научить меня читать. Верила, что он даст мне что-то такое, чего мне хватит на всю жизнь, — так оно и случилось». До сих пор она не может всерьез воспринимать Томаса Манна и ни на йоту не отступила от догмы, усвоенной на «Литературе 311—312»: «Стиль и структура — это сущность книги; большие идеи — дребедень».

Но даже такое редкостное существо, как идеальный набоковский студент, могло стать жертвой его проказ. Наша мисс Рагглс, юная, двадцатилетняя, подошла в конце занятия взять из общей кучи свою экзаменационную тетрадь с оценкой и, не найдя ее, вынуждена была обратиться к преподавателю. Набоков возвышался на кафедре, рассеянно перебирая бумаги. Она извинилась и сказала, что ее работы, кажется, нет. Он наклонился к ней, подняв брови: «А как вас зовут?» Она ответила, и со стремительностью фокусника он извлек ее тетрадь из-за спины. На тетради стояло «97». «Я хотел посмотреть, — сообщил он ей, — как выглядит гений». И холодно оглядел ее, залившуюся краской, с головы до ног; на этом их беседа закончилась. Она, между прочим, не помнит, чтобы курс назывался «Похаблит.». В кампусе его называли просто «Набоков».

Через семь лет после своего ухода Набоков вспоминал этот курс со смешанным чувством:

«Мой метод преподавания препятствовал подлинному контакту со студентами. В лучшем случае они отрыгивали на экзамене кусочки моего мозга. <...> Я тщетно пытался заменить свое физическое присутствие на кафедре магнитофонными записями, проигрываемыми по радиосети колледжа. С другой стороны, меня очень радовали одобрительные смешки в том или ином уголке аудитории в ответ на то или иное место моей лекции. Наивысшее вознаграждение для меня — письма бывших студентов, в которых они сообщают спустя десять или пятнадцать лет, что теперь им понятно, чего я от них хотел, когда предлагал вообразить неправильно переведенную прическу Эммы Бовари или расположение комнат в квартире Замзы...»

Не в одном интервью из тех, что вручались журналистам на карточках 3x5 дюймов в Монтре-«Паласе», говорилось о будущей книге корнеллских лекций, но проект этот (наряду с другими книгами, находившимися в работе, такими, как иллюстрированный трактат «Бабочки в искусстве» и роман «Оригинал Лауры») к моменту смерти великого человека летом 1977 года все еще висел в воздухе.

Теперь, к счастью, эти лекции перед нами. И все еще хранят запахи аудитории, которые авторская правка могла бы смыть. Ни читанное, ни слышанное о них прежде не может дать представления об их обволакивающей педагогической теплоте. Молодость и женственность аудитории каким-то образом запечатлелись в настойчивом, страстном голосе наставника. «Работа с вашей группой была необычайно приятным взаимодействием между фонтаном моей речи и садом ушей — иных открытых, иных закрытых, чаще — восприимчивых, иногда чисто декоративных, но неизменно человеческих и божественных». Нам много цитируют — так читали вслух молодому Владимиру Владимировичу его отец, мать и Mademoiselle. Во время этих цитирований мы должны вобразить акцент, театральную мощь дородного лысеющего лектора, который был когда-то спортсменом и унаследовал русскую традицию ярких устных выступлений. Живой интонацией, веселым блеском глаз, усмешкой, взволнованным напором дышит эта проза, текучая разговорная проза, блестящая и ненатужная, в любую минуту готовая зажурчать метафорой и каламбуром: ошеломляющая демонстрация художественного духа, которую посчастливилось увидеть студентам тех далеких, незамутненных пятидесятых годов. Репутация Набокова — литературного критика, обозначенная до нынешнего дня массивным памятником Пушкину и высокомерным отрицанием Фрейда, Фолкнера и Манна, подкреплена теперь этими щедрыми и терпеливыми разборами. Здесь живописание остеновского стиля «с ямочками», душевное родство с сочным Диккенсом, почтительное объяснение флоберовского контрапункта, очаровательная завороженность, — как у мальчика, разбирающего первые в жизни часы, — механизмом деловито тикающих синхронизаций Джойса. Набоков рано и надолго пристрастился к точным наукам, и блаженные часы, проведенные в светоносной тиши над окуляром микроскопа, продолжились в ювелирном вскрытии темы лошадей в «Госпоже Бовари» или снов-двойников Блума и Дедала. Чешуекрылые вынесли его в мир за оградой здравого смысла, где большой глазок на крыле бабочки имитирует каплю жидкости с таким сверхъестественным совершенством, что пересекающая крыло линия слегка искривляется, проходя через него, где природа, «не довольствуясь тем, что из сложенной бабочки каллимы она делает удивительное подобие сухого листа с жилками и стебельком, она, кроме того, на этом "осеннем" крыле прибавляет сверхштатное воспроизведение тех дырочек, которые проедают именно в таких листьях жучьи личинки». Поэтому он требовал от своего искусства и от искусства других чего-то лишнего — росчерка миметической магии или обманчивого двойничества — сверхъестественного и сюрреального в коренном смысле этих обесцененных слов. Где не мерцало это произвольное, надчеловеческое, неутилитарное, там он делался резок и нетерпим, обрушиваясь на безликость, невыразительность, присущие неодушевленной материи. «Многие признанные авторы для меня просто не существуют. Их имена высечены на пустых могилах, их книги — манекены...» Там, где он находил это мерцание, вызывающее холодок в спине, его энтузиазм переходил за грань академического, и он становился вдохновенным — и, безусловно, вдохновляющим — учителем.

Лекции, которые столь остроумно сами себя предваряют и не делают секрета из своих предпосылок и предвзятости, не нуждаются в пространном предисловии. Пятидесятые годы — с их тягой к частному пространству, их презрительным отношением к общественным проблемам, их вкусом к самодовлеющему, неангажированному художеству, с их верой в то, что вся существенная информация содержится в самом произведении, как учили «новые критики», — были, возможно, более благодарным театром для набоковских идей, нежели последующие десятилетия. Но проповедуемый Набоковым разрыв между реальностью и искусством показался бы радикальным в любое десятилетие. «Истина состоит в том, что великие романы — это великие сказки, а романы в нашем курсе — величайшие сказки. <...> Литература родилась не в тот день, когда из неандертальской долины с криком: "Волк, волк!" — выбежал мальчик, а следом и сам серый волк, дышащий ему в затылок; литература родилась в тот день, когда мальчик прибежал с криком: "Волк, волк!", а волка за ним и не было». Но мальчик, кричавший: «Волк!», стал досадой племени, и ему позволили погибнуть. Другой жрец воображения, Уоллес Стивенс, провозгласил:

«Если мы желаем сформулировать точную теорию поэзии, то необходимо исследовать структуру реальности, ибо реальность есть отправная точка поэзии». Для Набокова же реальность — не столько структура, сколько узор, привычка, обман: «Всякий большой писатель — большой обманщик, но такова же и эта архимошенница — Природа. Природа обманывает всегда». В его эстетике невысока цена скромной радости узнавания и плоской добродетели жизнеподобия. Для Набокова мир — сырье искусства — сам есть художественное создание, настолько невещественное и призрачное, что шедевр, кажется, можно соткать из воздуха, одним только актом властной воли художника. Однако книги, подобные «Госпоже Бовари» и «Улиссу», раскалены сопротивлением, которое оказывают этой манипуляторской воле банальные, увесисто-земные предметы. Знакомое, отталкивающее, беспомощно любимое в наших собственных телах и судьбах влито в преображенные сцены Дублина и Руана; отвернувшись от этого, в таких книгах, как «Саламбо» и «Поминки по Финнегану», Джойс и Флобер сдаются на милость своему мечтательному ложному эго, идут на поводу у собственных увлечений. В страстном разборе «Превращения» Набоков припечатывает мещанскую семью Грегора как «посредственность, окружающую гения», игнорируя центральный, быть может, нерв новеллы — потребность Грегора в этих пусть толстокожих, но полных жизни и очень определенных земных существах. Амбивалентность, пронизывающая трагикомедию Кафки, совершенно чужда идеологии Набокова, хотя его художественная практика — роман «Лолита», например, — насыщена ею, так же как поразительной плотности деталями — «чувственными данными, отобранными, усвоенными и сгруппированными», если воспользоваться его собственной формулой.

Корнеллские годы были продуктивными для Набокова. Прибыв в Итаку, он дописал «Память, говори». Там же, на заднем дворе, жена помешала ему сжечь трудное начало «Лолиты», которую он завершил в 1953 году. Добродушные истории о Пнине написаны целиком в Корнеллском университете. Героические разыскания в связи с переводом «Евгения Онегина» проведены большей частью в его библиотеках, а сам Корнелл с теплотой отображен в «Бледном пламени». Можно представить себе, что переезд на двести миль вглубь от Восточного побережья и частые летние экскурсии на Дальний Запад позволили Набокову прочнее укорениться в усыновившей его «прекрасной, доверчивой, мечтательной, огромной стране» (цитируя Гумберта Гумберта). Когда Набоков приехал в Итаку, ему было под пятьдесят, и для художественного истощения причин было достаточно. Дважды изгнанник, бежавший от большевиков из России и от Гитлера из Германии, он успел создать массу великолепных произведений на умирающем в нем языке для эмигрантской аудитории, которая неуклонно таяла. Тем не менее в течение второго десятилетия пребывания в Америке он сумел привить здешней литературе непривычные дерзость и блеск, вернуть ей вкус к фантазии, а себе — снискать международную известность и богатство. Приятно предположить, что перечитывание, необходимое для подготовки к этим лекциям, увещевания и опьянения, ежегодно сопровождавшие их на кафедре, помогли Набокову великолепным образом обновить свой творческий инструментарий. Приятно увидеть в его прозе тех лет что-то от изящества Остен, живости Диккенса и стивенсоновский «восхитительный винный вкус», добавившие остроты его собственному несравненному, европейского сбора нектару. Его любимыми американскими авторами, как он однажды признался, были Мелвилл и Готорн, и жаль, что он не читал о них лекций. Но будем благодарны за те, которые были прочитаны и обрели теперь постоянную форму. Разноцветные окна, открывающие семь шедевров, — они так же живительны, как тот «арлекиновый набор цветных стекол», сквозь который мальчик Набоков разглядывал сад, слушая чтение на веранде родительского дома.

Джон Апдайк

О ХОРОШИХ ЧИТАТЕЛЯХ И ХОРОШИХ ПИСАТЕЛЯХ

«Как стать хорошим читателем» или «О хорошем отношении к автору» — примерно такой подзаголовок подошел бы этим разнородным рассуждениям, в которых я хочу с любовной и медлительной дотошностью разобрать несколько шедевров европейской литературы. Сто лет назад Флобер написал в письме к любовнице: «Comme l'on serait savant si l'on connaissait bien seulement cinq à six livres» — «Каким ученым можно было бы стать, зная как следует пять-шесть книг».

Читатель должен замечать подробности и любоваться ими. Хорош стылый свет обобщения, но лишь после того, как при солнечном свете заботливо собраны все мелочи. Начинать с готового обобщения — значит приступить к делу не с того конца, удалиться от книги, даже не начав ее понимать. Что может быть скучнее и несправедливее по отношению к автору, чем, скажем, браться за «Госпожу Бовари», наперед зная, что в этой книге обличается буржуазия. Нужно всегда помнить, что во всяком произведении искусства воссоздан новый мир, и наша главная задача — как можно подробнее узнать этот мир, впервые открывающийся нам и никак впрямую не связанный с теми мирами, что мы знали прежде. Этот мир нужно подробно изучить — тогда и только тогда начинайте думать о его связях с другими мирами, другими областями знания.

Теперь другой вопрос: можно ли извлечь из романов сведения о странах и их истории? Неужели кто-то еще наивно полагает, что из тех пухлых бестселлеров, которые нам на каждом шагу подсовывают книжные клубы под видом исторических романов, можно что-нибудь узнать о прошлом? Можно ли доверять той картине помещичьей Англии с баронетами и садовой архитектурой, которую оставила Джейн Остен, если все ее знания о жизни ограничивались гостиной священника? Или «Холодный дом», фантастические сцены на фоне фантастического Лондона, — можно ли считать его очерком жизни Лондона столетней давности? Конечно, нет. То же самое относится и к другим романам. Истина состоит в том, что великие романы — это великие сказки, а романы в нашем курсе — величайшие сказки.

Время и пространство, краски времен года, движения мышц и мысли — все это (насколько можно судить, и мне кажется, тут нет ошибки) для писателя, наделенного высоким даром, не традиционные понятия, извлеченные из общедоступной библитеки расхожих истин, но ряд уникальных открытий, для которых гениальный мастер сумел найти уникальный же способ выражения. Удел среднего писателя — раскрашивать клише: он не замахивается на то, чтобы заново изобрести мир — он лишь пытается выжать все лучшее из заведенного порядка вещей, из опробованных другими шаблонов вымысла. Разнообразные сочетания, которые средний литератор способен выстроить в заранее заданных рамках, бывают не лишены своеобразного мимолетного очарования, поскольку средним читателям нравится, когда им в привлекательной оболочке преподносят их собственные мысли. Но настоящий писатель, который заставляет планеты вертеться, лепит человека и, пока тот спит, нещадно мнет его ребро, — такой писатель готовыми ценностями не располагает: он должен сам их создать. Писательское искусство — вещь совершенно никчемная, если оно не предполагает умения видеть мир прежде всего как кладовую вымысла. Если материя этого мира и реальна (насколько реальность вообще возможна), то она отнюдь не является целостной данностью: это хаос, которому автор говорит: «Пуск!» — и мир начинает вспыхивать и плавиться. Он переменился в самом своем атомном составе, а не просто в поверхностных, видимых частях. Писатель первым наносит на карту его очертания, дает имена его элементам. Вот ягоды, они съедобны. Вон там, впереди, кто-то пятнистый метнулся прочь — надо его приручить. А вот то озеро за деревьями я назову «Жемчужным» или — еще изысканнее — «Сточным». Этот туман будет горой — и ее надо покорить. Мастер лезет вверх по нехоженому склону, и там, на ветреной вершине, встречает — кого бы вы думали? — счастливого и запыхавшегося читателя, и они кидаются друг другу в объятия, чтобы уже вовек не разлучаться — если вовеки пребудет книга.

В одном провинциальном колледже, куда меня занесло во время затянувшегося лекционного тура, я устроил небольшой опрос. Я предложил десять определений читателя; студенты должны были выбрать четыре, каковой набор, по их мнению, обеспечит хорошего читателя. Список куда-то задевался, но попробую восстановить его по памяти. Выберите четыре ответа на вопрос, каким должен быть и что делать хороший читатель:

1. Состоять членом клуба книголюбов.
2. Отождествлять себя с героем/героиней книги.
3. Интересоваться прежде всего социально-экономическим аспектом.
4. Предпочитать книги, в которых больше действия и диалога.
5. Не приступать к чтению, не посмотрев экранизацию.
6. Быть начинающим писателем.
7. Иметь воображение.
8. Иметь хорошую память.
9. Иметь словарь.
10. Иметь некоторый художественный вкус.

Студенты дружно налегли на отзывчивое отождествление, на действие, на социально-экономический и исторический аспекты. Как вы, без сомнения, уже догадались, хороший читатель — тот, кто располагает воображением, памятью, словарем и некоторым художественным вкусом, причем последний я намерен развивать в себе и в других при всякой возможности.

Должен оговориться, что слово «читатель» я употребляю весьма свободно. Пусть это покажется странным, но книгу вообще нельзя *читать* — ее можно только перечитывать. Хороший читатель, читатель отборный, соучаствующий и созидающий, — это перечитыватель.

Сейчас объясню, почему. Когда мы в первый раз читаем книгу, трудоемкий процесс перемещения взгляда слева направо, строчка за строчкой, страница за страницей, та сложная физическая работа, которую мы проделываем, сам пространственно-временной процесс осмысления книги мешает эстетическому ее восприятию. Когда мы смотрим на картину, нам не приходится особым образом перемещать взгляд, даже если в ней тоже есть глубина и развитие. При первом контакте с произведением живописи время вообще не играет роли. А на знакомство с книгой необходимо потратить время. У нас нет физического органа (такого, каким в случае с живописью является глаз), который мог бы разом вобрать в себя целое, а затем заниматься подробностями. Но при втором, третьем, четвертом чтении мы в каком-то смысле общаемся с книгой так же, как с картиной. Не будем, однако, путать глаз, этот чудовищный плод эволюции, с разумом, еще более чудовищным ее достижением. Любая книга — будь то художественное произведение или научный труд (граница между ними не столь четкая, как принято думать) — обращена прежде всего к уму. Ум, мозг, вершина трепетного позвоночника, — вот тот единственный инструмент, с которым нужно браться за книгу.

А раз так, мы должны разобраться в том, как работает ум, когда сумрачный читатель сталкивается с солнечным сиянием книги. Прежде всего, сумрачное настроение рассеивается и, полный отваги, читатель отдается духу игры. Нередко приходится делать над собой усилие, чтобы приступить к книге, особенно если она рекомендована людьми, чьи вкусы, по тайному убеждению юного читателя, скучны и старомодны, но если такое усилие все-таки делается, оно будет вознаграждено сполна. Раз художник использовал воображение при создании книги, то и ее читатель должен пустить в ход свое — так будет и правильно, и честно.

Что же касается читательского воображения, есть по меньшей мере две его разновидности. Давайте выясним, какая из них требуется при чтении. Первая — довольно убогая, питающаяся простыми эмоциями и имеющая отчетливо личный характер. (Этот первый тип эмоционального чтения, в свою очередь, делится на несколько подвидов.) Мы остро переживаем ситуацию, описанную в книге, поскольку она напоминает о чем-то, что довелось испытать нам или нашим знакомым. Либо опять же книга оказывается близка читателю потому, что вызывает в его памяти некий край, пейзаж, образ жизни, которые дороги ему как часть прошлого. Либо — и это худшее, что может произойти с читателем — он отождествляет себя с персонажем книги. Я не советовал бы читателям прибегать к этой разновидности воображения.

Каков же тот единственно правильный инструмент, которым читателю следует пользоваться? Это — безличное воображение и эстетическое удовольствие. Следует стремиться, как мне кажется, к художественно-гармоническому равновесию между умом читателя и умом автора. Следует оставаться немного в стороне, находя удовольствие в самой этой отстраненности, и оттуда с наслаждением, — переходящим в страсть, исторгающим слезы и бросающим в дрожь, — созерцать глубинную ткань шедевра. Разумеется, полной объективности тут быть не может. Все ценное в какой-то степени всегда субъективно. Мне могло присниться, что вы сидите здесь; или я — привидевшийся вам кошмар. Я лишь хочу сказать, что читатель должен уметь вовремя обуздывать свое воображение, а для этого нужно ясно представлять тот особый мир, который предоставлен в его распоряжение автором. Нужно смотреть и слушать, нужно научиться видеть комнаты, одежду, манеры обитателей этого мира. Цвет глаз Фанни Прайс в «Мэнсфилд-парке», обстановка ее холодной комнатки — все это очень важно.

У каждого свой душевный склад, и я скажу вам сразу, что для читателя больше всего подходит сочетание художественного склада с научным. Неумеренный художественный пыл внесет излишнюю субъективность в отношение к книге, холодная научная рассудочность остудит жар интуиции. Но если будущий читатель совершенно лишен страстности и терпения — страстности художника и терпения ученого, — он едва ли полюбит великую литературу.

Литература родилась не в тот день, когда из неандертальской долины с криком: «Волк, волк!» — выбежал мальчик, а следом и сам серый волк, дышащий ему в затылок; литература родилась в тот день, когда мальчик прибежал с криком: «Волк, волк!», а волка за ним и не было. В конце концов бедняжку из-за его любви к вранью сожрала-таки реальная бестия, но для нас это дело второстепенное. Важно совсем другое. Глядите: между настоящим волком и волком в небылице что-то мерцает и переливается. Этот мерцающий промежуток, эта призма и есть литература.

Литература — это выдумка. Вымысел есть вымысел. Назвать рассказ правдивым значит оскорбить и искусство, и правду. Всякий большой писатель — большой обманщик, но такова же и эта архимошенница — Природа. Природа обманывает всегда. От простеньких уловок в интересах размножения до умопомрачительно изощренной иллюзорности в защитной окраске бабочек и птиц — Природа использует изумительную систему фокусов и соблазнов. Писатель только следует ее примеру.

Ненадолго вернувшись к нашему маленькому волосатому дикарю, пугающему волком, можем сказать так: магия искусства шла от призрака выдуманного им волка, от волка его фантазии, и при жизни удачливого шалуна рассказ о нем был хорошим рассказом. А когда проказник погиб, рассказ у пещерного костра превратился в хорошее поучение. Но магия исчезла вместе с ним. Ибо все дело в выдумке.

Писателя можно оценивать с трех точек зрения: как рассказчика, как учителя, как волшебника. Все трое — рассказчик, учитель, волшебник — сходятся в крупном писателе, но крупным он станет, если первую скрипку играет волшебник.

К рассказчику мы обращаемся за развлечением, за умственным возбуждением простейшего рода, за эмоциональной вовлеченностью, за удовольствием поблуждать в неких дальних областях пространства и времени. Слегка иной, хотя и необязательно более высокий склад ума ищет в писателях учителей. Пропагандист, моралист, пророк — таков восходящий ряд. К учителю можно пойти не только за поучением, но и ради знания, ради сведений. Мне, к сожалению, знакомы люди, читавшие французских и русских романистов, чтобы что-нибудь разузнать о жизни в веселом Париже или в печальной России. Но в-третьих, и это главное, великий писатель — всегда великий волшебник, и именно тогда начинается самое захватывающее, когда мы пытаемся постичь индивидуальную магию писателя, изучить стиль, образность, структуру его романов или стихотворений.

Три грани великого писателя — магия, рассказ, поучение — обычно слиты в цельное ощущение единого и единственного сияния, поскольку магия искусства может пронизывать весь рассказ, жить в самой сердцевине мысли. Шедевры сухой, прозрачной, организованной мысли способны вызывать художественное потрясение не меньшей мощности, чем «Мэнсфилдпарк» или самый бурный каскад диккенсовской образности. Точность поэзии в сочетании с научной интуицией — вот, как мне кажется, подходящая формула для проверки качества романа. Для того чтобы погрузиться в эту магию, мудрый читатель прочтет книгу не сердцем и не столько даже умом, а позвоночником. Именно тут возникает контрольный холодок, хотя, читая книгу, мы должны держаться слегка отрешенно, не сокращая дистанции. И тогда с наслаждением, одновременно и чувственным и интеллектуальным, мы будем смотреть, как художник строит карточный домик и этот карточный домик превращается в прекрасное здание из стекла и стали.

ДЖЕЙН ОСТЕН
1775–1817

«МЭНСФИЛД-ПАРК» (1814)

«Мэнсфилд-парк» был написан в Чатоне, графство Гэмпшир. Начало работы датируется февралем 1811 года, завершение — июнем-июлем 1813 года. Иначе говоря, на создание романа в сто шестьдесят тысяч слов, состоящего из сорока восьми глав, у Джейн Остен ушло приблизительно двадцать восемь месяцев. Он был опубликован в 1814 году (тогда же увидели свет «Уэверли» В. Скотта и «Корсар» Байрона) в трех томах. Три части традиционны для изданий того времени и в данном случае отражают структуру книги — это комедия нравов и уловок, улыбок и слез в трех актах, которые разбиты соответственно на восемнадцать, тринадцать и семнадцать глав.

Я против того, чтобы разделять форму и содержание и смешивать общую фабулу с сюжетными линиями. Единственное, что я должен заметить сейчас, до того, как мы погрузимся в изучение книги и уйдем в нее с головой (а не пробежимся по камешкам, едва замочив подошвы), — это что с внешней стороны ее действие основано на сложной игре чувств, связывающих два помещичьих семейства. Одно из них составляют сэр Томас Бертрам с супругой, их рослые, румяные дети — Том, Эдмунд, Мария и Джулия, а также кроткая племянница Фанни Прайс, любимица автора, персонаж, через чье восприятие процеживаются события. Фанни — приемыш, бедная родственница на попечении у дяди (обратите внимание, что девичья фамилия ее матери — Уорд[1]). Это непременная фигура во множестве романов XVIII и XIX вв. Имеется несколько причин, по которым подобное литературное сиротство так привлекательно для романиста. Во-первых, одинокая, по сути дела, в чужой семье, бедная сирота вызывает неиссякаемое сострадание. Во-вторых, у воспитанницы легко могут начаться романтические отношения с сыном и наследником, отчего произойдут неизбежные коллизии. В-третьих, двойственная роль сторонней наблюдательницы и одновременно участницы повседневного быта семьи делает ее удобной для решения задач автора. Образ кроткой воспитанницы мы находим не только у писательниц, но также у Диккенса, Достоевского, Толстого и многих других. Прототип всех этих тихих барышень, чьей застенчивой красоте предстоит в конце концов ослепительно просиять сквозь покров скромности и смирения, когда логика добродетели восторжествует над случайностями жизни, — прототип их, разумеется, Золушка. Беззащитная, одинокая, зависимая, незаметная, всеми забытая — и в итоге становящаяся женой главного героя.

«Мэнсфилд-парк» — это волшебная сказка, но ведь по сути все романы — сказки. Стиль и материал Джейн Остен на первый взгляд кажутся устарелыми, ходульными, нереалистичными. Это, однако же, заблуждение, которому подвержены плохие читатели. Хороший читатель знает, что искать в книге реальную жизнь, живых людей и прочее — занятие бессмысленное. В книге правдивость изображения человека, явления или обстоятельств соотносится исключительно с миром, который создан на ее страницах. Самобытный автор всегда создает самобытный мир, и, если персонаж или событие вписываются в структуру этого мира, мы радуемся встрече с художественной правдой, сколь бы ни противоречили персонаж или явление тому, что рецензенты, жалкие писаки, именуют реальной жизнью. Для талантливого автора такая вещь, как реальная жизнь, не существует — он творит ее сам и обживает ее. Ощутить

---

[1] Ward (англ.) — «попечительство», «опека», а также «подопечное лицо». — *Примеч. пер.*

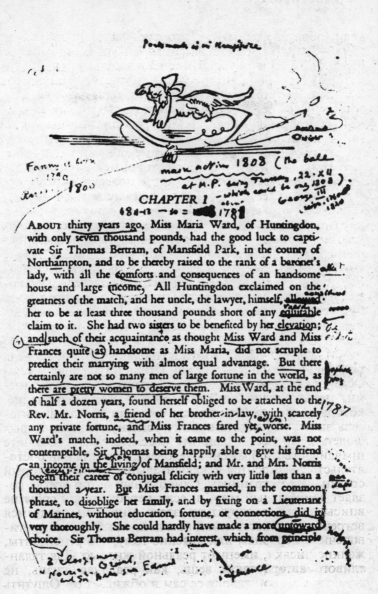

Первая страница набоковского экземпляра романа «Мэнсфилд-парк».

прелесть «Мэнсфилд-парка» можно только приняв его законы, условности, упоительную игру вымысла. На самом деле никакого Мэнсфилд-парка не было и обитатели его никогда не существовали.

Роман мисс Остен не такой яркий шедевр, как некоторые другие произведения этого ряда. «Мадам Бовари» или, например, «Анна Каренина» — это как бы управляемые взрывы. «Мэнсфилд-парк», напротив того, дамское рукоделие и забава ребенка. Однако рукоделие из этой рабочей корзинки прелестно, а в ребенке сквозит поразительная гениальность.

* * *

«Лет тому тридцать...»[1] — так начинается роман. Мисс Остен писала его между 1811 и 1814 годами, поэтому тридцать лет назад в начале романа означают 1781 год. Итак, приблизительно в 1781 году «мисс Марии Уорд из Хантингдона, имевшей всего семь тысяч фунтов [приданого], посчастливилось пленить сердце сэра Томаса Бертрама из Мэнсфилд-парка, что в графстве Нортгемптоншир...». Здесь очень тонко передан мещанский восторг по такому важному поводу («посчастливилось пленить»), что задает верный тон последующим страницам, на которых денежным соображениям мило и простодушно отдается первенство перед делами сердечными и религиозными[2]. Каждая фраза на этих вступительных страницах чеканна и точна.

Но разберемся сперва со временем и местом. Возвратимся снова к фразе, открывающей книгу. Итак, «Лет тому тридцать...». Джейн Остен пишет в то время, когда главные персонажи романа — молодежь — уже сыграли свои роли и погрузились в небытие удачного брака или безнадежного стародевичества. Основное действие ро-

---

[1] Здесь и далее цит. по: *Остен Джейн*. Собр. соч.: В 3 Т. — Т. 2: Мэнсфилд-парк / Пер. Р. Облонской. — М.: Худож. лит., 1988.

[2] Не подлежит сомнению, что мисс Остен свойственна некоторая доля мещанского меркантилизма. Он проявляется в ее интересе к доходам и трезвом отношении к нежным чувствам и природе. Только там, где расчетливость приобретает вид совсем уж гротескный, как у миссис Норрис с ее копеечной скупостью, мисс Остен спохватывается и пускает в ход саркастические краски. (Замечание В. Н. на отдельном листке в папке «Остен». — *Фредсон Бауэрс, ред. англ. текста; далее — Фр.Б.*)

мана разворачивается в 1809 году. Бал в Мэнсфилд-парке состоялся в четверг 22 декабря, и, просмотрев старые календари, мы легко убедимся, что 22 декабря приходилось на четверг только в 1808 году. Юной героине книги Фанни Прайс было тогда восемнадцать лет. В Мэнсфилд-парк она прибыла в 1800 году десяти лет от роду. На троне в это время был король Георг III, престранная личность. Он царствовал с 1760 по 1820 год — срок изрядный, и к концу его бедный король находился в состоянии почти беспросветного умопомрачения и правил за него регент, очередной Георг. Во Франции 1808 год был вершиной карьеры Наполеона; Великобритания вела с ним войну; в Америке Джефферсон только что провел через конгресс «Акт об эмбарго» — закон, запрещающий судам Соединенных Штатов заходить в порты, находящиеся под блокадой англичан и французов. (Если прочесть «эмбарго» задом наперед, получится «грабь меня»[1].) Но в укрытии Мэнсфилд-парка ветры истории почти совсем не ощущаются, если не считать слабого пассата, так называемого «торгового ветра», там, где заходит речь о делах сэра Томаса на Малых Антильских островах.

Таким образом, со временем действия мы разобрались. А как насчет места действия? Мэнсфилд-парк, имение Бертрамов, — вымышленное место в Нортгемптоне (реальное графство), в самом центре Англии.

«Лет тому тридцать мисс Марии Уорд... посчастливилось...» — мы все еще находимся на первой фразе. В доме Уордов — три сестры, и по обычаю того времени старшая из них зовется коротко и официально — мисс Уорд, а двух других величают ставя перед фамилией и имя. Мария Уорд, младшая и, надо полагать, самая красивая, особа вялая, апатичная и томная, с 1781 года став женой баронета сэра Томаса Бертрама, зовется леди Бертрам. У нее четверо детей: две девочки и два мальчика, и с ними вместе воспитывается их кузина Фанни Прайс. Ее мать, невыразительная мисс Франсис Уорд, тоже именуемая в семье Фанни, со зла вышла в 1781 году за неимущего пьяницу-лейтенанта и родила

---

[1] Англия и Франция не очень пострадали от этой меры, зато разорились многие судовладельцы и торговцы Новой Англии. — *Примеч. ред. рус. текста.*

ему десять детей, из них Фанни, героиня романа, была вторым ребенком. И наконец, старшая сестра, мисс Уорд, самая некрасивая из трех, в том же 1781 году вышла за страдающего подагрой священника, от которого детей у нее не было. Она — миссис Норрис, наиболее забавный, комический персонаж.

Уяснив все это, посмотрим, как Джейн Остен описывает своих героев, ибо красота произведения искусства по-настоящему воспринимается, только когда понятно его устройство, когда можешь разобрать его механизм. В начале романа Джейн Остен пользуется четырьмя способами характеристики действующих лиц. Прежде всего это прямое описание с драгоценными вкраплениями сверкающего авторского юмора. Многое из того, что мы знаем о миссис Норрис, доставлено этим способом, а тупые и глупые персонажи полностью им исчерпываются. Вот обсуждается предстоящая поездка в Созертон, имение Рашуота: «Право же, трудно представить, чтоб разговаривали о чем-либо, кроме этой поездки, так как миссис Норрис была из-за нее в приподнятом настроении, а миссис Рашуот, благожелательная, любезная, скучно-разговорчивая, напыщенная особа, которая лишь то и разумела, что касалось ее самой или ее сына, настоятельно уговаривала леди Бертрам поехать вместе со всеми. Леди Бертрам неизменно отклоняла приглашение, но спокойная манера отказа никак не убеждала миссис Рашуот, и она поняла, что миссис Бертрам подлинно не хочет ехать, лишь когда вмешалась миссис Норрис и куда многословней и громче объяснила ей правду».

Другой способ характеристики — через прямую речь. Читатель сам определяет характер говорящего, и притом не только по тому, что говорится, но также по особенностям речи говорящего, по его манере. Наглядный пример — рассуждения сэра Томаса: «...у меня и в мыслях не было воздвигать воображаемые препятствия перед планом, каковой так согласуется с положением всех родственников». Это он высказывается о предложении пригласить в Мэнсфилд-парк на воспитание племянницу Фанни. Выражается он тяжело и замысловато, имея в виду сказать всего-навсего, что он не собирается выдумывать возражений, так как приезд племянницы вполне устраивает всех родных. Чуть ниже почтенный джентльмен продолжает свои слоновьи речи: «...чтобы это действительно принесло пользу миссис Прайс и послужило к нашей чести (запятая) надо обеспечить девочку или почитать нашею обязанностью обеспечить ее, как пристало женщине нашего сословия, в будущем (запятая) когда в том возникнет необходимость (запятая) ежели судьба ее сложится не столь благополучно, как вы с такой уверенностью предсказали». Для нас здесь несущественно, что именно он пытается выразить, — нас интересует, как он выражается, и я привожу этот пример, чтобы показать, как искусно Джейн Остен характеризует персонаж через его речь. Это грузный, медлительный человек, тугодум в амплуа благородного отца.

Третий метод, используемый Джейн Остен для характеристики персонажей, — это речь косвенная. То есть в рассказе есть ссылки на их слова и частично они цитируются, при этом описывается, как и при каких обстоятельствах произнесено то или иное высказывание. Наглядный пример — рассказ о том, как миссис Норрис неодобрительно отзывается о новом священнике докторе Гранте, прибывшем, чтобы заменить ее скончавшегося супруга. Доктор Грант очень любит поесть, и миссис Грант, «вместо того чтобы умудряться потакать его пристрастию при самых скромных расходах, назначила своей кухарке почти столь же щедрое жалованье, как в Мэнсфилд-парке», пересказывает мисс Остен. «Говоря о таких поводах для недовольства или о количестве сливочного масла и яиц, которые поглощались в доме нового священника, миссис Норрис была не в силах сохранять сдержанность». Дальше идет косвенная речь: «Кто ж, как не она, любил изобилие и гостеприимство *(Это в устах миссис Норрис — уже ироническая характеристика, ведь миссис Норрис любит изобилие и гостеприимство исключительно за чужой счет. — В. Н.)*... кто ж, как не она, терпеть не мог всяческую скаредность... в ее время приходский дом, уж конечно, никогда не испытывал недостатка во всякого рода удобствах, об нем никогда нельзя было сказать дурного слова, но то, как дом ведется сейчас, понять невозможно. Женщина с замашками аристократки в сельском приходе не к месту. Миссис Грант полезно было бы заглянуть в кладовую в Белом коттедже. Ведь кого ни спросишь, все говорят, что миссис Грант более пяти тысяч никогда не имела».

Четвертый метод — подражание речи описываемого персонажа, но к нему Остен прибегает редко, только передавая какой-нибудь разговор, например когда Эдмунд пересказывает Фанни, как о ней лестно отозвалась мисс Крофорд.

* * *

Миссис Норрис — фигура гротескная, это весьма вредная навязчивая особа, всюду сующая свой нос. Не то чтобы совсем бессердечная, но сердце у нее — грубый орган. Племянницы Мария и Джулия для нее богатые, здоровые, статные девушки (своих детей у нее нет), на свой лад она их обожает, а к Фанни относится с презрением. В начале романа мисс Остен со свойственной ей тонкой иронией объясняет, что миссис Норрис «не могла хранить про себя те оскорбительные выпады против сэра Бертрама», которые содержались в язвительном письме ее сестры, матери Фанни. Образ миссис Норрис не только сам по себе произведение искусства, он еще и функционален, поскольку именно благодаря ее назойливому вмешательству сэр Томас берет к себе в дом Фанни Прайс. А это уже средство характеристики как сюжетообразующий компонент. Зачем миссис Норрис старается, чтобы Бертрамы взяли Фанни на воспитание? Ответ таков: «...все устроилось, и они уже заранее наслаждались своим великодушным поступком. Строго говоря, радость, какую они испытывали, не должна была бы быть одинакова, ибо сэр Томас исполнился решимости стать истинным и неизменным покровителем маленькой избранницы, тогда как миссис Норрис не имела ни малейшего намерения входить в какие-либо расходы на ее содержание. Что до прогулок, разговоров, всяческих замыслов, тут миссис Норрис было не занимать щедрости, и никто не превзошел бы ее в искусстве требовать широты натуры от других; но любовь к деньгам была у ней равна любви распоряжаться, и потратить денежки своих родных она умела не хуже, чем сберечь свои кровные. <...> Увлеченная страстью к накопительству и при этом не питая истинной привязанности к сестре, она готова была претендовать единственно на честь придумать и привести в действие столь дорогостоящую благотворительность; хотя, могло статься, она так плохо себя знала, что после беседы с сэром Томасом возвращалась домой в счастливой уверенности, будто, кроме нее, нет на свете сестры и тетушки, которой присуща была бы такая широта натуры». Так, не испытывая любви к сестре, не потратив ни единого пенни и ничего не сделав для Фанни, а только навязав ее в воспитанницы сэру Томасу, миссис Норрис тешится мыслью о том, что устроила будущее своей племянницы.

О себе миссис Норрис говорит, что она не из тех, кто тратит слова попусту, но в действительности говорливые уста доброй женщины извергают потоки банальностей. Разглагольствует она громогласно. Эту громогласность мисс Остен находит способ передать и подчеркнуть. Идет все тот же разговор между миссис Норрис и Бертрамами о том, чтобы взять на воспитание Фанни Прайс: «Воистину так! — воскликнула миссис Норрис. — Оба эти соображения очень важные, и мисс Ли конечно же все равно, трех девочек учить или только двух, — никакой разницы. Я и рада бы оказаться более полезной, но сами видите, я делаю все, что в моих силах. Я не из тех, кто избегает хлопот...» И продолжает в том же духе. Бертрамы отвечают. И снова вступает миссис Норрис: «Я думаю в точности так же, и это самое говорила сегодня утром мужу, — воскликнула миссис Норрис». А чуть раньше в разговоре с сэром Томасом: «Я совершенно вас понимаю! — воскликнула миссис Норрис. — Вы само великодушие и внимательность...» Повтором глагола «воскликнула» Остен передает шумливую манеру этой несимпатичной особы, и можно заметить, что на маленькую Фанни, когда та все-таки попадает наконец в Мэнсфилд-парк, особенно неприятное впечатление производит громкий голос миссис Норрис.

* * *

К концу первой главы все предваряющие действия завершены. Мы познакомились с суетливой и вульгарной болтуньей миссис Норрис, с твердым как скала сэром Томасом, с хмурой, бедствующей миссис Прайс, а также с праздной, томной леди Бертрам и ее моськой. Решение привезти и поселить в Мэнсфилд-парке Фанни Прайс принято. Особенности характеров персонажей у мисс Остен часто приобретают структурное значение. К примеру, из-за лености леди Бертрам семейство живет постоянно в деревне. У них есть дом в Лондоне, и раньше, до появления Фанни, они весну — модный сезон — проводили в столице, но к началу романа «леди Бертрам, из-за небольшого нездоровья и великой лености, отказалась от дома в Лондоне, где прежде проводила каждую весну, и жила теперь постоянно за городом, предоставив сэру Томасу исполнять его обязанности в парламенте и жить отныне с большим, а быть может, и с меньшим комфортом, вызванным ее отсутствием». Такой распорядок, смекаем мы, необходим Джейн Остен для того, чтобы Фанни росла и воспитывалась в деревне и поездки в Лондон не усложняли сюжет[1].

Образование Фанни продолжается, к пятнадцати годам гувернантка обучила ее французскому языку и истории, а кузен Эдмунд Бертрам, принимающий участие в девочке, дает ей «книги, которые завораживали ее в часы досуга, он развивал ее вкус и поправлял ее суждения; чтение шло ей на пользу, так как Эдмунд беседовал с ней о прочитанном и благоразумной похвалою делал книгу еще привлекательнее». Фанни делит свою привязанность между родным братом Уильямом и кузеном Эдмундом. Небезынтересно познакомиться с тем, чему учили детей во времена Джейн Остен в ее кругу. Когда Фанни появилась в Мэнсфилд-парке, сестры Бертрам «сочли ее невероятной тупицею, и первые

---

[1] В другом месте на отдельном листке в папке «Остен» В.Н. разъясняет, что понимает «сюжет» как «то, что будет рассказано», «мотивы» — как «образы или мысли, которые повторяются в романе, подобно темам в фуге», «структуру» — как «композицию книги, развитие событий, причинно связанных между собой, переход от одного мотива к другому, хитрые приемы введения новых персонажей, или нового поворота событий, или проявление связи между мотивами, или использование нового обстоятельства для продвижения действия в книге». «Стиль — это манера автора, его особая индивидуальная интонация, его словарь — и еще нечто, дающее возможность читателю по прочтении абзаца сразу заключить, что он написан Остен, а не Диккенсом». — *Фр. Б.*

две-три недели в подтверждение этого то и дело рассказывали в гостиной что-нибудь новенькое.

— Мамочка, дорогая, вы только подумайте, кузина не может правильно расположить ни одно государство на карте Европы... Или — кузина не может показать главные реки России... Или — она слыхом не слыхала про Малую Азию... Или — она не знает, какая разница между акварельными красками и цветными карандашами!.. Как же так!.. Вы когда-нибудь слыхали о такой тупости?» Тут важно среди прочего, что для обучения географии сто пятьдесят лет назад пользовались картой, нарезанной на кусочки, — вроде наших складных картинок. Другой предмет, который тогда основательно изучали, — история. Сестрицы удивляются: «Тетушка, мы ведь давным-давно выучили, какие короли были в Англии, кто после кого взошел на престол и какие при этом происходили важнейшие события, [— говорит одна.] — Да, и римских императоров давно знаем, еще с Севера, — прибавила вторая кузина. — Да сколько языческих мифов, и все металлы, и металлоиды, и планеты, и знаменитых философов».

Поскольку римский император Север жил в начале III столетия, можно видеть, с какой древности начиналось преподавание истории.

Кончина мистера Норриса влечет за собой перемены: место приходского священника оказывается свободным. Оно предназначалось для Эдмунда, когда он в будущем примет священнический сан, но дела сэра Томаса несколько расстроены, и он вынужден отдать приход не временному викарию, а постоянному, пожизненно, и этим ощутимо сократить ожидаемые доходы Эдмунда — тому придется довольствоваться только приходом Торнтон-Лейси, также находящимся в распоряжении сэра Томаса. Несколько слов надо сказать о приходах и приходских священниках применительно к обстоятельствам Мэнсфилд-парка. Приходский священник — это пастор, у которого есть бенефиций, то есть церковное кормление. Этот священнослужитель олицетворяет собой приход, он оседлый пастырь. Его пасторат — это дом и некоторое количество земли. Еще он получает доход, своего рода налог, десятину, от земледелия и местных промыслов. В итоге длительного исторического развития выбор приходского священника в иных местах достался лицу светскому, в Мэнсфилд-парке это сэр Томас Бертрам. Позже его выбор должен еще получить одобрение епископа, но это всего лишь формальность. Сэр Томас, отдавая приход тому или иному лицу, получает от него, по заведенному обычаю, определенную плату. И в этом все дело. Он как бы сдает место приходского священника в аренду. Если бы Эдмунд был готов занять это место, доходы от Мэнсфилдского прихода достались бы ему и будущее его благосостояние было бы обеспечено. Но Эдмунд еще не принял посвящения в духовный сан и не может стать священником. Если бы не долги и проигрыши Тома, старшего сына, сэр Томас мог бы отдать место священника в их приходе кому-нибудь из знакомых на время, пока не будет рукоположен Эдмунд, и обойтись без этих доходов. Но положение его таково, что он не может себе этого позволить и вынужден распорядиться приходом по-иному. Том высказывает надежду, что доктор Грант «не заживется на свете», этим наплевательским выражением показывая безразличие к судьбе брата.

Если же говорить о конкретных суммах, то нам сообщается, что миссис Норрис после замужества располагала годовым доходом без малого в тысячу фунтов. Допустим для удобства подсчетов, что ее приданое равнялось приданому ее сестры, леди Бертрам, а именно семи тысячам фунтов, тогда ее доля в семейном доходе примерно двести пятьдесят фунтов, и, таким образом, доход мистера Норриса от прихода около семисот фунтов в год.

Тут мы видим один из приемов, каким пользуется автор, чтобы ввести новые обстоятельства и продвинуть действие романа. Водворение Грантов в дом священника обусловлено смертью мистера Норриса, чье место занимает доктор Грант. А приезд четы Грант влечет за собой, в свою очередь, появление молодых Крофордов, родственников миссис Грант, которым предстоит сыграть в романе очень существенную роль. Кроме того, мисс Остен хочет временно удалить из Мэнсфилд-парка сэра Томаса, чтобы молодежь могла злоупотребить полученной свободой, а затем вернуть его домой в самый разгар небольшой оргии, в какую вылилась репетиция некоей пьесы.

Как она это делает? Старший сын и наследник Том проматывает много денег. Дела Бертрамов расстроены. И уже в третьей главе автор удаляет сэра Томаса со сцены. Идет 1806 год. Сэр Томас вынужден для поправки дел сам отправиться на Антигуа, где он предполагает пробыть около года. От Нортгемптона до Антигуа путь неблизкий. Антигуа — это остров в Вест-Индии, один из Малых Антильских островов в пятистах милях к северу от Венесуэлы. В ту пору он принадлежал Англии. На плантациях Антигуа используется дешевый труд невольников, он и является источником благосостояния Бертрамов.

Поэтому Крофорды появляются по соседству от Мэнсфилд-парка в отсутствие сэра Томаса. «Так обстояли дела в июле месяце, и Фанни едва исполнилось восемнадцать лет, когда местное деревенское общество пополнилось братом и сестрой миссис Грант, некими мистером и мисс Крофорд, детьми ее матери от второго брака. Оба были молоды и богаты. У сына было хорошее имение в Норфолке, у дочери — двадцать тысяч фунтов. Когда они были детьми, сестра горячо их любила; но так как она вышла замуж вскоре после смерти их общей родительницы, а они остались на попечении брата их отца, которого миссис Грант совсем не знала, она с тех пор едва ли их и видела. Дом дядюшки стал для них истинным домом. Адмирала и миссис Крофорд, всегда и на все смотревших по-разному, объединила привязанность к этим детям, по крайней мере, они расходились только в том, что у каждого был свой любимец, которому они выказывали особую любовь. Адмирал восхищался мальчиком, его супруга души не чаяла в девочке; и как раз смерть леди Крофорд заставила ее protégée после нескольких месяцев дальнейших испытаний в доме дяди искать другого пристанища. Адмирал Крофорд, человек распущенный, вместо того чтобы удержать у себя племянницу, предпочел привести в дом любовницу; этому миссис Грант и была обязана желанием сестры приехать к ней, что было столь же приятно для одной стороны, как и уместно для другой». Можно заметить, сколь щепетильно вникает мисс Остен в финансовую сторону дел, приведших к прибытию Крофордов, — практицизм об руку со сказочностью, как обычно в волшебных сказках.

Теперь сделаем скачок и обратимся к первому огорчению, которое приезжая мисс Крофорд причиняет Фанни. Оно связано с лошадью. Смирный старый мышастый пони, на котором Фанни каталась для укрепления здоровья с двенадцати лет, весной 1807 года умирает, а она, уже семнадцатилетняя, по-прежнему нуждается в прогулках верхом. Это вторая функциональная смерть в романе — первой была кончина мистера Норриса. Я использую здесь термин «функциональная» в том смысле, что оба эти события оказывают влияние на ход действия романа: они используются в конструктивных целях, играют композиционную роль[1]. Смерть мистера Норриса приводит в Мэнсфилд Грантов, миссис Грант тянет за собой Генри и Мэри Крофордов, которые вскоре привносят в повествование порочно-романтический душок. Смерть пони в четвертой главе, где прелестно выражают себя несколько персонажей, в том числе миссис Норрис, приводит к тому, что Эдмунд дает Фанни для прогулок одну из трех своих лошадей, смирную кобылу, «милую, восхитительную, красивую» — отзовется о ней позже Мэри Крофорд. Все это — подготовка к замечательной эмоциональной сцене в седьмой главе. Хорошенькая, миниатюрная, смуг-

---

[1] Никто в «Мэнсфилд-парке» не умирает на руках у автора и читателя, как это нередко происходит в книгах Диккенса, Флобера, Толстого. В «Мэнсфилд-парке» умирают где-то за сценой, почти не вызывая сострадания. Однако эти приглушенные смерти оказывают примечательно сильное воздействие на развитие сюжета. То есть, композиционно они очень важны. Так, смерть мышастого пони открывает *мотив лошади*, а с ним связана эмоциональная напряженность в отношениях между Эдмундом, мисс Крофорд и Фанни. Смерть священника мистера Норриса приводит к приезду в Мэнсфилд четы Грантов, а через них — к приезду Крофордов, забавных злодеев романа. Смерть же второго священника в конце книги дает возможность третьему священнику, Эдмунду, получить приход в Мэнсфилде благодаря смерти доктора Гранта, которая, как изящно пишет мисс Остен, «случилась тогда, когда (Эдмунд и Фанни) прожили совместно уже достаточно долго, чтобы ощутить нужду в увеличении доходов», — деликатный намек на то, что Фанни находится в интересном положении. Умирает также вдовствующая леди — бабка знакомых Йейтса, в результате чего Том привозит в Мэнсфилд-парк приятеля и вместе с ним *мотив спектакля*, который имеет большое значение в композиции книги. И наконец, смерть маленькой Мэри Прайс дает возможность в Портсмутской интерлюдии вставить живо написанный эпизод с серебряным ножичком, из-за которого ссорятся дети Прайс. (Замечание В. Н. на отдельном листке в папке «Остен». — *Фр. Б.*)

лая и темноволосая Мэри переходит от арфы к лошади. Для первых уроков верховой езды Эдмунд одалживает ей Фаннину лошадку и к тому же вызывается ее обучать. Показывая, как обращаться с поводьями, он даже касается ее маленькой, цепкой ручки. Великолепно описаны чувства, которые испытывает Фанни, наблюдая с пригорка эту сцену. Урок затянулся, ко времени ее ежедневной верховой прогулки лошадь ей не вернули. Фанни выходит из дому посмотреть, где Эдмунд. «Оба дома, хотя и разделенные едва ли полумилей, не были в пределах видимости друг друга; но если пройти от парадных дверей полсотни шагов и посмотреть вдоль парка, открывался вид на пасторат и все его угодья, полого поднимающиеся за сельской дорогой; и на лугу доктора Гранта Фанни тотчас всех увидела — Эдмунд и мисс Крофорд ехали бок о бок верхами, а доктор, и миссис Грант, и мистер Крофорд с двумя или тремя грумами стояли неподалеку и наблюдали. Ей показалось, что все они в наилучшем настроении, все исполнены интереса к одному и тому же, все, без сомненья, превеселы, ибо веселый шум достигал и до нее. А вот ее этот шум совсем не порадовал; подумалось, что Эдмунд, верно, забыл об ней, и вдруг больно сжалось сердце. Она не могла отвести глаз от луга, не могла не смотреть на все, что там происходит. Сперва мисс Крофорд и ее спутник шагом, по кругу, объехали поле, совсем не маленькое; потом, явно по ее предложенью, пустились галопом; и Фанни, при ее робкой натуре, поражалась, как ловко та сидит на лошади. Через несколько минут они остановились, Эдмунд был рядом с мисс Крофорд, что-то говорил, похоже, учил обращаться с поводьями, держал ее руку в своей; Фанни видела это, а быть может, дорисовала в своем воображении то, чего увидеть не могла. Ей не следует всему этому удивляться; что может быть естественней для Эдмунда, он ведь всегда старается каждому помочь, он со всеми и каждым неизменно добр. Но она невольно подумала, что мистер Крофорд вполне мог бы избавить его от беспокойства, что брату особенно пристало и прилично было бы взять такую заботу на себя; однако мистер Крофорд, при всем его хваленом добросердечии и при всем его уменье управляться с конем, вероятно, оказался бы тут профаном, и далеко ему было до деятельной доброты Эдмунда. Ей пришло на ум, что кобыле нелегко служить двум всадницам; уж если забыли о второй всаднице, должны бы подумать о бедняге лошади».

Развитие событий продолжается. Тема лошади приводит к следующему эпизоду. Мы уже знакомы с мистером Рашуотом, который собирается жениться на Марии Бертрам. Знакомство с ним произошло почти тогда же, когда и со смирной кобылой. Теперь совершается переход от темы лошади к теме, которую мы обозначим как «Созертонская эскапада». Очарованный прекрасной амазонкой Мэри, Эдмунд отнял у бедной Фанни лошадь. Мэри на многострадальной кобыле и он на своей дорожной лошади отправляются кататься на Мэнсфилдский выгон. И далее переход: «Удавшийся замысел подобного рода обыкновенно рождает новый замысел, и, проехавшись к Мэнсфилдскому выгону, они все склонны были завтра же ехать куда-нибудь еще. Вокруг много было красивых видов, которыми стоило полюбоваться, и, хотя погода стояла жаркая, куда бы они ни поехали, всюду находились тенистые дорожки. Для молодого общества всегда найдется тенистая дорожка». До Созертона, имения Рашуота, дальше, чем до Мэнсфилдского выгона. Мотив раскрывается за мотивом, подобно лепесткам садовой розы.

О Созертоне мы уже слышали, когда мистер Рашуот расхваливал «усовершенствования» в имении приятеля и выражал намерение пригласить к себе того же землеустроителя. В дальнейшем разговоре собеседники исподволь подводят Рашуота к решению обсудить эти планы не с платным землеустроителем, а с Генри Крофордом, и в намечаемой поездке его вызывается сопровождать вся компания. В главах с восьмой по десятую рассказывается, как проходила поездка, разворачивается «Созертонская эскапада», а она, в свою очередь, приводит к другой эскападе — постановке спектакля. Обе темы развиваются постепенно, возникают и формируются одна из другой — это и есть композиция.

Вернемся к зарождению созертонской темы. Впервые в романе имеет место большой разговорный эпизод, где Генри Крофорд, его сестра, молодой Рашуот, его невеста Мария Бертрам, чета Грант и все остальные показаны через прямую речь. Тема обсуждения — переустройство усадеб, то есть придание «живописности» внутреннему убранству и фасадам домов и создание ландшафтных парков, что со времен Попа и до времен Генри Крофорда служило излюбленным занятием людей образованных и праздных. Упоминается имя мистера Хамфри Рептона[1] — тогда высшего авторитета по этим вопросам. Сама мисс Остен, наверное, много раз видела его альбомы на столах в гостиных тех загородных домов, где ей случалось бывать. Джейн Остен не упустит возможности иронической характеристики. Миссис Норрис распространяется на тему о том, как были бы переустроены дом и усадьба мэнсфилдского священника, если бы не слабое здоровье мистера Норриса: «Он, бедняжка, почти никогда не выходил из дому, не мог порадоваться делам рук наших, и это лишало меня охоты заняться теми усовершенствованиями, о которых мы не раз говорили с сэром Томасом. Когда б не болезнь мистера Норриса, мы собирались продолжить ограду сада и насадить деревья, чтобы отгородить кладбище, как сделал доктор Грант. Мы и так всегда что-то делали. Всего за год до кончины мистера Норриса мы посадили у стены конюшни абрикос, и теперь он превратился в такое замечательное дерево, любо смотреть, сэр, — докончила она, обратясь к доктору Гранту.

— Дерево, без сомненья, прекрасно разрослось, сударыня, — отвечал доктор Грант. — Почва хорошая, и не было случая, чтоб, пройдя мимо, я не пожалел, что плоды не стоят тех усилий, которые потребуются, чтобы их снять.

— Это вересковая пустошь, сэр, мы купили эту землю как пустошь, и она нам стоила... то есть это подарок сэра Томаса, но мне попался на глаза счет, и я знаю, земля стоит семь шиллингов и была записана как вересковая пустошь.

— Вас провели, сударыня, — отвечал доктор Грант. — Картофель, который мы сейчас едим, с таким же успехом можно принять за абрикос с вересковой пустоши,

---

[1] Хамфри Рептон — автор вышедшей в 1803 г. книги «О теории и практике планировки парков. С включением некоторых сведений об эллинской и готической архитектуре, почерпнутых из ряда рукописей, принадлежащих знатным особам, для которых они и были написаны».

что и плод, который снят с того дерева. Он в лучшем случае безвкусный; хороший абрикос пригоден для еды, а ни один абрикос из моего сада непригоден».

Так что от болтовни миссис Норрис насчет переустройства приходской усадьбы, как и от тщетных трудов ее маломощного супруга, остается лишь кислый мелкий абрикос.

Молодой Рашуот растерялся и не может толком двух слов связать — эту стилистическую черту автор передает косвенно, посредством иронического описания его попыток высказаться: «Мистер Рашуот жаждал заверить ее светлость в своем совершенном согласии и попытался сказать что-то лестное; но, говоря о своей покорности именно ее вкусу, с которым будто бы неизменно совпадали и его всегдашние намерения, да еще сверх того стараясь дать понять, сколь неизменно он внимателен к удобству всех дам, и исподволь внушить, что лишь одной-единственной он страстно желает угождать, он совсем запутался, и Эдмунд был рад положить конец его речи, предложив ему вина».

Аналогичный прием использует мисс Остен и, например, там, где леди Бертрам высказывается по поводу бала. Сама речь не воспроизводится, автор ограничивается одной описательной фразой. И вот оказывается, что не только содержание этой фразы, но и ее построение, ритм, интонация передают своеобразие описываемой речи.

Обсуждение переустройства имений перебивается жеманным рассказом Мэри Крофорд про арфу и дядюшку-адмирала. Миссис Грант говорит, что Генри Крофорд, имея некоторый опыт по части землеустройства, мог бы оказаться полезен Рашуоту; Генри Крофорд, из скромности поупиравшись, соглашается, и с подачи миссис Норрис рождается замысел общей поездки в Созертон. Эта шестая глава оказывается переломной в романе. Генри Крофорд любезничает с невестой Рашуота Марией Бертрам. Эдмунд, воплощенная совесть в книге, «все слышал, но не произнес ни слова». По смыслу книги есть что-то греховное в самой идее этой поездки, в том, как молодежь без должного присмотра старших блуждает в парке, принадлежащем подслеповатому Рашуоту. Превосходно выявились в этой главе все действующие лица. Созертонская эскапада подготавливает и предваряет важные главы: тринадцатую — двадцатую, излагающие эпизод со спектаклем, который готовит молодежь Мэнсфилд-парка.

* * *

В разговоре о переустройстве усадьбы Рашуот выражает уверенность, что Рептон несомненно срубил бы два ряда вековых дубов по обочинам аллеи, отходящей от западного фасада дома, чтобы открылся более широкий вид. «Фанни, которая сидела по другую руку Эдмунда, как раз напротив мисс Крофорд, и внимательно слушала, теперь посмотрела на него и негромко сказала:

— Рубить аллею! Как жаль! Это не приводит тебе на мысль Купера? "Вы вырублены, старые аллеи, оплакиваю грустный ваш уход..."».

Надо иметь в виду, что во времена Фанни читать и знать поэзию было делом гораздо более обычным, естественным и распространенным, чем теперь. Наша культурная, или так называемая культурная, продукция, возможно, обильнее и разнообразнее, чем была в первые десятилетия прошлого века, но стоит подумать о вульгарности радио и видео, о немыслимой пошлости нынешних дамских журналов, и, право же, отдашь предпочтение Фанниному пристрастию к стихам, как бы банальны и многословны они ни были.

«Диван» Уильяма Купера, одна из частей длинной поэмы «Задача» (1785), представляет собой характерный образчик поэзии, знакомой девицам той эпохи и того круга, к которым принадлежали Джейн Остен и Фанни Прайс. Купер сочетает дидактические интонации нравописателя с романтическими фантазиями и красочными пейзажами, характерными для стихов более позднего времени. «Диван» — стихотворение весьма длинное. Оно начинается с богатого деталями обзора истории мебели, а затем переходит к описанию радостей, которыми дарит природа. Подчеркнем, что, сопоставляя удобства, услады и премудрости городской жизни, испорченность больших городов с высоконравственным воздействием простой и грубой природы, лесов и полей, Купер берет сторону последней. Вот отрывок из первой части «Дивана», где Купер выражает восхищение вековыми тенистыми деревьями в парке друга и сожалеет о том, что завелась манера вырубать старые аллеи, а вместо них разбивать лужайки и насаждать модные живые изгороди из кустов:

> Невдалеке — прямая колоннада
> Манит к себе, былого века след,
> Забытый, но достойный лучшей доли.
> Отцы наши любили защищаться
> От зноя летнего, и в затененных
> Аллеях и в беседках с низкой кровлей
> Прохладным полумраком наслаждаясь
> В разгар полудня; мы же носим тень
> С собою, зонт над головой раскрыв,
> Средь Индий голых без древесной тени.

Иначе говоря, мы рубим деревья в наших загородных имениях, а потом вынуждены ходить под зонтами. А вот строки, которые цитирует Фанни, послушав, как Рашуот с Крофордом обсуждают план переустройства созертонской усадьбы:

> Вы вырублены, старые аллеи!
> Оплакиваю грустный ваш уход
> И радуюсь оставшимся рядам
> Последним. Как изящен свод зеленый,
> В нем столько воздуха, пространства, света,
> И так торжествен этот купол, словно
> Высокий храм, где гимны раздаются;
> Земля под ним испещрена тенями,
> Подобно глади вод под ветерком,
> Рябит, колышется, и свет играет,
> Танцуя в лад с танцующей листвой
> Перемежая и сплетая блики...

Великолепный отрывок с чудесным описанием игры света и тени, какое нечасто встретишь в поэзии и прозе XVIII века.

В Созертоне Фанни разочаровал вид домашней церкви, не отвечавший ее романтическим представлениям: «Фанни воображала нечто большее, нежели просторную продолговатую комнату, обставленную так, чтоб располагать к молитве, — здесь не было ничего более внушительного или впечатляющего, чем обилие красного дерева и подушек темно-красного бархата, что представлялись взгляду на идущей поверху семейной галерее.

— Я разочарована, — тихонько сказала Фанни Эдмунду. — Не такой я представляла домашнюю церковь. Нет в ней ничего внушающего благоговенье, ничего печального, ничего величественного. Здесь нет боковых приделов, нет арок, нет надписей, нет хоругвей. Нет хоругвей, кузен, что "развевал бы ветер ночи, дующий с небес". Нет указанья, что "под камнем сим шотландский спит монарх"».

Здесь Фанни цитирует, правда несколько вольно, описание церкви из «Песни последнего менестреля» сэра Вальтера Скотта (1805), Песнь вторая:

> По стенам гербы и знамена ветхие,
> Ветер качает древки, как ветки.

И далее описывается усыпальница чародея:

> В восточные окна сквозь стекло цветное
> Сочится сиянье, пролитое луною.

На витражах — различные изображения, и

> Серебряный луч льнет к святым витражам,
> На плитах кровавые блики лежат,
> И мрамор прячет царственный прах.
> Здесь почиет шотландский монарх.

И так далее. Точным противовесом солнечной картине Купера служит лунный офорт Скотта.

Более тонкий прием — не прямое цитирование, а реминисценция, играющая в литературной технике особую роль. Литературные реминисценции — это слова, образы или положения, в которых угадывается неосознанное подражание какому-нибудь предшественнику. Автор вспоминает что-то им где-то прочитанное и употребляет в своем сочинении на свой лад. Яркий пример этого мы находим в главе десятой, в Созертоне. Калитка заперта, ключа нет, Рашоут отправляется за ключом, оставляя Марию и Генри Крофорда любезничать с глазу на глаз. Мария говорит: «Да, конечно, солнце светит, и парк так радует глаз. Но, к сожалению, из-за этой железной калитки, этой ограды, я будто скована, чего-то лишена. Я не могу вырваться, как говорил тот скворец.

При этих словах, а были они сказаны с выражением, она пошла к калитке; Крофорд последовал за нею.

— Как долго мистер Рашуот не несет ключ!»

Мария цитирует здесь известный пассаж из «Сентиментального путешествия по Франции и Италии» (1768) Лоренса Стерна, где рассказчик, по имени Йорик, слышит жалобы сидящего в клетке скворца. Жалоба скворца в данном случае к месту: через нее Мария выражает тревогу и опасения в связи с предстоящей помолвкой с Рашуотом. Но это еще не все. От жалобы скворца из «Сентиментального путешествия» тянется нить к более раннему эпизоду из книги Стерна, смутное воспоминание о котором, возможно, мелькнуло в голове Джейн Остен и передалось ее живо мыслящей героине, а у той уже обрело четкие очертания. На пути из Англии во Францию Йорик прибывает в Кале и пускается на поиски экипажа, который отвез бы его в Париж. Место, где можно подрядить или купить карету, называется по-французски remise — каретный двор, и у входа в этот remise в Кале происходит следующая сцена. Имя хозяина — месье Дессен. (Это лицо реальное, позднее он упоминается в знаменитом французском романе начала XIX века «Адольф» (1815) Бенжамена Констана де Ребека.) Дессен ведет Йорика на свой каретный двор выбирать дилижанс, как тогда назывались закрытые четырехколесные кареты. Йорику приглянулась молодая попутчица «в черных шелковых перчатках без трех первых пальцев». Он предлагает ей руку, и они вслед за хозяином подходят к воротам; однако месье Дессен, повозившись с замком и пятидесятикратно прокляв ключ, убеждается наконец, что ключ, который он захватил, не тот. Йорик рассказывает: «Я почти непроизвольно продолжал держать ее за руку; так, рука в руке, месье Дессен и оставил нас перед воротами, сказав, что воротится через пять минут».

И в нашем случае мы сталкиваемся с мотивом недостающего ключа, благодаря чему молодая пара может провести время с глазу на глаз.

***

Созертонская эскапада дает редкую в обычных условиях возможность общения с глазу на глаз не только Марии и Генри Крофорду, но также Мэри Крофорд и Эдмунду. И обе пары пользуются случаем уединиться от остальных. Мария и Генри протискиваются между оградой и запертой калиткой и скрываются в роще на той стороне, пока Рашуот ищет ключ, а Мэри и Эдмунд бродят по парку, якобы определяя его размеры, меж тем как бедная брошенная Фанни сидит одна на скамейке. Мисс Остен очень тщательно продумала место действия, и роман развивается в этих главах как пьеса. Три состава исполнителей появляются на сцене по очереди:

1. Эдмунд, Мэри Крофорд и Фанни.
2. Генри Крофорд, Мария Бертрам и Рашуот.
3. Джулия, устремившаяся на поиски Генри и обогнавшая миссис Норрис и миссис Рашуот.

Джулия хочет погулять по парку с Генри; Мэри хочет побродить с Эдмундом, который со своей стороны хочет того же; Мария стремится остаться наедине с Генри, этого же хочет и Генри; заветные мысли Фанни, разумеется, об Эдмунде.

Действие можно разделить на сцены:

1. Эдмунд, Мэри и Фанни входят под своды «лесной чащи» — в действительности рощицы — и ведут разговор о священниках (Мэри была потрясена, когда услышала в домовой церкви, что Эдмунд ожидает посвящения в сан: она не знала, что он готовится в священники, в этой роли ей совсем не виделся будущий муж). Они направляются к скамье, и Фанни высказывает желание посидеть и отдохнуть.

2. Фанни остается на скамейке, а Эдмунд с Мэри уходят в нетронутую часть парка. На своей скамье Фанни просидит в одиночестве целый час.

3. К ней подходит второй состав — это Генри, Мария и Рашуот.

4. Рашуот уходит за ключом от калитки. Генри и мисс Бертрам сначала остаются, но потом покидают Фанни, чтобы осмотреть рощу по ту сторону ограды.

5. Они протискиваются между калиткой и оградой и скрываются в роще. Фанни опять одна.

6. Появляется Джулия, передовой отряд третьего со-

става. Она встретила Рашуота, спешившего домой за ключом. Поговорив с Фанни, Джулия тоже торопливо пролезает между запертой калиткой и оградой, «вглядываясь в парк». По дороге в Созертон Крофорд оказывал ей знаки внимания, и сейчас она ревнует.

7. Фанни сидит одна до появления запыхавшегося Рашуота с ключом. Встреча двух оставленных.

8. Рашуот отпирает калитку и тоже уходит в рощу. Фанни опять одна.

9. Фанни решает отправиться на поиски Эдмунда и Мэри и встречает их, возвращающихся со стороны дубовой аллеи, судьба которой обсуждалась раньше.

10. Втроем они поворачивают к дому и встречают отставших членов третьего состава, миссис Норрис и миссис Рашуот, еще только тронувшихся в путь.

* * *

По прогнозу обеих сестер Бертрам, ноябрь был «недобрым месяцем»: в ноябре ожидалось возвращение папеньки. Сэр Томас намеревался приплыть на сентябрьском пакетботе, и, следовательно, до его прибытия в распоряжении молодежи оставалось тринадцать недель: с середины августа до середины ноября. (На самом деле сэр Томас возвратится в середине октября на зафрахтованном судне.) Ожидаемый приезд отца будет, как замечает мисс Крофорд в разговоре с Эдмундом у сумеречного окна, пока девицы Бертрам, Рашуот и Крофорд расставляют свечи на фортепиано, «также предвестником других событий: ваша сестра выйдет замуж, а вы примете сан». Снова начинает развиваться тема рукоположения, затрагивающая Эдмунда, мисс Крофорд и Фанни. Завязывается оживленный разговор о том, чем руководствуется выбирающий церковное поприще и насколько уместно при этом сообразовываться с ожидаемым доходом. В конце главы одиннадцатой мисс Крофорд присоединяется к веселому пению собравшихся у фортепиано; Эдмунд тоже, вместо того чтобы любоваться звездами вместе с Фанни, постепенно, шаг за шагом уходит вглубь залы слушать музыку, и Фанни в одиночестве зябнет у открытого окошка — возврат к теме оставленности Фанни. Бессознательные колебания Эдмунда между яркой и элегантной красотой вертлявой егозы Мэри Крофорд и скромной, грациозной миловидностью стройной Фанни выявляются в этих переходах по музыкальной зале.

Отступление от строгих отцовских жизненных правил, вольное поведение во время поездки в Созертон приводят разгулявшийся молодняк к замыслу поставить до приезда сэра Томаса спектакль. Тема спектакля проработана в романе с большим искусством. Она развивается в главах двенадцатой—двадцатой по линии волшебства и рока. Начинается все с появления нового лица — человека, который первым возникает в этом сюжете и последним уходит из него. Это Йейтс, собутыльник Тома Бертрама. «Он прилетел на крыльях разочарования, с головою, полной мыслей о выступлении на сцене, так как то общество собиралось ставить спектакль; и пьесу, в которой была роль и у него, уже через два дня должны были представлять, когда внезапная кончина одной из ближайших родственниц того семейства нарушила их планы и рассеяла исполнителей».

«Начиная с распределения ролей и до самого эпилога, все пленяло...» — рассказывает мистер Йейтс друзьям в Мэнсфилд-парке. (NB! Чары, колдовство.) Рассказчик горько сетует, что проза жизни, а вернее, некстати случившаяся смерть вмешалась и не дала довести дело до конца. «Не стоит жаловаться, но, право же, эта родственница не могла выбрать более неподходящего времени, чтобы отправиться на тот свет. И как тут не пожелать, чтобы эту новость придержали всего на три денька, которые нам требовались. Каких-нибудь три дня, и была-то она всего лишь бабушка, и случилось все за двести миль оттуда, так что большой беды не было бы, и я знаю, это предлагали, но лорд Рэвеншо, который, по моему мнению, соблюдает приличия строже всех в Англии, и слушать об этом не хотел».

Том Бертрам замечает в этом месте, что кончина бабушки послужила своего рода дивертисментом под занавес — собственно говоря, не кончина, а похороны; лорду и леди Рэвеншо придется играть этот дивертисмент самим, без чьего-либо участия (в те времена было принято после спектакля давать еще под занавес небольшую сценку, обычно фарсового характера). Заметим,

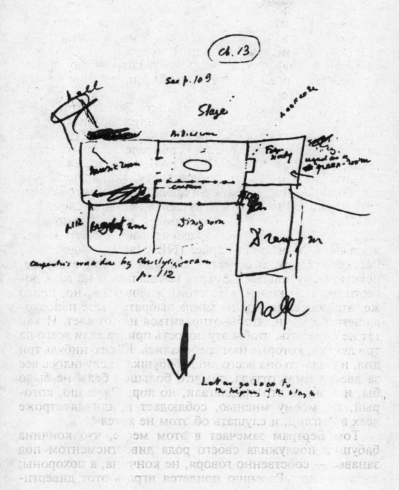

Набросок плана Мэнсфилд-парка.

что здесь как бы предвещается другое неожиданное событие, помешавшее театральной затее, — внезапный приезд сэра Томаса, отца семейства, положивший конец репетициям «Обетов любви» в Мэнсфилд-парке. Появление отца — тот же финальный дивертисмент, только драматического характера.

Рассказ Йейтса о театральной затее в доме Рэвеншо увлекает молодых обитателей Мэнсфилд-парка и разжигает их воображение. Генри Крофорд объявляет, что у него хватит глупости согласиться на любую роль, от Шейлока и Ричарда III до героя какого-нибудь фарса, распевающего песенки, и именно он предлагает, «поскольку это — еще не испробованное удовольствие», сыграть хоть что-нибудь. «Пусть это будет всего половина пьесы... один акт... одна сцена». Том говорит, что понадобится зеленый суконный занавес; Йейтс вторит ему, перечисляя кое-что из декораций. Эдмунд встревожен и пробует умерить общий пыл саркастическим предложением: «Давайте ничего не будем делать наполовину. Если уж играть, пусть это будет театр как театр, с партером, ложей, галеркою, и давайте возьмем пьесу целиком, от начала и до конца; так что, если то будет немецкая пьеса, неважно какая, пусть в ней будут пантомима, и матросский танец, и между актами песня. Если мы не превзойдем Эклсфорд (*место несостоявшегося спектакля. — В. Н.*), не стоит и приниматься». Упоминавшийся выше «дивертисмент под занавес» служит как бы заклинанием, волшебной формулой: именно так все и случается в действительности — преждевременный приезд отца оказывается этим самым «дивертисментом под занавес».

Находится и помещение — бильярдная, надо только отодвинуть книжный шкаф в кабинете сэра Томаса, и тогда обе двери в бильярдной будут открываться. Перестановка мебели в те времена была делом серьезным, и опасения Эдмунда возрастают. Но снисходительная маменька и тетка, души не чающая в барышнях Бертрам, не возражают. Наоборот, миссис Норрис даже берется выкроить занавес и надзирать за работами по сколачиванию декораций. Однако все еще не выбрана пьеса. Отметим опять магическую ноту, игру художественного рока: пьеса «Обеты любви», упомянутая Йейтсом, словно бы забыта, а на самом деле это сокровище лежит и ждет своего часа. Обсуждаются другие пьесы — но в них чересчур много или, наоборот, чересчур мало действующих лиц; мнения в труппе расходятся еще и по вопросу, что играть: комедию или трагедию? И тут снова действуют чары, колдовство. Том Бертрам, «взявши один из множества лежащих на столе томов с пьесами и полистав его, вдруг воскликнул:

— "Обеты любви"! А почему бы нам не взять "Обеты любви", которые ставили у Рэвеншо? Как это нам прежде не пришло в голову!»

«Обеты любви» (1798) — обработка миссис Элизабет Инчболд пьесы Августа Фридриха Фердинанда Коцебу «Das Kind der Liebe»[1]. Пьеса вполне зряшная, но пожалуй что не глупее многих сегодняшних драматических сочинений, пользующихся шумным успехом. Сюжет ее строится вокруг судьбы Фредерика, незаконного сына барона Вильденхайма и Агаты Фрибург, камеристки баронессы-матери. После того как любовники расстались, Агата ведет добродетельную жизнь и воспитывает сына, а барон женится на богатой невесте из Эльзаса и поселяется в ее владениях. К началу действия эльзасская супруга уже умерла и барон со своей единственной дочерью Амелией возвращается в Германию, в родовой замок. Одновременно, по удивительному совпадению, без каких невозможны ни трагедии, ни комедии, Агата тоже возвращается в родную деревню по соседству от замка, и мы застаем ее в тот момент, когда ее выдворяют с деревенского постоялого двора, так как ей нечем заплатить хозяину. По другому счастливому совпадению, ее находит сын Фредерик, проведший пять лет в военных походах и теперь вернувшийся на родину искать мирную работу. Для этого ему требуется свидетельство о рождении, и Агата, в ужасе от его просьбы, вынуждена открыть ему тайну его рождения, которую до сих пор скрывала. Сделав такое признание, она падает в обморок, и Фредерик, пристроив ее в доме крестьянина, отправляется просить милостыню, чтобы купить хлеба. Еще одно совпадение: в поле он встречает нашего барона и графа Кэссела (богатого и глупого искателя руки Амелии), получает от них некую сумму,

---

[1] «Дитя любви» (нем.).

которой, однако, недостаточно, принимается угрожать барону, не ведая о том, что это его отец, а тот приказывает заточить его в замке.

История Фредерика прерывается сценой Амелии и ее наставника, преподобного Анхельта, которому барон поручил расположить ее к графу Кэсселу. Но Амелия любит Анхельта и любима им и посредством откровенных речей, против которых кокетливо возражает мисс Крофорд, она вырывает у него признание. Затем, узнав о заточении Фредерика, они оба пытаются ему помочь: Амелия относит ему в темницу пищу, а преподобный Анхельт добивается для него аудиенции у барона. В разговоре с Анхельтом Фредерик называет имя своего отца, и во время последовавшей встречи с бароном все разъясняется. Завершается все счастливо. Барон, стремясь искупить ошибку молодости, женится на Агате и признает сына; граф Кэссел убирается восвояси, ничего не добившись; Амелия сочетается браком с застенчивым Анхельтом. (Краткое содержание пьесы почерпнуто из книги Клары Линклейтер Томсон «Джейн Остен, обзор», 1929.)

Эта пьеса выбрана не потому, что мисс Остен сочла ее особенно аморальной, просто роли в ней очень удачно накладываются на действующих лиц романа. Однако не подлежит сомнению, что сам по себе замысел поставить «Обеты любви» в кругу Бертрамов она осуждает, и не только из-за того, что там идет речь о внебрачных детях и содержатся слова и поступки, слишком откровенные для молодых дворян, но также и потому, что роль Агаты, хотя и кающейся, однако же познавшей незаконную любовь и родившей внебрачного ребенка, решительно не подходит для барышень. Конкретно возражения такого рода нигде не высказываются, но они, безусловно, играют главную роль в неприятном потрясении, которое испытала Фанни, прочитав пьесу, а также, по крайней мере сначала, в отрицательном отношении Эдмунда к сюжету и действию пьесы.

«Оказавшись в одиночестве, она первым долгом взяла лежащий на столе том и стала читать пьесу, о которой столько слышала. В ней проснулось любопытство, и она пробегала страницу за страницей с жадностию, которая время от времени сменялась разве что удивленьем — как можно было это предложить и принять для домашнего театра! Агата и Амелия, каждая на свой лад, показались ей столь неподходящими для домашнего представления, положение одной и язык другой столь непригодными для изображения любой достойной женщиной, что она и помыслить не могла, будто ее кузины имеют понятие о том, чем занялись; и она жаждала, чтоб увещевания Эдмунда, которых конечно же не миновать, поскорей заставили их опомниться»[1].

Нет никаких оснований полагать, что Джейн Остен не разделяла взгляды своей героини. Но дело тут не в том, что пьеса как таковая осуждается за безнравственность. Просто она годится лишь для профессионального театра и совершенно невозможна для представления в доме Бертрамов.

Следует распределение ролей. Художественная судьба позаботилась о том, чтобы действительные отношения между персонажами романа нашли отражение во взаимоотношениях действующих лиц пьесы. Генри Крофорд исхитрился обеспечить себе и Марии подходящие роли, то есть такие роли (Фредерик и его мать Агата), в которых они постоянно вместе и постоянно в обнимку. С другой стороны, Йейтс, уже увлеченный Джулией, досадует, что Джулии предложена второстепенная роль, которую она отвергает. «Жена крестьянина! — воскликнул Йейтс. — О чем вы говорите? Самая незначительная, ничтожная роль, такая будничная... Ни единой выигрышной реплики. Такую роль вашей сестре! Да это оскорбленье — предложить такое. В Эклсфорде эта роль предназначалась гувернантке. Мы все сошлись на том, что никому другому нельзя ее предложить». Том настаивает: «Нет, нет, Джулия не должна быть Амелией. Эта роль совсем не для нее. Ей она не понравится. И не получится у нее. Джулия слишком высокая и крепкая. Амелии пристало быть маленькой, легкой, с девичьей фигуркой и непоседливостью. Роль эта подходит мисс Крофорд, и только мисс Крофорд, уверяю вас, мисс

---

[1] К этому абзацу в рабочем экземпляре книги имеется приписка В.Н.: «И она абсолютно права. В роли Амелии есть что-то непристойное». — *Фр. Б.*

Крофорд похожа на Амелию и конечно же сыграет ее замечательно».

Генри Крофорд, благодаря кому роль Агаты не досталась Джулии, так как он выговорил ее для Марии, теперь выступает за то, чтобы Джулия сыграла Амелию. Но ревнивая Джулия относится к его уговорам с подозрением. Вспыхнув, она упрекает его, но Том продолжает твердить, что на роль Амелии подходит только мисс Крофорд. «"Не бойся, я не хочу эту роль, — сердито, торопливо воскликнула Джулия. — Мне не быть Агатой, а никого другого я нипочем играть не стану. А что до Амелии, она мне отвратительней всех ролей. Я ее просто ненавижу". И так сказав, она поспешно вышла из комнаты, и почти всем стало неловко, но особого сочувствия к ней не испытал никто, кроме Фанни, которая тихонько все слушала и с великой жалостью думала, что причина волнений Джулии — жестокая ревность».

Обсуждение остальных ролей много добавляет к портретам молодых обитателей Мэнсфилд-парка. В особенности характерно, как Том Бертрам захватывает себе все комические роли. Рашуот, напыщенный дурень, получает роль графа Кэссела, которая ему необыкновенно подходит, он буквально расцветает на глазах, наряженный в голубой и розовый атлас, надуваясь от гордости за свои сорок две реплики, которые он, впрочем, не в состоянии выучить наизусть. Фанни со страхом видит, что всеобщее возбуждение растет. Готовящийся спектакль выливается в настоящую оргию вседозволенности, особенно для греховной страсти Марии Бертрам и Генри Крофорда. Решается критический вопрос: кому играть Анхельта, молодого священника? На эту роль, по ходу которой Анхельту изъясняется в любви Амелия — Мэри Крофорд, судьба откровенно толкает упирающегося Эдмунда. В конце концов страсть, внушаемая ему миниатюрной красавицей, заставляет его отбросить все возражения. Он соглашается, поскольку не может допустить, чтобы на эту роль был приглашен посторонний человек, молодой сосед Чарльз Мэддок, и чтобы Мэри вела любовную сцену с ним. Эдмунд весьма неубедительно объясняет Фанни, что берется участвовать в спектакле исключительно с целью ограничить огласку, «ввести наше безрассудное предприятие в более тесные рамки», чтобы все оставалось в кругу семьи. Добившись победы над благоразумием Эдмунда, брат и сестра торжествуют. Они радостно приветствуют его в своих рядах и преспокойно пренебрегают его пожеланиями ограничить число зрителей. Приглашения на предстоящий спектакль рассылаются всем соседям. Играется и своего рода прелюдия к нему: Фанни, грустный зритель, сначала выслушивает, как репетирует свою роль Мэри Крофорд, а затем выполняет аналогичную просьбу Эдмунда. Комнатка Фанни служит им местом встречи, она сама оказывается связующим звеном между ними, внимательной, нежной Золушкой, не питающей никаких надежд, хлопочущей, как всегда, о других.

Осталось определить последнего исполнителя, и можно устраивать общую репетицию трех первых актов. Фанни сначала решительно отказывается взять роль жены крестьянина, отвергнутую Джулией: она не верит в свои актерские способности, да и не по душе ей все это. Сыграть жену крестьянина берется миссис Грант, но, когда перед самой репетицией оказывается, что она не сможет оставить дом, все, даже Эдмунд, просят Фанни хотя бы прочесть по книге роль миссис Грант. Ее вынужденное согласие разрушает чары, перед ее чистотой разбегаются демоны кокетства и греховной страсти. Однако репетицию так и не удается довести до конца. «Они и вправду начали и, слишком поглощенные шумом, который при этом подняли сами, не услышали непривычный шум в другой половине дома и какое-то время продолжали репетицию, но вдруг дверь в комнату распахнулась, на пороге возникла Джулия с побелевшим от страха лицом и воскликнула:

— Папенька приехал! Он сейчас в прихожей».

Так Джулия все-таки получила главную роль, и на этом кончается первый том романа.

Под режиссурой мисс Остен в бильярдной Мэнсфилд-парка сходятся два благородных отца: Йейтс в роли властного барона Вильденхайма и сэр Томас Бертрам в роли сэра Томаса Бертрама. Йейтс с поклоном и любезной улыбкой уступает подмостки сэру Томасу. Это своего рода эпилог. «...[Том] отправился в театр и поспел как раз вовремя, чтоб присутствовать при первой встрече отца с его другом. Сэр Томас был немало удивлен, увидев, что в его комнате зажжены свечи, а когда бросил взгляд по сторонам, заметил еще и следы чьего-то недавнего здесь пребывания и общий беспорядок в расстановке мебели. Книжный шкаф, отодвинутый от двери, ведущей в бильярдную, особенно его поразил, но только он успел подивиться всему этому, как звуки, доносящиеся из бильярдной, изумили его и того более. Кто-то там разговаривал весьма громким голосом — голос был ему незнаком, — и не просто разговаривал, нет, скорее что-то выкрикивал. Сэр Томас ступил к двери, радуясь, что может прямиком войти в бильярдную, и, отворив ее, оказался на подмостках лицом к лицу с декламирующим молодым человеком, который, казалось, того гляди собьет его с ног. В ту самую минуту, когда Йейтс заметил сэра Томаса и куда успешней, чем за все время репетиции, вошел в свою роль, в другом конце комнаты появился Том Бертрам; и никогда еще ему не стоило такого труда удержаться от смеха. Серьезное и изумленное лицо отца, впервые в жизни очутившегося на сцене, и постепенная метаморфоза, превратившая охваченного страстью барона Вильденхайма в прекрасно воспитанного и непринужденного мистера Йейтса, который с поклоном приносил сэру Томасу Бертраму свои извинения, — это было такое зрелище, такая поистине театральная сцена, какую Том не пропустил бы ни за что на свете. Это последняя, по всей вероятности, последняя сцена на сих подмостках, подумал он, но лучшей и разыграть невозможно. Театр закроется при величайшем успехе».

Сэр Томас без единого слова укоризны отсылает декоратора и велит плотнику разобрать все, что тот сколотил в бильярдной.

«Еще через день-другой отбыл и мистер Йейтс. Вот в чьем отъезде был крайне заинтересован сэр Томас; когда жаждешь остаться наедине со своим семейством, тяготишься присутствием постороннего и получше мистера Йейтса; а он — незначительный и самоуверенный, праздный и расточительный — обременял до крайности. Сам по себе утомительный, он в качестве друга Тома и поклонника Джулии оказался непереносим. Сэру Томасу было вовсе безразлично, уедет или останется мистер Крофорд, но, сопровождая мистера Йейтса до дверей, он желал ему всяческого благополучия и доброго пути с искренним удовлетворением. Мистер Йейтс видел собственными глазами, как пришел конец всем театральным приготовлениям в Мэнсфилде, как было убрано все, что имело касательство к спектаклю; он покинул усадьбу, когда она вновь обрела всю свойственную ей умеренность; и, выпроваживая его, сэр Томас надеялся, что расстается с наихудшей принадлежностью этой затеи, и притом с последней, которая неизбежно напоминала бы о ее недавнем существовании.

Тетушка Норрис ухитрилась убрать с его глаз один предмет, который мог бы его огорчить. Занавес, шитьем которого она заправляла с таким талантом и успехом, отправился с нею в ее коттедж, где, надо ж так случиться, у ней как раз была надобность в зеленом сукне».

***

Генри Крофорд внезапно обрывает флирт с Марией и, не связав себя никакими обязательствами, вовремя отправляется в Бат. Сэр Томас, поначалу отнесшийся к Рашуоту с благосклонностью, вскоре понимает, с кем имеет дело, и предлагает Марии, если она пожелает, расторгнуть помолвку. Он видит, как холодно и небрежно обращается она с женихом. Однако Мария отклоняет предложение отца: «В ее теперешнем настроении она радовалась, что заново связала себя с Созертоном и может не опасаться дать Крофорду повод торжествовать, позволив ему определять ее настроение и погубить ее виды на будущее; и удалилась в гордой решимости, с твердым намерением впредь вести себя по отношению к Рашуоту осмотрительней».

В свой срок справляют свадьбу, молодые уезжают проводить медовый месяц в Брайтоне и берут с собой Джулию.

Фанни за свою скромность удостаивается безоговорочного одобрения сэра Томаса и становится его любимицей. Однажды, застигнутая ливнем, Фанни прячется в доме священника, и у нее завязывается, при некотором внутреннем неудобстве, близкая дружба с Мэри Крофорд, которая играет для нее на арфе любимую пьесу

Эдмунда. Вскоре ее приглашают вместе с Эдмундом к Грантам на обед, там она застает Генри Крофорда, заехавшего к сестрам на несколько дней. В сюжете романа происходит новый поворот: Генри пленяется расцветшей красотой Фанни и решает прогостить вместо двух дней две недели, с тем чтобы за этот срок для забавы влюбить ее в себя. Брат с сестрой весело обсуждают его план. Генри объясняет: «Вы ее видите каждый день и потому не замечаете этого, но уверяю тебя, она совсем не та, что была осенью. Тогда она была тихая, застенчивая, отнюдь не дурнушка, но сейчас она просто красотка. Я тогда думал, что она не может похвастать ни цветом лица, ни правильностью черт; но в этой ее нежной коже, которая столь часто заливается краской, как это было вчера, несомненная прелесть, а что до ее глаз и уст, я убежден, что, когда ей есть что выразить, они могут быть весьма выразительны. А потом ее манеры, поведение, tout ensemble столь неописуемо изменились к лучшему! И с октября она выросла по меньшей мере на два дюйма».

Сестра высмеивает его восторги, но согласна, что красота Фанни «того рода, которую чем дальше, тем больше замечаешь». Особая прелесть в том, признается Генри, что Фанни — крепкий орешек. «Еще никогда я не проводил в обществе девушки столько времени, пытаясь ее развлечь, и так мало в том преуспел! В жизни не встречал девушку, которая смотрела бы на меня так строго! Я должен попытаться взять над нею верх. Всем своим видом она мне говорит: "Вы мне не понравитесь. Ни за что не понравитесь", а я говорю, что понравлюсь». Мэри не хотела бы, чтобы Фанни пришлось страдать по его милости: «...Толика любви, возможно, и оживит ее и пойдет ей на пользу, но только не вздумай всерьез вскружить ей голову». Генри отвечает, что речь идет всего о каких-то двух неделях. «Нет, я не причиню ей зла, этой милой малышке! Мне только и надо, чтоб она смотрела на меня добрыми глазами, улыбалась мне и заливалась краской, берегла для меня место подле себя, где бы мы ни оказались, и мигом оживлялась, когда бы я на него садился рядом и заводил с нею разговор, пусть думает, как думаю я, пусть ее занимает все, что меня касается и что доставляет мне удовольствие, пусть постарается задержать меня в Мэнсфилде, а когда я уеду, пусть чувствует себя навеки несчастливой. Ничего больше я не желаю.

— Сама умеренность! — сказала Мэри. — Теперь меня может не мучить совесть. Что ж, у тебя будет довольно удобных случаев показать себя с наилучшей стороны, мы ведь много времени проводим вместе.

И, не пытаясь более увещевать брата, она предоставила Фанни ее судьбе, так что, не будь сердце Фанни защищено особым образом, о каком мисс Крофорд не подозревала, судьба ее оказалась бы много тяжелей, чем она заслуживала».

После нескольких лет плавания возвращается на родину брат Фанни Уильям и по приглашению сэра Томаса приезжает с визитом в Мэнсфилд-парк. «Сэр Томас с удовольствием увидел, что его протеже, которого он снарядил в путь семь лет назад, стал, без сомнения, совсем другим человеком, — пред ним стоял юноша с открытым, приятным лицом, который держался с естественною непринужденностью, однако ж сердечно и почтительно, из чего ясно было, что это поистине друг». Фанни совершенно счастлива с любимым братом, и он со своей стороны горячо ее любит. Генри Крофорд не может насмотреться, «как она заливается румянцем, как блестят у ней глаза, как она захвачена, с каким глубоким интересом слушает брата, пока тот описывает любой из неизбежных в плавании опасных случаев, любую страшную картину, которых за столько времени, проведенного в море, у него набралось немало.

Генри Крофорду хватало душевного вкуса, чтоб оценить то, что он видел, и Фанни стала для него еще привлекательней, вдвойне привлекательней оттого, что чувствительность, окрасившая и озарившая ее лицо, была и сама по себе привлекательна. Он уже более не сомневался в щедрости ее сердца. Она способна на чувство, на подлинное чувство. Быть любимым такой девушкой, возбудить первый пыл в ее чистой, юной душе — это было бы замечательно! Она заинтересовала его более, чем он предвидел. Двух недель ему оказалось не довольно. Он остался на неопределенное время».

Все Бертрамы собираются за обеденным столом у Грантов. После обеда, когда старшие составили партию в вист, молодежь затеяла карточную игру под названием «спекуляция»; к ним присоединилась леди Бертрам. Генри Крофорд рассказывает Эдмунду о том, как случайно заехал в Торнтон Лейси. Ему там очень понравилось, и он опять, как раньше в Созертоне, принимается уговаривать будущего хозяина произвести некоторые усовершенствования. Любопытно, как два плана переустройства, предложенные Крофордом, соответствуют двум объектам его ухаживания. В обоих выражается в книге тема планов, предумышлений. Раньше он планировал переустройство имения Рашуота и при этом замышлял соблазнить невесту Рашуота Марию. Теперь речь идет о будущем доме Эдмунда, и Крофорд замышляет покорить будущую жену Эдмунда — Фанни Прайс. Он бы хотел снять на зиму дом в Торнтон Лейси, чтобы «продолжать, углублять, всемерно совершенствовать ту дружбу и близость с обитателями Мэнсфилд-парка, которая с каждым днем становится ему все дороже». Но Крофорда ожидает миролюбивый отказ сэра Томаса; тот объясняет, что Эдмунд не останется жить в Мэнсфилд-парке, когда, уже через несколько недель, примет сан священника, а поселится в Торнтон Лейси, где и будет на месте печься о своих прихожанах. У Генри и в мыслях не было, что Эдмунд не переложит свои пастырские обязанности на какого-нибудь помощника. Его предложение сделать из дома священника в Торнтон Лейси изысканное жилище джентльмена заинтересовало Мэри Крофорд. Весь этот разговор искусно вплетен в «спекуляцию» — карточную игру, которой занята молодежь. Мисс Крофорд, прикупая карту, рассчитывает, стоит ли ей выходить замуж за священника Эдмунда. Такой параллельный ход мысли и игры напоминает взаимопроникновение фантазии и реальности в эпизоде с театральными репетициями, когда та же Мэри играла перед Фанни Амелию в паре с Эдмундом — Анхельтом. Тема планов и предумышлений, звучащая то в связи с переустройством имений, то в репетициях, то в карточной игре, образует в романе прелестный узор.

Следующая стадия в развитии сюжета — бал, глава 10, часть II. Подготовка к нему сопряжена с разными переживаниями и поступками и дает новый толчок действию романа. Видя, как похорошела Фанни, и желая доставить удовольствие Уильяму, сэр Томас решает устроить для нее бал и принимается за дело с таким же рвением, как раньше его сын Том, когда затевал домашний спектакль. Мысли Эдмунда заняты двумя предстоящими событиями: посвящением в сан, которое состоится на Рождественской неделе, и женитьбой на Мэри Крофорд, пока еще только в мечтах. Забота о том, как ангажировать мисс Крофорд на два первых танца, представляет одно из тех предумышлений, что подстегивают роман, превращая бал в структурное событие. Другое предумышление — сборы Фанни на бал. Мисс Остен использует здесь тот же метод сплетения действия, что и в созертонском эпизоде и в описании подготовки спектакля. Уильям подарил сестре сицилийский янтарный крестик, единственное ее украшение. Однако ей не на что его привесить, кроме ленточки. Но годится ли это для бала? Едва ли годится, а без крестика ей никак нельзя. И по поводу платья есть сомнения. Фанни решается спросить совета у мисс Крофорд. Та, услышав про крестик, предлагает Фанни золотое ожерелье, для Фанни же и купленное Генри Крофордом, заверяя ее, что это старый подарок брата, завалявшийся в шкатулке. Несмотря на серьезные колебания в связи с происхождением подарка, Фанни в конце концов соглашается. Потом оказывается, что Эдмунд купил ей для крестика простую золотую цепочку. Фанни собирается вернуть ожерелье мисс Крофорд, но Эдмунд, растроганный таким «совпадением намерений» и, как ему кажется, новым доказательством доброты мисс Крофорд, убеждает Фанни оставить ее подарок у себя. И она решает надеть на бал оба украшения. Впрочем, к ее радости, ожерелье Крофордов чересчур толстое и не лезет в ушко крестика, и тема ожерелья сходит на нет, еще раз связав в один узел пять персонажей: Фанни, Эдмунда, Генри, Мэри и Уильяма.

Описание бала — новый эпизод, выявляющий характеры действующих лиц. Мы видим мельком грубую и суетливую миссис Норрис, которая «сразу же устремилась к камину и стала переворачивать по-своему и портить превосходно сложенные дворецким поленья, горящие таким величавым пламенем». Это слово «портить» в применении к огню — одна из стилистических находок Остен и, кстати сказать, единственная авторская метафора в книге. Появляется и флегматичная леди Бертрам, убежденная в том, что Фанни оттого так мило выглядит, что она, леди Бертрам, послала к ней свою горничную, миссис Чэпмен, и та помогла ей одеться. (На самом деле Чэпмен была послана слишком поздно и встретила Фанни, уже одетую, на лестнице.) И сэр Томас, неизменно солидный, сдержанный, неспешный в речах, и молодые люди — каждый в своей роли. Мисс Крофорд даже не подозревает, что Фанни любит Эдмунда и совершенно равнодушна к ее брату Генри. Она сильно ошиблась в расчетах, когда лукаво спросила у Фанни, не знает ли та, зачем Генри вдруг собрался ехать в Лондон да еще надумал взять с собой Уильяма, которому пора возвращаться на корабль; мисс Крофорд полагала, что у Фанни радостно забьется сердечко и ее душу наполнит упоительное сознание успеха, однако Фанни просто ответила, что ей ничего не известно. «Ну что ж, — со смехом сказала мисс Крофорд, — тогда мне остается предположить, что он это делает единственно ради удовольствия отвезти вашего брата и дорогою разговаривать о вас». Вопреки ее ожиданиям, Фанни сконфужена и недовольна. «Мисс Крофорд недоумевала, почему она не улыбнется, и находила ее слишком скованной, странной, непонятной, но не допускала и мысли, что внимание Генри может не доставлять ей удовольствия». Эдмунду бал принес мало радости. Они с мисс Крофорд опять спорили о его намерении принять сан, «она совершенно измучила его своей манерой разговора о занятии, которому он вот-вот себя посвятит. Они то разговаривали, то молчали, он убеждал, она высмеивала, и наконец они расстались, в досаде друг на друга».

Сэр Томас, заметив внимание, оказываемое мистером Крофордом Фанни, задумывается о том, что такой брак имел бы немалые достоинства. И, поскольку утром намечена поездка в Лондон, «минуту-другую поразмыслив, сэр Томас пригласил Крофорда разделить с ними ранний завтрак, вместо того, чтоб завтракать одному, сам он тоже откушает с ними; и готовность, с какою было принято приглашение, лишь убедила его, что подозрения, которые (надобно было себе в этом признаться) прежде всего и навели на мысль устроить сегодняшний бал, и вправду весьма основательны. Крофорд влюблен в Фанни. Сэр Томас с удовольствием предчувствовал, чем дело кончится. Племянница его, однако ж, нисколько не была ему благодарна за это приглашение. Она надеялась провести последнее утро наедине с Уильямом. Это была бы несказанная милость. И хотя надежды ее рушились, она и не думала роптать. Напротив, так непривычно ей было, чтобы посчитались с ее чувствами или чтоб что-то было сделано по ее желанию, что она склонна была скорее удивляться и радоваться тому, чего достигла, нежели сетовать на дальнейший неожиданный оборот событий». Сэр Томас велит Фанни идти ложиться спать, поскольку уже три часа пополуночи, хотя бал продолжается, «пять-шесть исполненных решимости пар» все еще танцуют. «Отсылая Фанни, сэр Томас, возможно, пекся не только о ее здоровье. Быть может, он подумал, будто Крофорд сидел подле нее уж слишком долго, а возможно, хотел отрекомендовать ее в качестве хорошей жены, показав, как она послушна». Примечательная финальная нота!

* * *

Эдмунд уехал на неделю в Питерборо навестить знакомого. В его отсутствие мисс Крофорд, раскаиваясь в своем поведении на балу, делает попытку разузнать у Фанни, что той известно о его намерениях и чувствах. Возвращается из Лондона Генри Крофорд, и следующий день приносит его сестре сюрприз: Генри объявляет, что, заигравшись, всерьез полюбил Фанни и намерен теперь на ней жениться. Привез он также приятный сюрприз Фанни — в виде писем, из которых явствует, что он нажал на влиятельного дядюшку-адмирала и Уильям наконец произведен в офицеры. Вслед за этим сообщением, не переводя дыхания, Генри тут же предлагает ей руку и сердце. Разговор этот для Фанни так неожидан и так неприятен, что она в смятении убегает. Мисс Крофорд присылает ей с братом записку: «Дорогая моя Фанни, — ибо именно так отныне я смогу вас называть, к величайшему своему облегчению, потому что язык с трудом повиновался мне, когда надо было произнести "мисс Прайс", особливо же в последние полтора месяца, — не могу отпустить брата, не написав вам несколько поздравительных слов и не выразив своего самого радостного согласия и одобрения. Решайтесь, дорогая моя Фанни, и смелее! Тут не может быть никаких затруднений, о которых стоило бы упоминать. Льщу себя надеждою, что уверенность в моем согласии будет для вас небезразлична; итак, нынче ввечеру милостиво улыбнитесь ему своей прелестнейшей улыбкою и отошлите его ко мне еще счастливей, чем он сейчас.

Любящая вас *М. К.*».

Стиль этой записки, на первый взгляд весьма элегантный, при ближайшем рассмотрении оказывается довольно пошлым. Тут много жеманных банальностей, вроде просьбы о «прелестнейшей улыбке». Все это — не для Фанни. Когда Крофорд перед уходом просит у нее ответа для сестры, «с единственным чувством не дай Бог не показать, что она поняла истинный смысл письма, с дрожью в душе дрожащей рукою Фанни написала:

"Я весьма благодарна Вам, дорогая мисс Крофорд, за любезные поздравления, коль скоро они касаются моего драгоценного Уильяма. Как я понимаю, остальная же часть Вашего письма просто шутка, но я ни к чему такому непривычна и надеюсь, Вы не будете в обиде, если я попрошу Вас об этом позабыть. Я довольно видела мистера Крофорда, чтоб составить представленье о его наклонностях. Если б он так же хорошо понимал меня, он, я думаю, вел бы себя со мною иначе. Сама не знаю, что я пишу, но Вы окажете мне величайшую любезность, если никогда более не станете поминать о сем предмете. С благодарностью за честь, которую Вы мне оказали своим письмом, дорогая мисс Крофорд,

остаюсь искренне Ваша"».

Стиль этой записки, наоборот, искренен, чист и ясен. Ответом Фанни завершается второй том романа.

В этом месте новый композиционный толчок исходит от сэра Томаса, строгого дядюшки, употребляющего всю свою власть и все свое влияние, чтобы склонить кроткую Фанни к браку с Крофордом. «Он, который отдал дочь за Рашуота. Где уж от него ждать романтической утонченности». Сцена разговора дяди с племянницей в Восточной комнате (глава 1, часть III) принадлежит к сильнейшим в книге. Сэр Томас крайне недоволен и не скрывает своего недовольства, чем приводит Фанни в полнейшее отчаяние, однако добиться от нее согласия не может. Она далеко не убеждена в серьезности намерений Крофорда и держится за мысль, что это всего лишь пустые любезности с его стороны. Более того, она полагает, что при такой разнице характеров брак был бы для них обоих несчастьем. У сэра Томаса мелькнула было мысль, что уж не привязанность ли к Эдмунду — причина ее несогласия? Но он тут же эту мысль отбрасывает. На Фанни обрушивается вся сила его порицания. «...Сэр Томас остановился. К этому времени Фанни уже так горько плакала, что при всем своем гневе он не стал продолжать. Ее портрет, им нарисованный, и обвинения, столь тяжкие, столь многочисленные, и чем дальше, тем все более жестокие, едва не разбили ей сердце. Своевольная, упрямая, себялюбивая, да еще и неблагодарная. Вот как он о ней думает. Она обманула его ожидания, утратила его хорошее мнение. Что с нею станется?»

Крофорд продолжает оказывать нажим и чуть ли не ежедневно бывает в Мэнсфилд-парке с полного одобрения сэра Томаса. Вернулся Эдмунд, и происходит как бы повторение темы спектакля: Крофорд читает сцены из «Генриха VIII». Это, бесспорно, одна из самых слабых шекспировских пьес, но в 1808 году простые английские читатели предпочитали исторические драмы Шекспира божественной поэзии его великих трагедий, как «Гамлет» или «Король Лир». Тема спектакля умело переплетается с темой духовного сана (уже принятого Эдмундом) в разговоре мужчин на тему: просто прочесть проповедь или подать ее искусно. Эдмунд рассказал Крофорду о недавно прочтенной им первой проповеди, и Крофорд забросал его вопросами «касательно его ощущений и успеха проповеди; вопросы эти заданы были хотя и с живою дружеской заинтересованностью и пристрастием, но без того налета добродушного подшучиванья или неуместной веселости, какая, без сомненья, была бы оскорбительна для Фанни, — и Эдмунд отвечал с истинным удовольствием; а когда Крофорд поинтересовался, как, по его мнению, следует читать иные места службы, и высказал на этот счет собственное мнение, свидетельствующее, что он уже думал об этом прежде, Эдмунд слушал его со все большим удовольствием. Он понимал, что это и есть путь к сердцу Фанни. Ее не завоюешь добродушием в придачу ко всевозможным любезностям да остроумию или, уж во всяком случае, не скоро завоюешь без помощи понимания, чуткости и серьезного отношения к предметам серьезным»[1].

С обычной для него легкостью в мыслях Крофорд воображает себя модным лондонским проповедником: «Искусно сочиненная и искусно прочитанная проповедь — ни с чем не сравнимое наслажденье. Такую проповедь я слушаю с величайшим восторгом и уважением и чуть ли не готов тотчас принять сан и проповедовать». <...> «Правда, мне нужна лондонская публика. Я мог бы читать проповедь только образованной пастве, такой, которая в состоянии оценить мое искусство. И потом, мне навряд ли будет приятно читать проповеди часто. Пожалуй, изредка, раза два за весну, после того как пять-шесть воскресений меня будут с нетерпением ждать, но только не постоянно, постоянно — это не по мне». Такой сугубо актерский подход не оскорбляет Эдмунда, ведь это говорит брат Мэри. Зато Фанни качает головой.

Обстоятельный сэр Томас получает теперь в помощники тоже довольно обстоятельного Эдмунда для оказания влияния, способного расположить Фанни к браку с Крофордом. Начиная разговор с ней, Эдмунд допус-

---

[1] Критики, как Линклейтер Томсон, недоумевают, как это Джейн Остен, в молодости смеявшаяся над «чувствительностью», которая приводит к сентиментальности и преувеличенным эмоциям — со слезами, обмороками, трепетом и сочувствием без разбору ко всякому страданию или к тому, что претендует считаться возвышенным и нравственным, — как это она избрала именно чувствительность в качестве черты, характеризующей ее излюбленную героиню, которую она предпочитает всем остальным своим персонажам и которой дала имя своей любимой племянницы? Но у Фанни эти модные симптомы проявляются так мило, переживания ее так гармонируют с жемчужно-серыми небесами этого грустного романа, что недоумениями Томсона можно пренебречь. (Замечание В. Н. на отдельном листе в папке «Остен». — *Фр. Б.*)

кает, что Фанни пока еще Крофорда не любит, его главная мысль состоит в том, что со временем, если ухаживаниям Крофорда не препятствовать, она оценит его и полюбит и постепенно нити, связывающие ее с Мэнсфилд-парком, ослабнут, будущий отъезд из дому уже не будет казаться ей невозможным. Влюбленный Эдмунд быстро переходит к восхвалению Мэри Крофорд, с которой он через Фанни породнится. Разговор заканчивается на ноте бдительного выжидания: предложение Крофорда было просто слишком неожиданным и только потому неприемлемым. «Я им говорил [Грантам и Крофордам], что ты из тех, над кем привычка властвует значительно сильней, чем новизна, и что сама неожиданность ухаживания Крофорда действует против него. Слишком это ново, слишком недавно — а потому не в его пользу. Ты же плохо переносишь все, к чему не привыкла. И я говорил им еще много в том же роде, старался дать представленье о твоем характере. Мисс Крофорд насмешила нас, сказавши, как она собирается приободрить брата. Она намерена уговорить его не терять надежду, что со временем его полюбят и что к концу десяти лет счастливого брака его ухаживанья будут приняты весьма благосклонно». «Фанни с трудом улыбнулась, ведь он этого от нее ждал. Она была в полнейшем смятении. Ей казалось, она поступает дурно, слишком много говорит, слишком далеко заходит в своих опасениях, которые почитает необходимыми, чтоб защитить себя от одной беды, и тем самым остается беззащитной перед другой бедою, и в такую минуту и по такому поводу услышать от Эдмунда шутку мисс Крофорд было особенно горько».

Убеждение Эдмунда, что Фанни отвергает Крофорда просто потому, что все это ей внове, тоже выполняет композиционную функцию, поскольку для дальнейшего развития действия требуется, чтобы Крофорд оставался в Мэнсфилд-парке и продолжал за ней ухаживать. Упрощенное объяснение отказа Фанни дает ему предлог для этого и поддержку сэра Томаса и Эдмунда. Многие читатели, в особенности же читательницы, не могут простить умной и тонкой Фанни ее любовь к такому дубоватому парню, как Эдмунд. На это я могу только повторить, что самый никудышный способ читать книги — это по-детски влезать в действие и на равных общаться с персонажами, словно они живые люди. Хотя, конечно, в жизни достаточно часто приходится слышать о том, что тонкие, умные девушки преданно любят скучных дураков. Впрочем, Эдмунд — надо отдать ему должное — на самом деле человек хороший, честный, приятный и добрый. И на этом о житейской стороне — все.

Люди пробуют по-разному влиять на бедняжку Фанни — Мэри Крофорд взывает к ее гордости. Завоевать любовь Генри — большой успех. Ведь о нем вздыхало так много женщин. Мэри настолько нечутка, что, сама того не сознавая, проговаривается: ее брат на самом деле имеет такой недостаток, как склонность волочиться и «слегка влюблять в себя девиц». Она добавляет: «Я и вправду серьезно и искренне верю, что никогда еще, ни к одной женщине он не питал таких чувств, как к вам, он любит вас всем сердцем и будет любить вас так долго, как только возможно. Если хоть один мужчина способен любить женщину вечно, я думаю, так будет любить вас Генри». Фанни не может удержать легкой усмешки, но ничего не говорит в ответ.

Психологически не вполне понятно, почему Эдмунд до сих пор не объяснился в любви Мэри Крофорд; впрочем, композиция романа требует некоторой неспешности его ухаживаний. В результате брат и сестра Крофорд уезжают в Лондон, каждый по своим, заранее условленным делам, так ничего определенного и не добившись от Фанни и Эдмунда.

* * *

Сэру Томасу в ходе его «величественных размышлений» пришло в голову, что Фанни неплохо было бы погостить пару месяцев у родителей в Портсмуте. На дворе февраль 1809 года. Фанни не виделась с родителями без малого девять лет. Расчет сэра Томаса тонок: «Конечно, он желал, чтобы она ехала с охотою, но пуще того желал, чтобы ей стало дома изрядно тошно еще прежде, чем придет время уезжать; и чтобы недолгое отсутствие элегантности и роскоши Мэнсфилд-парка отрезвило ее и склонило по достоинству оценить дом, столь же великолепный и уже постоянный, который ей был предложен». То есть Эверингем, Норфолкское имение Крофорда. Далее следует забавный кусок о том, как миссис Норрис осенила мысль, что экипаж сэра Томаса и дорожные расходы, на которые он идет, можно бы использовать в своих интересах, ведь она, миссис Норрис, не виделась с любимой сестрой Прайс целых двадцать лет. Но потом, к несказанной радости Уильяма и Фанни, она спохватилась, что «сейчас в Мэнсфилд-парке без нее никак не обойтись», — на том дело и кончилось. «В действительности же она спохватилась, что, хотя в Портсмут ее доставят задаром, на обратный путь хочешь не хочешь придется раскошелиться самой. Итак, ее дорогую бедняжку сестру Прайс ждет глубокое разочарование оттого, что миссис Норрис упускает столь удобный случай; и, видно, предстоят еще двадцать лет разлуки».

Не слишком убедительный пассаж посвящен Эдмунду: «Отъезд Фанни, эта ее поездка в Портсмут отразились и на планах Эдмунда. Ему, как и его тетушке, пришлось принести себя в жертву Мэнсфилд-парку. Он собирался примерно в эту пору поехать в Лондон, но нельзя же оставить отца и мать как раз тогда, когда им и без того неуютно, потому что их оставили все, в ком они всего более нуждаются; и, сделав над собой усилие, что далось ему не без труда, но чем он не возгордился, он еще на неделю-другую отложил поездку, которую предвкушал в надежде, что благодаря ей навсегда обретет счастье». Из соображений композиции в ухаживании Эдмунда за мисс Крофорд опять возникает заминка.

После того как с бедняжкой Фанни уже говорили о Генри Крофорде сначала сэр Томас, потом Эдмунд, потом Мэри Крофорд, теперь, во время поездки Фанни с братом в Портсмут, Джейн Остен обходится вообще без разговоров на эту тему. Они выехали из Мэнсфилд-парка в понедельник 6 февраля 1809 года и на следующий день прибыли в Портсмут, крупный морской порт на юге Англии. Обратно в Мэнсфилд-парк Фанни возвратится не через два месяца, как было запланировано, а через три — в четверг 4 мая 1809 года, в день, когда ей исполнится девятнадцать лет. Сразу же по прибытии в

Портсмут Уильям получает предписание явиться на корабль, и Фанни остается в родной семье одна. «Понимай сэр Томас все чувства племянницы, когда она писала свое первое письмо тетушке, он бы не отчаивался. <...> Уильяма не стало рядом, и дом, где он ее оставил, оказался — Фанни не могла утаить это от себя — почти во всех отношениях полной противоположностью тому, чего бы ей хотелось. То было обиталище шума, беспорядка и неприличия. Никто не вел себя как следовало на его месте, ничто не делалось как должно. Она не могла, как надеялась, уважать своих родителей. От отца она многого и не ждала, но теперь убедилась, что он еще невнимательней к своему семейству, привычки его еще хуже и он еще меньше соблюдает приличия, чем она предполагала. <...> Он бранится, поминает имя Господа всуе и пьет, он неотесан и вульгарен. <...> Теперь он едва замечал ее, разве что принимался топорно ее вышучивать.

Мать разочаровала ее куда сильнее; вот на кого она уповала, и почти ничего в ней не нашла. <...> Миссис Прайс не была недоброй, но, вместо того чтобы одарить дочь любовью и доверием и день ото дня больше ею дорожить, миссис Прайс выказывала к ней ничуть не более доброты, чем в день приезда. Природный инстинкт был быстро удовлетворен, а другого источника привязанности миссис Прайс не имела. Сердце и время были у ней уже полностью заняты; для Фанни не хватило у ней ни досуга, ни любви. <...> Ее дни проходили в некоей медлительной суете; она всегда была в хлопотах, а дело не подвигалось, ни с чем она не поспевала вовремя и сетовала на это, но все продолжалось по-прежнему; желала быть бережливой, но недоставало ей ни изобретательности, ни упорядоченности; была недовольна слугами, но не умела их направить и, помогая ли им, выговаривая или потакая, не в силах была добиться от них уважения».

У Фанни от шума и духоты, от грязи и плохой пищи, от грязнухи горничной и постоянных материнских жалоб болит голова. «Для натур столь хрупких и нервных, как Фанни, жизнь в непрестанном шуме — зло. <...> Здесь все шумливы, у всех громкие голоса (пожалуй, исключая маменьку, чей голос звучал все на одной и той же ноте, как у леди Бертрам, только уже не вяло, а капризно). Что бы ни понадобилось, все требовали криком, и служанки кричали из кухни свои оправдания. Двери вечно хлопали, лестницы не знали отдыха, все делалось со стуком, никто не сидел тихо, и, заговорив, никто не мог добиться, чтобы его выслушали». Одна только одиннадцатилетняя сестрица Сьюзен подает, на взгляд Фанни, какие-то надежды, и Фанни берется обучить ее хорошим манерам и приохотить к чтению книг. Сьюзен все схватывает на лету и проникается любовью к старшей сестре.

Переезд Фанни в Портсмут нарушает единство действия в романе, который до сих пор, за исключением неизбежного и вполне естественного обмена письмами между Фанни и Мэри Крофорд, не был омрачен этим пороком английских и французских романов XVIII века — передачей сведений посредством переписки. Но теперь мы сталкиваемся с новым поворотом в композиции романа: дальше действие движется с помощью писем, герои обмениваются новостями. Мэри Крофорд из Лондона осторожно намекает Фанни, что Мария Рашуот переменилась в лице при упоминании ее имени. Йейтс по-прежнему ухаживает за Джулией. 28 февраля Крофорды будут на приеме у Рашуотов. А Эдмунд, замечает Мэри, «не торопится»: должно быть, его удерживают в деревне дела прихода. «Быть может, в Торнтон Лейси требуется наставить на путь истинный какую-нибудь старую грешницу. Я не склонна воображать, будто он забросил меня ради грешницы молодой».

Неожиданно в Портсмуте появляется Генри Крофорд, чтобы предпринять последнюю атаку на сердце Фанни. К ее большому облегчению, домашние при его появлении принимают более благообразный вид и обращаются с гостем достаточно учтиво. В Генри она тоже замечает перемену к лучшему. Он теперь занимается своим имением. «Он представился некоторым арендаторам, которых никогда прежде не видел, начал знакомиться с коттеджами, о существовании которых ранее и не подозревал, хотя они расположены на его землях. Он рассказывал с расчетом на Фанни, и расчет был верен. Ей нравилось слышать от него такие приличные речи —

во всем этом он вел себя как должно. Быть другом бедных и угнетенных! Ничто не могло быть ей милее, и только она собралась взглянуть на него с одобрением, как он спугнул ее, прибавив что-то уж очень недвусмысленное о своей надежде иметь в скором времени помощника, друга, советчика в каждом его плане, касающемся до благотворительности и пользы Эверингема, кого-то, благодаря кому Эверингем и все, что с ним связано, станет ему дороже, чем когда-либо.

Фанни отворотилась, подумав, что лучше бы ему ничего такого не говорить. Она охотно допускала, что у него больше добрых свойств, чем она привыкла думать. Она уже начинала чувствовать, что в конце концов он может оказаться совсем неплох. <...> Она нашла, что с тех пор, как они не виделись, он заметно переменился к лучшему; он стал много мягче, услужливей и внимательней к чувствам других людей, чем бывал в Мэнсфилде; никогда еще он не был ей так приятен, вернее сказать, так близок к тому, чтоб быть ей приятным; в его отношении к папеньке не было ничего обидного, и с какой-то на редкость деликатной добротою он обращался к Сьюзен. Да, он определенно переменился к лучшему. Фанни хотелось, чтоб следующий день уже миновал, хотелось, чтоб Крофорд приехал всего на один день, но все обернулось не так уж худо, как можно было ожидать: ведь это великая радость поговорить о Мэнсфилде». Крофорда очень заботит здоровье Фанни, и он умоляет ее сообщить его сестре, если произойдет какое-либо ухудшение, чтобы они могли отвезти ее обратно в Мэнсфилд. Здесь, как и в некоторых других местах романа, дается понять, что, если бы Эдмунд женился на Мэри, а Генри продолжал бы держаться так же образцово, Фанни бы за него в конце концов все-таки вышла.

***

Стук почтальона приходит на смену более тонким композиционным приемам. Роман начал расползаться по швам, все более скатываясь в свободный эпистолярный жанр. Это свидетельствует о некоторой усталости автора, таким образом обходящего композиционные трудности. Но при этом мы — на пороге самого драматического момента повествования. Из письма разговорчивой Мэри мы узнаем, что Эдмунд был в Лондоне и что «миссис Фрейзер (неплохой судья) утверждает, что в Лондоне она знает не более трех мужчин, кто был бы так хорош лицом, ростом, всем видом; и, признаться, когда на днях мы здесь обедали, с ним никто не мог сравниться, а собралось шестнадцать человек. По счастью, нынче все одеты на один лад, и платье мало что говорит о человеке, но... но все же...»

Генри собирается снова в Эверингем по делам, которые Фанни одобряет, но он сможет оставить Лондон только после приема у Крофордов. «Он увидит Рашуотов, чему я даже, честно сказать, рада, так как мне немного любопытно, и думаю, ему тоже, хотя он и не признается». Из письма ясно, что Эдмунд до сих пор не объяснился; его медлительность только что не смехотворна. Так прошли семь недель из запланированных двух месяцев в Портсмуте, когда наконец прибывает письмо от Эдмунда из Мэнсфилда. Он огорчен легковесным отношением мисс Крофорд к серьезным вещам и дурными манерами ее лондонских друзей. «Когда я думаю о безмерной привязанности ее к тебе и вообще о ее рассудительном, прямодушном, истинно сестринском поведении, она мне кажется совсем иной натурою, способной на подлинное благородство, и я готов винить себя за чересчур суровое толкование игривости. Не могу я от нее отказаться, Фанни. Она единственная женщина в целом свете, которую я могу представить своей женою». Он колеблется, сделать ли ей предложение в письме или отложить до июня, когда она должна вернуться в Мэнсфилд? Письмо, пожалуй, все-таки не лучший способ. У миссис Фрейзер он, кстати сказать, видел Крофорда. «Я все более удовлетворен его поведением и речами. У него нет и тени колебаний. Он отлично знает, чего хочет, и поступает согласно своим намерениям — свойство неоценимое. Видя его и мою старшую сестру в одной комнате, я не мог не вспомнить то, что ты рассказала мне однажды, и, должен сказать, они встретились не как друзья. С ее стороны заметна была холодность. Они едва ли перекинулись несколькими словами; я видел, как он отступил от нее в удивлении, и пожалел, что миссис Рашуот не смогла извинить его за воображаемое пренебреженье Марией Бертрам».

Под конец сообщается огорчительная новость: сэр Томас намерен забрать Фанни из Портсмута только после Пасхи, когда должен будет по своим делам побывать в Лондоне, то есть на месяц позже, чем первоначально предполагалось.

Реакция Фанни на влюбленность Эдмунда передается посредством того, что мы теперь называем потоком сознания или внутренним монологом — прием, которым так замечательно воспользовался Джеймс Джойс сто пятьдесят лет спустя. «Так она была уязвлена, что Эдмунд пробудил в ней чуть ли не неприязнь и гнев. "В промедлении нет ничего хорошего", — сказала она. Почему все до сих пор не решено? Он слеп, и ничто не образумит его, ничто, ведь сколько раз пред его глазами представала правда, и все напрасно. Он женится на ней и будет несчастлив, будет страдать. Дай Бог, чтоб под ее влиянием он не утратил благородства! Фанни опять просмотрела письмо. Она души во мне не чает! Какой вздор. Никого она не любит, только себя да своего брата. Друзья годами сбивают ее с пути! Очень вероятно, что это она сбивала их с пути. Быть может, они все развращают друг друга; но если они любят ее настолько сильнее, чем она их, тем менее вероятно, что они повредили ей, разве что своей лестью. Единственная женщина в целом свете, которую он может представить своей женою. Я в том нисколько не сомневаюсь. Эта привязанность будет направлять всю его жизнь. Согласится она или откажет, сердце его навсегда соединено с нею. "Потерять Мэри означало бы для меня потерять Крофорда и Фанни". Эдмунд, меня ты не знаешь. Если ты не соединишь наши две семьи, они никогда не соединятся. О Эдмунд! Напиши ей, напиши. Положи этому конец. Пусть кончится неопределенность. Решись, свяжи себя, приговори себя.

Однако подобные чувства слишком сродни злобе, чтобы долго преобладать в разговоре Фанни с самой собою. Вскорости она смягчилась и опечалилась».

От леди Бертрам Фанни узнает, что Том в Лондоне тяжело заболел и там за ним никто не ухаживал, поэтому его, совсем больного, перевезли в Мэнсфилд. Болезнь брата помешала Эдмунду написать мисс Крофорд письмо с объяснением. На пути их отношений постоянно возникают препятствия, которые Эдмунд как будто нарочно громоздит. Мэри Крофорд в письме к Фанни намекает, что имение Бертрамов оказалось бы в лучших руках, будь это руки сэра Эдмунда, а не сэра Томаса. Генри довольно часто видится с Марией Рашуот, но Фанни нет нужды беспокоиться. Почти все в письме Мэри внушает Фанни отвращение. А письма продолжают приходить, и в них часто упоминаются Том Бертрам и Мария Рашуот. Но вот от Мэри получено письмо-предостережение по поводу некоего ужасного слуха: «Только что до меня дошел совершенно возмутительный, злонамеренный слух, и я пишу Вам, дорогая Фанни, чтоб упредить Вас на случай, если он докатится и до Ваших мест, не давать ему ни малейшей веры. Это, без сомненья, какая-то ошибка, и через день-два все прояснится — во всяком случае, Генри ни в чем не повинен и, несмотря на мимолетное étourderie[1], он не думает ни о ком, кроме Вас. Пока я Вам снова не напишу, никому не говорите ни слова, ничего не слушайте, не стройте никаких догадок, ни с кем не делитесь. Без сомненья, все затихнет и окажется — это одна только Рашуотова блажь. Если они и вправду уехали, то, ручаюсь, всего лишь в Мэнсфилд-парк и вместе с Джулией. Но отчего Вы не велите приехать за Вами? Как бы Вам после об этом не пожалеть.

Ваша, и прочее...»

Фанни ошеломлена. Она не может взять в толк, что, собственно, произошло. А двумя днями позже она сидит в гостиной, где «от солнечного света, что заливал гостиную, ей становилось не веселее, а еще грустней; совсем не так, как на сельском просторе, светит в городе солнце. Здесь его сила лишь в слепящем блеске, в беспощадном, мучительном слепящем блеске, который только на то и годится, чтоб обнажать пятна и грязь, которые иначе спокойно бы почивали. В городе солнце не приносит ни бодрости, ни здоровья. Фанни сидела в гнетущей духоте, в пронизанном яркими солнечными лучами облаке беспокойной пыли, и переводила взгляд со стен в пятнах от головы отца на изрезанный, исца-

---

[1] Легкомыслие (*фр.*).

рапанный братьями стол, где стоял как всегда не отчищенный толком чайный поднос, кое-как вытертые чашки с блюдцами, синеватое молоко, в котором плавали ошметки пленок, и хлеб с маслом, становящийся с каждой минутой жирней, чем был поначалу от рук Ребекки». В этой грязной комнате Фанни слышит грязную новость. Ее отец узнал из газет, что Мария Рашуот сбежала с Генри Крофордом. Заметим, что известие содержится в газетной заметке, а это, по сути дела, все равно что в письме. Та же эпистолярная форма.

Далее события развиваются с бешеной стремительностью. Эдмунд из Лондона пишет Фанни, что сбежавшую пару отыскать не удается, но лиха беда начало: теперь и Джулия сбежала с Йейтсом в Шотландию. На следующее утро Эдмунд должен заехать за Фанни в Портсмут, с тем чтобы доставить ее и Сьюзен в Мэнсфилд-парк. Он приехал и, «пораженный переменою, происшедшей в ее наружности, и не зная, какие испытания каждый день выпадали на ее долю в отцовском доме, приписал чрезмерно большую долю этой перемены, даже всю перемену недавним событиям и, взяв ее за руку, сказал негромко, но с глубоким чувством:

— Что ж тут удивляться... тебе больно... ты страдаешь. Как можно было, уже полюбив, тебя покинуть! Но твоя... твоя привязанность совсем недавняя по сравненью с моей... Фанни, подумай, каково мне!».

Очевидно, он счел необходимым отказаться от Мэри из-за скандала. Появившись в Портсмуте у Прайсов, он прижал вошедшую Фанни к груди и чуть внятно пробормотал: «Фанни моя... единственная сестра моя... теперь единственное утешение».

Портсмутская интерлюдия — три месяца в жизни Фанни — кончилась, и вместе с ней кончилась и эпистолярная форма повествования. Мы снова на том месте, где остановились, с той только разницей, что с нами больше нет Крофордов. Пожелай мисс Остен пересказать всю дальнейшую историю с побегами влюбленных пар так же подробно и напрямую, как изображены забавы и увлечения в Мэнсфилд-парке до отъезда Фанни в Портсмут, ей пришлось бы написать еще один том в пятьсот страниц длиной. Эпистолярная форма, которую она использовала в портсмутской интерлюдии, сыграла свою композиционную роль, но при этом было ясно, что слишком много событий произошло за сценой и что переписка, спрямляя действие, особой художественной ценностью не обладает.

Между тем в романе осталось всего две главы, и в них увязываются последние концы и выметается мусор. Миссис Норрис, потрясенная проступком своей любимицы Марии и разводом, перечеркнувшим брак, замысел которого она всегда с гордостью приписывала себе, стала, как рассказывается, совершенно другим человеком, тихим, ко всему безразличным, и в конце концов уехала жить к Марии в «ее далекое уединенное жилище». Нам эту перемену не показывают, так что, естественно, мы запоминаем миссис Норрис гротескной сатирической фигурой из основной части романа. Эдмунд наконец разочаровался в мисс Крофорд. Она, судя по всему, совершенно не понимает всей глубины моральной проблемы и осуждает только безрассудство своего брата и Марии. Эдмунд приходит в ужас. «Слушать женщину, у которой не нашлось более сурового слова, как безрассудство!.. Самой заговорить об этом так свободно, так хладнокровно!.. Без принуждения, без ужаса, без свойственного женской скромности отвращенья!.. Вот оно, влияние света. Ведь разве найдется еще женщина, которую природа одарила так щедро?.. Ее развратили, развратили!.. Фанни, Фанни, не грех она осуждала, но неумение сохранить его в тайне», — поясняет Эдмунд, едва сдерживая рыдания. И приводит слова мисс Крофорд о Фанни: «Зачем она его отвергла? Это она во всем виновата. Простушка! Я никогда ее не прощу. Отнесись она к нему как должно, и сейчас не за горами бы уже была их свадьба, и Генри был бы слишком счастлив и слишком занят и ни на кого другого не поглядел бы. Он бы и пальцем не шевельнул, чтоб восстановить отношения с миссис Рашуот, разве что немного пофлиртовал бы, да и раз в год они встретились бы в Созертоне и Эверингеме». Эдмунд заключает: «Но чары разрушены. Я прозрел». Мисс Крофорд он сказал, что поражен ее отношением к происшедшему, в особенности ее надеждой на то, что, воздержись сейчас сэр Томас от вмешательства, и Генри, возможно, женится на Марии. Ее ответ закрывает тему разногласий из-за священнического сана. «...Она переменилась в лице. Вся залилась краской. <...> Дай она себе волю, она б рассмеялась. И почти со смехом она ответила: "Ну и поученье, скажу я вам. Это что же, часть вашей последней проповеди? Таким манером вы быстренько обратите на путь истинный всех в Мэнсфилде и Торнтон Лейси. И в следующий раз, когда я услышу ваше имя, это, верно, будет имя знаменитого проповедника из какого-нибудь известного методистского общества либо миссионера в чужих краях"».

Он прощается и выходит из комнаты. «Я сделал несколько шагов, Фанни, и тут услышал, что дверь у меня за спиною отворилась. "Мистер Бертрам", — сказала она. Я оборотился. "Мистер Бертрам", — сказала она с улыбкою... но улыбка эта плохо вязалась с только что закончившимся разговором, была она беззаботная, игривая, она будто звала, чтоб смирить меня; по крайности, так мне показалось. Я устоял — таково было побуждение в ту минуту — и пошел прочь. С тех пор... иногда... в иной миг... я жалел, что не воротился. Но конечно же поступил я правильно. И на том окончилось наше знакомство». В конце главы Эдмунд убежден, что никогда не женится. Но читателю виднее.

В заключительной главе порок наказан, добродетель вознаграждается по заслугам, а грешники начинают вести себя лучше.

У Йейтса оказывается больше денег и меньше долгов, чем полагал сэр Томас, и его принимают в лоно семьи.

Здоровье и нравственность Тома выправляются. Он изведал страдание и научился думать. Здесь в последний раз возникает мимоходом мотив спектакля: Том считает себя отчасти повинным в романе, завязавшемся между его сестрой и Крофордом, «из-за опасной близости, какую породил его не имеющий оправданий театр, [это] пробудило угрызения совести, да притом ему уже минуло двадцать шесть лет и довольно было ума, добрых товарищей — и все это вместе взятое привело к прочным и счастливым переменам в его душе. Он стал тем, чем надлежало быть, — помощником отцу, уравновешенным и надежным, и жил теперь не только ради собственного удовольствия».

Сэр Томас понимает, что во многом ошибался, особенно в методах воспитания своих детей: «Недоставало нравственного начала, действенного нравственного начала».

Мистер Рашуот наказан за глупость и может опять остаться в дураках, если надумает снова жениться.

Прелюбодеи Мария и Генри живут в ничтожестве и порознь.

Миссис Норрис покидает Мэнсфилд-парк, чтобы «посвятить себя своей злополучной Марии, и в далеком уединенном жилище, приобретенном для них в чужой стране, где они оказались почти без общества, при том, что одна не питала к другой любви, а той недоставало здравого смысла, легко представить, каким наказанием для обеих стал собственный их нрав».

Джулия всего только следовала примеру Марии и поэтому прощена.

Генри Крофорд, «которого погубила ранняя независимость и дурной домашний пример, пожалуй, чересчур долго потворствовал причудам своего бессердечного тщеславия. <...> Оставайся он подлинно верен своему чувству, Фанни стала бы ему наградою, и наградою, которая была бы вручена ему весьма охотно, не слишком долго спустя после того, как Эдмунд женился бы на Мэри». Но наигранное безразличие Марии, когда они встретились в Лондоне, как видно, задело его за живое. «Не мог он вынести, чтоб его оттолкнула женщина, которая еще не так давно неизменно отвечала улыбкою на каждый его взгляд; он должен непременно одолеть ее гордость и гнев, — ведь она сердится из-за Фанни, — надо переломить ее настроение, и пусть миссис Рашуот опять обращается с ним, как Мария Бертрам». Мир относится к мужчинам в случае подобных публичных скандалов гораздо снисходительнее, чем к женщинам, но «мы вполне можем предположить, что человек здравомыслящий, каким был Генри Крофорд, испытывал немалую досаду и сожаленье, досаду, которая иной раз оборачивалась угрызениями совести, а сожаленье — горечью, оттого что так отблагодарил он за гостеприимство, разрушил мир и покой семьи, пожертвовал своим лучшим, самым достойным и дорогим сердцу знакомством и потерял ту, которую любил и умом и сердцем».

Мисс Крофорд поселяется у Грантов, которые переехали в Лондон.

«Мэри за последние полгода уже пресытилась друзьями, пресытилась и тщеславием, и честолюбием, и любовью, и разочарованием и потому нуждалась в истинной доброте сестры, в ее неизменном благоразумии и спокойствии. Мэри поселилась у нее; и когда из-за трех на протяжении одной недели обедов по случаю введения в сан с доктором Грантом случился апоплексический удар и он скончался, они не разлучились; Мэри твердо решила никогда более не связывать свою жизнь с младшим братом, однако среди блестящих молодых людей и праздных прямых наследников, готовых к услугам ее красоты и двадцати тысяч фунтов, она долго не могла сыскать ни одного, который отвечал бы ее утончившемуся в Мэнсфилде вкусу, ни одного, чья натура и поведение вселяли бы надежду на домашнее счастье, которое она научилась там ценить, или способны были вытеснить у ней из сердца Эдмунда Бертрама».

Эдмунд Бертрам, несмотря на то что их брак по строгим правилам можно было бы счесть инцестом, находит в Фанни идеальную жену. «Едва он перестал сожалеть об утрате Мэри и объяснять Фанни, что никогда он более не встретит другую такую девушку, ему пришло на мысль, а не подойдет ли ему девушка совсем иного склада... не будет ли это много лучше; не стала ли Фанни, со всеми ее улыбками, всеми обыкновениями, так дорога ему и так необходима, как никогда не была Мэри Крофорд; и нельзя ли, нет ли надежды уговорить ее, что сестринское тепло, с каким она относится к нему, послужит достаточным основанием для супружеской любви. <...> Пусть никто не воображает, будто способен описать чувства девушки, получившей заверения в любви, на которую она едва ли осмеливалась надеяться».

Леди Бертрам теперь вместо Фанни получила на роль дежурной племянницы Сьюзен, так что тема Золушки на этом не заканчивается.

«При стольких подлинных достоинствах и подлинной любви, не зная недостатка ни в средствах, ни в друзьях, кузен и кузина, вступившие в брак, обрели ту защиту, надежней которой не может дать земное счастье. Оба они равно созданы были для семейных радостей, привязаны к сельским удовольствиям, и дом их стал средоточием любви и покоя; а чтоб дорисовать сию прекрасную картину, надобно прибавить, что как раз тогда, когда, прожив вместе уже довольно времени, они стали желать большего дохода и испытывать неудобства из-за того, что так отдалены от родительского жилища, смерть доктора Гранта сделала их обладателями Мэнсфилдского прихода.

После этого события они переселились в Мэнсфилд, и тамошний пасторат, к которому при двух его последних владельцах Фанни всегда приближалась с мучительным стеснением чувств либо с тревогою, скоро стал так дорог ее сердцу и так на ее взгляд прекрасен, как было с давних пор все окрест, все, что находилось под покровительством Мэнсфилд-парка».

Забавное убеждение, что, после того как окончен подробный рассказ автора, жизнь всех героев течет гладко и благополучно. Остальные заботы как бы берет на себя Господь Бог.

***

Обращаясь к принципам построения рассматриваемого романа, следует обратить внимание на некоторые черты «Мэнсфилд-парка» (встречающиеся также в других произведениях мисс Остен), которые в сильно развернутом виде можно обнаружить в «Холодном доме» (а также и в других произведениях Диккенса). Это едва ли можно считать прямым влиянием Остен на Диккенса. Черты эти и у той и у другого принадлежат к области комедии — комедии нравов, если быть точным, — и типичны для сентиментального романа XVIII и XIX столетий.

Первой общей для Джейн Остен и Диккенса чертой является юная героиня в качестве лакмусовой бумажки — тип Золушки, воспитанницы, сиротки, гувернантки и т. п., глазами которой, через ее восприятие увидены остальные персонажи.

Другое характерное и бросающееся в глаза сходство — это манера (ее легко заметить у Джейн Остен) примечать у несимпатичных или малосимпатичных действующих лиц какую-нибудь смешную черточку в повадках, привычках или свойствах натуры и выставлять эту черточку на обозрение всякий раз, как появляется этот персонаж. Два немедленно приходящих на ум примера: миссис Норрис с ее расчетливостью и леди Бертрам с ее моськой. Мисс Остен мастерски вносит в картины разнообразие, меняя, так сказать, освещение: действие развивается и портреты получают тот или иной дополнительный оттенок, но в целом эти комедийные персонажи, как в пьесе, несут с собой каждый свой смешной недостаток через весь роман, от сцены к сцене. Позже мы увидим, что тем же методом пользуется и Диккенс.

Чтобы обнаружить третью черту сходства, следует обратиться к портсмутским сценам. Если бы Диккенс писал раньше Остен, мы бы сказали, что семейство Прайс изображено в диккенсовских тонах и что образы детей здесь связаны с детской темой, проходящей через весь «Холодный дом».

* * *

Стоит рассмотреть некоторые наиболее заметные особенности стиля Джейн Остен. Образность у нее приглушена. Хотя время от времени встречаются изящные словесные рисунки, нанесенные тонкой кисточкой на пластинке слоновой кости (как она сама говорила), в основном пейзажи, жесты и краски она изображает крайне скупо. Шумный, румяный, полнокровный Диккенс после общения с бледной, изящной, нежной Джейн Остен просто ошарашивает. Она редко пользуется сравнениями и метафорическими сближениями. Волны в Портсмуте, «весело плящущие и набрасывающиеся на камни набережной», для нее совсем не характерны. Нечасто встретишь у нее и такие общепринятые или заезженные выражения, как, например, «капля в море», использованное при сопоставлении домашнего уклада Прайсов и Бертрамов: «А что до слабых приступов досады, иной раз случавшихся у тетушки Норрис, как же они были коротки, пустячны, капля в море по сравненью с беспрестанной суматохой в ее теперешнем жилище».

Мисс Остен искусно оперирует причастиями в описаниях жестов и положений и оборотами типа «с игривой улыбкой», подчас ее замечания: «он сказал», «она ответила» — напоминают ремарки в пьесе. Такому приему она обучилась у Сэмюэля Джонсона, но для «Мэнсфилд-парка» он очень естествен, поскольку весь роман похож на пьесу. Возможно, что влияние Джонсона проявляется и в воспроизведении самой конструкции и интонации при косвенной передаче речи действующих лиц, как, например, в главе 6 (часть I), где передается, чтó сказал Рашуот, обращаясь к леди Бертрам. Действие и характеристики даются через диалог и монолог. Отличный образчик этого — хозяйская речь Марии на подъезде к Созертону, ее будущему дому:

«Теперь колдобин на дорогах не будет, мисс Крофорд, наши неприятности позади. Дальше дорога будет такая, как полагается. Мистер Рашуот привел ее в порядок, когда унаследовал имение. Отсюда начинается деревня. Вон те домишки поистине позор. Церковный шпиль почитают замечательно красивым. Я рада, что церковь не так близко к самому особняку, как часто бывает в старинных усадьбах. Колокольный звон, должно быть, ужасно досаждает. Здесь есть и пасторат; с виду приятный домик, и, сколько я понимаю, священник и его жена очень достойные люди. Вон там приют, его построил кто-то из Рашуотов. По правую руку дом управляющего, он весьма почтенный человек. Сейчас мы подъезжаем к главным воротам парка, но предстоит еще чуть не милю ехать по парку».

Описывая чувства и мысли Фанни, Остен использует прием, который я называю «ход конем» — шахматный термин, обозначающий рывок в ту или другую сторону на черно-белой доске переживаний Фанни. При отъезде сэра Томаса на Малые Антильские острова «Фанни испытала такое же облегченье, как и ее кузины, и вполне это понимала, но, от природы более совестливая, полагала это неблагодарностью и искренне горевала оттого, что не горюет». До того, как ее пригласили принять участие в поездке в Созертон, ей очень хотелось посмотреть дубовую аллею, пока ее еще не срубили, но Созертон далеко, и она говорит: «Это совершенно неважно. Когда я его наконец увижу *(ход конем. — В. Н.)*, ты мне расскажешь, что в нем изменили». Иными словами, она увидит аллею такой, какой она была до переустройства, но через воспоминания Эдмунда. Когда Мэри Крофорд замечает, что ее брат Генри пишет из Бата очень короткие письма, Фанни ей отвечает так: «Когда они вдали от всей семьи *(ход конем. — В. Н.)*, они пишут и длинные письма, — сказала Фанни, зардевшись при мысли об Уильяме». Фанни не признается себе, что ревнует Эдмунда к Мэри, и у нее нет жалости к самой себе, но, когда Джулия, обиженная тем, что Генри предпочел ей Марию, в гневе покидает комнату, где происходит распределение ролей, она понимала многое из того, что творилось в душе Джулии, и жалела ее. Колеблясь, принимать ли участие в спектакле из соображений честности и чистоты, Фанни «склонна была усомниться в истинности и чистоте своих сомнений». Она «так рада» принять приглашение Грантов на обед, но тут же спрашивает себя *(ход конем. — В. Н.)*: «Но почему мне радоваться? Ведь я наверно услышу и увижу там такое, от чего мне будет больно». Доставая ожерелье из шкатулки Мэри, Фанни «остановила свой выбор на одной цепочке, на которую, как ей показалось, чаще других обращали ее внимание. <...> Она понадеялась, что выбрала ту, которой мисс Крофорд всего менее дорожит».

Примечательной чертой стиля Остен является то, что я называю «ямочкой на щеке», — когда между прямыми информативными членами предложения незаметно вводится элемент тонкой иронии. Выделяю курсивом то, что я имею здесь в виду: «Миссис Прайс, в свой черед, была уязвлена и разгневана; и ответное письмо, исполненное ожесточения против сестер и содержащее столь неуважительные замечания касательно сэра Бертрама, что *миссис Норрис никак не могла сохранить его в тайне*, надолго положило конец всяким отношениям между ними». Рассказ о сестрах продолжается: «Они жили в таком отдалении друг от друга и вращались в кругах таких различных, что в последующие одиннадцать лет почти вовсе лишены были возможности получать вести друг о друге; *во всяком случае, сэра Бертрама до крайности удивило, когда миссис Норрис вдруг сердито сообщила им* — как она делала время от времени, — *что у Фанни родился еще один ребенок*». Маленькую Фанни знакомят с сестрами Бертрам: «Слишком привыкшие быть на людях и слышать похвалы в свой адрес, они не знали ничего похожего на истинную робость, и *неуверенность кузины лишь прибавила им уверенности,* так что скоро они уже со спокойным равнодушием принялись разглядывать ее лицо и платье». На следующий день, «узнав, что у ней всего две ленты и что она никогда не занималась французским, они потеряли к ней интерес; а когда поняли, что, *милостиво исполнив для нее дуэт на фортепиано,* никак ее не поразили своим искусством, им только и пришло в голову *щедро одарить ее кое-какими наименее любимыми своими игрушками* и предоставить ее самой себе». И о леди Бертрам: «нарядно одетая, она целыми днями сидела на диване и занималась каким-нибудь бесконечным рукодельем, *никому не нужным и некрасивым,* думая при этом все больше о своем мопсе, а не о детях...». Такого рода описания можно назвать пассажами с ямочкой на щеке — с иронической, нежной ямочкой на бледной девичьей щеке автора.

Следующая особенность, которую я хотел бы отметить, — это *эпиграмматическая интонация,* некий жесткий ритм при изящно-ироническом изложении слегка парадоксальной мысли. Речь четкая и чуткая, сдержанная, но при этом мелодичная, густо замешанная и в то же время прозрачная и пронизанная светом. Примером может служить описание десятилетней Фанни только что по приезде в Мэнсфилд-парк. «Для своих лет была она маленькая, личико без румянца, без иных бросающихся в глаза признаков красоты; до крайности застенчивая и робкая, она избегала привлекать к себе внимание; но в ее манерах, хотя и неловких, не ощущалось никакой вульгарности, голосок был нежный, и, когда она разговаривала, видно было, как она мила».

В первые дни своего пребывания в Мэнсфилде Фанни «не видела от него *(Тома. — В. Н.)* ничего плохого, он всегда слегка над нею подшучивал, семнадцатилетнему юноше это казалось подходящим обращением с десятилетним ребенком. Том только еще вступал в жизнь, радость била в нем ключом, и, как истый старший сын, чувствующий, что рожден лишь для того, чтобы сорить деньгами и получать удовольствие, он был расположен ко всем и вся. Доброту по отношению к маленькой кузине он выражал в полном согласии со своим положением и правами: иной раз делал ей милые подарки и посмеивался над нею». Когда появляется мисс Крофорд, она поначалу настроена обратить взоры на старшего сына-наследника, однако вскоре изменила свои намерения: «к чести мисс Крофорд, надобно прибавить, что, хотя не был он *(Эдмунд. — В. Н.)* ни светским человеком, ни старшим братом, хотя не владел искусством лести или занимательной светской беседы, он становился ей мил. Она это чувствовала, хотя никак не предвидела и едва ли могла понять; ведь приятен он был не на общепринятый лад — не болтал всякий вздор, не делал комплименты, в мнениях своих был непоколебим, внимание свое выражал спокойно и просто. Быть может, в его искренности, твердости, цельности было некое очарование, которое мисс Крофорд, вероятно, оказалась способна почувствовать, хотя и не умела отдать себе в нем отчет. Она, однако же, не слишком много размышляла о том: Эдмунд был ей приятен, ей нравилось его присутствие, довольно и этого».

Такой стиль изобрела не Джейн Остен, и вообще он не английское изобретение; подозреваю, что на самом деле его переняли из французской литературы, где он широко представлен в сочинениях XVIII и начала XIX века. Остен по-французски не читала, но научилась эпиграмматическому ритму от изящного, точного и отточенного стиля, бывшего тогда в ходу. Как бы то ни было, но владеет она им превосходно.

Стиль — это не инструмент, и не метод, и не выбор слов. Стиль — это еще и многое другое. Он является органическим, неотъемлемым свойством личности автора. Поэтому, говоря о стиле, мы подразумеваем своеобразие личности художника и как оно сказывается в его произведениях. Следует постоянно иметь в виду, что, хотя свой стиль может иметь всякий, исследовать особенности стиля того или иного автора имеет смысл, только если этот автор обладает талантом. Чтобы талант писателя нашел выражение в его литературном стиле, он должен у него уже быть. Писатель может усовершенствовать приемы письма. Нередко бывает, что в процессе литературной деятельности стиль автора становится все более точным и выразительным. Так было и с Джейн Остен. Но писатель, лишенный дара, не способен выработать сколько-нибудь интересный литературный стиль — в лучшем случае у него получится искусственный механизм, сконструированный нарочито и лишенный искры Божией.

Вот почему я не верю, что кто-то может научиться создавать художественные тексты, не обладая литературным талантом. Только в том случае, если у начинающего писателя имеется в наличии талант, ему можно помочь найти себя, очистить язык от штампов и вязких оборотов, выработать привычку к неустанным, неотступным поискам верного слова, единственного верного слова, которое с максимальной точностью передаст именно тот оттенок мысли и именно ту степень ее накала, какие требуются. И для такой науки Джейн Остен не худший учитель.

ЧАРЛЗ ДИККЕНС

1812–1870

«ХОЛОДНЫЙ ДОМ» (1852—1853)

Мы готовы теперь приняться за Диккенса. Мы готовы теперь воспринять Диккенса. Мы готовы наслаждаться Диккенсом. Читая Джейн Остен, мы должны были сделать некоторое усилие, чтобы составить компанию ее героиням в гостиной. Имея же дело с Диккенсом, мы остаемся за столом, потягивая портвейн. К Джейн Остен и ее «Мэнсфилд-парку» нужно было найти подход. Думаю, что мы его нашли и получили некоторое удовольствие, созерцая ее тонко выписанные узоры, ее коллекцию изящных безделушек, сберегаемых в хлопковой вате, — удовольствие, впрочем, вынужденное. Мы должны были проникнуться определенным настроением, определенным образом сфокусировать взгляд. Лично я не люблю ни фарфор, ни прикладное искусство, но я часто принуждаю себя взглянуть на драгоценный полупрозрачный фарфор глазами специалиста и испытываю при этом восторг. Не будем забывать, что есть люди, посвятившие Джейн всю свою жизнь — свою повитую плющом жизнь. Уверен, что иные читатели лучше меня слышат мисс Остен. Однако я пытался быть совершенно объективным. Мой объективный метод, мой подход состоял, в частности, в том, что я всматривался через призму культуры, которую ее молодые леди и джентльмены почерпнули из хладного источника XVIII и начала XIX столетия. Мы также вникали в композицию ее романа, напоминающую паутину: хочу напомнить читателю, что в пряже «Мэнсфилд-парка» центральное место занимает репетиция спектакля.

С Диккенсом мы выходим на простор. На мой взгляд, проза Джейн Остен представляет собой очаровательную перелицовку прежних ценностей. У Диккенса ценности новые. Современные авторы до сих пор пьянеют от вина его урожая. Здесь не приходится, как в случае с Джейн Остен, налаживать подходы, обхаживать, мешкать. Нужно лишь поддаться голосу Диккенса — вот и все. Будь это возможно, я бы посвятил все пятьдесят минут каждого занятия безмолвному размышлению, сосредоточенности и просто восхищению Диккенсом. Но моя обязанность — направлять и приводить в систему эти размышления, это восхищение. Читая «Холодный дом», следует лишь расслабиться и довериться собственному позвоночнику — хотя чтение и головной процесс, но точка художественного наслаждения расположена между лопатками. Легкая дрожь, пробегающая по спине, есть та кульминация чувств, которую дано пережить роду человеческому при встрече с чистым искусством и чистой наукой. Давайте почитать позвоночник и его дрожь. Давайте гордиться принадлежностью к позвоночным, ведь головной мозг только продолжение спинного: фитиль проходит по всей длине свечи. Если мы неспособны насладиться этой дрожью, если неспособны насладиться литературой, давайте оставим нашу затею и погрузимся в комиксы, телевидение, «книги недели». Думаю все же, что Диккенс окажется сильнее.

Обсуждая «Холодный дом», мы скоро заметим, что романтический сюжет романа — иллюзия, он не имеет большого художественного значения. В книге есть нечто получше печальной истории леди Дедлок. Нам понадобится некоторая информация об английском судопроизводстве, но в остальном все только игра.

* * *

На первый взгляд может показаться, что «Холодный дом» — сатира. Давайте разберемся. Когда сатира не имеет большой эстетической ценности, она не достигает цели, как бы эта цель того ни заслуживала. С другой стороны, когда сатира пронизана художественным талантом, ее цель не имеет большого значения и со временем угасает, между тем как сверкающая сатира остается произведением искусства. Стоит ли в таком случае вообще говорить о сатире?

Изучение общественного либо политического воздействия литературы следовало выдумать для тех, кто по складу характера или под бременем образования нечувствителен к эстетическим токам подлинной литературы, — для тех, в ком чтение не отзывается дрожью между лопатками. (Я вновь и вновь повторяю, что вообще нет смысла читать книгу, если не читаешь ее позвоночником.) Можно вполне удовлетвориться мыслью, что Диккенс жаждал осудить беззакония Канцлерского суда. Тяжбы, подобные делу Джарндисов, время от времени случались в середине прошлого века, хотя, как утверждают историки-правоведы, бо́льшая часть фактов относится к 1820—1830-м годам, так что многие мишени были отстреляны ко времени написания «Холодного дома». А если мишень перестала существовать, давайте насладимся резьбой разящего оружия. К тому же как обвинительный акт против аристократии изображение Дедлоков и их окружения лишено интереса и смысла, поскольку знания и представления писателя об этом круге весьма скудны и поверхностны, а в художественном отношении образы Дедлоков, как ни жаль это говорить, совершенно безжизненны. Поэтому возрадуемся паутине, игнорируя паука; восхитимся архитектоникой темы злодеяния, игнорируя слабость сатиры и ее театральность.

В конце концов, социолог, если хочет, может написать целую книгу об эксплуатации детей в период, который историки называют сумрачной зарей индустриальной эры, — о детском труде и прочее. Но, откровенно говоря, изображенные в «Холодном доме» многострадальные дети принадлежат не столько 1850 году, сколько более ранним временам и их правдивым отображениям. С точки зрения литературной номенклатуры они скорее связаны с детьми предшествующих романов — сентиментальных романов конца XVIII и начала XIX века. Если заново перечесть те страницы «Мэнсфилд-парка», где речь идет о семействе Прайс в Портсмуте, нельзя не заметить выраженную связь между несчастными детьми Джейн Остен и несчастными детьми «Холодного дома». При этом, конечно, отыщутся и другие литературные источники. Это касается метода. И с точки зрения эмоционального содержания мы тоже вряд ли оказываемся в 1850-х годах — мы оказываемся вместе с Диккенсом в его собственном детстве, и вновь историческая привязка рвется.

Совершенно ясно, что меня больше интересует чародей, нежели рассказчик историй либо учитель. В отношении Диккенса только такой подход, как мне кажется, сможет сохранить его живым — вопреки его приверженности реформам, дешевой писанине, сентиментальной чуши и театральной чепухе. Он сияет вечно на вершине, точная высота которой, очертания и строение, как и горные тропы, по которым туда можно подняться сквозь туман, нам известны. Величие его — в силе вымысла.

* * *

Есть несколько вещей, на которые следует обратить внимание при чтении книги:

1. Одна из самых поразительных тем романа — дети, их тревоги, незащищенность, их скромные радости — и радость, которую они доставляют, но главным образом их невзгоды. «Не я построил этот мир. Я в нем скитаюсь, чужд и сир», если цитировать Хаусмена[1]. Интересны отношения родителей и детей, охватывающие и тему «сиротства»: пропавший родитель или ребенок. Хорошая мать нянчит умершее дитя или умирает сама. Дети опекают других детей. Невыразимую нежность вызывает у меня рассказ о том, как Диккенс в трудные годы своей лондонской юности шел однажды позади рабочего, несшего на руках большеголового ребенка. Человек шел не оборачиваясь, мальчик из-за его плеча смотрел на Диккенса, который ел по дороге вишни из бумажного пакета и потихоньку кормил тишайшего ребенка, и никто этого не видел.

2. Канцлерский суд—туман—безумие; это еще одна тема.

---

[1] Цитируется стихотворение «Законы Бога и людей...» А.Э.Хаусмена (1859—1936) в переводе Ю.Таубина по изд.: Английская поэзия в русских переводах. XX век. — М., 1984.

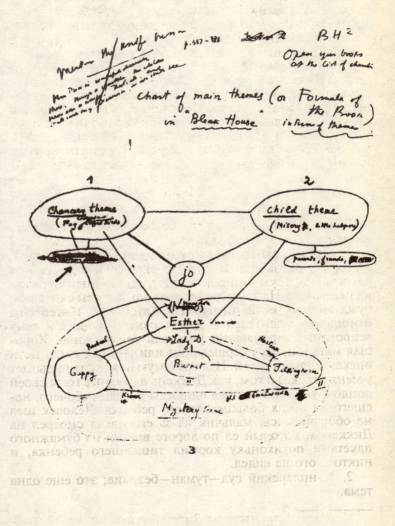

Схема основных тем «Холодного дома».

3. Каждому действующему лицу присуща характерная черта, некий цветной отблеск, сопровождающий появление героя.

4. Участие вещей — портретов, домов, экипажей.

5. Социологическая сторона, блестяще выявленная, например, Эдмундом Уилсоном в сборнике эссе «Рана и лук», не представляет интереса и не имеет значения.

6. Детективный сюжет (с сыщиком, обещающим Холмса) во второй части книги.

7. Дуализм романа в целом: зло, почти равное по силе добру, воплощено в Канцлерском суде, своего рода преисподней, с эмиссарами-бесами — Талкингхорном и Воулсом — и множеством бесенят в одинаковых одеждах, черных и потертых. На стороне добра — Джарндис, Эстер, Вудкорт, Ада, миссис Бегнет; между ними — поддавшиеся соблазну. Некоторых, как сэра Лестера, спасает любовь, довольно искусственно одерживающая победу над тщеславием и предрассудками. Ричард тоже спасен, он хотя и сбивается с пути, но по сути своей добр. Искупление леди Дедлок оплачено страданиями, и Достоевский бурно жестикулирует на заднем плане. Скимпол и, разумеется, Смоллуиды и Крук — воплощенные пособники дьявола. Равно как и филантропы, миссис Джеллиби, например, сеящие вокруг горе, убеждая себя в том, что творят добро, а на самом деле потворствующие своим эгоистическим побуждениям. Все дело в том, что эти люди — миссис Джеллиби, миссис Пардигл и другие — тратят свое время и энергию на самые разнообразные странные затеи (параллельно теме бесполезности Канцлерского суда, удобного для адвокатов и губительного для его жертв), в то время как их собственные дети заброшены и несчастны. Надежда на спасение существует для Баккета и «Ковинсова» (исполняющих свой долг без ненужной жестокости), но не для лжемиссионеров, Чадбендов и иже с ними. «Хорошие» зачастую становятся жертвами «плохих», но в этом спасение первых и вечные муки вторых. Столкновение всех этих сил и людей (зачастую увязанное с темой Канцлерского суда) символизирует борьбу высших, вселенских сил, вплоть до смерти Крука (самовозгорание), вполне приличествующей дьяволу. Эти столкновения составляют «костяк» книги, но Диккенс

слишком художник, чтобы навязывать или разжевывать свою мысль. Его герои — живые люди, а не ходячие идеи или символы.

***

В «Холодном доме» три основные темы.

1. Тема Канцлерского суда, разворачивающаяся вокруг отчаянно скучного процесса «Джарндисы против Джарндисов», ее символизирует лондонский туман и сидящие в клетке птички мисс Флайт. Она представлена адвокатами и безумными участниками тяжбы.

2. Тема несчастных детей и их взаимоотношений с теми, кому они помогают, и с родителями, по большей части мошенниками и чудаками. Самый несчастный из всех — бездомный Джо, прозябающий в отвратительной тени Канцлерского суда и, не ведая того, участвующий в таинственном заговоре.

3. Тема тайны, романтическое переплетение расследований, которые поочередно ведут три сыщика — Гаппи, Талкингхорн, Баккет и их помощники. Тема тайны приводит к несчастной леди Дедлок, матери рожденной вне брака Эстер.

Фокус, который демонстрирует Диккенс, состоит в том, чтобы сохранить эти три шара в равновесии, жонглировать ими, выявлять их взаимосвязь, не дать бечевкам спутываться.

Я попробовал показать линиями на диаграмме множество путей, которыми эти три темы и их исполнители связаны в замысловатом движении романа. Здесь отмечено лишь несколько героев, хотя список их огромен: одних детей в романе около тридцати. Наверное, следовало соединить Рейчел, знающую тайну рождения Эстер, с одним из мошенников, преподобным Чадбендом, за которого Рейчел вышла замуж. Хоудон — бывший возлюбленный леди Дедлок (в романе его также называют Немо), отец Эстер. Талкингхорн, адвокат сэра Лестера Дедлока, и детектив Баккет — сыщики, они небезуспешно пытаются раскрыть эту тайну, что случайно приводит к смерти леди Дедлок. Сыщики находят помощников, таких как Ортанз, француженка-горничная миледи, и старый негодяй Смоллуид, шурин самого странного, самого туманного героя во всей книге — Крука.

Я собираюсь проследить эти три темы, начиная с темы Канцлерского суда—тумана—птичек—безумного истца; среди прочих предметов и созданий рассмотрим помешанную старушку мисс Флайт и наводящего ужас Крука как представителей этой темы. Затем я перейду к теме детей во всех подробностях и покажу с самой лучшей стороны беднягу Джо, а также омерзительного мошенника, якобы большого ребенка — мистера Скимпола. Следующей будет тема тайны. Обратите внимание: Диккенс — и чародей, и художник, когда обращается к туману Канцлерского суда, и общественный деятель — опять же в сочетании с художником — в теме детей, и очень толковый рассказчик в теме тайны, которая движет и направляет повествование. Нас привлекает именно художник; поэтому, разобрав в общих чертах три основные темы и характеры некоторых действующих лиц, я перейду к анализу формы книги, ее композиции, стиля, ее художественных средств, магии языка. Весьма занимательными для нас окажутся Эстер и ее поклонники, невероятно хороший Вудкорт и убедительно донкихотствующий Джон Джарндис, а также такие именитые особы, как сэр Лестер Дедлок и другие.

Исходная ситуация «Холодного дома» в теме Канцлерского суда довольно проста. Судебный процесс «Джарндисы против Джарндисов» растянулся на годы. Многочисленные участники тяжбы ожидают наследства, которого так и не дождутся. Один из Джарндисов, Джон Джарндис, — человек добросердечный и ничего не ждет от процесса, который, он полагает, вряд ли окончится при его жизни. У него есть юная подопечная, Эстер Саммерсон, она не связана впрямую с делами Канцлерского суда, но выполняет в книге роль фильтрующего посредника. Джон Джарндис опекает также кузенов Аду и Ричарда, своих противников на процессе. Ричард целиком уходит в процесс и сходит с ума. Еще два участника тяжбы, старушка мисс Флайт и мистер Гридли, уже безумны.

Тема Канцлерского суда открывает книгу, но, прежде чем заняться ею, позвольте мне уделить внимание своеобразию диккенсовского метода. Вот он описывает нескончаемый процесс и лорда-канцлера: «Трудно ответить на вопрос: сколько людей, даже не причастных к тяжбе "Джарндисы против Джарндисов", было испорчено и совращено с пути истинного ее губительным влиянием. Она развратила всех судейских, начиная с референта, который хранит стопы посаженных на шпильки, пропыленных, уродливо измятых документов, приобщенных к тяжбе, и кончая последним клерком-переписчиком в "Палате шести клерков", переписавшим десятки тысяч листов формата "канцлерский фолио" под неизменным заголовком "Джарндисы против Джарндисов". Под какими бы благовидными предлогами ни совершались вымогательство, надувательство, издевательство, подкуп и волокита, они тлетворны, и ничего, кроме вреда, принести не могут. <...>

Так в самой гуще грязи и в самом сердце тумана восседает лорд верховный канцлер в своем Верховном Канцлерском суде»[1].

Теперь вернемся к первому абзацу книги: «Лондон. Осенняя судебная сессия — "Сессия Михайлова дня" — недавно началась, и лорд-канцлер восседает в Линкольнс-Инн-Холле. Несносная ноябрьская погода. На улицах такая слякоть, словно воды потопа только что схлынули с лица земли <...> Собаки так вымазались в грязи, что их и не разглядишь. Лошади едва ли лучше — они забрызганы по самые наглазники. Пешеходы, поголовно заразившись раздражительностью, тычут друг в друга зонтами и теряют равновесие на перекрестках, где, с тех пор как рассвело (если только в этот день был рассвет), десятки тысяч других пешеходов успели споткнуться и поскользнуться, добавив новые вклады в ту уже скопившуюся — слой на слое — грязь, которая в этих местах цепко прилипает к мостовой, нарастая, как сложные проценты». И так же, нарастая, как сложные проценты, метафора связывает реальную грязь и туман с грязью и неразберихой Канцлерского суда. К восседающему в самом сердце тумана, в самой гуще грязи, в неразберихе мистер Тенгл обращается: «М'лорд!» (Mlud).

---

[1] Цитаты из романа даны в переводе М. Клягиной-Кондратьевой по изданию: *Диккенс Ч. Собр. соч.: В 30 Т. — М.: Худож. лит., 1960. — Т.17–18.*

В самом сердце тумана, в гуще грязи сам «Милорд» превращается в «Mud» («грязь»), если мы чуть исправим косноязычие юриста: My Lord, Mlud, Mud. Мы должны отметить сразу, в самом начале наших изысканий, что это характерный диккенсовский прием: словесная игра, заставляющая неодушевленные слова не только жить, но и проделывать фокусы, обнажая свой непосредственный смысл.

На тех же первых страницах мы находим еще пример подобной связи слов. В открывающем книгу абзаце стелющийся дым из каминных труб сравнивается с «иссиня-черной изморосью» (a soft black drizzle), и тут же, в абзаце, повествующем о Канцлерском суде и процессе «Джарндисы против Джарндисов», можно обнаружить символические фамилии адвокатов Канцлерского суда: «Чизл, Мизл — или как их там зовут? — привыкли давать себе туманные обещания разобраться в таком-то затянувшемся дельце и посмотреть, нельзя ли чем-нибудь помочь Дризлу, — с которым так плохо обошлись, но не раньше, чем их контора развяжется с делом Джарндисов». Чизл, Мизл, Дризл — зловещая аллитерация. И сразу же далее: «Повсюду рассеяло это злополучное дело семена жульничества и жадности...» Жульничество и жадность (shirking and sharking) — приемы этих законников, живущих в измороси и грязи (mud and drizzle) Канцлерского суда, и если мы снова вернемся к первому абзацу, то увидим, что shirking and sharking — это парная аллитерация, вторящая хлюпанью и шарканью (slipping and sliding) пешеходов по грязи.

Давайте последуем за старушонкой мисс Флайт, эксцентрической истицей, которая появляется в самом начале дня и исчезает, когда опустевший суд закрывается. Юным героям книги — Ричарду (чья судьба вскоре странным образом переплетется с судьбой безумной старушки), Аде (кузина, на которой он женится) и Эстер — этой троице под колоннадой Канцлерского суда встречается мисс Флайт: «...диковинная маленькая старушка в помятой шляпке и с ридикюлем в руках» подошла к ним и, «улыбаясь, сделала... необычайно церемонный реверанс.

— О! — проговорила она. — Подопечные тяжбы Джарндисов! Оч-чень рада, конечно, что имею честь представиться! Какое это доброе предзнаменование для молодости, и надежды, и красоты, если они очутились здесь и не знают, что из этого выйдет.

— Полоумная! — прошептал Ричард, не подумав, что она может услышать.

— Совершенно верно! Полоумная, молодой джентльмен, — отозвалась она так быстро, что он совсем растерялся. — Я сама когда-то была подопечной. Тогда я еще не была полоумной, — продолжала она, делая глубокие реверансы и улыбаясь после каждой своей коротенькой фразы. — Я была одарена молодостью и надеждой. Пожалуй, даже красотой. Теперь все это не имеет никакого значения. Ни та, ни другая, ни третья не поддержала меня, не спасла. Я имею честь постоянно присутствовать на судебных заседаниях. Со своими документами. Ожидаю, что суд вынесет решение. Скоро. В день Страшного суда... Прошу вас, примите мое благословение.

Ада немного испугалась, а я (*это рассказывает Эстер. — Примеч. пер.*), желая сделать удовольствие старушке, сказала, что мы ей очень обязаны.

— Да-а! — промолвила она жеманно. — Полагаю, что так. А вот и Велеречивый Кендж. Со *своими* документами! Как поживаете, ваша честь?

— Прекрасно, прекрасно! Ну, не приставайте к нам, любезная! — бросил на ходу мистер Кендж, уводя нас в свою контору.

— И не думаю, — возразила бедная старушка, семеня рядом со мной и Адой. — Вовсе не пристаю. Я обеим им завещаю поместья, а это, надеюсь, не значит приставать? Ожидаю, что суд вынесет решение. Скоро. В день Страшного суда. Для вас это доброе предзнаменование. Примите же мое благословение!

Дойдя до широкой крутой лестницы, она остановилась и не пошла дальше; но когда мы, поднимаясь наверх, оглянулись, то увидели, что она все еще стоит внизу и лепечет, приседая и улыбаясь после каждой своей коротенькой фразы:

— Молодость. И надежда. И красота. И Канцлерский суд. И Велеречивый Кендж! Ха! Прошу вас, примите мое благословение!»

Слова — *молодость, надежда, красота*, — которые

она повторяет, исполнены значения, как мы увидим в дальнейшем. На следующий день, гуляя по Лондону, эти трое и еще одно юное существо вновь встречают мисс Флайт. Теперь в ее речи обозначается новая тема — тема птиц — песни, крылья, полет. Мисс Флайт живо интересуется полетом[1] и пением птиц, сладкоголосыми пташками в саду Линкольнс-Инна. Нам предстоит наведаться в ее жилище над лавкой Крука. Имеется там еще один квартирант — Немо, о котором речь пойдет позже, он тоже один из самых важных персонажей романа. Мисс Флайт покажет около двадцати клеток с птицами. «Я завела у себя этих малюток с особой целью, и подопечные ее сразу поймут, — сказала она. — С намерением выпустить птичек на волю. Как только вынесут решение по моему делу. Да-а! Однако они умирают в тюрьме. Бедные глупышки, жизнь у них такая короткая в сравнении с канцлерским судопроизводством, что все они, птичка за птичкой, умирают, — целые коллекции у меня так вымерли одна за другой. И я, знаете ли, опасаюсь, что ни одна из этих вот птичек, хоть все они молоденькие, тоже не доживет до освобождения. Оч-чень прискорбно, не правда ли?» Мисс Флайт раздвигает занавески, и птички щебечут для гостей, но она не называет их имен. Слова: «В другой раз я назову вам их имена» — весьма знаменательны: здесь кроется трогательная тайна. Старушка снова повторяет слова *молодость*, *надежда*, *красота*. Теперь эти слова связаны с птицами, и кажется — тень от прутьев их клеток ложится, как путы, на символы молодости, красоты, надежды. Чтобы еще лучше понять, как тонко мисс Флайт связана с Эстер, отметьте для себя, что, когда Эстер ребенком покидает дом, отправляясь в школу, она берет с собой только птичку в клетке. Я убедительно прошу вас вспомнить здесь о другой птице в клетке, которую я упоминал в связи с «Мэнсфилд-парком», обратившись к отрывку из «Сентиментального путешествия» Стерна, о скворце — и заодно о свободе и неволе. Здесь мы снова прослеживаем ту же тематическую линию. Клетки, птичьи клетки, их прутья, тени прутьев, перечеркивающие, так сказать, счастье. Птички

---

[1] По-английски слова «лет», «полет» (flight) и фамилия героини — омонимы. — *Примеч. пер.*

мисс Флайт, заметим в заключение, — это жаворонки, коноплянки, щеглы, или, что то же самое, молодость, надежда, красота.

Когда гости мисс Флайт проходят мимо двери странного жильца Немо, она несколько раз говорит им: «Т-с-с!» Затем этот странный жилец утихает сам, он умирает «от своей руки», и мисс Флайт посылают за врачом, а после она, трепеща, выглядывает из-за двери. Умерший жилец, как мы узнаем впоследствии, связан с Эстер (это ее отец) и с леди Дедлок (это ее бывший возлюбленный). Тематическая линия мисс Флайт захватывающа и поучительна. Чуть позже мы находим упоминание о том, что еще одно бедное, порабощенное дитя, одно из многих порабощенных детей в романе — Кедди Джеллиби встречается со своим возлюбленным, Принцем, в комнатке мисс Флайт. Еще позже, во время визита молодых людей в сопровождении мистера Джарндиса, мы узнаем из уст Крука имена птичек: «Надежда, Радость, Юность, Мир, Покой, Жизнь, Прах, Пепел, Растрата, Нужда, Разорение, Отчаяние, Безумие, Смерть, Коварство, Глупость, Слова, Парики, Тряпье, Пергамент, Грабеж, Прецедент, Тарабарщина и Чепуха». Но старик Крук пропускает одно имя — Красота: ее, заболев, Эстер утратит.

Тематическая связь между Ричардом и мисс Флайт, между ее помешательством и его безумием обнаруживается, когда его полностью захватывает судебная тяжба. Вот очень важный отрывок: «По словам Ричарда выходило, будто он разгадал все ее тайны и у него не осталось сомнений, что завещание, по которому он и Ада должны получить не знаю сколько тысяч фунтов, будет, наконец, утверждено, если у Канцлерского суда есть хоть капля разума и чувства справедливости... и дело близится к счастливому концу. Ричард доказывал это самому себе при помощи всяких избитых доводов, которые вычитал в документах, и каждый из них все глубже погружал его в трясину заблуждения. Он даже начал то и дело наведываться в суд. Он говорил нам, что всякий раз видит там мисс Флайт, болтает с нею, оказывает ей мелкие услуги и, втайне подсмеиваясь над старушкой, жалеет ее всем сердцем. Но он и не подозревал, — мой бедный, милый, жизнерадостный Ричард, которому в то время было даровано столько счастья и уготовано такое светлое будущее! — какая роковая связь возникает между его свежей юностью и ее блеклой старостью, между его вольными надеждами и ее запертыми в клетку птичками, убогим чердаком и не вполне здравым рассудком».

Мисс Флайт водит знакомство с другим помешанным истцом, мистером Гридли, который тоже появляется в самом начале романа: «Другой разоренный истец, который время от времени приезжает из Шропшира, каждый раз всеми силами стараясь добиться разговора с канцлером после конца заседаний, и которому невозможно растолковать, почему канцлер, четверть века отравлявший ему жизнь, теперь вправе о нем забыть, — другой разоренный истец становится на видное место и следит глазами за судьей, готовый, едва тот встанет, воззвать громким и жалобным голосом: "Милорд!" Несколько адвокатских клерков и других лиц, знающих этого просителя в лицо, задерживаются здесь в надежде позабавиться на его счет и тем разогнать скуку, навеянную скверной погодой». Позже этот мистер Гридли разражается длинной тирадой о своем положении, адресуясь к мистеру Джарндису. Он разорен тяжбой о наследстве, судебные издержки поглотили втрое больше, чем само наследство, при этом тяжба еще не закончена. Чувство обиды перерастает в убеждения, от которых он не может отступиться: «Я сидел в тюрьме за оскорбление суда. Я сидел в тюрьме за угрозы этому поверенному. Были у меня всякие неприятности и опять будут. Я — "человек из Шропшира", и для них это забава — сажать меня под стражу и приводить в суд под стражей и все такое; но иной раз я не только их забавляю, — иной раз бывает хуже. Мне твердят, что, мол, сдерживай я себя, мне самому было бы легче. А я говорю, что рехнусь, если буду сдерживаться. Когда-то я, кажется, был довольно добродушным человеком. Земляки мои говорят, что помнят меня таким; но теперь я до того обижен, что мне нужно открывать отдушину, давать выход своему возмущению, а не то я с ума сойду. <...> Но погодите, — добавил он во внезапном припадке ярости, — уж я их осрамлю когда-нибудь. До конца своей жизни буду я ходить в этот суд для его посрамления». «Он был, —

замечает Эстер, — страшен в своем неистовстве. Я никогда бы не поверила, что можно прийти в такую ярость, если бы не видела этого своими глазами». Но он умирает в тире мистера Джорджа в присутствии самого кавалериста, Баккета, Эстер, Ричарда и мисс Флайт. «Не надо, Гридли! — вскрикнула она, когда он тяжело и медленно повалился навзничь, отдалившись от нее. — Как же без моего благословения? После стольких лет!»

В очень слабом фрагменте автор доверяет мисс Флайт рассказать Эстер о благородном поведении доктора Вудкорта во время кораблекрушения в Ост-Индских морях. Это не очень удачная, хотя и смелая попытка автора связать помешанную старушку не только с трагической болезнью Ричарда, но и с ожидающим Эстер счастьем. Связь между мисс Флайт и Ричардом все крепнет, и наконец после смерти Ричарда Эстер записывает: «Поздно вечером, когда дневной шум утих, бедная помешанная мисс Флайт пришла ко мне вся в слезах и сказала, что выпустила на волю своих птичек».

Другой связанный с темой Канцлерского суда герой появляется, когда Эстер, направляясь с друзьями к мисс Флайт, задерживается у лавки Крука, над которой проживает старушка, — «...у лавки, над дверью которой была надпись *Крук, склад тряпья и бутылок*, и другая — длинными, тонкими буквами: *Крук, торговля подержанными корабельными принадлежностями*. В одном углу окна висело изображение красного здания бумажной фабрики, перед которой разгружали подводу с мешками тряпья. Рядом была надпись: «Скупка костей». Дальше — «Скупка негодной кухонной утвари». Дальше — «Скупка железного лома». Дальше — «Скупка макулатуры». Дальше — «Скупка дамского и мужского платья». Можно было подумать, что здесь скупают все, но ничего не продают. Окно было сплошь заставлено грязными бутылками: тут были бутылки из-под ваксы, бутылки из-под лекарств, бутылки из-под имбирного пива и содовой воды, бутылки из-под пикулей, винные бутылки, бутылки из-под чернил. Назвав последние, я вспомнила, что по ряду признаков можно было догадаться о близком соседстве лавки с юридическим миром, — она, если можно так выразиться, казалась чем-то вроде грязной приживалки и бедной родственницы юриспруденции. Чернильных бутылок в ней было великое множество. У входа в лавку стояла маленькая шаткая скамейка с горой истрепанных старых книг и надписью: «Юридические книги, по девять пенсов за том».

Так устанавливается связь между Круком и темой Канцлерского суда с его юридической символикой и шаткими законами. Обратите внимание на соседство надписей «Скупка костей» и «Скупка дамского и мужского платья». Ведь участник тяжбы для Канцлерского суда не более чем кости и потрепанная одежда, а порванные мантии закона — рванье законов, а и макулатуру Крук скупает тоже. Именно это отмечает и сама Эстер с некоторой помощью Ричарда Карстона и Чарлза Диккенса: «А тряпье — и то, что было свалено на единственную чашку деревянных весов, коромысло которых, лишившись противовеса, криво свисало с потолочной балки, и то, что валялось под весами, возможно, было когда-то адвокатскими нагрудниками и мантиями. Оставалось только вообразить, как шепнул Ричард нам с Адой, заглядывая в глубь лавки, что кости, сложенные в углу и обглоданные начисто, — это кости клиентов суда, и картина могла считаться законченной». Ричарду, шепнувшему эти слова, самому суждено стать жертвой Канцлерского суда, поскольку он по слабости характера бросает одну за другой профессии, в которых пробует себя, и в итоге затягивается в безумную бестолковщину, растравляет себя призраком полученного через Канцлерский суд наследства.

Сам Крук появляется, возникая, так сказать, из самого сердца тумана (вспомните шутку Крука, называющего лорда-канцлера своим собратом — действительно собратом по ржавчине и пыли, по безумию и грязи): «Он был маленького роста, мертвенно-бледный, сморщенный; голова его глубоко ушла в плечи и сидела как-то косо, а дыхание вырывалось изо рта клубами пара — чудилось, будто внутри у него пылает огонь. Шея его, подбородок и брови так густо заросли белой, как иней, щетиной и были так изборождены морщинами и вздувшимися жилами, что он смахивал на корень старого дерева, усыпанный снегом». Перекрученный Крук. Его сходство с заснеженным корнем старого дерева следует добавить к растущей коллекции диккенсовских сравнений, о чем речь пойдет позже. Здесь прорезается еще одна тема, которая впоследствии разовьется, — это упоминание огня: «будто внутри у него пылает огонь». *Будто* — зловещее предвестие.

Позже Крук называет имена птичек мисс Флайт — символы Канцлерского суда и страдания, этот отрывок уже упоминался. Теперь появляется ужасная кошка, которая рвет узел тряпья своими тигриными когтями и шипит так, что Эстер делается не по себе. И кстати, старик Смоллуид, один из героев темы тайны, зеленоглазый и с острыми когтями, не только шурин Крука, но еще некий человеческий вариант его кошки. Тема птичек и тема кошки постепенно сближаются — и Крук, и его зеленоглазый в серой шкурке тигр дожидаются, когда птицы покинут свои клетки. Здесь скрытый намек на то, что лишь смерть освобождает связавшего судьбу с Канцлерским судом. Так умирает и освобождается Гридли. Так умирает и освобождается Ричард. Крук стращает слушателей самоубийством некоего Тома Джарндиса, тоже Канцлерского жалобщика, приводя его слова: «Ведь это... все равно что попасть под жернов, который едва вертится, но сотрет тебя в порошок; все равно что изжариться на медленном огне». Отметьте этот «медленный огонь». Крук и сам, на свой перекрученный лад, тоже жертва Канцлерского суда, и ему тоже предстоит сгореть. И нам определенно намекают на то, в чем его погибель. Человек буквально пропитан джином, каковой в словарях характеризуется как крепкий алкогольный напиток, продукт перегонки зерна, главным образом ржи. Куда бы ни направлялся Крук, при нем всегда некий переносной ад. Переносной ад — это не диккенсовское, это набоковское.

Крук связан не только с темой Канцлерского суда, но и с темой тайны. После смерти Немо адвокатский клерк Гаппи, распаляемый влюбленностью и желанием шантажировать, со своим другом Тони Джоблингом (которого именуют также Уивлом) приходит к Круку, чтобы вытрясти из него письма, имеющие отношение к давнему роману леди Дедлок. Гаппи отправляется в трактир, возвращается с полной бутылкой джина, и старик «берет ее на руки, словно любимого внука». Увы, вместо слова «внук» уместнее сказать «внутренний паразит». Теперь мы подошли к поразительным страницам 32-й главы, где описывается поразительная смерть Крука, осязаемый символ медленного огня и тумана Канцлерского суда. Вспомним образы первых страниц книги — дымный туман, мелкая черная изморось, хлопья сажи — здесь ключ, здесь зарождение страшной темы, которая сейчас разовьется и, приправленная джином, дойдет до логического конца.

Гаппи и Уивл направляются к жилищу Уивла (той самой каморке, где покончил с собой возлюбленный леди Дедлок, Хоудон, в доме, где обитают мисс Флайт и Крук), чтобы дождаться полуночи, когда Крук обещал передать им письма. По дороге они встречают мистера Снегсби, владельца писчебумажной лавки. В тяжелом мутном воздухе разлит странный запах.

«— Дышите свежим воздухом перед тем, как улечься в постель? — осведомляется торговец.

— Ну, воздуху здесь не так-то много, и сколько бы его ни было, не очень-то он освежает, — отвечает Уивл, окинув взглядом весь переулок.

— Совершенно верно, сэр. А вы не замечаете, — говорит мистер Снегсби, умолкнув, чтобы втянуть носом воздух и принюхаться, — вы не замечаете, мистер Уивл, говоря напрямик, что здесь у вас пахнет жареным, сэр?

— Пожалуй; я сам заметил, что тут сегодня как-то странно пахнет, — соглашается мистер Уивл. — Должно быть, это из "Солнечного герба" — отбивные жарят.

— Отбивные котлеты жарят, говорите? Да... значит, отбивные котлеты? — Мистер Снегсби снова втягивает носом воздух и принюхивается. — Пожалуй, так оно и есть, сэр. Но, смею сказать, не худо бы подтянуть кухарку "Солнечного герба". Они у нее подгорели, сэр! И я думаю, — мистер Снегсби снова втягивает носом воздух и принюхивается, потом сплевывает и вытирает рот, — я думаю, говоря напрямик, что они были не первой свежести, когда их положили на рашпер».

Приятели поднимаются в комнату Уивла, обсуждают таинственного Крука и страхи, которые испытывает Уивл в этой комнате, в этом доме. Уивл жалуется на гнетущую обстановку своей комнаты. Замечает, как «тускло горит тонкая свечка с огромным нагаром и вся оплывшая». Если вы остались глухи к этой детали — лучше не беритесь за Диккенса.

Гаппи случайно бросает взгляд на свой рукав.

«— Слушай, Тони, что творится в этом доме нынче ночью? Или это сажа в трубе загорелась?

— Сажа загорелась?

— Ну да! — отвечает мистер Гаппи. — Смотри, сколько набралось копоти. Гляди, вот она у меня на рукаве! И на столе тоже! Черт ее возьми, эту гадость, — смахнуть невозможно... мажется, как черный жир какой-то!»

Уивл спускается по лестнице, но всюду тишина и покой, и, вернувшись, он повторяет свои слова, сказанные давеча мистеру Снегсби насчет отбивных котлет, подгоревших в «Солнечном гербе».

«Значит... — начинает мистер Гаппи, все еще глядя с заметным отвращением на свой рукав, когда приятели возобновляют разговор, усевшись друг против друга за стол у камина и вытянув шеи так, что чуть не сталкиваются лбами, — значит, он тогда-то и рассказал тебе, что нашел пачку писем в чемодане своего жильца?»

Разговор длится еще некоторое время, но, когда Уивл начинает мешать угли в камине, Гаппи вдруг вскакивает.

«— Тьфу! Этой отвратительной копоти налетело еще больше, — говорит он. — Давай-ка откроем на минутку окно и глотнем свежего воздуха. Здесь невыносимо душно».

Они продолжают разговор, лежа на подоконнике и наполовину высунувшись наружу. Гаппи похлопывает по подоконнику и вдруг быстро отдергивает руку.

«— Что такое, черт побери? — восклицает он. — Посмотри на мои пальцы!»

Они запачканы какой-то густой желтой жидкостью, омерзительной на ощупь и на вид и еще более омерзительно пахнущей каким-то тухлым тошнотворным жиром, который возбуждает такое отвращение, что приятелей передергивает.

— Что ты тут делал? Что ты выливал из окна?

— Что выливал? Да ничего я не выливал, клянусь тебе! Ни разу ничего не выливал с тех пор, как живу здесь, — восклицает жилец мистера Крука.

И все же смотрите сюда... и сюда! Мистер Уивл приносит свечу, и теперь видно, как жидкость, медленно капая с угла подоконника, стекает вниз, по кирпичам, а в другом месте застаивается густой зловонной лужицей.

— Ужасный дом, — говорит мистер Гаппи, рывком опуская оконную раму. — Дай воды, не то я руку себе отрежу.

Мистер Гаппи так долго мыл, тер, скреб, нюхал и опять мыл запачканную руку, что не успел он подкрепиться стаканчиком бренди и молча постоять перед камином, как колокол на соборе св. Павла принялся бить двенадцать часов; и вот уже все другие колокола тоже начинают бить двенадцать на своих колокольнях, низких и высоких, и многоголосый звон разносится в ночном воздухе».

Уивл, как было договорено, идет вниз получить обещанную пачку бумаг Немо — и возвращается в ужасе.

«— Я не мог его дозваться, тихонько отворил дверь и заглянул в лавку. А там пахнет гарью... всюду копоть и этот жир... а старика нет!

И Тони издает стон.

Мистер Гаппи берет свечу. Ни живы ни мертвы приятели спускаются по лестнице, цепляясь друг за друга, и открывают дверь комнаты при лавке. Кошка отошла к самой двери и шипит, — не на пришельцев, а на какой-то предмет, лежащий на полу перед камином. Огонь за решеткой почти погас, но в комнате что-то тлеет, она полна удушливого дыма, а стены и потолок покрыты жирным слоем копоти». На кресле висит куртка и шапка старика. На полу валяется красная тесьма, которой были перевязаны письма, но самих писем нет, а лежит что-то черное.

«— Что это с кошкой? — говорит мистер Гаппи. — Видишь?

— Должно быть, взбесилась. Да и немудрено — в таком жутком месте.

Оглядываясь по сторонам, приятели медленно продвигаются. Кошка стоит там, где они ее застали, по-прежнему шипя на то, что лежит перед камином между двумя креслами.

Что это? Выше свечу!

Вот прожженное место на полу; вот небольшая пачка бумаги, которая уже обгорела, но еще не обратилась в пепел; однако она не так легка, как обычно бывает сгоревшая бумага, а вот... вот головешка — обугленное и разломившееся полено, осыпанное золой; а может быть, это кучка угля? О, ужас, это он! и это все, что от него осталось; и они сломя голову бегут прочь на улицу с потухшей свечой, натыкаясь один на другого.

На помощь, на помощь, на помощь! Бегите сюда, в этот дом, ради всего святого!

Прибегут многие, но помочь не сможет никто. "Лорд-канцлер" этого "Суда", верный своему званию вплоть до последнего своего поступка, умер смертью, какой умирают все лорд-канцлеры во всех судах и все власть имущие во всех тех местах — как бы они ни назывались, — где царит лицемерие и творится несправедливость. Называйте, ваша светлость, эту смерть любым именем, какое вы пожелаете ей дать, объясняйте ее чем хотите, говорите сколько угодно, что ее можно было предотвратить, — все равно это вечно та же смерть — предопределенная, присущая всему живому, вызванная самими гнилостными соками порочного тела, и только ими, и это — Самовозгорание, а не какая-нибудь другая смерть из всех тех смертей, какими можно умереть».

Таким образом, метафора становится реальным фактом, зло в человеке уничтожило человека. Старик Крук растворился в тумане, из которого возник, — туман к туману, грязь к грязи, безумие к безумию, черной измороси и жирным колдовским притираниям. Мы физически ощущаем это, и не имеет ни малейшего значения, можно ли с точки зрения науки сгореть, пропитавшись джином. И в предисловии, и в тексте романа Диккенс морочит нам голову, перечисляя якобы имевшие место случаи непроизвольного самовозгорания, когда джин и грех вспыхивают и сжигают человека дотла.

Здесь есть нечто поважнее вопроса, возможно такое

или нет. А именно, нам следует сопоставить два стиля этого фрагмента: бойкий, разговорный, движущийся рывками стиль Гаппи и Уивла и многоговорящий апострофический набат заключительных фраз. Определение «апострофический» образовано от термина «апострофа», что в риторике означает «воображаемое воззвание к одному из слушателей, или к неодушевленному предмету, или к вымышленному лицу». И теперь вопрос: какого автора напоминает это апострофическое, раскатистое звучание у Диккенса? Ответ: Томаса Карлейля (1795—1881), и в первую очередь его «Историю французской революции», опубликованную в 1837 году. Какое удовольствие погрузиться в этот великолепный труд и обнаружить там апострофическое звучание, рокот и набат на тему судьбы, тщеты и возмездия! Двух примеров достаточно: «Светлейшие монархи, вы, которые ведете протоколы, издаете манифесты и утешаете человечество! Что было бы, если б раз в тысячу лет ваши пергаменты, формуляры и государственное благоразумие разметались бы всеми ветрами? <...> ...И человечество само сказало бы, что именно нужно для его утешения (глава 4, книга VI «Марсельеза»)».

«Несчастная Франция, несчастная в своем короле, королеве и конституции; неизвестно даже, с чем несчастнее! В чем же заключалась задача нашей столь славной Французской революции, как не в том, чтобы, когда обман и заблуждение, долго убивавшие душу, начали убивать и тело <...> великий народ наконец поднялся» и т. д. (глава 9, книга IV «Варенн»)[1].

Пора подвести итоги теме Канцлерского суда. Она начинается описанием духовного и природного тумана, сопровождающего действия суда. На первых страницах романа слово «Милорд» (My Lord) принимает вид грязи («mud»), и мы видим погрязший во лжи Канцлерский суд. Мы обнаружили символический смысл, символические связи, символические имена. Помешанная мисс Флайт связана с двумя другими истцами Канцлерского

---

[1] *Карлейль Томас.* Французская революция: История / Пер. с англ. Ю. Дубровина и Е. Мельниковой. — М., 1991. — С. 347, 294. — *Примеч. пер.*

суда, оба они умирают в ходе повествования. Затем мы перешли к Круку, символу медленного тумана и медленного огня Канцлерского суда, грязи и безумия, чья поразительная участь оставляет липкое ощущение ужаса. Но какова судьба самого судебного процесса, дела Джарндисов против Джарндисов, тянущегося многие годы, порождая бесов и губя ангелов? Что же, как конец Крука оказывается вполне логичным в волшебном мире Диккенса, так и судебный процесс приходит к логическому концу, следуя гротескной логике этого гротескного мира.

Однажды, в день, когда процесс должен был возобновиться, Эстер и ее друзья опоздали к началу заседания и, «подойдя к Вестминстер-Холлу, узнали, что заседание уже началось. Хуже того, в Канцлерском суде сегодня набралось столько народу, что зал был набит битком — в дверь не пройдешь, и мы не могли ни видеть, ни слышать того, что творилось там внутри. Очевидно, происходило что-то смешное — время от времени раздавался хохот, а за ним возглас: "Тише!". Очевидно, происходило что-то интересное — все старались протиснуться поближе. Очевидно, что-то очень потешало джентльменов-юристов, — несколько молодых адвокатов в париках и с бакенбардами стояли кучкой в стороне от толпы, и, когда один из них сказал что-то остальным, те сунули руки в карманы и так расхохотались, что даже согнулись в три погибели от смеха и принялись топать ногами по каменному полу.

Мы спросили у стоявшего возле нас джентльмена, не знает ли он, какая тяжба сейчас разбирается? Он ответил, что "Джарндисы против Джарндисов". Мы спросили, знает ли он, в какой она стадии. Он ответил, что, сказать правду, не знает, да и никто никогда не знал, но, насколько он понял, судебное разбирательство кончено. Кончено на сегодня, то есть отложено до следующего заседания? — спросили мы. Нет, ответил он, совсем кончено.

Кончено!

Выслушав этот неожиданный ответ, мы опешили и переглянулись. Возможно ли, что найденное завещание наконец-то внесло ясность в дело и Ричард с Адой разбогатеют?[1] Нет, это было бы слишком хорошо, — не могло этого случится. Увы, этого и не случилось!

Нам не пришлось долго ждать объяснений; вскоре толпа пришла в движение, люди хлынули к выходу, красные и разгоряченные, и с ними хлынул наружу спертый воздух. Однако все были очень веселы и скорей напоминали зрителей, только что смотревших фарс или выступление фокусника, чем людей, присутствовавших на заседании суда. Мы стояли в сторонке, высматривая кого-нибудь из знакомых, как вдруг из зала стали выносить громадные кипы бумаг — кипы в мешках и кипы такой величины, что в мешки они не влезали, словом — неохватные груды бумаг в связках всевозможных форматов и совершенно бесформенных, под тяжестью которых тащившие их клерки шатались и, швырнув их до поры до времени на каменный пол зала, бежали за другими бумагами. Хохотали даже эти клерки. Заглянув в бумаги, мы увидели на каждой заголовок "Джарндисы против Джарндисов" и спросили какого-то человека (по-видимому, судейского), стоявшего среди этих бумажных гор, кончилась ли тяжба.

— Да, — сказал он, — наконец-то кончилась! — и тоже расхохотался».

Судебные пошлины поглотили всю тяжбу, все спорное наследство. Фантастический туман Канцлерского суда рассеивается — и не смеются только мертвые.

* * *

Прежде чем перейти к настоящим детям в значимой для Диккенса теме детей, следует взглянуть на мошенника Гарольда Скимпола. Скимпола, этот фальшивый бриллиант, следующим образом представляет нам в шестой главе Джарндис: «... другого такого во всем мире не сыщешь — это чудеснейшее создание... дитя». Такое определение ребенка важно для понимания романа, в сокровенной, сущностной части которого речь идет о бедствии детей, о страданиях, переживаемых в дет-

---

[1] Незадолго до этого под давлением Баккета старик Смоллуид возвращает завещание Джарндиса, найденное им в груде макулатуры Крука. Это завещание более по́зднее, чем те, что оспариваются в суде, по нему основная доля имущества отходила Аде и Ричарду. Это уже обещало скорое окончание тяжбы. — *Фр. Б.*

стве, — а тут Диккенс всегда на высоте. Поэтому определение, найденное хорошим и добрым человеком, Джоном Джарндисом, вполне правильное: ребенок, с точки зрения Диккенса, — *чудесное создание*. Но интересно, что определение «дитя» никак не может быть отнесено к Скимполу. Скимпол вводит в заблуждение всех, вводит в заблуждение мистера Джарндиса насчет того, что он, Скимпол, невинен, наивен и беззаботен как дитя. На самом деле это вовсе не так, но эта его поддельная ребячливость оттеняет достоинства подлинных детей — героев романа.

Джарндис объясняет Ричарду, что Скимпол, конечно, взрослый человек, его ровесник по крайней мере, «но по свежести чувств, простодушию, энтузиазму, прелестной бесхитростной неспособности заниматься житейскими делами — он сущее дитя».

«Он музыкант — правда, только любитель, хотя мог бы сделаться профессионалом. Кроме того, он художник-любитель, хотя тоже мог бы сделать живопись своей профессией. Очень одаренный, обаятельный человек. В делах ему не везет, в профессии не везет, в семье не везет, но это его не тревожит... сущий младенец!

— Вы сказали, что он человек семейный, значит у него есть дети, сэр? — спросил Ричард.

— Да, Рик! С полдюжины, — ответил мистер Джарндис. — Больше! Пожалуй, дюжина наберется. Но он о них никогда не заботился. Да и где ему? Нужно, чтобы кто-то заботился *о нем самом*. Сущий младенец, уверяю вас!»

Впервые мы видим мистера Скимпола глазами Эстер: «Маленький жизнерадостный человек с довольно большой головой, но тонкими чертами лица и нежным голосом, он казался необычайно обаятельным. Он говорил обо всем на свете так легко и непринужденно, с такой заразительной веселостью, что слушать его было одно удовольствие. Фигура у него была стройнее, чем у мистера Джарндиса, цвет лица более свежий, а седина в волосах менее заметна, и потому он казался моложе своего друга. Вообще он походил скорее на преждевременно постаревшего молодого человека, чем на хорошо сохранившегося старика. Какая-то беззаботная небрежность проглядывала в его манерах и даже костюме (волосы у него были несколько растрепаны, а слабо завязанный галстук развевался, как у художников на известных мне автопортретах), и это невольно внушало мне мысль, что он похож на романтического юношу, который странным образом одряхлел. Мне сразу показалось, что и манеры его и внешность совсем не такие, какие бывают у человека, который прошел, как и все пожилые люди, долголетний путь забот и жизненного опыта». Какое-то время он был домашним врачом у немецкого князя, который затем расстался с ним, так как «он всегда был сущим ребенком "в отношении мер и весов", ничего в них не смыслил (кроме того, что они ему противны)». Когда за ним посылали, чтобы оказать помощь князю или кому-нибудь из его приближенных, «он обыкновенно лежал навзничь в постели и читал газеты или рисовал карандашом фантастические наброски, а потому не мог пойти к больному. В конце концов князь рассердился, — "вполне резонно", откровенно признал мистер Скимпол, — и отказался от его услуг, а так как для мистера Скимпола "не осталось ничего в жизни, кроме любви" (объяснил он с очаровательной веселостью), то он "влюбился, женился и окружил себя румяными щечками". Его добрый друг Джарндис и некоторые другие добрые друзья время от времени подыскивали ему те или иные занятия, но ничего путного из этого не получалось, так как он, должен признаться, страдает двумя самыми древним человеческими слабостями: во-первых, не знает, что такое "время", во-вторых, ничего не понимает в деньгах. Поэтому он никогда никуда не являлся вовремя, никогда не мог вести никаких дел и никогда не знал, сколько стоит то или другое. Ну что ж! <...> Все, что он просит у общества, — это не мешать ему жить. Не так уж это много. Потребности у него ничтожные. Дайте ему возможность читать газеты, беседовать, слушать музыку, любоваться красивыми пейзажами, дайте ему баранины, кофе, свежих фруктов, несколько листов бристольского картона, немножко красного вина, и больше ему ничего не нужно. В жизни он сущий младенец, но он не плачет, как дети, требуя луны с неба. Он говорит людям: "Идите с миром каждый своим путем! Хотите — носите красный мундир армейца, хотите — синий мундир моряка, хотите — облачение епископа, хотите — фартук ремесленника, а нет, так засуньте себе перо за ухо, как это делают клерки; стремитесь к славе, к святости, к торговле, к промышленности, к чему угодно, только... не мешайте жить Гарольду Скимполу!"

Все эти мысли и многие другие он излагал нам с необычайным блеском и удовольствием, а о себе говорил с каким-то оживленным беспристрастием, — как будто ему не было до себя никакого дела, как будто Скимпол был какое-то постороннее лицо, как будто он знал, что у Скимпола, конечно, есть свои странности, но есть и свои требования, которыми общество обязано заняться и не смеет пренебрегать. Он просто очаровывал своих слушателей», хотя Эстер не перестает смущать, на каком же основании этот человек свободен и от ответственности, и от нравственного долга.

На следующее утро за завтраком Скимпол заводит увлекательный разговор о пчелах и трутнях и откровенно признается, что считает трутней воплощением более приятной и мудрой идеи, нежели пчел. Но сам Скимпол вовсе не безобидный, не имеющий жала трутень, и в этом его сокровенный секрет: у него есть жало, только долгое время оно скрыто. Ребяческая бесцеремонность его заявлений немало радовала мистера Джарндиса, вдруг обнаружившего прямодушного человека в двуличном мире. Прямодушный же Скимпол просто-напросто использовал в своих целях добрейшего Джарндиса. Позднее, уже в Лондоне, за детским озорством Скимпола будет все явственнее проступать нечто жестокое и злое. Агент судебного исполнителя Ковинса, некто Неккет, однажды приходивший арестовывать Скимпола за долги, умирает, и Скимпол, поражая Эстер, сообщает об этом так: "Ковинсов" сам арестован великим Судебным исполнителем — смертью, — сказал мистер Скимпол. — Он уже больше не будет оскорблять солнечный свет своим присутствием». Перебирая клавиши рояля, Скимпол балагурит о покойном, оставившем детей круглыми сиротами. «И он сообщил мне, — начал мистер Скимпол, прерывая свои слова негромкими аккордами там, где я ставлю точки (*говорит рассказчица. — В. Н.*). — Что "Ковинсов" оставил. Троих детей. Круглых сирот. И так как профессия его. Не популярна.

Подрастающие "Ковинсовы". Живут очень плохо». Отметьте здесь стилистический прием: жизнерадостный мошенник перемежает легкими аккордами свои шутки.

Потом Диккенс поступает очень умно. Он решает взять нас к осиротевшим детям и показать, чем они живут; в свете их жизни и обнаружится фальшь «сущего младенца» Скимпола. Рассказывает Эстер: «Я постучала в дверь, и чей-то звонкий голосок послышался из комнаты:

— Мы заперты на замок. Ключ у миссис Блайндер.

Вложив ключ в замочную скважину, я открыла дверь. В убогой комнатке с покатым потолком и очень скудной обстановкой стоял крошечный мальчик лет пяти-шести, который нянчил и укачивал на руках тяжелого полуторагодовалого ребенка *(мне нравится это слово «тяжелый», благодаря ему фраза оседает в нужном месте. — В. Н.)*. Погода стояла холодная, а комната была не топленная; правда, дети были закутаны в какие-то ветхие шали и пелеринки. Но одежда эта, видимо, грела плохо — дети съежились от холода, а носики у них покраснели и заострились, хотя мальчуган без отдыха ходил взад и вперед, укачивая и баюкая малютку, склонившую головку к нему на плечо.

— Кто запер вас здесь одних? — естественно, спросили мы.

— Чарли, — ответил мальчик, останавливаясь и глядя на нас.

— Чарли это твой брат?

— Нет. Сестра — Чарлот. Папа называл ее Чарли. <...>

— А где же Чарли?

— Ушла стирать, — ответил мальчик. <...>

Мы смотрели то на детишек, то друг на друга, но вот в комнату вбежала девочка очень маленького роста с совсем еще детской фигуркой, но умным, уже недетским личиком, — хорошеньким личиком, едва видным из-под широкополой материнской шляпы, слишком большой для такой крошки, и в широком переднике, тоже материнском, о который она вытирала голые руки. Они были в мыльной пене, от которой еще шел пар, и девочка стряхнула ее со своих пальчиков, сморщенных и побелевших от горячей воды. Если бы не эти пальчики, ее можно было бы принять за смышленого, наблюдательного ребенка, который играет в стирку, подражая бедной женщине-работнице».

Скимпол, таким образом, являет собой гнусную пародию на ребенка, в то время как эта малютка трогательно подражает взрослой женщине. «Малютка, которую он *(мальчик. — В. Н.)* нянчил, потянулась к Чарли и закричала, просясь к ней "на ручки". Девочка взяла ее совершенно по-матерински — это движение было под стать шляпе и переднику — и посмотрела на нас поверх своей ноши, а малютка нежно прижалась к сестре.

— Неужели, — прошептал *(мистер Джарндис. — В. Н.)*... неужели эта крошка содержит своим трудом остальных? Посмотрите на них! Посмотрите на них, ради Бога!

И правда, на них стоило посмотреть. Все трое ребят крепко прижались друг к другу, и двое из них во всем зависели от третьей, а третья была так мала, но какой у нее был взрослый и положительный вид, как странно он не вязался с ее детской фигуркой!»

Пожалуйста, обратите внимание на жалостную интонацию и почти благоговейный трепет в речи мистера Джарндиса.

«— Ах, Чарли! Чарли! — начал мой опекун. — Да сколько же тебе лет?

— Четырнадцатый год пошел, сэр, — ответила девочка.

— Ого, какой почтенный возраст! — сказал опекун. — Какой почтенный возраст, Чарли!

Не могу выразить, с какой нежностью он говорил с нею — полушутя, но так сострадательно и грустно.

— И ты одна живешь здесь с этими ребятишками, Чарли? — спросил опекун.

— Да, сэр, — ответила девочка, доверчиво глядя ему прямо в лицо, — с тех пор как умер папа.

— Чем же вы все живете, Чарли? — спросил опекун, отворачиваясь на мгновенье. — Эх, Чарли, чем же вы живете?»

Мне бы не хотелось услышать обвинение в сентиментальности на основании этой характерной черты «Холодного дома». Я берусь утверждать, что хулители сентиментального, «чувствительного», как правило, не имеют понятия о чувствах. Спору нет, история студента, ради девицы ставшего пастухом, — история сентиментальная, глупая и пошлая. Но давайте зададим себе вопрос: разве нет различия в подходах Диккенса и писателей минувших времен? Насколько, например, отличается мир Диккенса от мира Гомера или Сервантеса? Испытывает ли герой Гомера божественный трепет жалости? Ужас — да, испытывает, и еще некое расплывчатое сострадание, но пронзительное, особое чувство жалости, как мы это понимаем сейчас, — знало ли его прошлое, уложенное в гекзаметры? Не будем заблуждаться: сколько бы ни деградировал наш современник, в целом он лучше, чем гомеровский человек, homo homericus, или человек средневековья. В воображаемом единоборстве americus versus homericus[1] приз за человечность получит первый. Разумеется, я сознаю, что неясный душевный порыв можно обнаружить и в «Одиссее», что Одиссей и его старик-отец, встретившись после долгой разлуки и обменявшись малозначащими репликами, вдруг откинут назад головы и взвоют, глухо ропща на судьбу, как если бы они не совсем сознавали собственную скорбь. Именно так: их сострадание не вполне сознает себя; это, повторяю, некое общее переживание в том древнем мире с лужами крови и загаженным мрамором — в мире, чьим единственным оправданием служит оставшаяся от него горстка великолепных поэм, всегда уходящий вперед горизонт стиха. И довольно стращать вас ужасами того мира. Дон Кихот пытается прекратить порку ребенка, но Дон Кихот — безумец. Сервантес спокойно принимает жестокий мир, и по поводу малейшего проявления жалости всегда раздается животный смех.

В отрывке о детях Неккета высокое искусство Диккенса нельзя сводить к сюсюканью: тут — настоящее, тут пронзительное, направленное сочувствие, с переливами текучих нюансов, с безмерной жалостью выговоренных слов, с подбором эпитетов, которые видишь, слышишь и осязаешь.

Теперь тема Скимпола должна пересечься с одной из самой трагических тем книги — темой бедняги Джо. Этого сироту, совершенно больного, Эстер и Чарли,

---

[1] Американский против гомеровского (*лат.*).

ставшая ее служанкой[1], приводят в дом Джарндиса отогреться холодной дождливой ночью.

Джо притулился в углу оконной ниши в передней у Джарндиса, безучастно глядя перед собой, что едва ли объяснялось потрясением от роскоши и покоя, в какие он попал. Снова рассказывает Эстер.

«— Дело дрянь, — сказал опекун, после того как задал мальчику два-три вопроса, пощупал ему лоб и заглянул в глаза. — Как ваше мнение, Гарольд?

— Лучше всего выгнать его вон, — сказал мистер Скимпол.

— То есть как это — вон? — переспросил опекун почти суровым тоном.

— Дорогой Джарндис, — ответствовал мистер Скимпол, — вы же знаете, что я такое — я дитя. Будьте со мной строги, если я этого заслуживаю. Но я от природы не выношу таких больных. И никогда не выносил, даже в бытность мою лекарем. Он ведь других заразить может. Лихорадка у него очень опасная.

Все это мистер Скимпол изложил свойственным ему легким тоном, вернувшись вместе с нами из передней в гостиную и усевшись на табурет перед роялем.

— Вы скажете, что это ребячество, — продолжал мистер Скимпол, весело посматривая на нас. — Что ж, признаю, возможно, что и ребячество. Но ведь я и вправду ребенок и никогда не претендовал на то, чтобы меня считали взрослым. Если вы его прогоните, он опять пойдет своей дорогой; значит, вы прогоните его туда, где он был раньше, — только и всего. Поймите, ему будет не хуже, чем было. Ну, пусть ему будет даже лучше, если уж вам так хочется. Дайте ему шесть пенсов или пять шиллингов, или пять фунтов с половиной, — вы умеете считать, а я нет, — и с рук долой!

— А что же он будет делать? — спросил опекун.

— Клянусь жизнью, не имею ни малейшего представления о том, что именно он будет делать, — ответил мистер Скимпол, пожимая плечами и чарующе улыба-

---

[1] Среди бумаг В. Н. есть пометка: «Чарли, которая становится служанкой Эстер, это ее "легкая тень", в отличие от темной тени, Ортанз, предлагавшей Эстер свои услуги после того, как леди Дедлок ее уволила, и не преуспевшей в этом». — *Фр. Б.*

ясь. — Но что-нибудь он да будет делать, в этом я ничуть не сомневаюсь».

Понятно, что будет делать бедняга Джо: подыхать в канаве. А пока его укладывают в чистой, светлой комнате. Много позже читатель узнает, что детектив, разыскивающий Джо, легко подкупает Скимпола, тот указывает комнату, где находится бродяжка, и Джо исчезает на долгое время.

Затем тема Скимпола смыкается с темой Ричарда. Скимпол начинает жить за счет Ричарда и подыскивает ему нового юриста (от которого за это получает пять фунтов), готового продолжать бесполезную тяжбу. Мистер Джарндис, все еще веря в наивность Гарольда Скимпола, вместе с Эстер едет к нему, чтобы попросить быть поосторожнее с Ричардом.

«Комната была довольно темная и отнюдь не опрятная, но обставленная с какой-то нелепой, потертой роскошью: большая скамейка для ног, диван, заваленный подушками, мягкое кресло, забитое подушечками, рояль, книги, принадлежности для рисования, ноты, газеты, несколько рисунков и картин. Оконные стекла тут потускнели от грязи, и одно из них, разбитое, было заменено бумагой, приклеенной облатками; однако на столе стояла тарелочка с оранжерейными персиками, другая — с виноградом, третья — с бисквитными пирожными, и вдобавок бутылка легкого вина. Сам мистер Скимпол полулежал на диване, облаченный в халат, и, попивая душистый кофе из старинной фарфоровой чашки, — хотя было уже около полудня, — созерцал целую коллекцию горшков с желтофиолями, стоявших на балконе.

Ничуть не смущенный нашим появлением, он встал и принял нас со свойственной ему непринужденностью.

— Так вот я и живу! — сказал он, когда мы уселись (не без труда, ибо почти все стулья были сломаны). — Вот я перед вами! Вот мой скудный завтрак. Некоторые требуют на завтрак ростбиф или баранью ногу, а я не требую. Дайте мне персиков, чашку кофе, красного вина, и с меня хватит. Все эти деликатесы нужны мне не сами по себе, а лишь потому, чти они напоминают о солнце. В коровьих и бараньих ногах нет ничего солнечного. Животное удовлетворение, — вот все, что они дают!

— Эта комната служит нашему другу врачебным кабинетом (то есть служила бы, если б он занимался медициной); это его святилище, его студия, — объяснил нам опекун. *(Пародийная отсылка к теме доктора Вудкорта. — В. Н.)*

— Да, — промолвил мистер Скимпол, обращая к нам всем поочередно свое сияющее лицо, — а еще ее можно назвать птичьей клеткой. Вот где живет и поет птичка. Время от времени ей общипывают перышки, подрезают крылышки; но она поет, поет!

Он предложил нам винограду, повторяя с сияющим видом:

— Она поет! Ни одной нотки честолюбия, но все-таки поет. <...> — Этот день мы все здесь запомним навсегда, — весело проговорил мистер Скимпол, наливая себе немного красного вина в стакан, — мы назовем его днем святой Клейр и святой Саммерсон. Надо вам познакомиться с моими дочерьми. У меня их три: голубоглазая дочь — Красавица *(Аретуза. — В. Н.)*, вторая дочь — Мечтательница *(Лаура. — В. Н.)*, третья — Насмешница *(Китти. — В. Н.)*. Надо вам повидать их всех. Они будут в восторге».

Здесь происходит нечто значительное с точки зрения тематики. Как в музыкальной фуге одна тема может пародировать другую, так и здесь мы видим пародию темы посаженных в клетку птичек безумной старушки мисс Флайт. Скимпол на самом деле вовсе не в клетке. Он — раскрашенная птичка с механическим заводом. Его клетка — притворство, как и его ребячество. И прозвища дочерей Скимпола — они тоже пародируют имена птичек мисс Флайт. Скимпол-дитя на поверку оказывается Скимполом-проходимцем, и Диккенс исключительно художественными средствами раскрывает истинную натуру Скимпола. Если вы поняли ход моих рассуждений, значит, мы сделали определенный шаг к постижению тайны словесного искусства, поскольку вам, должно быть, уже стало ясно, что мой курс, помимо всего прочего, — это своего рода детективное расследование тайны литературной архитектоники. Но не забывайте: то, что удается обсудить с вами, ни в коей мере не является исчерпывающим. Очень многое — темы, их вариации — вы должны будете обнаружить сами. Книга похожа на дорожный сундук, плотно набитый вещами. На таможне рука чиновника небрежно встряхивает его содержимое, но тот, кто ищет сокровища, перебирает все до ниточки.

К концу книги Эстер, тревожась, что Скимпол обирает Ричарда, приходит к нему с просьбой прекратить это знакомство, на что тот весело соглашается, узнав, что Ричард остался без денег. В ходе разговора выясняется, что именно он способствовал удалению Джо из дома Джарндиса — исчезновение мальчика для всех оставалось тайной. Скимпол защищается в своей обычной манере:

«Рассмотрите этот случай, дорогая мисс Саммерсон. Вот мальчик, которого привели в дом и уложили на кровать в таком состоянии, которое мне очень не нравится. Когда этот мальчик уже на кровати, приходит человек... точь-в-точь как в детской песенке "Дом, который построил Джек". Вот человек, который спрашивает о мальчике, приведенном в дом и уложенном на кровать в состоянии, которое мне очень не нравится. <...> Вот Скимпол, который принимает банкнот, предложенный человеком, который спрашивает о мальчике, приведенном в дом и уложенном на кровать в состоянии, которое мне очень не нравится. Вот факты. Прекрасно. Должен ли был вышеозначенный Скимпол отказаться от банкнота? Почему он должен был отказаться от банкнота? Скимпол противится, он спрашивает Баккета: "Зачем это нужно? Я в этом ничего не смыслю; мне это ни к чему; берите это обратно". Баккет все-таки просит Скимпола принять банкнот. Имеются ли такие причины, в силу которых Скимпол, не извращенный предрассудками, может взять банкнот? Имеются. Скимпол о них осведомлен. Что же это за причины?»

Причины сводятся к тому, что полицейский, стоящий на страже закона, преисполнен веры в деньги, которую Скимпол может расшатать, отказавшись от предложенного банкнота, и тем самым сделать полицейского непригодным к сыскной работе. К тому же, если со стороны Скимпола предосудительно принять банкнот, то со стороны Баккета гораздо более предосудительно его предлагать. «Но Скимпол стремится уважать Баккета; Скимпол, хоть он и человек маленький, считает *необходимым* уважать Баккета для поддержания общественного строя. Государство настоятельно требует от него доверять Баккету. И он доверяет. Вот и все!»

В конечном счете Эстер довольно точно характеризует Скимпола:

«Опекун и он охладели друг к другу главным образом из-за случая с Джо, а также потому, что мистер Скимпол (как мы впоследствии узнали от Ады) бездушно пренебрег просьбами опекуна не вымогать денег у Ричарда. Его крупный долг опекуну никак не повлиял на их разрыв. Мистер Скимпол умер лет через пять после этого, оставив дневник, письма и разные материалы автобиографического характера; все это было опубликовано и рисовало его как жертву коварной интриги, которую человечество замыслило против простодушного младенца. Говорят, будто книга получилась занимательная, но я, открыв ее как-то раз, прочла из нее только одну фразу, случайно попавшуюся мне на глаза, и дальше уже читать не стала. Вот эта фраза: "Джарндис, как и почти все, кого я знал, — это воплощенное Себялюбие"». На самом же деле Джарндис — превосходнейший, добрейший человек, каких во всей литературе наперечет.

Итак, подведем итоги. В полифоническом построении книги мистер Скимпол предстает сначала веселым, добродушным, ребячливым, очаровательным младенцем, чистосердечным и невинным ребенком. Добросердечный Джон Джарндис, в каком-то отношении и сам сущий ребенок, ослеплен и обманут псевдоребячеством Скимпола. Под диктовку Диккенса Эстер описывает Скимпола так, чтобы выявилось его неглубокое, но приятное остроумие и дешевое, но забавное обаяние; и вскоре сквозь это обаяние проступает сущностная грубость, черствость и нечистоплотность этого человека. В качестве пародии на ребенка он служит, кроме того, замечательным контрастом описанным в книге подлинным детям — маленьким помощникам, принимающим на себя обязанности взрослых, детям, трогательно играющим роль опекунов и кормильцев. Огромное значение для внутреннего развития повествования имеет встреча

Скимпола и Джо; Скимпол предает Джо, фальшивый ребенок предает подлинного. Тема Скимпола содержит пародию на тему птиц, заключенных в клетку. Ричард, неудачливый истец, действительно посаженная в клетку птица. Паразитирующий на нем Скимпол в лучшем случае — заводная птичка, в худшем же — стервятник. И наконец, есть почти неразвитое противопоставление настоящего доктора, Вудкорта, который использует свои знания, чтобы помочь людям, и Скимпола, который отказывается от врачебной практики, и в тот единственный раз, когда прибегли к его консультации, верно определяет лихорадку Джо как опасную, но советует выгнать его из дома, несомненно обрекая на смерть.

Самые трогательные страницы книги отданы теме детей. Вы отметите сдержанный рассказ о детстве Эстер, о ее крестной матери (в действительности тетке) мисс Барбери, постоянно внушавшей девочке чувство вины. Мы видим заброшенных детей филантропки миссис Джеллиби, осиротевших детей Неккета, маленьких подмастерье — «неопрятную хромую девочку в прозрачном платьице» и мальчугана, который «вальсировал один в пустой кухне», — берущих уроки в танцевальной школе Тарвидропа. Вместе с бездушной филантропкой миссис Пардигл мы посещаем семью кирпичника и видим мертвое дитя. Но среди всех этих несчастных детей, мертвых, живых и полуживых, самый горемычный, конечно, Джо, неведомо для себя близко связанный с темой тайны.

На дознании у коронера по случаю смерти Немо обнаруживается, что покойный разговаривал с мальчиком, который подметал перекресток на Канцлерской улице. Мальчика приводят.

«А! вот и мальчик, джентльмены!

Вот он здесь, очень грязный, очень охрипший, очень оборванный. Ну, мальчик!.. Но нет, погодите. Осторожней. Мальчику надо задать несколько предварительных вопросов.

Зовут — Джо. Так и зовут, а больше никак. Что все имеют имя и фамилию, он не знает. Никогда и не слыхивал. Не знает, что "Джо" — уменьшительное от какого-то длинного имени. С *него* и короткого хватит.

А чем оно плохо? Сказать по буквам, как оно пишется? Нет. *Он* по буквам сказать не может. Отца нет, матери нет, друзей нет. В школу не ходил. Местожительство? А что это такое? Вот метла она и есть метла, а врать нехорошо, это он знает. Не помнит, кто ему говорил насчет метлы и вранья, но так оно и есть. Не может сказать в точности, что с ним сделают после смерти, если он сейчас соврет этим джентльменам, — должно быть, очень строго накажут, да и поделом... — так что он скажет правду».

После расследования, на котором Джо не дозволяют свидетельствовать, мистер Талкингхорн, юрист, частным образом выслушивает его показания. Джо только помнит, «что как-то раз, студеным, зимним вечером, когда он, Джо, дрожал от холода у какого-то подъезда, неподалеку от своего перекрестка, человек оглянулся, повернул назад, расспросил его и, узнав, что у него нет на свете ни единого друга, сказал: "У меня тоже нет. Ни единого!" — и дал ему денег на ужин и ночлег. Помнит, что с тех пор человек часто с ним разговаривал и спрашивал, крепко ли он спит по ночам, и как переносит голод и холод, и не хочется ли ему умереть, и задавал всякие другие столь же странные вопросы».

«Очень уж он жалел меня, — говорит мальчик, вытирая глаза оборванным рукавом. — Поглядел я давеча, как он лежит вытянувшись — вот так, — и думаю: что бы ему услыхать, как я ему говорю про это. Очень уж он жалел меня, очень!»

Далее Диккенс пишет в стиле Карлейля, с поминальными повторами. Приходский надзиратель «со своей компанией нищих» уносит тело жильца, «тело новопреставленного возлюбленного брата нашего на затиснутое в закоулок кладбище, зловонное и отвратительное, источник злокачественных недугов, заражающих тела возлюбленных братьев и сестер наших, еще не преставившихся... На скверный клочок земли, который турок отверг бы, как ужасающую мерзость, при виде которого содрогнулся бы кафр, приносят нищие новопреставленного возлюбленного брата нашего, чтобы похоронить его по христианскому обряду.

Здесь, на кладбище, которое со всех сторон обступают дома и к железным воротам которого ведет узкий зловонный крытый проход, — на кладбище, где вся скверна жизни делает свое дело, соприкасаясь со смертью, а все яды смерти делают свое дело, соприкасаясь с жизнью, — зарывают на глубине одного-двух футов возлюбленного брата нашего; здесь сеют его в тлении, чтобы он поднялся в тлении — призраком возмездия у одра многих болящих, постыдным свидетельством будущим векам о том времени, когда цивилизация и варварство совместно вели на поводу наш хвастливый остров».

В ночном тумане сгущается неясный силуэт Джо. «Вместе с ночью приходит какое-то неуклюжее существо и крадется по дворовому проходу к железным воротам. Вцепившись в прутья решетки, заглядывает внутрь; две-три минуты стоит и смотрит.

Потом тихонько метет старой метлой ступеньку перед воротами и очищает весь проход под сводами. Метет очень усердно и тщательно, снова две-три минуты смотрит на кладбище, затем уходит.

Джо, это ты? *(Вновь красноречие Карлейля. — В. Н.)* Так-так! Хоть ты и отвергнутый свидетель, неспособный «сказать в точности», что сделают с тобой руки, более могущественные, чем человеческие, а все-таки ты не совсем погряз во мраке. В твое неясное сознание, очевидно, проникает нечто вроде отдаленного луча света, ибо ты бормочешь: "Очень уж он жалел меня, очень!"»

Полиция велит Джо «не задерживаться», и он выбирается из Лондона, у него начинается оспа, ему дают приют Эстер и Чарли, он их заражает и затем таинственно исчезает. О нем ничего не известно до тех пор, пока он снова не появляется в Лондоне, сломленный болезнью и лишениями. Он лежит при смерти в галерее-тире мистера Джорджа. Диккенс сравнивает его сердце с тяжелой повозкой. «Ибо повозка, которую так тяжело влачить, близится к концу своего пути и тащится по каменистой земле. Сутками напролет ползет она вверх по обрывистым кручам, расшатанная, изломанная. Пройдет еще день-два, и когда взойдет солнце, оно уже не увидит эту повозку на ее тернистом пути. <...> Нередко сюда приходит мистер Джарндис, а Аллен Вудкорт сидит тут почти целый день, и оба они много думают о том, как причудливо Судьба *(с гениальной помощью Чарлза Диккенса. — В. Н.)* вплела этого жалкого отщепенца в сеть стольких жизненных путей. <...> Сегодня Джо весь день спит или лежит в забытьи, а Аллен Вудкорт, который только что пришел, стоит подле него и смотрит на его изнуренное лицо. Немного погодя он тихонько садится на койку, лицом к мальчику... выстукивает ему грудь и слушает сердце. "Повозка" почти остановилась, но все-таки тащится еле-еле. <...>

— Ну, Джо! Что с тобой? Не пугайся.

— Мне почудилось, — говорит Джо, вздрогнув и оглядываясь кругом, — мне почудилось, будто я опять в Одиноком Томе *(отвратительная трущоба, в которой он жил. — В. Н.)*. А здесь никого нет, кроме вас, мистер Вудкот? *(отметьте многозначительное искажение фамилии доктора: Woodcot — деревянный домик, то есть гроб. — В. Н.)*.

— Никого.

— И меня не отвели обратно в Одинокий Том? Нет, сэр?

— Нет.

Джо закрывает глаза и бормочет:

— Большое вам спасибо.

Аллен внимательно смотрит на него несколько мгновений, потом, приблизив губы к его уху, тихо, но отчетливо произносит:

— Джо, ты не знаешь ни одной молитвы?

— Никогда я ничего не знал, сэр.

— Ни одной коротенькой молитвы?

— Нет, сэр. Вовсе никакой. <...> *Мы-то* никогда ничего не знали. <...>

Ненадолго заснув или забывшись, Джо вдруг порывается соскочить с постели.

— Стой, Джо! Куда ты?

— На кладбище пора, сэр, — отвечает мальчик, уставившись безумными глазами на Аллена.

— Ляг и объясни мне. На какое кладбище, Джо?

— Где его зарыли, того, что был добрый такой, очень добрый, жалел меня. Пойду-ка я на то кладбище, сэр, — пора уж, — да попрошу, чтоб меня рядом с ним положили. Надо мне туда — пускай зароют. <...>

— Успеешь, Джо. Успеешь. <...>

— Спасибо вам, сэр. Спасибо вам. Придется ключ от ворот достать, чтоб меня туда втащить, а то ворота день и ночь заперты. А еще там ступенька есть, — я ее своей метлой подметал... Вот уж и совсем стемнело, сэр. А будет светло?

— Скоро будет светло, Джо.

Скоро. "Повозка" разваливается на части, и очень скоро придет конец ее трудному пути.

— Джо, бедный мой мальчик!

— Хоть и темно, а я вас слышу, сэр... только я иду ощупью... ощупью... дайте руку.

— Джо, можешь ты повторить то, что я скажу?

— Повторю все, что скажете, сэр, — я знаю, это хорошее.

— Отче наш...

— Отче наш!.. да, это очень хорошее слово, сэр. (*Отче — слово, которое ему никогда не доводилось произносить. — В. Н.*)

— Иже еси на небесах...

— Иже еси на небесах... скоро будет светло, сэр?

— Очень скоро. Да святится имя твое...

— Да святится... твое...»

А теперь послушайте колокольное громыханье Карлейлевской риторики: «Свет засиял на темном мрачном пути. Умер!

Умер, ваше величество. Умер, милорды и джентльмены. Умер, вы, преподобные и неподобные служители всех культов. Умер, вы, люди; а ведь небом вам было даровано сострадание. И так умирают вокруг нас каждый день».

Это урок стиля, а не сопереживания.

* * *

Тема тайны-преступления обеспечивает основное действие романа, представляет собой его каркас, скрепляет его. В структуре романа ей уступают первенство темы Канцлерского суда и судьбы.

Одна из линий рода Джарндисов представлена двумя сестрами. Старшая сестра была помолвлена с Бойторном, эксцентричным другом Джона Джарндиса. У другой был роман с капитаном Хоудоном, она родила внебрачную дочь. Старшая сестра обманывает молодую мать, заверив ее, что ребенок умер при родах. Затем, порвав с женихом, Бойторном, с семьей и друзьями, старшая сестра уезжает с крошкой девочкой в маленький городок и воспитывает ее в скромности и строгости, полагая, что только этого заслуживает рожденный в грехе ребенок. Молодая же мать впоследствии выходит за сэра Лестера Дедлока. Спустя много лет, прожитых ею в покойном супружеском узилище, семейный юрист Дедлоков Талкингхорн показывает леди Дедлок несколько новых, не очень важных документов по делу Джарндисов. Ее необыкновенно заинтересовывает почерк, каким перебелена одна бумага. Она пробует объяснить свои расспросы о переписчике простым любопытством, но почти тут же лишается чувств. Мистеру Талкингхорну этого достаточно, чтобы начать собственное расследование. Он выходит на след переписчика, некоего Немо (что по-латыни означает «Никто»), но не застает его в живых: Немо только что умер в убогой каморке в доме Крука от слишком большой дозы опия, который в то время был доступнее, чем сейчас. В комнате не найдено ни клочка бумаги, но связку самых важных писем Крук успел утащить еще до того, как привел Талкингхорна в комнату жильца. На расследовании по поводу смерти Немо выясняется, что никто о нем ничего не знает. Единственного свидетеля, с кем Немо обменивался дружеским словом, — маленького метельщика улиц Джо власти забраковали. Тогда мистер Талкингхорн допрашивает его в частном порядке.

Из газетной заметки леди Дедлок узнает о Джо и приходит к нему, переодевшись в платье своей горничной-француженки. Она дает Джо денег, когда тот показывает ей места, связанные с Немо (по почерку она узнала капитана Хоудона); а главное, Джо отводит ее на кладбище с железными воротами, где похоронен Немо. Рассказ Джо доходит до Талкингхорна, тот устраивает ему очную ставку с горничной Ортанз, одетой в платье, которым воспользовалась леди Дедлок, тайно посещая Джо. Джо узнает одежду, но совершенно уверен, что этот голос, рука и кольца не принадлежат той, первой женщине. Таким образом, подтверждается догадка Талкингхорна, что таинственной посетительницей Джо была леди Дедлок. Талкингхорн продолжает расследование, не забыв позаботится о том, чтобы полиция велела Джо «не задерживаться», поскольку не хочет, чтобы другие тоже развязали ему язык. (Именно поэтому Джо оказывается в Хертфордшире, где заболевает, и Баккет с помощью Скимпола уводит его из дома Джарндиса.) Талкингхорн постепенно отождествляет Немо с капитаном Хоудоном, чему способствует изъятие у кавалериста Джорджа письма, написанного капитаном. Когда все концы сходятся, Талкингхорн рассказывает историю в присутствии леди Дедлок, как бы о каких-то других людях. Поняв, что тайна раскрыта и что она в руках Талкингхорна, леди Дедлок приходит в комнату, отведенную юристу в загородном имении Дедлоков, Чесни-Уолде, чтобы узнать о его намерениях. Она готова оставить дом, мужа и исчезнуть. Но Талкингхорн велит ей остаться и продолжать играть роль светской женщины и жены сэра Лестера до тех пор, пока он, Талкингхорн, в подходящий момент не примет решение. Когда позже он говорит миледи, что собирается открыть мужу ее прошлое, она долго не возвращается с прогулки, и в ту же ночь Талкингхорна убивают в собственном доме. Она ли убила его?

Сэр Лестер нанимает детектива Баккета, чтобы отыскать убийцу своего поверенного. Сначала Баккет подозревает кавалериста Джорджа, который при свидетелях угрожал Талкингхорну, и арестовывает его. Затем множество улик вроде бы указывает на леди Дедлок, однако все они оказываются ложными. Истинная убийца — Ортанз, горничная-француженка, она охотно помогала Талкингхорну выведать секрет своей бывшей госпожи, леди Дедлок, а потом возненавидела его, когда он недостаточно заплатил ей за услуги и, более того, оскорбил ее, пригрозив тюрьмой и буквально выставив из своего дома.

Некий мистер Гаппи, судебный клерк, тоже ведет свое расследование. По причинам личного характера (он влюблен в Эстер) Гаппи пытается добыть у Крука письма, которые, как он подозревает, попали в руки старика после смерти капитана Хоудена. Он почти добивается своего, но Крук умирает неожиданной и страшной смертью. Таким образом письма, а вместе с ними тайна любовной связи капитана с леди Дедлок и тайна рождения Эстер оказываются в руках шантажистов во главе со стариком Смоллоуидом. Хотя Талкингхорн купил у них письма, после его смерти они норовят вымогать деньги у сэра Лестера. Детектив Баккет, третий расследователь, опытный полицейский, хочет уладить дело в пользу Дедлоков, но при этом вынужден открыть сэру Лестеру тайну его жены. Сэр Лестер любит жену и не может не простить ее. Но леди Дедлок, которую Гаппи предупредил о судьбе писем, видит в этом карающую десницу Судьбы и навсегда покидает свой дом, не зная о том, как муж отнесся к ее «тайне».

Сэр Лестер посылает Баккета по горячему следу. Баккет берет с собой Эстер, он знает, что она дочь миледи. В метель они прослеживают путь леди Дедлок к домику кирпичника в Хертфордшире, неподалеку от Холодного дома, куда леди Дедлок пришла увидеть Эстер, не зная, что та все это время была в Лондоне. Баккет выясняет, что незадолго до него из дома кирпичника ушли две женщины, одна на север, а другая на юг, в сторону Лондона. Баккет и Эстер пускаются в погоню за той, что пошла на север, и долго в метель преследуют ее, пока проницательный Баккет внезапно не решает повернуть обратно и отыскать следы другой женщины. Та, что ушла на север, была в платье леди Дедлок, но Баккета осеняет, что женщины могли поменяться одеждой. Он прав, но они с Эстер появляются слишком поздно. Леди Дедлок в бедняцком платье добралась до Лондона и пришла на могилу капитана Хоудона. Цепляясь за железные прутья решетки, она умирает, обессиленная и разоблаченная, пройдя без отдыха сотню миль сквозь страшную метель.

Из этого простого пересказа явствует, что детективная фабула книги уступает ее поэзии.

***

Гюстав Флобер ярко выразил свой идеал писателя, заметив, что, подобно Всевышнему, писатель в своей книге должен быть нигде и повсюду, невидим и вездесущ. Существует несколько важнейших произведений художественной литературы, в которых присутствие автора ненавязчиво в той мере, как этого хотелось Флоберу, хотя самому ему не удалось достичь своего идеала в «Госпоже Бовари». Но даже в произведениях, где автор идеально ненавязчив, он тем не менее развеян по всей книге и его отсутствие оборачивается неким лучезарным присутствием. Как говорят французы, «il brille par son absence» — «блистает своим отсутствием». В «Холодном доме» мы имеем дело с одним из тех авторов, которые, что называется, не верховные боги, разлитые в воздухе и непроницаемые, а праздные, дружелюбные, исполненные сочувствия полубоги, они наведываются в свои книги под различными масками или посылают туда множество посредников, представителей, приспешников, соглядатаев и подставных лиц.

Существует три типа таких представителей. Давайте рассмотрим их.

Во-первых, сам рассказчик, если он ведет повествование от первого лица, это «Я»-герой, опора и движитель рассказа. Рассказчик может являться в разных видах: это может быть сам автор или герой, от чьего имени ведется рассказ; либо писатель выдумает автора, которого цитирует, как Сервантес выдумал арабского историка; либо третьестепенный персонаж на время станет рассказчиком, после чего слово вновь берет писатель. Главное здесь в том, что существует некое «Я», от чьего имени ведется рассказ.

Во-вторых, некий представитель автора — я называю его фильтрующим посредником. Такой фильтрующий посредник может совпадать и не совпадать с рассказчиком. Наиболее типичные фильтрующие посредники, какие мне известны, это Фанни Прайс в «Мэнсфилд-парке» и Эмма Бовари в сцене бала. Это не рассказчики от первого лица, а герои, о которых говорится в третьем лице. Они могут излагать или не излагать мысли автора, но их отличительное свойство в том, что все происходящее в книге, любое событие, любой образ, любой пейзаж и любой герой увидены и прочувствованы главным героем или героиней, посредником, который процеживает повествование через собственные эмоции и представления.

Третий тип — это так называемый «перри» — возможно, от «перископа», игнорируя двойное «р», а возможно, от «парировать», «защищаться», как-то связанных с фехтовальной рапирой. Но это не суть важно, поскольку я сам изобрел этот термин много лет назад. Он обозначает авторского приспешника низшего разряда — героя или героев, которые на всем протяжении книги или в каких-то ее частях находятся, что ли, при исполнении служебных обязанностей; чья единственная цель, чей смысл существования в том, что они посещают места, которые автор хочет показать читателю, и встречаются с теми, с кем автор хочет познакомить читателя; в таких главах перри вряд ли обладает собственной личностью. У него нет воли, нет души, нет сердца — ничего, он только странствующий перри, хотя, разумеется, в другой части книги он может восстановить себя как личность. Перри посещает какое-нибудь семейство только потому, что автору нужно описать домочадцев. Перри весьма полезен. Без перри иногда трудно направлять и приводить в движение повествование, но лучше сразу отложить перо, чем позволить перри тянуть нить рассказа, как волочит за собой пыльную паутину охромевшее насекомое.

В «Холодном доме» Эстер играет все три роли: она частично является рассказчиком, как нянька подменяя автора — об этом я еще скажу. Также она, во всяком случае в некоторых главах, фильтрующий посредник, который видит события на свой манер, хотя голос автора часто подавляет ее, даже когда рассказ идет от первого лица; и, в-третьих, автор использует ее, увы, в качестве перри, перемещая с места на место, когда требуется описать того или иного героя или событие.

В «Холодном доме» отмечаются восемь структурных особенностей.

I. ПОВЕСТЬ ЭСТЕР

В третьей главе Эстер, которую воспитывает крестная (сестра леди Дедлок), впервые предстает как рассказчик, и здесь Диккенс совершает промах, за который ему впоследствии придется расплачиваться. Он начинает историю Эстер якобы детским языком («моя милая куколка» — незамысловатый прием), но автор очень скоро увидит, что это негодное средство для трудного рассказа, и *мы* очень скоро увидим, как его собственный мощный и красочный стиль пробивается сквозь псевдодетскую речь, как здесь, например: «Милая старая кукла! Я была очень застенчивой девочкой, — не часто решалась открыть рот, чтобы вымолвить слово, а сердца своего не открывала никому, кроме нее. Плакать хочется, когда вспомнишь, как радостно было, вернувшись домой из школы, взбежать наверх, в свою комнату, крикнуть: "Милая, верная куколка, я знала, ты ждешь меня!", сесть на пол и, прислонившись к подлокотнику огромного кресла, рассказывать ей обо всем, что я видела с тех пор, как мы расстались. Я с детства была довольно наблюдательная, — но не сразу все понимала, нет! — просто я молча наблюдала за тем, что происходило вокруг, и мне хотелось понять это как можно лучше. Я не могу соображать быстро. Но когда я очень нежно люблю кого-нибудь, я как будто яснее вижу все. Впрочем, возможно, что мне это только кажется потому, что я тщеславна». Заметьте, на этих первых страницах рассказа Эстер нет ни риторических фигур, ни живых сравнений. Но детский язык начинает сдавать позиции, и в сцене, где Эстер и крестная сидят у камина, диккенсовские аллитерации[1] вносят разнобой в школьническую манеру повествования Эстер.

Когда же ее крестная, мисс Барбери (на самом деле ее тетка), умирает и юрист Кендж берется за дело, стиль рассказа Эстер поглощается стилем Диккенса. «—Не слыхала о тяжбе "Джарндисы против Джарндисов"? — проговорил мистер Кендж, глядя на меня поверх очков и осторожно поворачивая их футляр какими-то ласкающими движениями». Понятно, что происходит: Диккенс принимается живописать восхитительного Кенджа, вкрадчивого, энергичного Кенджа, Велеречивого Кенджа (таково его прозвище) и совершенно забывает, что все это якобы пишет наивная девочка. И уже на ближайших страницах мы встречаем диккенсовские фигуры речи, прокравшиеся в ее рассказ, обильные сравнения и тому подобное. «Она *(миссис Рейчел. — В.Н.)* коснулась моего лба холодным прощальным поцелуем, упавшим на меня словно капля талого снега с каменного крыльца, — в тот день был сильный мороз, — а я

---

[1] В. Н. приводит пример: «the clock ticked, the fire clicked». В русском переводе («часы тикали, дрова потрескивали») аллитерация не передана. — *Примеч. ред. рус. текста*.

почувствовала такую боль...» или «я... стала смотреть на опушенные инеем деревья, напоминавшие мне красивые кристаллы; на поля, совсем ровные и белые под пеленой снега, который выпал накануне; на солнце, такое красное, но излучавшее так мало тепла; на лед, отливающий темным металлическим блеском там, где конькобежцы и люди, скользившие по катку без коньков, смели с него снег». Или описание Эстер неопрятного одеяния миссис Джеллиби: «мы не могли не заметить, что платье ее не застегнуто на спине и видна корсетная шнуровка — ни дать ни взять решетчатая стена садовой беседки». Тон и ирония в случае с головой Пипа Джеллиби, застрявшей между прутьями, явно принадлежат Диккенсу: «Я... подошла к бедному мальчугану, который оказался одним из самых жалких замарашек, каких я когда-либо видела; застряв между двумя железными прутьями, он, весь красный, вопил не своим голосом, испуганно и сердито, в то время как продавец молока и приходский надзиратель, движимые самыми лучшими побуждениями, старались вытащить его наверх за ноги, очевидно полагая, что это поможет его черепу сжаться. Присмотревшись к мальчику (но сначала успокоив его), я заметила, что голова у него, как у всех малышей, большая, а значит туловище, вероятно, пролезет там, где пролезла она, и сказала, что лучший способ вызволить ребенка — это пропихнуть его головой вперед. Продавец молока и приходский надзиратель принялись выполнять мое предложение с таким усердием, что бедняжка немедленно грохнулся бы вниз, если бы я не удержала его за передник, а Ричард и мистер Гаппи не прибежали на дворик через кухню, чтобы подхватить мальчугана, когда его протолкнут».

Завораживающее красноречие Диккенса особенно дает себя почувствовать в таких пассажах, как рассказ Эстер о встрече с леди Дедлок, ее матерью: «Я объяснила ей, насколько сумела тогда и насколько могу припомнить теперь, ибо волнение мое и отчаяние были так велики, что я сама едва понимала свои слова, хотя в моей памяти неизгладимо запечатлелось каждое слово, произнесенное моей матерью, чей голос звучал для меня так незнакомо и грустно, — ведь в детстве я не училась любить и узнавать этот голос, а он никогда меня не убаюкивал, никогда не благословлял, никогда не вселял в меня надежду, — повторяю, я объяснила ей, или попыталась объяснить, что мистер Джарндис, который всегда был для меня лучшим из отцов, мог бы ей что-нибудь посоветовать и поддержать ее. Но моя мать ответила: нет, это невозможно; никто не может ей помочь. Перед нею лежит пустыня, и по этой пустыне она должна идти одна».

К середине книги Диккенс, повествуя от имени Эстер, пишет раскованнее, гибче, в более традиционной манере, чем от собственного имени. Это, а также отсутствие выстроенных описаний в начале глав — их единственное стилевое различие. У Эстер и у автора постепенно вырабатываются различные точки зрения, отраженные в их манере письма: с одной стороны, вот Диккенс с его музыкальными, юмористическими, метафорическими, ораторскими, рокочущими стилевыми эффектами; а вот Эстер, начинающая главы плавно и выдержанно. Но в описании Вестминстер-Холла по окончании тяжбы Джарндисов (я цитировал его), когда выясняется, что все состояние ушло на судебные издержки, Диккенс почти полностью сливается с Эстер. В стилистическом отношении вся книга — это постепенное, незаметное продвижение к их полному слиянию. И когда они рисуют словесный портрет или передают разговор, никакой разницы между ними не ощущается.

Спустя семь лет после случившегося, как становится известно из главы шестьдесят четвертой, Эстер пишет свою повесть, в которой тридцать три главы, то есть половина всего романа, состоящего из шестидесяти семи глав. Удивительная память! Должен сказать, что, несмотря на великолепное построение романа, основной просчет был в том, что Эстер дали рассказать часть истории. Я бы ее и близко не подпустил!

II. ВНЕШНОСТЬ ЭСТЕР

Эстер так напоминает свою мать, что мистер Гаппи поражается необъяснимому сходству, когда во время загородной поездки посещает Чесни-Уолд и видит портрет леди Дедлок. Мистер Джордж тоже обращает внимание на внешность Эстер, не сознавая, что видит сходство со своим умершим другом капитаном Хоудоном, ее отцом. И Джо, которому велят «не задерживаться», и он устало бредет сквозь непогоду, чтобы найти приют в Холодном доме, — перепуганный Джо с трудом убеждается, что Эстер не та леди, которой он показывал дом Немо и его могилу. Впоследствии Эстер пишет в главе тридцать первой, что у нее было дурное предчувствие в тот день, когда заболел Джо, предзнаменование, которое полностью сбылось, поскольку Чарли заражается оспой от Джо, а когда Эстер выхаживает ее (внешность девочки не пострадала), то заболевает сама и когда наконец выздоравливает, лицо ее изрыто безобразными оспинами, совершенно изменившими ее внешность. Поправившись, Эстер замечает, что из ее комнаты убрали все зеркала, и понимает почему. И когда она приезжает в имение мистера Бойторна в Линкольншире, рядом с Чесни-Уолдом, она наконец решается взглянуть на себя. «Ведь я еще ни разу не видела себя в зеркале и даже не просила, чтобы мне возвратили мое зеркало. Я знала, что это малодушие, которое нужно побороть, но всегда говорила себе, что "начну новую жизнь", когда приеду туда, где находилась теперь. Вот почему мне хотелось остаться одной и вот почему, оставшись теперь одна в своей комнате, я сказала: "Эстер, если ты хочешь быть счастливой, если хочешь получить право молиться о том, чтобы сохранить душевную чистоту, тебе, дорогая, нужно сдержать слово". И я твердо решила сдержать его; но сначала ненадолго присела, чтобы вспомнить обо всех дарованных мне благах. Затем помолилась и еще немного подумала.

Волосы мои не были острижены; а ведь им не раз угрожала эта опасность. Они были длинные и густые. Я распустила их, зачесала с затылка на лоб, закрыв ими лицо, и подошла к зеркалу, стоявшему на туалетном столе. Оно было затянуто тонкой кисеей. Я откинула ее и с минуту смотрела на себя сквозь завесу из собственных волос, так что видела только их. Потом откинула волосы и, взглянув на свое отражение, успокоилась — так безмятежно смотрело оно на меня. Я очень изменилась, ах, очень, очень! Сначала мое лицо показалось мне таким чужим, что я, пожалуй, отпрянула бы назад, отгородившись от него руками, если бы не успокоившее меня выражение, о котором я уже говорила. Но вскоре я немного привыкла к своему новому облику и лучше поняла, как велика перемена. Она была не такая, какой я ожидала, но ведь я не представляла себе ничего определенного, а значит — любая перемена должна была меня поразить.

Я никогда не была и не считала себя красавицей, и все-таки раньше я была совсем другой. Все это теперь исчезло. Но провидение оказало мне великую милость — если я и плакала, то недолго и не очень горькими слезами, а когда заплела косу на ночь, уже вполне примирилась со своей участью».

Она признается себе, что могла бы полюбить Аллена Вудкорта и быть преданной ему, но теперь с этим надо покончить. Ее беспокоят цветы, которые он когда-то подарил ей, а она их засушила. «В конце концов я поняла, что имею право сохранить цветы, если буду дорожить ими только в память о том, что безвозвратно прошло и кончилось, о чем я никогда больше не должна вспоминать с другими чувствами. Надеюсь, никто не назовет это глупой мелочностью. Для меня все это имело очень большое значение». Это подготавливает читателя к тому, что позднее она примет предложение Джарндиса. Она твердо решила оставить все мечты о Вудкорте.

Диккенс обдуманно не договаривает в данной сцене, поскольку должна оставаться некоторая неясность относительно изменившегося лица Эстер, чтобы читатель не был обескуражен в конце книги, когда Эстер становится невестой Вудкорта и когда на самых последних страницах закрадывается сомнение, прелестно выраженное, изменилась ли вообще Эстер внешне. Эстер видит свое лицо в зеркале, а читатель его не видит, и никаких подробностей не сообщается и потом. Когда происходит неизбежное свидание матери с дочерью и леди Дедлок прижимает ее к груди, целует, плачет и т. д., самое важное о сходстве сказано в любопытном рассуждении Эстер: «я... подумала в порыве благодарности провидению: "Как хорошо, что я так изменилась, а значит, никогда уже не смогу опозорить ее и тенью сходства с нею... как хорошо, что никто теперь, посмотрев на нас, и не подумает, что между нами может быть кровное родство". Все это настолько маловероятно (в пределах романа), что начинаешь думать, была ли необходимость обезображивать бедную девушку для достаточно абстрактной цели; кроме того, *может ли* оспа уничтожить семейное сходство? Ада прижимает «к своей прелестной щечке» «рябое лицо» подруги — и это самое большее, что дано увидеть читателю в изменившейся Эстер.

Может показаться, что писателю несколько наскучила эта тема, потому что Эстер вскоре говорит (за него), что не станет больше упоминать о своей внешности. И когда она встречается со своими друзьями, о ее облике нет никаких упоминаний, кроме нескольких замечаний о том, какое она производит впечатление на людей, — от удивления деревенского ребенка до задумчивой реплики Ричарда: «Все та же милая девушка!», когда она поднимает вуаль, которую первое время носила на людях. Впоследствии эта тема играет определяющую роль в отношениях с мистером Гаппи, который отказывается от своей любви, увидев Эстер, — значит, она все же должна быть поразительно обезображенной. Но, возможно, ее внешность изменится к лучшему? Возможно, оспины исчезнут? Мы продолжаем гадать об этом. Еще позже она с Адой посещает Ричарда, тот замечает, что «ее сострадательное милое личико, все такое же, как в прежние дни», она, улыбаясь, качает головой, а он повторяет: «Совершенно такое же, как в прежние дни», и мы начинаем думать, не затмевает ли красота ее души безобразные следы болезни. Именно тут, я думаю, ее внешность так или иначе начинает выправляться — во всяком случае, в воображении читателя. К концу этой сцены Эстер говорит «о своем старом, некрасивом лице»; но «некрасивое» все же не значит «обезображенное». Более того, я полагаю, что в самом конце романа, когда минуло семь лет и Эстер уже двадцать восемь, оспины понемногу исчезли. Эстер хлопочет, готовясь к приезду Ады с малышом Ричардом и мистера Джарндиса, потом она тихонько сидит на крыльце. Когда вернувшийся Аллен спрашивает, что она там делает, она отвечает: «Мне почти стыдно говорить об этом, но все-таки скажу.

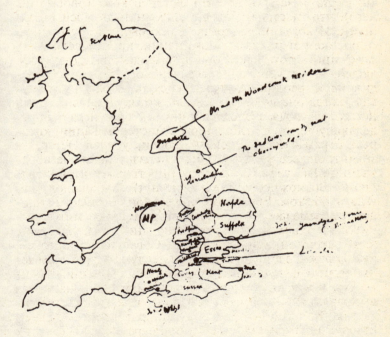

Составленная Набоковым карта Великобритании, отражающая место действия романа «Холодный дом».

Я думала о своем прежнем лице... о том, каким оно было когда-то.

— И что же ты думала *о нем*, моя прилежная пчелка? — спросил Аллен.

— Я думала, что ты все равно *не мог бы* любить меня больше, чем теперь, даже останься оно таким, каким было.

— Каким было когда-то? — со смехом проговорил Аллен.

— Ну да, разумеется, — каким было когда-то.

— Милая моя Хлопотунья, — сказал Аллен и взял меня под руку, — ты когда-нибудь смотришься в зеркало?

— Ты же знаешь, что смотрюсь; сам видел.

— И ты не видишь, что никогда еще ты не была такой красивой, как теперь?

Этого я не видела; да, пожалуй, не вижу и сейчас. Но я вижу, что дочурки у меня очень хорошенькие, что моя любимая подруга очень красива, что мой муж очень хорош собой, а у моего опекуна самое светлое, самое доброе лицо на свете, так что им совсем не нужна моя красота... даже если допустить...»

III. ПОЯВЛЯЮЩИЙСЯ В НУЖНОМ МЕСТЕ АЛЛЕН ВУДКОРТ

В одиннадцатой главе «смуглый молодой человек», хирург, впервые появляется у смертного ложа Немо (капитана Хоудона, отца Эстер). Двумя главами позже происходит очень нежная и важная сцена, в которой Ричард и Ада влюбляются друг в друга. Тут же, — чтобы хорошенько связать все, — появляется смуглый молодой хирург Вудкорт в качестве приглашенного на обед, и Эстер не без грусти находит его «очень умным и приятным». Позже, когда только-только был дан намек на то, что Джарндис, седовласый Джарндис, тайно влюблен в Эстер, вновь появляется Вудкорт перед отъездом в Китай. Он уезжает очень надолго. Он оставляет цветы для Эстер. Потом мисс Флайт покажет Эстер газетную заметку о героизме Вудкорта во время кораблекрушения. Когда оспа обезобразила лицо Эстер, она отказывается от своей любви к Вудкорту. Потом Эстер с Чарли едут в порт Дил, чтобы от имени Ады предложить Ричарду ее небольшое наследство, и Эстер встречает Вудкорта. Встрече предшествует восхитительное описание моря, и художественная сила этого описания, возможно, примирит читателя со столь чрезвычайным совпадением. Неопределимо изменившаяся Эстер отмечает: «Ему было до того жаль меня, что он едва мог говорить», — и в конце главы: «В этом последнем взгляде я прочла его глубокое сострадание ко мне. И я была рада этому. На себя прежнюю я теперь смотрела так, как мертвые смотрят на живых, если когда-нибудь вновь посещают землю. Я была рада, что меня вспоминают с нежностью, ласково жалеют и не совсем забыли» — прелестный лирический тон, на память приходит Фанни Прайс.

Другое удивительное совпадение: Вудкорт в Одиноком Томе встречает жену кирпичника и — еще одно совпадение — там же встречает Джо, вместе с этой женщиной, также обеспокоенной его судьбой. Вудкорт привозит больного Джо в галерею-тир Джорджа. Великолепно написанная сцена смерти Джо снова заставляет забыть о натяжках, устроивших нашу встречу с Джо с помощью Вудкорта-перри. В главе пятьдесят первой Вудкорт посещает юриста Воулза, затем Ричарда. Здесь происходит любопытная вещь: пишет главу Эстер, а ведь она не присутствовала при беседах Вудкорта с Воулзом или Вудкорта с Ричардом, расписанных подробнейшим образом. Спрашивается, как она узнала, что происходило в обоих случаях. Проницательный читатель должен неизбежно прийти к выводу, что эти подробности она узнала от Вудкорта, став его женой: она не могла знать о случившемся так обстоятельно, если бы Вудкорт не был достаточно близким ей человеком. Другими словами, хороший читатель должен догадаться, что она все же выйдет замуж за Вудкорта и все эти подробности узнает от него.

IV. СТРАННОЕ УХАЖИВАНИЕ ДЖАРНДИСА

Когда Эстер едет в карете в Лондон после смерти мисс Барбери, ее пытается утешать неизвестный джентльмен. Кажется, он знает о миссис Рейчел, няне Эстер, которую наняла мисс Барбери и которая так равнодушно рассталась с Эстер, и, похоже, этот джентльмен не одобряет ее. Когда он предлагает Эстер кусок кекса с толстой сахарной коркой и паштет из превосходной гусиной печенки, а она отказывается, сказав, что все это для нее слишком жирно, он бормочет: «Опять сел в лужу!» — и выбрасывает оба пакета в окно с той же легкостью, с какой впоследствии отступается от собственного счастья. Позже мы узнаем, что это был милейший, добрейший и сказочно богатый Джон Джарндис, как магнитом притягивающий к себе людей — и несчастных детей, и мошенников, и обманщиков, и глупцов, и дам-лжефилантропок, и безумцев. Если бы Дон Кихот явился в диккенсовский Лондон, я полагаю, что его благородство и доброе сердце точно так же привлекали бы людей.

Уже в семнадцатой главе впервые появляется намек на то, что Джарндис, седовласый Джарндис, влюблен в Эстер, которой двадцать один год, и помалкивает об этом. Тему Дон Кихота оглашает леди Дедлок, когда встречает группу гостей своего соседа, мистера Бойторна, и ей представляют молодых людей. «Вы слывете бескорыстным Дон Кихотом, но берегитесь, как бы вам не потерять своей репутации, если вы будете покровительствовать только таким красавицам, как эта, — сказала леди Дедлок, снова обращаясь к мистеру Джарндису через плечо». Ее замечание относится к тому, что по просьбе Джарндиса лорд-канцлер назначил его опекуном Ричарда и Ады, хотя суть тяжбы состоит в том, как именно разделить между ними состояние. Поэтому леди Дедлок говорит о донкихотстве Джарндиса, имея в виду, что он дает прибежище и оказывает поддержку тем, кто по закону являются его противниками. Опекунство над Эстер — его собственное решение, принятое после получения письма от мисс Барбери, сестры леди Дедлок и родной тетки Эстер.

Спустя некоторое время после болезни Эстер Джон Джарндис приходит к решению написать ей письмо с предложением. Но — и в этом все дело — создается впечатление, что он, человек старше Эстер по крайней мере на тридцать лет, предлагает ей супружество, желая защитить ее от жестокого мира, что он не переменится в отношении к ней, оставаясь ее другом и не став возлюбленным. Донкихотство Джарндиса не только в этом, если мое впечатление верно, но также и во всем плане подготовки Эстер к получению письма, содержание которого она вполне может угадать и за которым следует послать Чарли после недельных размышлений: «С того зимнего дня, когда мы с вами ехали в почтовой карете, вы заставили меня перемениться, милая моя. Но, главное, вы с тех пор сделали мне бесконечно много добра.

— Ах, опекун, а вы? Чего только не сделали вы для меня с той поры!

— Ну, — сказал он, — об этом теперь вспоминать нечего.

— Но разве можно это забыть?

— Да, Эстер, — сказал он мягко, но серьезно, — теперь это надо забыть... забыть на некоторое время. Вам нужно помнить только о том, что теперь ничто не может меня изменить — я навсегда останусь таким, каким вы меня знаете. Можете вы быть твердо уверенной в этом, дорогая?

— Могу; твердо уверена, — сказала я.

— Это много, — промолвил он. — Это все. Но я не должен ловить вас на слове. Я не стану писать того, о чем думаю, пока вы не будете убеждены, что ничто не может изменить меня, такого, каким вы меня знаете. Если вы хоть чуть-чуть сомневаетесь, я не буду писать ничего. Если же вы, по зрелом размышлении, утвердитесь в этой уверенности, пошлите ко мне Чарли "за письмом" ровно через неделю. Но не присылайте ее, если не будете уверены вполне. Запомните, в этом случае, как и во всех остальных, я полагаюсь на вашу правдивость. Если у вас не будет уверенности, не присылайте Чарли!

— Опекун, — отозвалась я, — да ведь я уже уверена. Я так же не могу изменить свое убеждение, как вы не можете перемениться ко мне. Я пошлю Чарли за письмом.

Он пожал мне руку и не сказал больше ни слова».

Для пожилого человека, испытывающего глубокое чувство к молодой женщине, предложение на таких условиях — это действительно акт самоотречения и трагического искушения. Эстер со своей стороны принимает его вполне простодушно: «Его великодушие выше обезобразившей меня перемены и унаследованного мною позора»; обезобразившую Эстер перемену Диккенс постепенно сведет на нет в последних главах. На самом же деле, — и это, кажется, не приходит в голову ни одной из заинтересованных сторон — ни Эстер Саммерсон, ни Джону Джарндису, ни Чарлзу Диккенсу, — брак может оказаться для Эстер вовсе не так хорош, как кажется, поскольку этот неравный брак лишит Эстер нормального материнства и, с другой стороны, сделает незаконной и безнравственной ее любовь к другому мужчине. Возможно, мы слышим отзвук темы «птицы в клетке», когда Эстер, пролив счастливые и благодарные слезы, обращается к своему отражению в зеркале: «Когда ты станешь хозяйкой Холодного дома, тебе придется быть веселой, как птичка. Впрочем, тебе постоянно надо быть веселой; поэтому начнем теперь же».

Взаимосвязь между Джарндисом и Вудкортом становится заметна, когда заболевает Кедди:

«— Знаете что, — быстро сказал опекун, — надо пригласить Вудкорта».

Мне нравится окольный путь, который он использует, — что это, неясное предчувствие? В этот момент Вудкорт собирается уехать в Америку, куда часто во французских и английских романах уезжают отвергнутые любовники. Глав примерно через десять мы узнаем, что миссис Вудкорт, мать молодого врача, которая раньше, догадываясь о привязанности сына к Эстер, пыталась разладить их отношения, изменилась к лучшему, она уже не так гротескна и меньше говорит о своей родословной. Диккенс подготавливает приемлемую свекровь для своих читательниц. Отметьте благородство Джарндиса, который предлагает миссис Вудкорт пожить вместе с Эстер, — Аллен сможет навещать их обеих. Мы также узнаем, что Вудкорт в конце концов не едет в Америку, он становится сельским доктором в Англии и лечит бедняков.

Затем Эстер узнает от Вудкорта, что он любит ее, что ее «рябое лицо» ничуть не изменилось для него. Слишком поздно! Она дала слово Джарндису и думает, что брак откладывается только по причине ее траура по матери. Но у Диккенса с Джарндисом уже готов отличный сюрприз. Сцену в целом нельзя назвать удачной, но она может порадовать сентиментального читателя. Правда, не совсем ясно, знал ли в этот момент Вудкорт о помолвке Эстер, поскольку если знал, то вряд ли бы стал говорить о своей любви, даже в столь изящной форме. Однако Диккенс и Эстер (в качестве рассказчика об уже случившемся) мошенничают — они-то знают, что Джарндис благородно исчезнет. Поэтому Эстер и Диккенс собираются слегка позабавиться за счет читателя. Она говорит Джарндису, что готова стать «хозяйкой Холодного дома». «Ну, скажем, в будущем месяце», — отвечает Джарндис. Он едет в Йоркшир, чтобы помочь Вудкорту найти дом. Затем он просит Эстер приехать посмотреть то, что он выбрал. Бомба взрывается. Название дома такое же — Холодный дом, и Эстер будет его хозяйкой, поскольку благородный Джарндис уступает ее Вудкорту. Это славно подготовлено, да еще следует награда: миссис Вудкорт, которая все знала, теперь одобряет союз. Наконец, нам становится известно, что Вудкорт открыл свое сердце с согласия Джарндиса. После смерти Ричарда затеплилась слабая надежда на то, что Джон Джарндис все же может обрести молодую жену — Аду, вдову Ричарда. Но, так или иначе, Джарндис — символический опекун всех несчастных в романе.

V. ПОДСТАВНЫЕ ЛИЦА И ЛИЧИНЫ

Чтобы удостовериться в том, что дамой, которая расспрашивала Джо о Немо, была леди Дедлок, Талкингхорн показывает Джо уволенную горничную миледи, Ортанз, под вуалью, и он узнает одежду. Но рука, унизанная кольцами, не та и не тот голос. Впоследствии Диккенсу будет довольно сложно сделать правдоподобным убийство Талкингхорна горничной, но во всяком случае связь между ними установлена. Теперь сыщикам известно, что это леди Дедлок пробовала что-то узнать про Немо у Джо. Еще один маскарад: мисс Флайт, навещая Эстер, оправляющуюся от оспы в Холодном доме, сообщает, что о ее здоровье справлялась леди под вуалью (леди Дедлок) в доме кирпичника. (Леди Дедлок, мы знаем, теперь известно, что Эстер ее дочь — знание рождает отзывчивость.) Леди под вуалью взяла на память платок, которым Эстер когда-то прикрыла мертвого младенца, — это символический акт. Не первый раз Диккенс использует мисс Флайт, чтобы убить двух зайцев: во-первых, позабавить читателя и, во-вторых, сообщить ему внятную, совсем не в духе этой героини информацию.

У детектива Баккета несколько личин, и далеко не худшая из них — валяние дурака под видом дружелюбия у Бегнетов, при этом он не спускает глаз с Джорджа, чтобы потом, выйдя с ним, забрать его в кутузку. Большой мастер по части маскарада, Баккет в состоянии разгадать чужой маскарад. Когда Баккет и Эстер находят мертвую леди Дедлок у ворот кладбища, Баккет в лучшей шерлокхолмсовой манере рассказывает, как он догадался, что леди Дедлок обменялась одеждой с Дженни, женой кирпичника, и решил повернуть в Лондон. Эстер ничего не понимает, пока не поднимет «тяжелую голову» покойной. «И увидела свою мать, холодную, мертвую!» Мелодраматично, но поставлено отменно хорошо.

VI. ЛОЖНЫЕ И ИСТИННЫЕ ПУТИ К РАЗГАДКЕ

Может показаться, что с уплотнением темы тумана в предыдущих главах Холодный дом, дом Джона Джарндиса, предстанет воплощением унылой мрачности. Но нет — с помощью мастерского сюжетного хода мы переносимся на яркий солнечный свет и туман на время отступает. Холодный дом — прекрасный, радостный дом. Хороший читатель припомнит, что ключ к этому был дан раньше, в Канцлерском суде: «Джарндис, о котором идет речь, — начал лорд-канцлер, продолжая перелистывать дело, — это тот Джарндис, что владеет Холодным домом?

— Да, милорд, тот самый, что владеет Холодным домом, — подтвердил мистер Кендж.

— Неуютное название, — заметил лорд-канцлер.

— Но теперь это уютный дом, милорд, — сказал мистер Кендж».

Когда подопечные ожидают в Лондоне поездки в Холодный дом, Ричард сообщает Аде, что смутно припоминает Джарндиса: «Помнится, этакий грубовато-добродушный, краснощекий человек». Тем не менее теплота и обилие солнца в доме оказываются великолепной неожиданностью.

Нити, ведущие к убийце Талкингхорна, перепутаны мастерски. Превосходно, что Диккенс заставляет мистера Джорджа обронить замечание о том, что в его галерею-тир ходит француженка. (Ортанз пригодятся занятия стрельбой, хотя большинство читателей не замечают этой связи.) А как же леди Дедлок? «О, если бы так было!» — мысленно отзывается леди Дедлок на реплику своей кузины Волюмнии, изливающей чувства по поводу невнимания к ней Талкингхорна: «Готова даже была подумать, уж не умер ли он?». Именно эта мысль леди Дедлок насторожит читателя при известии об убийстве Талкингхорна. Читатель может обмануться, решив, что юриста убила леди Дедлок, но читатель детективных историй любит, чтобы его обманывали. После беседы с леди Дедлок Талкингхорн идет спать, а она в смятении мечется по своим покоям. Намекается, что он вскоре может умереть («А когда звезды гаснут и бледный рассвет, заглядывая в башенку, видит его лицо, такое старое, каким оно никогда не бывает днем, поистине чудится, будто могильщик с заступом уже вызван и скоро начнет копать могилу»), и его смерть для обманутого читателя теперь будет накрепко связана с леди Дедлок; тогда как об Ортанз, подлинной убийце, до поры до времени ни слуху ни духу.

Ортанз приходит к Талкингхорну и объявляет о своем недовольстве. Ее не устраивает плата за то, что она показывалась в платье миледи перед Джо; она ненавидит леди Дедлок; она хочет получить хорошее место в богатом доме. Все это не очень убедительно, а попытки Диккенса заставить ее говорить по-английски на французский лад просто смешны. А между тем это тигрица, при том, что ее реакция на угрозы Талкингхорна посадить ее под замок, в тюрьму, если она будет продолжать докучать ему, пока неизвестна.

Предупредив леди Дедлок, что увольнение горничной Розы нарушает их договоренность сохранять status quo и что теперь он должен открыть сэру Лестеру ее тайну, Талкингхорн идет домой — навстречу смерти, намекает Диккенс. Леди Дедлок покидает дом, чтобы побродить по лунным улицам, — получается, что вслед за Талкингхорном. Читатель смекает: это натяжка. Автор вводит меня в заблуждение; настоящий убийца кто-то другой. Может, мистер Джордж? Пусть он хороший человек, но нрав у него буйный. Больше того, на весьма скучном дне рождения у Бегнетов мистер Джордж появляется бледным и расстроенным. (Вот! — примечает читатель.) Джордж объясняет свою бледность тем, что умер Джо, но читатель полон сомнений. Потом Джорджа арестовывают, Эстер и Джарндис вместе с Бегнетами навещают его в тюрьме. Тут история выкидывает неожиданное коленце: Джордж описывает женщину, которую встретил на лестнице в доме Талкингхорна в ночь преступления. Осанкой и ростом она напоминала... Эстер. На ней была широкая черная мантилья с бахромой. Туповатый читатель немедленно решает: Джордж слишком хорош, чтобы совершить преступление. Конечно, это сделала леди Дедлок, чрезвычайно похожая на дочь. Но проницательный читатель возразит: ведь мы уже знаем другую женщину, довольно удачно изображавшую леди Дедлок.

Здесь раскрывается одна из второстепенных тайн. Миссис Бегнет знает, кто мать Джорджа, и отправляется за ней в Чесни-Уолд. (Обе матери находятся в одном и том же месте — схожесть положения Эстер и Джорджа.)

Похороны Талкингхорна — великолепная глава, она словно волна вздымается над предыдущими, довольно плоскими. На похоронах Талкингхорна детектив Баккет из закрытой кареты наблюдает за своей женой и за своей жилицей (кто же его жилица? Ортанз!). Роль Баккета в сюжете возрастает. Он удерживает внимание до самого конца темы тайны. Сэр Лестер по-прежнему напыщенный дурень, хотя удар изменит его. Происходит забавная шерлокхолмсовская беседа Баккета с высоким лакеем, в ходе которой выясняется, что в ночь преступления леди Дедлок отсутствовала дома несколько часов, одетая так же, как, судя по описанию Джорджа, дама, которую он встретил на лестнице в доме Талкингхорна примерно в то время, когда преступление было совершено. (Поскольку Баккету известно, что Талкингхорна убила Ортанз, а не леди Дедлок, эта сцена — преднамеренный обман читателя.) Верит или не верит читатель в этот момент, что убийца — леди Дедлок, зависит от него самого. Вообще говоря, автору детективного романа не полагается называть подлинного убийцу в анонимных письмах (как выясняется, их посылает Ортанз с обвинением леди Дедлок). Наконец, Ортанз попадает в сети, расставленные Баккетом. Жена Баккета, которой он поручил следить за жилицей, находит в ее комнате описание дома Дедлоков в Чесни-Уолде, в статье отсутствует клочок, из которого был сделан пыж для пистолета, а сам пистолет выловят в пруду, куда Ортанз и миссис Баккет ездили на воскресную прогулку. Еще в одной сцене происходит преднамеренный обман читателя. Избавившись от шантажистов, семейки Смоллуидов, Баккет в разговоре с сэром Лестером мелодраматически заявляет: «Особа, которую придется арестовать, находится сейчас здесь, в доме... и я собираюсь взять ее под стражу в вашем присутствии». Единственная женщина в доме, как предполагает читатель, это леди Дедлок, но Баккет имеет в виду Ортанз, которая, о чем читатель не подозревает, пришла вместе с ним, рассчитывая получить награду. Леди Дедлок не знает, что преступление раскрыто, и бежит, преследуемая Эстер и Баккетом, а потом ее найдут, мертвую, в Лондоне, у ворот кладбища, на котором похоронен капитан Хоудон.

VII. НЕОЖИДАННЫЕ СВЯЗИ

Любопытная особенность, неоднократно повторяющаяся на протяжении повествования и характерная для многих романов, содержащих тайну, — это «неожиданные связи». Итак:

1. Мисс Барбери, которая воспитывает Эстер, оказывается сестрой леди Дедлок, а впоследствии женщиной, которую любил Бойторн.

2. Эстер оказывается дочерью леди Дедлок.

3. Немо (капитан Хоудон) оказывается отцом Эстер.

4. Мистер Джордж оказывается сыном миссис Раунсуэлл, домоправительницы Дедлоков. Выясняется также, что Джордж был другом капитана Хоудона.

5. Миссис Чедбенд оказывается миссис Рейчел, бывшей служанкой Эстер в доме ее тетки.

6. Ортанз оказывается таинственной жилицей Баккета.

7. Крук оказывается братом миссис Смоллуид.

VIII. ПЛОХИЕ И НЕ ОЧЕНЬ ХОРОШИЕ ГЕРОИ СТАНОВЯТСЯ ЛУЧШЕ

Один из поворотных пунктов романа — просьба Эстер, обращенная к Гаппи, перестать заботиться о ее интересах. Она говорит: «Мне известно мое происхождение, и могу вас уверить, что вам не удастся улучшить мою долю никакими расследованиями». Я думаю, автор намеревался исключить линию Гаппи (уже наполовину потерявшую смысл из-за исчезновения писем), чтобы она не смешивалась с темой Талкингхорна. «Лицо у него стало немного пристыженным» — это не соответствует характеру Гаппи. Диккенс здесь делает этого мошенника лучше, чем он есть. Забавно, что хотя его потрясение при виде обезображенного лица Эстер и его отступничество показывают, что он не любил ее по-настоящему (потеря одного очка), то нежелание жениться на некрасивой девушке, даже если она оказалась богатой аристократкой, — очко в его пользу. Тем не менее это слабый фрагмент.

Сэр Лестер узнает от Баккета ужасную правду. «Закрыв лицо руками, сэр Лестер со стоном просит мистера Баккета немного помолчать. Но вскоре он отнимает руки от лица, так хорошо сохраняя достойный вид и внешнее спокойствие, — хотя его лицо так же бело, как волосы, — что мистеру Баккету становится даже немного страшно». Это поворотный пункт для сэра Лестера, когда он — лучше это или хуже в художественном смысле — перестает быть манекеном и становится страдающим человеческим существом. Это превращение стоило ему удара. Оправившись, сэр Лестер прощает леди Дедлок, являя себя любящим человеком, способным на благородные поступки, и его глубоко волнует сцена с Джорджем, как и ожидание возвращения жены. «Декларация» сэра Лестера, когда он говорит, что его отношение к жене не изменилось, теперь «производит глубокое, трогательное впечатление». Еще немного — и перед нами двойник Джона Джарндиса. Теперь аристократ так же хорош, как хороший простолюдин!

***

Что мы имеем в виду, когда говорим о форме повествования? Прежде всего это его структура, то есть развитие некой истории, ее перипетии; выбор героев и то, как автор их использует; их взаимосвязь, различные темы, тематические линии и их пересечения; разные сюжетные пертурбации с целью произвести то или иное прямое или косвенное действие; подготовка результатов и следствий. Короче говоря, мы имеем в виду рассчитанную схему произведения искусства. Это и есть структура.

Другая сторона формы — это стиль, иначе говоря, то, как действует эта структура; это авторская манера, даже его манерность, всяческие хитрости; и если это яркий стиль, то какого рода образность он использует — и насколько успешно; если автор прибегает к сравнениям, то как он употребляет и разнообразит метафоры и подобия — в отдельности или вместе. Действенность стиля — это ключ к литературе, магический ключ к Диккенсу, Гоголю, Флоберу, Толстому, ко всем великим мастерам.

Форма (структура и стиль) = содержание; почему и как = что. Первое, что мы отмечаем в стиле Диккенса, это чрезвычайно эмоциональная образность, его искусство возбуждать эмоциональный отклик.

1. ЯРКОЕ ВОПЛОЩЕНИЕ (С РИТОРИКОЙ И БЕЗ НЕЕ)

Ослепительные вспышки образности случаются время от времени — они не могут быть протяженными, — и вот уже снова накапливаются прекрасные изобразительные подробности. Когда Диккенсу требуется сообщить читателю некие сведения посредством беседы или размышлений, образность, как правило, не бросается в глаза. Но есть великолепные фрагменты, например апофеоз темы тумана в описании Верховного Канцлерского суда: «День выдался под стать лорд-канцлеру, — в такой, и только в такой вот день подобает ему здесь восседать, — и лорд-канцлер восседает сегодня с туманным ореолом вокруг головы, в мягкой ограде из малиновых сукон и драпировок, слушая обратившегося к нему дородного адвоката с пышными бакенбардами и тоненьким голоском, читающего нескончаемое краткое изложение судебного дела, и созерцая окно верхнего света, за которым он видит туман и только туман».

«Маленький истец или ответчик, которому обещали подарить новую игрушечную лошадку, как только дело Джарндисов будет решено, успевал вырасти, обзавестись настоящей лошадью и ускакать на тот свет». Суд решает, что двое подопечных будут жить у своего дяди. Это налившийся плод, результат великолепного скопления природного и человеческого тумана в первой же главе. Таким образом, главные герои (двое подопечных и Джарндис) представлены читателю, пока еще не названные по именам, отвлеченно. Кажется, они возникают из тумана, автор вырывает их оттуда, пока они не растворились в нем вновь, и глава заканчивается.

Первое описание Чесни-Уолда и его хозяйки, леди Дедлок, поистине гениально: «В Линкольншире настоящий потоп. Мост в парке обрушился — одну его арку подмыло и унесло паводком. Низина вокруг превратилась в запруженную реку шириной в полмили, и унылые деревья островками торчат из воды, а вода вся в пузырьках — ведь дождь льет и льет день-деньской. В "усадьбе" миледи Дедлок скука была невыносимая. Погода стояла такая сырая, много дней и ночей напролет так лило, что деревья, должно быть, отсырели насквозь, и когда лесник подсекает и обрубает их, не слышно ни стука, ни треска — кажется, будто топор бьет по мягкому. Олени, наверное, промокли до костей, и там, где они проходят, в их следах стоят лужицы. Выстрел в этом влажном воздухе звучит глухо, а дымок из ружья ленивым облачком тянется к зеленому холму с рощицей на вершине, на фоне которого отчетливо выделяется сетка дождя. Вид из окон в покоях миледи Дедлок напоминает то картину, написанную свинцовой краской, то рисунок, сделанный китайской тушью. Вазы на каменной террасе перед домом весь день наполняются дождевой водой, и всю ночь слышно, как она переливается через край и падает тяжелыми каплями — кап-кап-кап — на широкий настил из плитняка, исстари прозванный "Дорожкой призрака". В воскресенье пойдешь в церковку, что стоит среди парка, видишь — вся она внутри заплесневела, на дубовой кафедре выступил холодный пот, и чувствуешь такой запах, такой привкус во рту, словно входишь в склеп дедлоковских предков. Как-то раз миледи Дедлок (женщина бездетная), глядя ранними сумерками из своего будуара на сторожку привратника, увидела отблеск каминного пламени на стеклах решетчатых окон, и дым, поднимающийся из трубы, и женщину, догоняющую ребенка, который выбежал под дождем к калитке навстречу мужчине в клеенчатом плаще, блестящем от влаги, — увидела и потеряла душевное спокойствие. И миледи Дедлок теперь говорит, что все это ей "до смерти надоело"». Дождь в Чесни-Уолде — это деревенский двойник лондонского тумана; а ребенок привратника — предвестие детской темы.

Когда мистер Бойторн встречает Эстер и ее друзей, следует восхитительное описание сонного, залитого солнцем городка: «Близился вечер, когда мы въехали в город, где нам предстояло выйти из пассажирской кареты, — невзрачный городок со шпилем на церковной колокольне, рыночной площадью, каменной часовенкой на этой площади, единственной улицей, ярко освещенной солнцем, прудом, в который, ища прохлады, забрела старая кляча, и очень немногочисленными обитателями, которые от нечего делать полеживали или стояли сложа руки в холодке, отыскав где-нибудь немножко тени. После шелеста листьев, сопровождавшего нас всю дорогу, после окаймлявших ее волнующихся хлебов этот городишко показался нам самым душным и сонным из всех захолустных городков Англии».

Заболев оспой, Эстер испытывает мучительные ощущения: «Смею ли я рассказать о тех, еще более тяжелых днях, когда в огромном темном пространстве мне мерещился какой-то пылающий круг — не то ожерелье, не то кольцо, не то замкнутая цепь звезд, одним из звеньев которой была я! То были дни, когда я молилась лишь о том, чтобы вырваться из круга, — так необъяснимо страшно и мучительно было чувствовать себя частицей этого ужасного видения!»

Когда Эстер посылает Чарли за письмом к мистеру Джарндису, описание дома дает практический результат; дом *действует*: «Когда настал назначенный им вечер, я, как только осталась одна, сказала Чарли:

— Чарли, пойди постучись к мистеру Джарндису и скажи ему, что пришла от меня "за письмом".

Чарли спускалась по лестнице, поднималась по лестнице, шла по коридорам, а я прислушивалась к ее шагам, и в тот вечер извилистые ходы и переходы в этом старинном доме казались мне непомерно длинными; потом она пошла обратно, по коридорам, вниз по лестнице, вверх по лестнице и, наконец, принесла письмо.

— Положи его на стол, Чарли, — сказала я.

Чарли положила письмо на стол и ушла спать, а я сидела, глядя на конверт, но не дотрагиваясь до него и думала о многом».

Когда Эстер едет в морской порт Дил повидаться с Ричардом, следует описание гавани: «Но вот туман начал подниматься, как занавес, и мы увидели множество кораблей, о близости которых раньше и не подозревали. Не помню, сколько всего их было, хотя слуга назвал нам число судов, стоявших на рейде. Были там и большие корабли — особенно один, только что прибывший на родину из Индии; и когда солнце засияло, выглянув из-за облаков, и бросило на темное море светлые блики, казавшиеся серебристыми озерками, изменчивая игра света и тени на кораблях, суета маленьких лодок, снующих между ними и берегом, жизнь и движение на судах и во всем, что их окружало, — все это стало необычайно красивым»[1].

Иным может показаться, что подобные описания — мелочь, не заслуживающая внимания, но литература вся состоит из таких мелочей. В самом деле, литература состоит не из великих идей, а каждый раз из откровений, не философские школы образуют ее, а талантливые личности. Литература не бывает о чем-то — она сама это что-то, в ней самой ее суть. Вне шедевра литературы не

---

[1] На вложенном листе В. Н. сравнивает — не в пользу Джейн Остен — ее описание моря в портсмутской гавани при посещении Фанни Прайс ее семейства: «А день выдался на диво хорош. Еще только март, но в мягком нежном ветерке, в ярком солнце, которое лишь изредка на миг скрывалось за облачком, чудится апрель, и под весенним небом такая вокруг красота *(несколько приевшаяся. — В. Н.)*, так играют тени на кораблях в Спитхеде и на острове за ними, и поминутно меняется море в этот час прилива, и, ликуя, оно с таким славным шумом накидывается на крепостной вал», и т. д. Изменчивость моря не передана, «ликование» заимствовано из второразрядных стихов, описание в целом стандартно и вяло». — *Фр. Б.*

существует. Описание гавани в Диле дано в тот момент, когда Эстер едет в этот город увидеться с Ричардом, чья капризность, такая неуместная в его натуре, и нависший над ним злой рок беспокоят Эстер и побуждают ее помочь ему. Через ее плечо Диккенс показывает нам гавань. Там стоят корабли, множество лодок, которые появляются как по волшебству, когда поднимается туман. Среди них, как уже упоминалось, — огромный торговый корабль, прибывший из Индии: «...и когда солнце засияло, выглянув из-за облаков, и бросило на темное море светлые блики, казавшиеся серебристыми озерками...». Здесь остановимся: можем мы это себе представить? Разумеется, можем, и представляем с трепетом узнавания, поскольку в сравнении с привычным литературным морем эти серебристые озерки на темной сини Диккенс впервые ухватил наивным чувственным взглядом настоящего художника, увидел, — и тут же облек в слова. Еще точнее: без слов не было бы этой картины; если прислушаться к мягкому, шелестящему, струящемуся звучанию согласных в этом описании, то станет ясно, что образу нужен был голос, чтобы прозвучать. Диккенс далее показывает «изменчивую игру света и тени на кораблях» — и я думаю, что невозможно выбрать и поставить рядом слова лучше, чем он это делает, чтобы отобразить легкие тени и серебристый свет в этом восхитительном морском пейзаже. А тем, кто сочтет, что все это волшебство просто игра, прелестная игра, которая может быть вымарана без ущерба для повествования, им я хотел бы указать, что это и *есть* рассказ: корабль из Индии в этих неповторимых декорациях возвращает — уже вернул! — Эстер доктора Вудкорта, они вот-вот встретятся. И этот пейзаж с серебристыми тенями, с трепещущими озерками света и сумятицей сверкающих лодок задним числом наполнится чудесным возбуждением, восторгом встречи, гулом оваций. Именно такого приема ожидал для своей книги Диккенс.

2. ОБРЫВОЧНЫЙ ПЕРЕЧЕНЬ ИЗОБРАЗИТЕЛЬНЫХ ДЕТАЛЕЙ

Перечисление сродни записной книжке автора, заметкам, нацарапанным наскоро, какие-то потом будут пущены в оборот. Здесь также проклевывается поток сознания, реестр бессвязных мыслей.

Именно так начинается роман уже цитированным отрывком: «Лондон. Осенняя судебная сессия — "Сессия Михайлова дня" — недавно началась... Несносная ноябрьская погода. <...> Собаки так вымазались в грязи, что их и не разглядишь. Лошади едва ли лучше — они забрызганы по самые наглазники. <...> Туман везде». Когда Немо находят мертвым: «Приходский надзиратель обходит все местные лавки и квартиры, чтобы допросить жителей... Кто-то видел, как полисмен улыбнулся трактирному слуге. <...> Визгливыми ребячьими голосами она [публика] обвиняет приходского надзирателя... В конце концов полисмен находит нужным защитить честь блюстителя благочиния...» (Карлейль тоже использует этот вид сухого перечня.)

«Приходит мистер Снегсби, засаленный, распаренный, пахнущий "китайской травкой" и что-то жующий. Старается поскорей проглотить кусочек хлеба с маслом. Говорит:

— Вот так неожиданность, сэр! Да это мистер Талкингхорн!» (Здесь рубленый, энергичный стиль сочетается с яркими эпитетами — тоже как у Карлейля.)

3. РИТОРИЧЕСКИЕ ФИГУРЫ: СРАВНЕНИЯ И МЕТАФОРЫ

Сравнения — это прямые уподобления, когда употребляются слова «как» или «словно, похоже». «Восемнадцать ученых собратьев мистера Тенгла (*адвоката. —В. Н.*), каждый из которых вооружен кратким изложением дела на восемнадцати сотнях листов, подскочив, словно восемнадцать молоточков в рояле, и, отвесив восемнадцать поклонов, опускаются на свои восемнадцать мест, тонущих во мраке».

Карета с юными героями романа, которые должны переночевать у миссис Джеллиби, доезжает до «узкой улицы с высокими домами, похожей на длинную цистерну, до краев наполненную туманом».

Перед свадьбой Кедди неприбранные волосы миссис Джеллиби «спутались, словно грива у клячи мусорщика».

На рассвете фонарщик «начинает свой обход и, как палач короля-деспота, отсекает маленькие огненные головы, стремившиеся хоть немного рассеять тьму».

«Мистер Воулс, спокойный и невозмутимый, как и подобает столь почтенному человеку, стягивает с рук свои узкие черные перчатки, словно сдирая с себя кожу, стягивает с головы тесный цилиндр, словно снимая скальп с собственного черепа, и садится за письменный стол».

Метафора одушевляет вещь, вызывая в представлении другую, без связующего «словно»; иногда Диккенс объединяет метафору и сравнение.

Костюм поверенного Талкингхорна весьма представителен и в высшей степени подходит для служащего. «Он облекает, если можно так выразиться, хранителя юридических тайн, дворецкого, ведающего юридическим погребом Дедлоков».

В доме Джеллиби «дети шатались повсюду, то и дело падая и оставляя следы пережитых злоключений на своих ногах, превратившихся в какие-то краткие летописи ребячьих бедствий».

«...Темнокрылое одиночество нависло над Чесни-Уолдом».

Посетив с мистером Джарндисом дом, где истец Том Джарндис пустил себе пулю в лоб, Эстер записывает: «Это улица гибнущих слепых домов, глаза которых выбиты камнями, — улица, где окна — без единого стекла, без единой оконной рамы...»[1]

Снегсби, унаследовав торговлю от Пеффера, вешает новую вывеску, которая «заменила старую, с надписью "Пеффер" (только), освященную временем, уже неразборчивую. Потому неразборчивую, что копоть — этот "плющ Лондона" — цепко обвилась вокруг вывески с фамилией Пеффера и прильнула к его жилищу, которое, словно дерево, сплошь обросло этим "привязчивым паразитом"».

---

[1] В рассказе Эстер эти слова принадлежат мистеру Джарндису. — *Примеч. пер.*

4. ПОВТОРЫ

Диккенс обожает своеобразные заклинания, словесные формулы, повторяемые с нарастающей выразительностью; это ораторский прием. «День выдался под стать лорд-канцлеру — в такой, и только в такой вот день подобает ему здесь восседать... День выдался под стать членам адвокатуры при Верховном Канцлерском суде, — в такой-то вот день и подобает им здесь блуждать, как в тумане, и они в числе примерно двадцати человек сегодня блуждают здесь, разбираясь в одном из десяти тысяч пунктов некоей донельзя затянувшейся тяжбы, подставляя ножку друг другу на скользких прецедентах, по колено увязая в технических затруднениях, колотясь головами в защитных париках из козьей шерсти и конского волоса о стены пустословия и по-актерски серьезно делая вид, будто вершат правосудие. День выдался под стать всем причастным к тяжбе поверенным... в такой-то вот день и подобает им здесь сидеть, в длинном, устланном коврами "колодце" (хоть и бессмысленно искать Истину на его дне); да и сидят здесь все в ряд между покрытым красным сукном столом регистратора и адвокатами в шелковых мантиях, навалив перед собой... целую гору чепухи, что обошлась очень дорого.

Да как же суду этому не тонуть во мраке, рассеять который бессильны горящие там и сям свечи; как же туману не висеть в нем такой густой пеленой, словно он застрял тут навсегда; как цветным стеклам не потускнеть настолько, что дневной свет уже не проникает в окна; как непосвященным прохожим, заглянувшим внутрь сквозь стеклянные двери, осмелиться войти сюда, не убоявшись этого зловещего зрелища и тягучих словопрений, которые глухо отдаются от потолка, прозвучав с помоста, где восседает лорд верховный канцлер, созерцая верхнее окно, не пропускающее света, и где все его приближенные парикносцы заблудились в тумане!» Отметьте эффект трижды повторенного зачина «день выдался под стать» и четыре раза простонавшего «как же», отметьте частые звуковые повторы, дающие ассонанс.

Предваряя приезд сэра Лестера и его родственников в Чесни-Уолд по случаю парламентских выборов, как припев повторяется «и они»: «Печальным и торжественным кажется старый дом, где жить очень удобно, но нет обитателей, если не считать портретов на стенах. "И они приходили и уходили, — мог бы сказать в раздумье какой-нибудь ныне здравствующий Дедлок, проходя мимо этих портретов; и они видели эту галерею такой же безлюдной и безмолвной, какой я вижу ее сейчас; и они воображали, как воображаю я, что пусто станет в этом поместье, когда они уйдут; и им трудно было поверить, как трудно мне, что оно может обходиться без них; и они сейчас исчезли для меня, как я исчез для них, закрыв за собой дверь, которая захлопнулась с шумом, гулко раскатившимся по дому; и они преданы равнодушному забвению; и они умерли"».

5. РИТОРИЧЕСКИЙ ВОПРОС И ОТВЕТ

Этот прием часто сочетается с повтором. «Так кто же в этот хмурый день присутствует в суде лорд-канцлера, кроме самого лорд-канцлера, адвоката, выступающего по делу, которое разбирается, двух-трех адвокатов, никогда не выступающих ни по какому делу, и вышеупомянутых поверенных в "колодце"? Здесь, в парике и мантии присутствует секретарь, сидящий ниже судьи; здесь, облаченные в судейскую форму, присутствуют два-три блюстителя не то порядка, не то законности, не то интересов короля».

Пока Баккет ждет, чтобы Джарндис убедил Эстер отправиться с ним на поиски сбежавшей леди Дедлок, Диккенс проникает в мысли Баккета: «Где она? Живая или мертвая, где она? Если бы тот платок, который он складывает и бережно прячет, волшебной силой показал ему комнату, где она его нашла, показал окутанный мраком ночи пустырь вокруг домишка кирпичного, где маленького покойника покрыли этим платком, сумел бы Баккет выследить ее там? На пустыре, где в печах для обжига пылают бледно-голубые огни... маячит чья-то одинокая тень, затерянная в этом скорбном мире, засыпаемая снегом, гонимая ветром и как бы оторванная от всего человечества. Это женщина; но она одета как нищая, и в подобных отрепьях никто не пересекал вестибюля Дедлоков и, распахнув огромную дверь, не выходил из их дома».

Отвечая на эти вопросы, Диккенс намекает на то, что леди Дедлок поменялась одеждой с Дженни, и некоторое время это будет сбивать Баккета с толку, пока он не угадает правды.

6. АПОСТРОФИЧЕСКАЯ МАНЕРА КАРЛЕЙЛЯ

Апострофа может быть обращена к потрясенным слушателям, к скульптурно застывшей группе великих грешников, к каким-нибудь природным стихиям, к жертве несправедливости. Когда Джо крадется к кладбищу, чтобы навестить могилу Немо, Диккенс разражается апострофой: «Внемли, ночь, внемли, тьма: тем лучше будет, чем скорее вы придете, чем дольше останетесь в таком месте, как это! Внемлите, редкие огни в окнах безобразных домов, а вы, творящие в них беззаконие, творите его, хотя бы отгородившись от этого грозного зрелища! Внемли, пламя газа, так угрюмо горящее над железными воротами, в отравленном воздухе, что покрыл их колдовской мазью, слизистой на ощупь!» Следует также отметить уже цитированную апострофу по случаю смерти Джо, а еще раньше — апострофу в отрывке, где Гаппи и Уивл взывают о помощи, обнаружив удивительную кончину Крука.

7. ЭПИТЕТЫ

Диккенс взращивает роскошное прилагательное, или глагол, или существительное как эпитет, как основную предпосылку яркой поэтичности; это полновесное зерно, из которого поднимется цветущая и раскидистая метафора. В начале романа мы видим, как, перегнувшись через перила моста, люди смотрят вниз — «в туманную преисподнюю». Ученики-клерки привыкли «оттачивать... свое юридическое острословие» на забавной тяжбе. По выражению Ады, выпученные глаза миссис Пардигл «лезли на лоб». Гаппи убеждает Уивла не покидать своего жилища в доме Крука, «беспокойно покусывая ноготь большого пальца». Сэр Лестер ждет возвращения леди Дедлок. Поздней ночью в этом квартале тихо, «если только какой-нибудь кутила не напьется до такой степени, что, одержимый охотой к перемене мест», забредет сюда, горланя песни.

У всех великих писателей с острым, приметливым глазом избитый эпитет порой обретает новую жизнь и свежесть благодаря фону, на котором он появляется. «Вскоре желанный свет озаряет стены, — это Крук *(который ходил вниз за зажженной свечой. — В. Н.)* медленно поднимается по лестнице вместе со своей зеленоглазой кошкой, которая идет за ним следом». У всех кошек зеленые глаза — но обратите внимание, какой зеленью наливаются эти глаза от свечи, медленно движущейся по лестнице вверх. Зачастую место эпитета и отсвет соседних слов придают ему необычайное очарование.

8. ГОВОРЯЩИЕ ИМЕНА

Помимо Крука (crook — крюк), в романе есть ювелиры Блейз и Спаркл (blaze — блеск, sparkle — сверкание), мистер Блоуэрс и мистер Тенгл (blower — трепач, tangle — неразбериха) — это юристы; Будл, Кудл, Дудл и т. д. (boodle — взятка, doodle — мошенник) — политики. Это прием старинной комедии.

9. АЛЛИТЕРАЦИЯ И АССОНАНС

Этот прием уже отмечался в связи с повторами. Но не откажем себе в удовольствии услышать обращение мистера Смоллуида к жене: «You dancing, prancing, shambling, scrambling, poll-parrott» («Сорока ты беспутная, галка, попугаиха, что ты там мелешь?») — образцовый ассонанс; а вот аллитерация: арка моста оказалась «sapped and sopped» («подмыло и унесло») — в Линкольнширской усадьбе, где леди Дедлок живет в «deadened» (умерщвленном) мире. «Джарндис и Джарндис» (Jarndys and Jarndys) в каком-то смысле полная аллитерация, доведенная до абсурда.

10. ПРИЕМ «И—И—И»

Этот прием передает взволнованность манеры Эстер, когда она описывает свое дружеское общение в Холодном доме с Адой и Ричардом: «Я то сидела, то гуляла, то разговаривала с ним и Адой и подмечала, как они день ото дня все сильнее влюбляются друг в друга, не говоря об этом ни слова и каждый про себя застенчиво думая, что его любовь — величайшая тайна...» И еще один пример, когда Эстер принимает предложение Джарндиса: «Я обвила руками его шею и поцеловала его, а он спросил, считаю ли я себя хозяйкой Холодного дома, и я сказала: "Да"; но пока что все осталось по-старому, и мы все вместе уехали кататься, и я даже ничего не сказала своей милой девочке *(Аде. — В. Н.)*».

11. ЮМОРИСТИЧЕСКОЕ, МУДРЕНОЕ, ИНОСКАЗАТЕЛЬНОЕ, ПРИХОТЛИВОЕ ТОЛКОВАНИЕ

«Род его так же древен, как горы, но бесконечно почтеннее»; или: «индейка на птичнике, вечно расстроенная какой-то своей наследственной обидой (должно быть, тем, что индеек режут к Рождеству)»; или: «кукареканье жизнерадостного петуха, который почему-то, — интересно знать, почему? — неизменно предчувствует рассвет, хотя обитает в погребе маленькой молочной на Карситор-стрит»; или: «низенькая, хитрая племянница, перетянутая, пожалуй, слишком туго, и с острым носом, напоминающим о резком холоде осеннего вечера, который тем холоднее, чем он ближе к концу».

12. ИГРА СЛОВ

«Иль фо манжет (искаженное французское il faut manger — нужно питаться), знаете ли, — объясняет мистер Джоблинг, причем произносит последнее слово так, как будто говорит об одной из принадлежностей мужского костюма». Отсюда еще далеко до «Поминок по Финнегану» Джойса, этого нагромождения игры слов, но направление выбрано верное.

13. КОСВЕННАЯ ПЕРЕДАЧА РЕЧИ

Это дальнейшее развитие стиля Сэмюэла Джонсона и Джейн Остен, с еще бóльшим числом речевых вкраплений. На расследовании по поводу смерти Немо свидетельство миссис Пайпер дается непрямой речью: «Ну что ж, миссис Пайпер может сказать многое — главным образом в скобках и без знаков препинания, — но сообщить она может немного. Миссис Пайпер живет в этом переулке (где муж ее работает столяром), и все соседи были уверены уже давно (можно считать с того дня, который был за два дня до крещения Александра Джеймса Пайпера, а крестили его, когда ему было полтора годика и четыре дня, потому что не надеялись, что он выживет, так страдал ребенок от зубок, джентльмены), соседи давно уже были уверены, что потерпевший, — так называет миссис Пайпер покойного, — по слухам, продал свою душу. Она думает, что слухи распространились потому, что вид у потерпевшего был какой-то чудной. Она постоянно встречала потерпевшего и находила, что вид у него свирепый и его нельзя подпускать к малышам, потому что некоторые малыши очень пугливы (а если в этом сомневаются, так она надеется, что можно допросить миссис Перкинс, которая здесь присутствует и может поручиться за миссис Пайпер, за ее мужа и за все ее семейство). Видела, как потерпевшего изводила и дразнила детвора (дети они и есть дети — что с них возьмешь?) — и нельзя же ожидать, особенно если они шаловливые, чтоб они вели себя какими-то Мафузилами, какими вы сами не были в детстве».

Косвенного изложения речи часто удостаиваются и менее эксцентричные герои — с целью ускорить рассказ или сгустить настроение; бывает, она сопровождается, как в данном случае, лирическими повторами. Эстер уговаривает тайно вышедшую замуж Аду пойти с ней вместе навестить Ричарда: «Дорогая моя, — начала я, — а ты не поссорилась с Ричардом за то время, что я так редко бывала дома?

— Нет, Эстер.

— Может быть, он тебе давно не писал? — спросила я.

— Нет, писал, — ответила Ада.

А глаза полны таких горьких слез и лицо дышит такой любовью! Я не могла понять своей милой подруги. Не пойти ли мне одной к Ричарду? сказала я. Нет, Ада считает, что мне лучше не ходить одной. Может быть, она пойдет со мной вместе? Да, Ада находит, что нам лучше пойти вместе. Не пойти ли нам сейчас? Да, пойдем сейчас. Нет, я никак не могла понять, что творится с моей девочкой, почему лицо ее светится любовью, а в глазах слезы».

* * *

Писатель может быть хорошим рассказчиком или хорошим моралистом, но если он не чародей, не художник — он не писатель, тем более — не великий писатель. Диккенс хороший моралист, хороший рассказчик и превосходный чародей, но как рассказчик он чуть ниже, чем во всем остальном. Другими словами, он превосходно изображает героев и их среду в любой конкретной ситуации, но, пытаясь наладить связи между героями в общей схеме действия, часто бывает неубедителен.

Какое совокупное впечатление производит на нас великое произведение искусства? (Под «нами» я разумею хорошего читателя.) Точность Поэзии и Восторг Науки. Таково воздействие «Холодного дома» в его лучших проявлениях. Здесь Диккенс-чародей, Диккенс-художник выходит на первое место. Не лучшим образом в «Холодном доме» выделяется моралист-учитель. И совсем не блистает в «Холодном доме» рассказчик, спотыкающийся там и сям, хотя общее построение романа остается все же великолепным.

Несмотря на некоторые огрехи в повествовании, Диккенс остается великим писателем. Распоряжаться огромным созвездием героев и тем, держать людей и события связанными и уметь выявить отсутствующих героев в диалоге — другими словами, владеть искусством не только создавать людей, но и сохранять их живыми в воображении читателя на протяжении долгого романа, — это, конечно, признак величия. Когда дедушка Смоллуид в кресле появляется в галерее-тире Джорджа, у которого он стремится добыть образец почерка капитана Хоудона, его несут кучер кареты и еще один человек. «А этого молодца, — он показывает на другого носильщика, — мы наняли на улице за пинту пива. Она стоит два пенса. Джуди *(обращается он к дочери. — В. Н.)*, уплати этому молодцу два пенса. <...> Дорого берет за такой пустяк.

Упомянутый "молодец", один из тех диковинных экземпляров человеческой плесени, которые внезапно вырастают — в поношенных красных куртках — на западных улицах Лондона и охотно берутся подержать лошадей или сбегать за каретой, — упомянутый молодец без особого восторга получает свои два пенса, подбрасывает монеты в воздух, ловит их и удаляется». Этот жест, этот единственный жест, с эпитетом «over-handed» (движение сверху вниз, «вдогонку» падающим монетам, в переводе этого нет. — *Примеч. пер.*) — мелочь, но в воображении читателя этот человек навсегда останется живым.

Мир великого писателя — это волшебная демократия, где даже самые второстепенные, самые случайные герои, вроде того молодца, что подбрасывает два пенса в воздух, имеют право жить и множиться.

ГЮСТАВ ФЛОБЕР

1821–1880

«ГОСПОЖА БОВАРИ» (1856)

Переходим к наслаждению еще одним шедевром, еще одной сказкой. Из всех сказок нашей серии «Госпожа Бовари» Флобера — самая романтическая. С точки зрения стиля перед нами проза, берущая на себя обязанности поэзии.

Когда читаешь ребенку, он спрашивает, так ли все было на самом деле. Если не так, требует, чтобы прочли другой рассказ — правдивый. Оставим такой подход к книгам детям и юношеству. Разумеется, если вам скажут, что г-н Смит видел, как мимо него просвистело синее блюдце с зеленым рулевым, тут спросить, правдив ли рассказ, необходимо, поскольку его достоверность так или иначе повлияет на всю вашу жизнь, непосредственно вас затронет совершенно практическим образом. Но не спрашивайте, правда ли то, что написано в романе или стихотворении. Не будем себя дурачить; будем помнить, что никакого практического значения литература не имеет в принципе — за исключением того совершенно особого случая, когда человек собирается стать преподавателем литературы. Девушки Эммы Бовари никогда не было; книга «Госпожа Бовари» пребудет вовеки. Книги живут дольше девушек.

В книге присутствует тема адюльтера и есть ситуации и намеки, которые шокировали ханжеское, мещанское правительство Наполеона III. Более того, роман преследовался по суду за непристойность. Можете себе представить? Как будто произведение художника бывает непристойно. Рад сообщить, что Флобер выиграл дело. Случилось это ровно сто лет назад. А в наши дни, в наше время... Но не будем отвлекаться.

Рассматривать роман мы будем так, как желал бы этого Флобер: с точки зрения структур (он называл их mouvements), тематических линий, стиля, поэзии, персонажей. В романе тридцать пять глав, в каждой около десяти страниц, и три большие части; действие происходит сначала в Руане и Тосте, затем в Ионвиле и, наконец, в Ионвиле, Руане и Ионвиле — места все вымышленные, за исключением Руана, епархиального центра на севере Франции.

Временем основного действия выбраны 1830-е и 1840-е годы, при короле Луи Филиппе (1830—1848). Первая глава начинается зимой 1827-го, а в своего рода эпилоге судьбы некоторых персонажей прослежены до 1856-го, до правления Наполеона III, и в сущности до даты, когда Флобер закончил роман. «Госпожа Бовари» была начата 19 сентября 1851-го в Круассе, под Руаном, закончена в апреле 1856-го, отослана в июле и публиковалась выпусками в «Парижском обозрении» до конца того же года. Летом 1853-го, когда Флобер приступил ко второй части романа, в ста милях к северу от Руана, в Булони, Чарлз Диккенс заканчивал «Холодный дом»; годом раньше в России умер Гоголь, а Толстой издал первое значительное произведение — «Детство».

Создают и формируют человека три силы: наследственность, среда и неизвестный фактор Икс. Вторая сила — среда — самая ничтожная из трех, а третья — фактор Икс — самая важная. Когда речь идет о жителях книг, литературных героях, то контролирует, направляет и применяет к делу эти три силы, разумеется, автор. Общественную среду вокруг госпожи Бовари Флобер создал столь же обдуманно, как и ее саму, и говорить, будто флоберовское общество влияет на флоберовских персонажей, — значит рассуждать по кругу. Все происходящее в книге происходит исключительно у Флобера в уме, какими бы ни были исходный житейский повод к написанию книги или положение дел в тогдашней Франции — реальное или каким оно виделось Флоберу. Вот почему я противник тех, кто настаивает на влиянии объективных общественных условий на героиню романа Эмму Бовари. Флобер занят тонким дифференцированием человеческой судьбы, а не арифметикой социальной обусловленности.

Заявляют, что большинство персонажей «Госпожи Бовари» — буржуа. Но раз и навсегда нужно уяснить смысл, который вкладывал в слово «bourgeois» Флобер. Кроме тех случаев, когда оно означает попросту «горожанин» (частое во французском значение), у Флобера слово «bourgeois» значит «мещанин», то есть человек, сосредоточенный на материальной стороне жизни и верящий только в расхожие ценности. Флобер никогда не употребляет слово «bourgeois» с политэкономическим марксистским оттенком. Для него буржуазность определяется содержимым головы, а не кошелька. В знаменитой сцене романа, когда старуха крестьянка, получая медаль за рабский труд на хозяина фермы, стоит перед жюри умиленных буржуа, — в этой сцене, заметьте, мещане — обе стороны: и благодушные политиканы, и суеверная старуха, и те и другие — буржуа во флоберовском смысле. Я окончательно проясню смысл термина, сказав, что, например, сегодня в коммунистической России советская литература, советское искусство, советская музыка, советские идеалы основательно и нудно буржуазны. За железным — занавес тюлевый. Советский чиновник, крупный или мелкий, — воплощение буржуазного духа, мещанства. Ключ к флоберовскому термину — мещанство господина Омэ. Ради сугубой ясности позвольте добавить, что Маркс назвал бы Флобера буржуа в политэкономическом смысле, а Флобер Маркса — в духовном; и оба не ошиблись бы, поскольку Флобер был состоятельным человеком, а Маркс — мещанином во взглядах на искусство.

* * *

Правление с 1830-го по 1848-й Луи Филиппа, короля-гражданина (le roi bourgeois), — приятно-тусклая эпоха по сравнению с открывшими век фейерверками Наполеона и нашими пестрыми временами. В 1840-х «французская летопись разворачивалась спокойно под холодным управлением Гизо». Но «1847-й начался с мрачными перспективами для французского правительства: недовольство, нужда, желание более популярной и, возможно, более блестящей власти. <...> В верхах, казалось, царят мошенничество и отговорки». Революция разразилась в феврале 1848-го. Луи Филипп, «взяв имя Уильям Смит, завершил бесславное царствование бесславным бегством в наемном экипаже» (Британская энциклопедия. — 9-е изд., 1879). Отрывок истории я привел потому, что добрый Луи Филипп с экипажем и зонтиком — настоящий флоберовский персонаж. Ну а другой персонаж — Шарль Бовари родился, по моим подсчетам, в 1815-м; в школу пошел в 1828-м; получил звание «санитарного врача» (степенью ниже доктора) в 1835-м; женился первый раз на вдове Дюбюк — в том же году в Тосте, где открыл медицинскую практику. Овдовев, женился на Эмме Руо (героине книги) в 1838-м; переехал в другой город, Ионвиль, в 1840-м; в 1846-м потерял вторую жену и умер в 1847-м, тридцати двух лет.

Вот краткая хронология книги.

* * *

В первой главе мы различаем исходную тематическую линию: тему *слоев*, или *слоеного пирога*. Осень 1828-го. Шарлю тринадцать лет; сидя в классе в свой первый школьный день, он держит на коленях каскетку. «Это был сложный головной убор, соединявший в себе элементы и гренадерской шапки, и уланского кивера, и круглой шляпы, и мехового картуза, и ночного колпака — словом, одна из тех уродливых вещей, немое безобразие которых так же глубоко выразительно, как лицо идиота. Яйцевидный, распяленый на китовом усе, он начинался ободком из трех валиков, похожих на колбаски; дальше шел красный околыш, а над ним — несколько ромбов из бархата и кроличьего меха; верх представлял собою что-то вроде мешка, к концу которого был приделан картонный многоугольник с замысловатой вышивкой из тесьмы, и с этого многоугольника спускался на длинном тоненьком шнурочке подвесок в виде кисточки из золотой канители. Каскетка была новенькая, с блестящим козырьком». (Можно сравнить это описание с дорожной шкатулкой Чичикова или экипажем Коробочки в «Мертвых душах» Гоголя — тоже тема слоев!)

Здесь — и в еще трех примерах, которые мы рассмотрим, — образ развертывается слой за слоем, ярус за ярусом, комната за комнатой, гроб за гробом. Каскетка у Шарля жалкая и безвкусная; она воплощает и всю его последующую жизнь — такую же безвкусную и жалкую.

Шарль теряет первую жену. В июне 1838-го, двадцати трех лет, он женится на Эмме; на ферме свадебный пир. На десерт подан фигурный пирог — тоже жалкое изделие дурного вкуса, — приготовленный впервые выступающим в этой местности и потому расстаравшимся кондитером. «У основания его находился синий картонный квадрат *(пирог, так сказать, начинается с того, чем кончилась каскетка; та завершалась картонным многоугольником. — В.Н.)*, а на нем целый храм с портиками и колоннадой; в нишах, усыпанных звездами из золотой бумаги, стояли гипсовые статуэтки; выше, на втором этаже, — савойский пирог в виде сторожевой башни, окруженной мелкими укреплениями из цуката, миндаля, изюма и апельсинных долек; и, наконец, на верхней площадке — скалы, озера из варенья, кораблики из ореховых скорлупок и зеленый луг, где маленький амур качался на шоколадных качелях, у которых столбы кончались вместо шаров бутонами живых роз»[1].

Озеро из варенья — своего рода опережающая эмблема тех швейцарских озер, над которыми в мечтах под модные стихи Ламартина будет витать Эмма Бовари, начинающая прелюбодейка; а маленький купидон нам еще встретится на бронзовых часах посреди убогой роскоши руанской гостиницы, места свиданий Эммы с Леоном — ее вторым любовником.

Мы по-прежнему в июне 1838-го, но уже в Тосте. В тамошнем доме Шарль жил с зимы 1835—1836-го, сначала с первой женой, потом, с февраля 1837-го, когда

---

[1] «Госпожа Бовари» здесь и далее цитируется в переводе А. Ромма по изданию: *Флобер Гюстав*. Собр. соч.: В 5 Т. — М., 1956. — Т. 1. — иногда с изменениями. Часто В.Н. приводит цитаты, что-то добавляя или опуская, без кавычек; в этих случаях кавычки опущены и в русском переводе. Глоссы В.Н. к английскому переводу опущены. Критические замечания о переводах относятся, разумеется, к переводам Флобера на английский язык. Письма (кроме отмеченных звездочкой) цитируются в переводе Т. Ириновой по изданию: *Флобер Гюстав*. Собр. соч.: В 5 Т. — М., 1956. — Т. 5. — *Примеч. пер.*

она умерла, один. С новой женой, Эммой, он проживет здесь два года, до переезда в Ионвиль (март 1840-го). *Первый слой:* «Кирпичный фасад тянулся как раз вдоль улицы или, вернее, дороги». *Второй слой:* «За дверью на стенке висел плащ с узеньким воротником, уздечка и черная кожаная фуражка, а в углу валялась пара краг, еще покрытых засохшей грязью». *Третий слой:* «Направо была зала, то есть комната, где обедали и сидели по вечерам. Канареечного цвета обои с выцветшим бордюром в виде цветочной гирлянды дрожали на плохо натянутой холщовой подкладке. Белые коленкоровые занавески с красной каймой скрещивались на окнах, а на узкой полочке камина, между двумя подсвечниками накладного серебра с овальными абажурами, блестели стоячие часы с головой Гиппократа». *Четвертый слой:* «По другую сторону коридора помещался кабинет Шарля — комната шагов в шесть шириной, где стояли стол, три стула и рабочее кресло. На шести полках елового книжного шкафа не было почти ничего, кроме "Словаря медицинских наук", неразрезанные тома которого совсем истрепались, бесконечно перепродаваясь из рук в руки». *Пятый слой:* «Здесь больные вдыхали проникавший из-за стены запах подливки, а в кухне было слышно, как они кашляют и рассказывают о своих недугах». *Шестой слой:* «Дальше следовала *(«venait ensuite» — в точности та же формула, что при описании каскетки. — В. Н.)* большая, совершенно запущенная комната с очагом; окна ее выходили во двор, на конюшню. Теперь она служила и дровяным сараем, и кладовой, и чуланом для всякого старья».

В марте 1846-го, после восьми лет замужества и после двух бурных романов, о которых муж не подозревал, Эмма Бовари, не в силах расплатиться с неимоверными долгами, идет на самоубийство. В единственную свою романтическую минуту бедный Шарль дает такие распоряжения о ее похоронах: он «заперся в своем кабинете, взял перо и после долгих рыданий написал: "Я хочу, чтобы ее похоронили в подвенечном платье, в белых туфлях, в венке. Волосы распустить по плечам; (*начинаются слои*) гробов три: один — дубовый, другой — красного дерева и еще — металлический. <...> Сверху накрыть ее большим куском зеленого бархата"».

Здесь сходятся все тематические линии, связанные со слоями. С предельной ясностью мы вспоминаем и слагаемые жалкой каскетки Шарля в его первый школьный день, и многоярусный свадебный пирог.

***

Первая госпожа Бовари — вдова судебного пристава. Это первая и, так сказать, мнимая госпожа Бовари. Во второй главе, еще при жизни первой жены, на горизонте обозначается вторая. Как Шарль водворился напротив прежнего врача, став его преемником, так и будущая госпожа Бовари появляется еще до смерти первой. Первую свадьбу Флобер описать не мог, поскольку это испортило бы праздник второй госпоже Бовари. Вот как Флобер называет первую жену: госпожа Дюбюк (фамилия ее первого мужа), затем госпожа Бовари, госпожа Бовари-младшая (по отношению к матери Шарля), затем Элоиза; вдова Дюбюк, когда скрылся хранивший все ее состояние нотариус, и, наконец, госпожа Дюбюк.

Иначе говоря, когда Шарль влюбляется в Эмму Руо, то в его простодушном восприятии первая жена начинает возвращаться к исходному состоянию, проходя те же ступени в обратном порядке. После ее смерти, когда Шарль женится на Эмме, покойница Элоиза окончательно превращается в исходную вдову Дюбюк. Вдовым остается Шарль, но его вдовство каким-то образом переносится на преданную им в мыслях, а затем умершую Элоизу. Над жалкой участью Элоизы Бовари Эмма, похоже, не вздохнула ни разу. Кстати, финансовый крах способствовал смерти обеих.

***

У термина «романтический» несколько значений. Говоря о «Госпоже Бовари» — о романе и о самой героине, — я буду использовать его в следующем смысле: «отличающийся мечтательным складом ума, увлекаемый яркими фантазиями, заимствованными главным образом из литературы» (то есть скорее «романический», чем «романтический»). Романтическая личность, умом и чувствами обитающая в нереальном, глубока или мелка в зависимости от свойств своей души. Эмма Бовари неглупа, чувствительна, неплохо образованна, но душа у нее мелкая: обаяние, красота, чувствительность не спасают ее от рокового привкуса мещанства.

Несмотря на экзотические мечтания, она — провинциальная буржуа до мозга костей, верная банальным идеям или нарушающая банальные условности тем или иным банальным способом, из которых адюльтер — банальнейший способ над банальностью возвыситься; и, несмотря на страсть к роскоши, она раз или два обнаруживает то, что Флобер называет крестьянской жесткостью, — деревенскую прижимистость. Но ее необычайное телесное обаяние, странная грация, птичья, как у колибри, живость — все это неотразимо притягивает и очаровывает трех мужчин в книге: ее мужа и двух ее любовников, двух мерзавцев — Родольфа, для которого ее мечтательная детская нежность составляет приятный контраст шлюхам, обычной его компании, и Леона, тщеславное ничтожество, которому лестно иметь любовницей настоящую даму.

Ну а что же муж, Шарль Бовари? Скучный, усидчивый тугодум, без обаяния, остроумия, образования, но с полным набором банальных идей и правил. Он мещанин, но при этом еще и трогательное, жалкое существо. Крайне важны две вот какие вещи. Ему внятно и его прельщает в Эмме именно то, к чему она сама тщетно стремится в своих мечтаниях. Смутно, но глубоко Шарль чувствует в ней какую-то переливчатую прелесть, роскошь, мечтательную даль, поэзию, романтичность. Это во-первых, и в свое время я приведу примеры. Во-вторых, любовь к Эмме, растущая почти незаметно для самого Шарля, — настоящее чувство, глубокое и подлинное, абсолютная противоположность животным или вполне ничтожным переживаниям Родольфа и Леона, ее самодовольных и пошлых любовников. В этом привлекательная парадоксальность флоберовской сказки: самый скучный и нескладный персонаж книги — единственный, кто оправдан той дозой божественного, что есть в его всепобеждающей, всепрощающей, неизменной любви к Эмме, живой или мертвой. Есть, правда, в книге и четвертый влюбленный в Эмму персонаж, но это всего лишь диккенсовский мальчик, Жюстен.

Тем не менее рекомендую его вашему благосклонному вниманию.

**

Вернемся в то время, когда Шарль еще женат на Элоизе Дюбюк. Во второй главе лошадь Бовари (лошади играют в книге громадную роль, образуя отдельную сквозную тему) дремотной рысцой везет его к Эмме, дочери фермера — его пациента. Но Эмма непохожа на обычную фермерскую дочку; это изящная молодая женщина, «барышня», воспитанная в хорошем пансионе вместе с дворянскими дочерьми. И вот Шарля Бовари вытащили из супружеской постели (он никогда не любил свою первую жену, стареющую, плоскогрудую, всю в прыщах, — чужую вдову, как по воле Флобера Шарль зовет ее про себя), — вот его, молодого сельского врача, вытащили из унылой постели, и он едет на ферму Берто, где хозяин сломал ногу. Въезжая во двор фермы, его обычно спокойная лошадь вдруг пугается и шарахается в сторону — легкое предвестие предстоящих мирно живущему молодому человеку потрясений.

Ферму, а затем Эмму мы видим его глазами, когда он приезжает туда в первый раз, еще женатый на незадачливой вдове. Полдесятка павлинов расхаживают по двору, словно неясное обещание, первый урок радужности. Можно проследить до конца главы мотив зонтика Эммы. Спустя несколько недель, в оттепель, когда сочилась кора деревьев и таял снег на крышах построек, Эмма стояла на пороге; потом пошла за зонтиком, открыла его. Пронизанный солнцем сизый шелковый зонт отбрасывал на ее белое лицо пляшущие цветные блики. Она улыбалась мягкому теплу, и слышно было, как падают капли, с правильной барабанной нотой, одна за другой, на тугой муар, на натянутый шелк.

Различные детали прелестной внешности Эммы показаны через восприятие Шарля: синее платье с тремя оборками, красивые ногти, прическа. Прическа эта переведена всеми переводчиками до того отвратительно, что необходимо привести верное описание, иначе ее правильно себе не представишь: «Ее черные волосы разделял на два бандо, так гладко зачесанных, что они казались цельным куском, тонкий пробор, слегка изгибавшийся согласно форме ее черепа *(смотрит молодой врач)*; и бандо оставляли открытыми только мочки ушей *(мочки, а не «верхушки», как у всех переводчиков: верх ушей, разумеется, был закрыт гладкими черными бандо)*, а сзади волосы были собраны в пышный шиньон... Щеки у нее были розовые».

Чувственность впечатления, произведенного ею на молодого человека, подчеркнута и описанием летнего дня, увиденного изнутри, из гостиной: «Ставни были закрыты. Солнечные лучи пробивались сквозь щели, вытягиваясь на каменных плитах тоненькими полосками, ломались об углы мебели и дрожали на потолке. По столу ползали мухи, они карабкались по грязным стаканам и с жужжанием тонули на дне в остатках сидра. Под солнцем, проникавшим через каминную трубу, отсвечивала бархатом сажа и слегка голубела остывшая зола. Эмма шила, сидя между печкой и окном, косынки на ней не было, на голых плечах виднелись капельки пота». Обратите внимание на тонкие лучи, пробивающиеся сквозь щели, на мух, карабкающихся по стаканам *(а не «ползающих», как у переводчиков: мухи не ползают, они ходят и потирают руки)*, карабкающихся по стаканам и тонущих в остатках сидра. И отметьте вкрадчивый свет, превращающий сажу в глубине очага в бархат и тронувший остывшую золу синевой. Капельки пота на плечах Эммы *(она была в открытом платье)* — отметьте и их. Перед нами образец описательного пассажа.

Вьющийся по полю свадебный кортеж нужно сопоставить с похоронным кортежем, несущим мертвую Эмму и извивающимся по другим полям, в конце книги. На свадьбе: «Сначала гости шли плотной вереницей — словно цветной шарф извивался по узкой меже, змеившейся между зелеными хлебами; но скоро кортеж растянулся и разбился на группы; люди болтали и не торопились. Впереди всех шагал музыкант с разукрашенной атласными лентами скрипкой; за ним выступали новобрачные, а дальше шли впремешку родственники и знакомые. Дети далеко отстали: они обрывали сережки овса и втихомолку забавлялись играми. Длинное платье Эммы слегка волочилось по земле; время от времени она останавливалась, приподнимала его и осторожно снимала затянутыми в перчатки пальцами грубую траву и мелкие колючки репейника; а Шарль, опустив руки, дожидался, пока она покончит с этим делом. Дядюшка Руо, в новом цилиндре и черном фраке с рукавами до самых ногтей, вел под руку г-жу Бовари-мать. А г-н Бовари-отец, презирая в глубине души всю эту компанию, явился в простом однобортном сюртуке военного покроя и теперь расточал кабацкие любезности какой-то белокурой крестьяночке. Она приседала, краснела, не знала, что отвечать. Остальные гости разговаривали о своих делах или подшучивали исподтишка, заранее возбуждая себя к веселью; насторожив ухо, можно было расслышать в поле пиликанье музыканта, который все играл да играл».

Эмму хоронят. «Шесть человек — по три с каждой стороны — шли медленно и немного задыхались. Священники, певчие и двое мальчиков из хора возглашали De profundis, голоса их терялись в полях, то поднимаясь, то опускаясь в переливах мелодии. Порой хор скрывался за поворотом тропинки, но высокое серебряное распятие все время было видно между деревьями *(сравните со скрипачом на свадьбе).*

Женщины шли в черных накидках с опущенными капюшонами; в руках они несли толстые горящие свечи, и Шарль почти терял сознание от этих бесконечных молитв и огней, от противных запахов воска и сутаны. Дул свежий ветерок, зеленели рожь и рапс, по краям дороги на живых изгородях дрожали капельки росы. Все кругом было полно всевозможных веселых звуков: громыхала вдали по колеям телега, отдавался эхом петушиный крик, топали копыта убегавшего к яблоням жеребенка. В ясном небе кое-где виднелись розовые облачка; над камышовыми кровлями загибался книзу синеватый дымок; Шарль на ходу узнавал дворы. Ему вспоминались такие же утра, как вот это, когда он выходил от больного и возвращался к ней. *(Довольно любопытно, что ему не вспоминается свадьба; положение читателя выгоднее.)*

Время от времени черное сукно, усыпанное белыми «слезками», приподнималось и приоткрывало гроб. Усталые носильщики замедляли шаг, и гроб подвигался толчками, словно лодка, равномерно покачивающаяся на каждой волне».

Повседневное блаженство нашего героя после свадьбы изображено еще в одном исподволь действующем на чувства пассаже: «Утром, лежа в постели рядом с Эммой, он глядел, как солнечный луч пронизывает пушок на ее бело-розовых щеках, полуприкрытых гофрированными фестонами чепчика. На таком близком расстоянии глаза Эммы казались еще больше, особенно когда она, просыпаясь, по нескольку раз открывала и снова закрывала их; черные в тени и темно-синие при ярком свете, глаза ее как будто слагались из многих цветовых слоев, густых в глубине и все светлевших к поверхности радужной оболочки» *(слабое эхо темы слоев)*.

* * *

В шестой главе ретроспективно описано детство Эммы языком банальной романтической культуры, языком прочитанных ею книг и того, что она из них почерпнула. Эмма страстная читательница любовных, более или менее экзотических романов, романтической поэзии. Кое-какие известные ей писатели первоклассны — например, Вальтер Скотт или Виктор Гюго, другие не вполне — Бернарден де Сен-Пьер или Ламартин. Но дело не в том, хороши они или плохи. Дело в том, что она плохая читательница. Она читает эмоционально, поверхностно, как подросток, воображая себя то одной, то другой героиней. Флобер поступает очень тонко. В нескольких абзацах он перечисляет все дорогие Эмминому сердцу романтические клише, но изощренный отбор расхожих образов и их ритмическое расположение по изгибам фразы создают гармоническое и художественное впечатление. В романах, которые она читала в монастыре, «только и было, что любовь, любовники, любовницы, преследуемые дамы, падающие без чувств в уединенных беседках, почтальоны, которых убивают на всех станциях, лошади, которых загоняют на каждой странице, темные леса, сердечное смятенье, клятвы, рыдания, слезы и поцелуи, челноки при лунном свете, соловьи в рощах, «кавалеры», храбрые, как львы, и кроткие, как ягнята, добродетельные сверх всякой меры, всегда красиво одетые и проливающие слезы, как урны. В пятнадцать лет Эмма целых полгода рылась в этой пыли старых библиотек. Позже ее увлек своим историческим реквизитом Вальтер Скотт, она стала мечтать о парапетах, сводчатых залах и менестрелях. Ей хотелось жить в каком-нибудь старом замке, подобно тем дамам в длинных корсажах, которые проводили свои дни в высоких стрельчатых покоях и, облокотясь на каменный подоконник, подпирая щеку рукой, глядели, как по полю скачет на вороном коне рыцарь с белым плюмажем».

Тот же художественный прием он использует, перечисляя пошлые стороны Омэ. Сам предмет может быть грубым и отталкивающим. Его изображение художественно выверено и уравновешенно. Это и есть стиль. Это и есть искусство. Только это в книгах и важно.

Тема грез Эммы связана со щенком, подарком лесника: она «брала его с собой на прогулки; иногда она уходила из дому, чтобы на минутку побыть одной и не видеть этого вечного сада и пыльной дороги. <...> Мысли Эммы сначала были беспредметны, цеплялись за случайное, подобно ее борзой, которая бегала кругами по полю, тявкала вслед желтым бабочкам, гонялась за землеройками или покусывала маки по краю пшеничного поля. Потом думы понемногу прояснялись, и, сидя на земле, Эмма повторяла, тихонько вороша траву зонтиком:

— Боже мой! Зачем я вышла замуж!

Она задавала себе вопрос, не могла ли она при каком-либо ином стечении обстоятельств встретить другого человека; она пыталась вообразить, каковы были бы эти несовершившиеся события, эта совсем иная жизнь, этот неизвестный муж. В самом деле, не все же такие, как Шарль! Он мог бы быть красив, умен, изыскан, привлекателен, — и, наверно, такими были те люди, за которых вышли подруги по монастырю. Что-то они теперь делают? Все, конечно, в городе, в уличном шуме, в гуле театров, в блеске бальных зал, — все живут жизнью, от которой ликует сердце и расцветают чувства. А она? Существование ее холодно, как чердак, выходящий окошком на север, и скука, молчаливый паук, плетет в тени свою сеть по всем уголкам ее сердца».

Пропажа щенка при переезде из Тоста в Ионвиль символизирует конец в меру романтических, меланхолических грез в Тосте и начало более страстного периода в роковом Ионвиле.

Но еще до Ионвиля романтическая мечта о Париже является из шелкового портсигара, который Шарль подобрал на пустой сельской дороге, возвращаясь из Вобьессара, — как в величайшем романе первой половины нашего века «В поисках утраченного времени» Пруста городок Комбре со всеми своими садами (воспоминание о нем) выплывает из чашки чая. Видение Парижа — одна из грез, проходящих через всю книгу. Еще одна (быстро отброшенная) мечта — о том, что Шарль прославит имя Бовари, которое она носит: «Почему ей не достался в мужья хотя бы молчаливый труженик, — один из тех людей, которые по ночам роются в книгах и к шестидесяти годам, когда начинается ревматизм, получают крестик в петлицу плохо сшитого фрака?.. Ей хотелось бы, чтобы имя ее, имя Бовари, было прославлено, чтобы оно выставлялось в книжных магазинах, повторялось в газетах, было известно всей Франции. Но у Шарля не было никакого честолюбия».

Тема грез естественным образом переплетается с темой обмана. Она прячет от Шарля портсигар, над которым предается мечтам; и с самого начала пускает в ход обман. Сперва — чтобы он увез ее из Тоста: ее притворная болезнь — причина их переезда в Ионвиль якобы ради лучшего климата: «Неужели это жалкое существование будет длиться вечно? Неужели она никогда от него не избавится? Ведь она ничем не хуже всех тех женщин, которые живут счастливо. В Вобьессаре она видела не одну герцогиню, у которой и фигура была грузнее, и манеры вульгарнее, чем у нее. И Эмма проклинала Бога за несправедливость; она прижималась головой к стене и плакала; она томилась по шумной и блестящей жизни, по ночным маскарадам, по дерзким радостям и неизведанному самозабвению, которое должно было в них таиться.

Она побледнела, у нее бывали сердцебиения. Шарль прописывал ей валерьяновые капли и камфарные ванны. Но все, что пытались для нее сделать, как будто раздражало ее еще больше. <...>

Все время она жаловалась на Тост, поэтому Шарль вообразил, будто в основе ее болезни лежит какое-то влияние местного климата, и, остановившись на этой мысли, стал серьезно думать о том, чтобы устроиться в другом городе. Тогда Эмма начала пить уксус, чтобы похудеть, схватила сухой кашель и окончательно потеряла аппетит».

Именно в Ионвиле ее настигает судьба. Участь ее свадебного букета — своего рода предзнаменование или символ того, как несколько лет спустя расстанется с жизнью сама Эмма. Найдя свадебный букет первой жены, Эмма спрашивала себя, что станется с ее собственным. И вот, уезжая из Тоста, она сама его сжигает: «Однажды Эмма, готовясь к отъезду, разбирала вещи в комоде и уколола обо что-то палец. То была проволочка от ее свадебного букета. Флердоранж пожелтел от пыли, атласные ленты с серебряной каймой истрепались по краям. Эмма бросила цветы в огонь. Они вспыхнули, как сухая солома. На пепле остался медленно догоравший красный кустик. Эмма глядела на него. Лопались картонные ягодки, извивалась медная проволока, плавился галун; обгоревшие бумажные венчики носились в камине, словно черные бабочки, пока, наконец, не улетели в трубу». В одном из писем Флобера есть применимое к этому пассажу место: «В прозе действительно хорошая фраза должна быть как хороший стих: та же неизменимость, та же ритмичность и звучность».

Тема грез снова возникает, когда Эмма решает, каким бы романтическим именем назвать дочку. «Сначала она перебрала все имена с итальянскими окончаниями, как Клара, Луиза, Аманда, Атала; ей также нравилась Гальсуинда, а еще больше — Изольда или Леокадия». Другие персонажи, предлагая имя, тоже остаются верны себе. «Шарль хотел назвать ребенка именем матери, Эмма не соглашалась». Г-н Леон, говорит Омэ, «удивлялся, что вы не берете имя Магдалина. Сейчас это необычайно модное имя.

Но, заслышав имя грешницы, страшно раскричалась старуха Бовари. Сам г-н Омэ предпочитал имена, которые напоминали о каком-нибудь великом человеке, о славном подвиге или благородной идее». Обратите внимание на причину, по которой Эмма выбирает имя Берта: «Наконец Эмма вспомнила, что в Вобьессаре маркиза при ней назвала одну молодую женщину Бертой, и сразу остановилась на этом имени...»

Романтические соображения при выборе имени составляют резкий контраст с той обстановкой, в которую попадает Эммина дочка, отданная, по диковинному обычаю того времени, кормилице. Вместе с Леоном Эмма идет ее навестить. «Они узнали дом кормилицы по осенявшему его старому орешнику. Лачуга была низенькая, крытая коричневой черепицей; под чердачным слуховым окном висела связка лука. Вдоль всей терновой изгороди тянулись вязанки хвороста, а во дворе рос на грядке латук, немного лаванды и душистый горошек на тычинках. Грязная вода растекалась по траве, кругом валялось какое-то тряпье, чулки, красная ситцевая кофта; на изгороди была растянута большая простыня грубого полотна. На стук калитки вышла женщина, держа на руке грудного ребенка. Другой рукой она вела жалкого, тщедушного карапуза с золотушным личиком — сынишку руанского шапочника: родители, слишком занятые торговлей, отправили его в деревню».

Перепады Эмминых эмоций — чересполосица тоски, страсти, отчаяния, влюбленностей, разочарований — завершаются добровольной, мучительной и очень сумбурной смертью. Но, прежде чем расстаться с Эммой, мы должны отметить ее врожденную жесткость, как-то отозвавшуюся в небольшом физическом изъяне — в сухой угловатости рук; руки у нее были холеные, нежные и белые — недурные возможно, но не очень красивые.

Она лжива, она обманщица по натуре: с самого начала, еще до всех измен, она обманывает Шарля. Она живет среди мещан и сама мещанка. Ее душевная пошлость не так очевидна, как у Омэ. Наверно, было бы немилосердно говорить, что заезженным, банальным лжепрогрессистским идеям Омэ соответствует женский лжеромантизм Эммы, но невозможно избавиться от ощущения, что Эмма и Омэ не только перекликаются фонетически, но чем-то похожи, и это что-то — присущая обоим пошлая жестокость. В Эмме пошлое и мещанское прикрыто прелестью, обаянием, красотой, юркой сообразительностью, страстью к идеализации, проблесками нежности и чуткости — и еще тем, что ее короткая птичья жизнь кончается настоящей трагедией.

Иначе обстоит дело с Омэ. Он мещанин процветающий. И до самого конца бедная Эмма, даже мертвая, находится под его навязчивой опекой, его и прозаического кюре Бурнисьена. Восхитительна сцена, когда они — служитель фармацевтики и служитель Бога — засыпают в креслах у ее тела, друг напротив друга, оба храпя, выпятив животы, с отвисшими челюстями, спаренные сном, сойдясь наконец в единой человеческой слабости. И что за оскорбление ее печальной участи — эпитафия, придуманная для нее Омэ! Его память забита расхожими латинскими цитатами, но сперва он не в силах предложить ничего лучше, чем sta viator — остановись, прохожий (или — стой, путник). Остановись где? Вторая половина латинского выражения heroa calcas — попираешь прах героя. Наконец Омэ с обычной своей беспардонностью заменяет «прах героя» на «прах любимой жены». Стой, путник, ты попираешь стопой свою любимую жену — никакого отношения это не имеет к несчастному Шарлю, любившему Эмму, несмотря на всю свою тупость, с глубоким, трогательным обожанием, о чем она все-таки догадалась перед самой смертью. А сам он где умирает? В беседке, куда приходили Эмма и Родольф на любовные свидания.

Брешей в обороне у Омэ немало:

1. Его научные познания взяты из брошюр, общая образованность — из газет; литературные вкусы ужасающи, и особенно то, как он обращается с писателями, которых цитирует. По невежеству он однажды замечает: «That is the question, как недавно было написано в газете», — не ведая о том, что цитирует не руанского журналиста, а Шекспира, чего не подозревал, возможно, и сам сочинитель передовицы.

2. Он не в силах забыть ужас, который испытал, едва не угодив в тюрьму за незаконную медицинскую практику.

3. Он предатель, хам, подхалим и легко жертвует своим достоинством ради более существенных деловых интересов или чтобы заполучить орден.

4. Он трус и, несмотря на храбрые тирады, боится крови, смерти, трупов.

5. Он не знает снисхождения и отвратительно мстителен.

6. Он напыщенный осел, самодовольный позер, пошлый краснобай и столп общества, подобно многим пошлякам.

7. Он получает орден в 1856 году, в конце романа. Флобер считал свое время эпохой мещанства, которое называл muflisme[1]. Однако подобные вещи не сводятся к определенному правительству или режиму; и во время революций, и в полицейских государствах мещанство заметнее, чем при более традиционных режимах. Мещанин в действии всегда опаснее мещанина, покойно сидящего перед телевизором.

Перечислим влюбленности Эммы — платонические и наоборот:

1. Пансионеркой она, возможно, была влюблена в учителя музыки, проходящего со скрипкой в футляре по одному из ретроспективных пассажей.

2. Только выйдя замуж за Шарля (к которому она с самого начала не чувствовала любви), она заводит нежную дружбу, формально говоря — чисто платоническую, с Леоном Дюпюи, клерком нотариуса.

3. Первый «роман» с Родольфом Буланже, местным землевладельцем.

4. В середине этого романа, когда Родольф выказал больше грубости, чем полагалось романтическому идеалу, по которому она тоскует, Эмма пытается обрести этот идеал в собственном муже; она старается видеть в нем великого врача и вступает в короткий период нежности к нему и робких попыток им гордиться.

5. Когда бедняга Шарль не смог сделать операцию на искривленной стопе бедному конюху — один из величайших эпизодов книги, — она возвращается к Родольфу с обостренной страстью.

6. Когда Родольф разрушает ее последнюю романтическую мечту о бегстве в Италию, страну грез, после

---
[1] Хамство (*фр.*).

серьезной болезни она находит предмет романтического поклонения в Боге.

7. Несколько минут она мечтает об оперном певце Лагарди.

8. Роман с вялым, трусливым Леоном, которого она снова встречает, оказывается гротескным и жалким осуществлением всех ее романтических мечтаний.

9. Перед самой смертью она открывает в Шарле его человеческую и божественную сторону, его безупречную любовь к ней — все это она проглядела.

10. Распятие из слоновой кости, которое она целует за несколько минут до смерти, — можно сказать, что и эта любовь кончается чем-то вроде ее прежних трагических разочарований, поскольку безысходность жизни снова берет верх, когда, умирая, она слышит жуткую песню уродливого бродяги.

Где в книге «хорошие» люди? Злодей, несомненно, Лере, но кого, кроме бедняги Шарля, можно назвать хорошим человеком? В общем, не вызывает возражений отец Эммы, старик Руо; с оговорками — мальчик Жюстен, которого мы застаем рыдающим на Эмминой могиле — по-диккенсовски унылая нота[1]; а заговорив о диккенсовских нотах, не забудем еще двух несчастных детей — дочку Эммы и, разумеется, унылую служаночку Лере, которая у него еще и за приказчика, горбатую нимфетку-замарашку тринадцати лет — мимолетный персонаж, заставляющий призадуматься. Кто еще в книге годится в хорошие люди? Лучший человек тут — третий врач, великийЛаривьер, хотя мне всегда была отвратительно прозрачная слеза, пролитая им над умирающей Эммой. Кое-кто мог бы сказать: отец Флобера был врачом, так что здесь над несчастьями созданной сыном героини роняет слезу Флобер-старший.

* * *

Вопрос: можно ли назвать «Госпожу Бовари» *реалистической* или *натуралистической* книгой? Не уверен.

---
[1] Отсылка к роману Диккенса «Унылый дом», в русских переводах — «Холодный дом». — *Примеч. пер.*

Роман, в котором молодой и здоровый муж ночь за ночью ни разу не просыпается и не замечает отсутствия жены, ни разу не слышит песка и камешков, кинутых в ставни любовником, ни разу не получает анонимного письма от какого-нибудь местного доброхота;

роман, в котором наиглавнейший сплетник и доброхот — Омэ, г-н Омэ, от которого можно ждать пристальной статистической слежки за всеми рогоносцами Ионвиля, ничего не замечает, ничего не узнает о романах Эммы;

роман, в котором ребенок Жюстен — нервный четырнадцатилетний мальчик, теряющий сознание при виде крови и бьющий посуду из-за своей нервности, — в глухую ночь отправляется плакать — и куда? — на кладбище, на могилу женщины, чей призрак мог бы явиться ему с укорами за то, что он предоставил ей средство к самоубийству;

роман, в котором молодая женщина, несколько лет не садившаяся на лошадь, — если она вообще ездила верхом на отцовской ферме, — скачет по лесам с великолепной посадкой и не мучается потом от ломоты в костях;

роман, в котором множество других невероятных деталей, включая совершенно невероятную наивность одного извозчика, — этот роман объявили вехой в развитии так называемого реализма, что бы за этим понятием ни крылось.

На самом деле вся литература — вымысел. Всякое искусство — обман. Мир Флобера, как и мир любого крупного писателя, — мир фантазии с собственной логикой, собственными условностями и совпадениями. Перечисленные мной забавные несообразности не противоречат общей схеме книги, и находят их только скучные университетские преподаватели или блестящие студенты. И не забывайте, что все любовно разобранные нами после «Мэнсфилд-парка» сказки на живую нитку прихвачены авторами к определенной исторической основе. Любая реальность реальна лишь относительно, поскольку любая наличная реальность — окно, которое вы видите, запахи, которые вы чувствуете, звуки, которые слышите, — зависит не только от предварительного компромисса пяти чувств, но и от степени осведомленности. Сто лет назад Флобер мог казаться реалистом или натуралистом читателям, воспитанным на сентиментальных сочинениях тех дам и господ, которыми восторгалась Эмма. Но реализм, натурализм — понятия относительные. Что данному поколению представляется в произведениях писателя натурализмом, то предыдущему кажется избытком серых подробностей, а следующему — их нехваткой. *Измы* проходят; *исты* умирают; искусство остается.

Поразмышляйте прежде всего вот над чем: художник с талантом Флобера ухитряется превратить убогий, по его собственным представлениям, мир, населенный мошенниками, мещанами, посредственностями, скотами, сбившимися с пути дамами — в один из совершеннейших образцов поэтического вымысла и добивается этого гармоничным сочетанием всех частей, внутренней силой стиля и всеми формальными приемами — контрапунктом при переходах от одной темы к другой, предвосхищениями, перекличками. Без Флобера не было бы ни Марселя Пруста во Франции, ни Джеймса Джойса в Ирландии. В России Чехов был бы не вполне Чеховым. И достаточно о влиянии Флобера на литературу.

***

У Флобера был особый прием, который можно назвать методом контрапункта или методом параллельных переплетений и прерываний двух или нескольких разговоров или линий мысли. Первый раз встречаем этот прием при появлении Леона Дюпюи. Леон, молодой человек, клерк нотариуса, введен в повествование через описание Эммы, какой он ее видит: в красных отсветах трактирного камина, которые будто просвечивают ее насквозь. Потом, когда рядом с ней окажется другой мужчина, Родольф Буланже, она тоже будет описана с его точки зрения, но в описании будет преобладать материальная сторона ее облика в отличие от почти бесплотного образа, представшего Леону. Кстати, позже волосы Леона будут названы темными (chatain), а в этой сцене он блондин или кажется таким Флоберу при свете огня, разведенного ради того, чтобы озарить Эмму.

И вот при разговоре в трактире после приезда в Ионвиль Эммы и Шарля появляется тема контрапункта. 19 сентября 1852 года, ровно через год после того, как Флобер начал писать роман (от восьмидесяти до девяноста страниц в год — такой человек мне по душе), он писал своей любовнице Луизе Коле: «Как надоела мне "Бовари"! <...> Сцена в гостинице потребует месяца три. Бывают минуты, когда я готов плакать от бессилия. Но я скорее издохну, чем обойду ее. Мне нужно одновременно ввести в действие пять или шесть (говорящих от своего лица) и несколько других (о которых говорят), описать место действия и всю местность вообще, дать характеристику внешности людей и предметов и показать в этой обстановке господина и даму, которые начинают увлекаться друг другом (благодаря сходству вкусов). Будь у меня еще достаточно места! Но действие должно развертываться со стремительной быстротой, и при этом отнюдь не сухо; развивая его, я не стану сгущать красок».

Итак, в трактирной гостиной завязывается разговор. Участников четверо. Диалог только что познакомившихся Эммы и Леона перебивается монологами или отдельными репликами Омэ, обращающегося главным образом к Шарлю Бовари, поскольку Омэ очень хочется наладить с новым врачом хорошие отношения.

Первая часть сцены — это обмен отрывистыми фразами между всеми четырьмя собеседниками: «Омэ попросил разрешения не снимать феску: он боялся схватить насморк.

Затем он повернулся к соседке.

— Вы, конечно, немного утомлены, сударыня? Наша "Ласточка" так ужасно трясет!

— Да, это верно, — сказала Эмма. — Но меня всегда радуют переезды. Я люблю менять обстановку.

— Какая скука быть вечно пригвожденным к одному и тому же месту! — вздохнул клерк.

— Если бы вам, — сказал Шарль, — приходилось, как мне, не слезать с лошади...

— А по-моему, что может быть приятнее *(чем ездить верхом. — В. Н.)*? — отвечал Леон, обращаясь к г-же Бовари, и добавил: — Когда есть возможность». *(Там и сям проскальзывает тема лошадей.)*

Вторую часть образует длинная речь Омэ, в конце которой он делится с Шарлем сведениями о доме, где тот собирается поселиться: «Собственно говоря, — заявил аптекарь, — выполнение врачебных обязанностей в нашей местности не так затруднительно. <...> Еще многие, вместо того чтобы просто идти к врачу или в аптеку, прибегают к молитвам, к мощам и попам. Однако климат у нас, собственно говоря, неплохой, в коммуне даже насчитывается несколько девяностолетних стариков. Температура (я лично делал наблюдения) зимою опускается до четырех градусов, а в жаркую пору достигает не более двадцати пяти — тридцати, что составляет максимально двадцать четыре по Реомюру, или же пятьдесят четыре по Фаренгейту (английская мера), — не больше! В самом деле, с одной стороны мы защищены Аргейльским лесом от северных ветров, с другой же — холмом Сен-Жан от западных; таким образом, летняя жара, которая усиливается от водяных паров, поднимающихся с реки, и от наличия в лугах значительного количества скота, выделяющего, как вам известно, много аммиаку, то есть азота, водорода и кислорода (нет, только азота и водорода!), и которая, высасывая влагу из земли, смешивая все эти разнообразные испарения, стягивая их, так сказать, в пучок и вступая в соединение с разлитым в атмосфере электричеством, когда таковое имеется, могла бы в конце концов породить вредоносные миазмы, как в тропических странах, — эта жара, говорю я, в той стороне, откуда она приходит, или, скорее, откуда она могла бы прийти, — то есть на юге, достаточно умеряется юго-восточными ветрами, которые, охлаждаясь над Сеной, иногда налетают на нас внезапно, подобно русским буранам!».

В середине речи он допускает ошибку — в обороне мещанина всегда найдется брешь. Его термометр должен показывать 86 по Фаренгейту, а не 54; пересчитывая из одной системы в другую, он забыл прибавить 32. Спутав состав аммиака с воздухом, он едва не садится в лужу еще раз, но вовремя спохватывается. Все свои познания в физике и химии он старается запихнуть в одно неподъемное предложение; но, кроме хваткой памяти на всякую всячину из газет и брошюр, предъявить ему нечего.

Если речь Омэ была мешаниной из псевдонауки и изношенных газетных штампов, то образующая третью часть беседа Эммы и Леона пропитана затхлой поэтичностью.

«— Имеются ли здесь в окрестностях какие-нибудь места для прогулок? — спросила г-жа Бовари, обращаясь к молодому человеку.

— О, очень мало, — отвечал тот. — На подъеме, у опушки леса, есть уголок, который называется выгоном. Иногда по воскресеньям я ухожу туда с книгой и любуюсь на закат солнца.

— По-моему, нет ничего восхитительнее заката, — произнесла Эмма, — особенно на берегу моря.

— О, я обожаю море, — сказал г-н Леон.

— Не кажется ли вам, — говорила г-жа Бовари, — что над этим безграничным пространством свободнее парит дух, что созерцание его возвышает душу и наводит на мысль о бесконечном, об идеале?..

— То же самое случается и в горах, — ответил Леон».

Очень важно понять, что пара Леон—Эмма так же банальна, тривиальна, плоска в своих лжеартистических переживаниях, как напыщенный и по сути невежественный Омэ по отношению к науке. Здесь встречаются лжеискусство и лженаука. В письме к любовнице (9 октября 1852 года) Флобер указывает на тонкую особенность этой сцены: «Я сейчас пишу разговор молодого человека с молодой женщиной о литературе, море, горах, музыке и прочих так называемых поэтических предметах. Обычный читатель примет, пожалуй, все за чистую монету, но моя настоящая цель — гротеск. По-моему, мой роман будет первым, в котором высмеиваются главные героиня и герой. Но ирония не отменяет патетики, наоборот, ее усиливает».

Свою бездарность, брешь *у себя* в обороне Леон обнаруживает, упомянув пианиста: «Мой кузен в прошлом году был в Швейцарии; он говорил мне, что невозможно вообразить всю красоту озер, очарование водопадов, грандиозные эффекты ледников. Там сосны невероятной величины переброшены через потоки, там хижины висят над пропастями, а когда рассеются облака, то под собой, в тысячах футов, видишь целые долины. Такое зрелище должно воодушевлять человека, располагать его к молитвам, к экстазу! Я не удивляюсь тому знаменитому музыканту, который, желая вдохновиться, уезжал играть на фортепиано в какую-нибудь величественную местность».

Швейцарские виды должны побуждать к молитвам, к экстазу! Неудивительно, что знаменитый музыкант играл на фортепьяно среди возвышенных пейзажей, чтобы вдохновиться. Это великолепно.

Вскоре перед нами раскрывается целая библия плохого читателя — все, чего не должен делать хороший. «— Жена совсем не занимается садом, — сказал Шарль. — Хотя ей и рекомендуют движение, но она больше любит оставаться в комнате и читать.

— Совсем, как я, — подхватил Леон. — Что может быть лучше — сидеть вечером с книжкой у камина, когда ветер хлопает ставнями и горит лампа!..

— Правда! Правда! — сказала Эмма».

Книги пишутся не для тех, кто любит исторгающую слезы поэзию или благородных романных героев, как полагают Леон и Эмма. Только детям простительно отождествлять себя с персонажами книги или упиваться дурно написанными приключенческими историями, но именно этим Эмма и Леон и занимаются. «Случалось ли вам когда-нибудь, — продолжал Леон, — встретить в книге мысль, которая раньше смутно приходила вам в голову, какой-то полузабытый образ, возвращающийся издалека, и кажется, что он в точности отражает тончайшие ваши ощущения?

— Я это испытывала, — ответила она.

— Вот почему я особенно люблю поэтов, — сказал он. — По-моему, стихи нежнее прозы, они скорее вызывают слезы.

— Но в конце концов они утомляют, — возразила Эмма. — Я, наоборот, предпочитаю теперь романы — те, которые пробегаешь одним духом, страшные. Я ненавижу пошлых героев и умеренные чувства, какие встречаются в действительности.

— Я считаю, — заметил клерк, — что те произведения, которые не трогают сердце, в сущности не отвечают истинной цели искусства. Среди жизненных разочарований так сладко уноситься мыслью к благородным характерам, к чистым страстям, к картинам счастья».

***

Флобер задался целью придать книге виртуозную структуру. Наряду с контрапунктом одним из его технических приемов были максимально плавные и изящные переходы от одного предмета к другому внутри одной главы. В «Холодном доме» такие переходы происходят, в общем, от главы к главе — скажем, от Канцлерского суда к Дедлокам и тому подобное. А в «Госпоже Бовари» идет непрерывное перемещение *внутри* глав. Я называю этот прием *структурным переходом*. Несколько примеров мы рассмотрим. Если переходы в «Холодном доме» можно сравнить со ступенями, так что композиция разворачивается en escalier[1], то «Госпожа Бовари» построена как текучая система волн.

Первый, довольно простой переход встречается в самом начале книги. Повествование начинается с допущения, что автор и некий Шарль Бовари тринадцати лет в 1828 году вместе учились в Руане. Выражено это допущение в субъективном, от первого лица, изложении, местоимением *мы*, — но, разумеется, это просто литературный прием, поскольку Флобер выдумал Шарля с ног до головы. Длится псевдосубъективный рассказ около трех страниц, затем повествование из субъективного делается объективным и переходит от непосредственных впечатлений в настоящем времени к обычному романному повествованию о прошлом Бовари. Переход управляется предложением: «Начаткам латыни он учился у деревенского священника». В отступлении рассказано о его родителях, рождении, и мы снова пробираемся сквозь раннее детство к настоящему времени в коллеже, где два абзаца, снова от первого лица, проводят Шарля через третий его год. На этом рассказчик окончательно умолкает, и нас сносит к студенческим годам Бовари и занятиям медициной.

Накануне отъезда Леона из Ионвиля в Париж более сложный структурный переход ведет от Эммы и ее настроения к Леону и его настроению, а затем — к его отъезду. При этом Флобер, как еще несколько раз в книге, пользуется структурными извивами перехода, чтобы охватить взглядом нескольких персонажей, пере-

---
[1] Лестницей *(фр.)*.

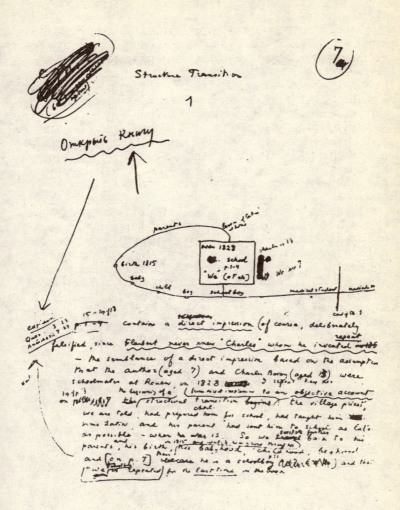

Заметки Набокова о «структурном переходе»
в «Госпоже Бовари».

бирая и, так сказать, наскоро проверяя их свойства. Мы начинаем с Эмминого возвращения домой после того, как ничего не вышло из ее беседы с кюре (она пыталась унять вызванную Леоном горячку), и ей тягостна домашняя тишина, когда у нее в душе бушует такое волнение. В раздражении она отталкивает ластящуюся к ней дочку, Берту, — та падает, царапает себе щеку. Шарль спешит за пластырем к аптекарю Омэ, наклеивает ей на ранку. Он уверяет Эмму, что царапина пустячная, но та решает не спускаться к обеду и сидит с Бертой, пока та не засыпает. После обеда Шарль возвращает пластырь и остается в аптеке, где Омэ и его жена обсуждают с ним опасности, которым подвергаются дети. Отведя Леона в сторону, Шарль просит его узнать в Руане, сколько может стоить дагеротип — по трогательной тупости он хочет подарить Эмме свой собственный портрет. Омэ подозревает, что у Леона в Руане какая-то интрижка, и трактирщица, госпожа Лефрансуа, спрашивает о Леоне у налогового сборщика Бине. А затем разговор Леона с Бине, очевидно, помогает Леону осознать утомление от бесплодной любви к Эмме. Изображены его страхи перед переменой места, затем он решается ехать в Париж. Флобер добился чего хотел, и от настроения Эммы к настроению Леона и его решению уехать из Ионвиля создан безупречный переход. Еще с одним аккуратным переходом мы встретимся позже, когда появится Родольф Буланже.

* * *

15 января 1853-го, приступая ко второй части, Флобер писал Луизе Коле: «Я пять дней просидел над одной страницей. <...> Очень волнует меня, что в книге моей мало занимательного. Недостает действия, а я придерживаюсь того мнения, что идеи и являются действием. Правда, ими труднее заинтересовать, я знаю; но тут уж виноват стиль. На протяжении пятидесяти страниц нет ни одного события; развертывается непрерывная картина мещанского существования и бездейственной любви, тем труднее поддающейся описанию, что это любовь робкая и в то же время глубокая; но, увы, она лишена внутреннего горения, ибо герой мой наделен весьма

умеренным темпераментом. Уже в первой части моего романа имеется ряд аналогий: муж любит свою жену почти такой же любовью, что и любовник, оба они — посредственности, оба принадлежат к одной и той же среде, и тем не менее они должны отличаться друг от друга. Это картина, где краски наложены одна на другую, без резкой грани в оттенках (что труднее). Если я этого добьюсь, то получится, пожалуй, очень здорово». Все дело в стиле, говорит Флобер, или, точнее, в особенном развороте и ракурсе того, что увидено.

Смутная надежда на счастье, вызванная чувствами к Леону, невинным образом ведет к Лере (буквально — «счастливый»; имя, иронически подобранное дьявольскому орудию судьбы). Лере, торговец тканями и ростовщик, является предложить амуницию счастья. И сразу же доверительно сообщает Эмме, что ссужает деньги в долг; спрашивает о здоровье хозяина кафе, Телье, которого, как он знает, лечит муж Эммы, и говорит, что ему как-нибудь придется посоветоваться с доктором о болях в спине. С точки зрения композиции все это предвосхищения. По плану Флобера, Лере будет ссужать деньгами Эмму, как ссужал Телье, и разорит ее, как разорят умирающего Телье, — более того, о своих болезнях он скажет знаменитому врачу, которого вызовут в отчаянной надежде на спасение Эммы, когда она примет яд. Вот план настоящего произведения искусства.

Измученную любовью к Леону Эмму «убожество домашнего быта толкало... к мечтам о роскоши, супружеская нежность — к жажде измены». Вспоминая монастырский пансион, «она почувствовала себя одинокой, слабой, словно пушинка, подхваченная вихрем; она безотчетно направилась в церковь, готовая на любой благочестивый подвиг, только бы он поглотил ее душу, только бы в нем растворилась вся жизнь». О сцене с кюре Флобер писал Луизе Коле в середине апреля 1853-го: «Наконец-то я начинаю разбираться в проклятом диалоге со священником. <...> Я хочу показать следующую ситуацию: моя бабенка охвачена религиозным пылом, она отправляется в церковь и встречает у входа священника. <...> [Он] обнаруживает столько глупости, пошлости, недомыслия и грязи... Мой священник очень порядочный, даже превосходный человек, но он озабочен исключительно физической стороной жизни — страданиями бедняков, недостатком хлеба или дров и не способен угадать моральную слабость, смутный мистический порыв; он весьма целомудрен и исполняет все свои обязанности. Это должно занять не более шести-семи страниц, никаких рассуждений, никакого анализа (только непосредственный диалог)». Следует отметить, что и этот эпизод построен по методу контрапункта — кюре отвечает на то, что слышит в словах Эммы, или, скорее, на воображаемые стандартные вопросы в рутинной беседе с прихожанкой, не замечая звучащей в ее словах жалобы, — при этом в церкви шалят дети, отвлекая доброго священника от того немногого, что он может ей сказать.

Леона отпугнула внешняя добродетельность Эммы, поэтому с его отъездом в Париж открыта дорога более настойчивому любовнику. Переход произойдет от уныния Эммы после его отъезда к встрече с Родольфом и потом к сцене сельскохозяйственной выставки. Их встреча — первоклассный образец структурного перехода, и на ее сочинение у Флобера ушло много времени. Он хочет ввести в повествование Родольфа Буланже, местного землевладельца, по сути такого же дешевого пошляка, как его предшественник, но с броским, грубым обаянием. Переход построен так: Шарль зовет в Ионвиль свою мать, чтобы решить, как быть с Эммой, которая чахнет. Мать приезжает и решает, что Эмма читает слишком много книг, вредных романов, и берется закрыть Эммин абонемент в библиотеке, когда поедет через Руан домой. Мать уезжает в среду, то есть в ионвильский базарный день. Высунувшись из окна взглянуть на ярмарочную толпу, Эмма видит господина в зеленом бархатном сюртуке (зеленый бархат Шарль выберет ей на гробовой покров), направляющегося к дому Бовари с каким-то крестьянским парнем, который хочет, чтобы ему пустили кровь. Когда пациент в кабинете теряет сознание, Шарль зовет Эмму. (Нужно сказать, что Шарль последовательно выполняет служебную — в подлинно роковом смысле слова — функцию, то знакомя Эмму с будущими ее любовниками, то помогая дальнейшим их встречам.) Следующую милую сцену наблюдает (вместе с читателем) Родольф: «Г-жа Бовари принялась снимать с Жюстена галстук. Шнурки рубашки были завязаны на шее узлом, и тонкие пальцы Эммы несколько секунд распутывали его; потом она смочила свой батистовый платок уксусом и стала осторожными прикосновениями тереть мальчику виски, легонько дуя на них. Конюх пришел в себя. <...>

Г-жа Бовари взяла таз. Когда она наклонилась, чтобы поставить его под стол, платье ее (желтое летнее платье с четырьмя воланами, длинным лифом и широкой юбкой) округлилось колоколом на паркете; нагнувшись, расставив руки, она немного покачивалась, и пышные складки материи колебались вправо и влево вслед за движениями стана».

Эпизод сельскохозяйственной выставки нужен, чтобы соединить Эмму и Родольфа. 15 июля 1853-го Флобер писал: «Нынче вечером набросал большую сцену сельскохозяйственной выставки. Эпизод будет поразительный и займет не менее тридцати страниц. На первом плане повествования об этом сельско-муниципальном празднестве, где появляются, говорят и действуют все второстепенные персонажи книги, среди деталей красной нитью должен проходить беспрерывный диалог господина, распаляющего даму. Кроме того, в середине у меня имеется торжественная речь советника префектуры, а в заключение, когда все окончено, — газетная статья аптекаря, написанная в стиле философском, поэтическом и прогрессивном, в которой он дает отчет о празднике». На тридцать страниц эпизода ушло три месяца. В другом письме, от 7 сентября, Флобер писал: «До чего трудно. <...> Тяжелая глава. В диалог или в действие я вставил всех персонажей книги, и... все они обрамлены широким пейзажем. Если получится, выйдет что-то очень симфоническое». 12 октября: «Если можно передать в книге симфонию, то здесь это, несомненно, будет. Все должно слиться в общем гуле, надо одновременно слышать мычание быков, вздохи любви, слова начальства; все освещено солнцем, огромные чепцы шевелятся от порывов ветра. <...> Драматизм достигается здесь одним лишь переплетением диалога и противопоставлениями».

Будто устраивая парад в честь новой любви, Флобер сводит на ярмарку всех персонажей ради демонстрации стиля — в общем-то, ради нее глава и написана. Пара, Родольф (символ подставной страсти) и Эмма (ее жертва), связана с Омэ (подставным сторожем яда, от которого она умрет), Лере (отвечающим за разорение и позор, которые толкнут ее к склянке с ядом), и здесь же Шарль (брачный уют).

Сводя персонажей в начале ярмарки, совершенно особенную вещь Флобер делает по отношению к торгующему тканями ростовщику Лере и Эмме. Вспомним, что незадолго до того, предлагая Эмме свои услуги, ткани, а если понадобится, то и деньги, Лере почему-то интересовался здоровьем Телье, хозяина кафе напротив трактира. И вот сейчас трактирщица не без злорадства сообщает Омэ, что кафе напротив закрывается. Лере, очевидно, узнал, что хозяину кафе становится все хуже, решил, что пора взыскать с него огромные долги, и в итоге бедный Телье банкрот. «Какая ужасная катастрофа!» — восклицает Омэ, у которого, насмешливо замечает Флобер, всегда были в запасе подходящие выражения на все мыслимые случаи. Но за насмешливостью кроется кое-что еще. Как только Омэ с обычной идиотской напыщенностью восклицает: «Какая ужасная катастрофа!», трактирщица, указывая через площадь, говорит: «Смотрите... вот он [Лере]... кланяется госпоже Бовари — на ней зеленая шляпка. А под руку с ней господин Буланже». Красота этой структурной линии в том, что разоривший хозяина кафе Лере не случайно является тут перед Эммой, в чьей гибели он будет виноват не меньше, чем ее любовники, и ее смерть действительно станет «ужасной катастрофой». Ирония и патетика в романе Флобера замечательно переплетены.

На земледельческом съезде снова использовано *параллельное прерывание*, или *метод контрапункта*. Родольф сдвигает три табурета в скамью и вместе с Эммой усаживается на балконе мэрии смотреть представление на эстраде и слушать ораторов, предаваясь игривой беседе. Формально они еще не любовники. В первой части контрапункта говорит советник, нещадно смешивая метафоры и из чисто словесного автоматизма сам себе противореча:

«Милостивые государи! Да будет мне позволено для начала (то есть прежде чем говорить с вами о предмете сегодняшнего нашего собрания, и я уверен, что все вы разделяете мои чувства), да будет мне позволено, говорю я, сначала воздать должное верховной власти, правительству, монарху, нашему государю, господа, возлюбленному королю, которому не чужда ни одна область общественного или частного блага и который рукой одновременно твердой и мудрой ведет государственную колесницу среди всех бесчисленных опасностей бурного моря, умея уделять должное внимание миру и войне, торговле и промышленности, земледелию и изящным искусствам».

На первой стадии разговор Родольфа и Эммы чередуется с обрывками официальных речей:

«— Мне бы следовало, — сказал Родольф, — немного отодвинуться назад.

— Зачем? — спросила Эмма.

Но в этот момент голос советника зазвучал необычайно громко.

— "Прошли те времена, милостивые государи, — декламировал он, — когда гражданские раздоры обагряли кровью площади наших городов, когда собственник, негоциант и даже рабочий, засыпая ввечеру мирным сном, трепетал при мысли, что проснется под звон набата смутьянов, когда разрушительнейшие мнения дерзко подрывали основы..."

— Меня могут заметить снизу, — отвечал Родольф, — и тогда надо будет целых две недели извиняться, а при моей скверной репутации...

— О, вы клевещете на себя, — перебила Эмма.

— Нет, нет, клянусь вам, у меня ужасная репутация.

— "Но, милостивые государи, — продолжал советник, — если, отвратившись памятью от этих мрачных картин, я кину взгляд на современное состояние прекрасной нашей родины, — что я увижу?"»

Флобер собирает все мыслимые клише газетного и политического языка; но необходимо понять, что если официальные речи говорятся на штампованном газетном жаргоне, то романтическая беседа Родольфа и Эммы идет на штампованном романтическом жаргоне. Вся красота эпизода в том, что друг друга перебивают не добро и зло, а один вид зла смешивается с другим. Флобер, как было сказано в письме, накладывает одну краску на другую.

Вторая часть начинается, когда советник Львен садится и начинает говорить г-н Дерозерэ. «Речь его была, быть может, и не так цветиста, как речь советника, но зато отличалась более положительным характером стиля — более специальными познаниями и более существенными соображениями. Так, в ней гораздо меньше места занимали похвалы правительству: за их счет уделялось больше внимания земледелию и религии. Оратор указал на их взаимную связь и способы, которыми они совместно служили всегда делу цивилизации. Родольф говорил с г-жой Бовари о снах и предчувствиях, о магнетизме». В отличие от предыдущей части, и беседа пары, и речь с эстрады даны в пересказе, а прямая речь снова появляется в третьей части, и доносимые ветром обрывочные выкрики о награждениях быстро, без описаний и авторской речи, чередуются с репликами Родольфа и Эммы: «От магнетизма Родольф понемногу добрался до сродства душ; и, пока господин председатель приводил в пример Цинцинната за плугом, Диоклетиана за посадкой капусты и китайских императоров, празднующих начало года священным посевом, молодой человек объяснял молодой женщине, что всякое неотразимое влечение коренится в событиях какой-то прошлой жизни.

— Вот и мы тоже, — говорил он. — Как узнали мы друг друга? Какая случайность привела к этому?.. Уж конечно, сами наши природные склонности влекли нас, побеждая пространство: так две реки встречаются, стекая каждая по своему склону.

Он схватил Эмму за руку; она ее не отняла.

— "За разведение различных полезных растений..." — кричал председатель.

— Например, в тот час, когда я пришел к вам впервые...

— "господину Бизе из Кенкампуа..."

— знал ли я, что буду сегодня вашим спутником?

— "...семьдесят франков!"

— Сто раз я хотел удалиться, а между тем я последовал за вами, я остался...

— "За удобрение навозом..."

— ...как останусь и сегодня, и завтра, и во все остальные дни, и на всю жизнь!

— "Господину Карону из Аргейля — золотая медаль!"

— Ибо никогда, ни в чьем обществе не находил я такого полного очарования...

— "Господину Бэну из Живри-Сен-Мартен!"

— ...и потому я унесу с собою воспоминание о вас...

— "За барана-мериноса..."

— Но вы забудете меня, я пройду мимо вас словно тень...

— "Господину Бело из Нотр-Дам..."

— О нет, ведь я как-то останусь в ваших воспоминаниях, в вашей жизни!

— "За свиную породу приз делится ex aequo между господами Леэриссэ и Кюллембуром. Шестьдесят франков!"

Родольф жал Эмме руку и чувствовал, что ладонь ее горит и трепещет, как пойманная, рвущаяся улететь горлица; но тут — пыталась ли она отнять руку, или хотела ответить на его пожатие, — только она шевельнула пальцами.

— О, благодарю вас! — воскликнул он. — Вы не отталкиваете меня! Вы так добры! Вы понимаете, что я весь ваш! Позвольте же мне видеть, позвольте любоваться вами!

Ветер ворвался в окно, и сукно на столе стало топорщиться; а внизу, на площади, у всех крестьянок поднялись, словно белые крылья бабочек, оборки высоких чепцов.

— "За применение жмыхов маслянистых семян..." — продолжал председатель.

Он торопился:

— "За фламандские удобрения... за разведение льна... за осушение почвы при долгосрочной аренде... за верную службу хозяину..."»

Четвертая часть начинается, когда оба умолкают, и слова с платформы, где вручается особая награда, слышны целиком и с авторскими объяснениями:

«Родольф молчал. Оба глядели друг на друга. От

мощного желания дрожали пересохшие губы; томно, бессильно сплетались пальцы.

— "Катерине-Никезе-Элизабете Леру из Сассето ла Герьер за пятидесятичетырехлетнюю службу на одной и той же ферме — серебряная медаль ценою в двадцать пять франков!" <...>

Тогда на эстраду робко вышла крохотная старушка. Казалось, она вся съежилась в своей жалкой одежде. <...> Выражение лица хранило нечто от монашеской суровости. Бесцветный взгляд не смягчался ни малейшим оттенком грусти или умиления. В постоянном общении с животными старушка переняла их немоту и спокойствие. <...> Так стояло перед цветущими буржуа живое полустолетие рабства. <...>

— Подойдите, подойдите!
— Да вы глухая, что ли? — сказал Тюваш, подскакивая в своем кресле.

И принялся кричать ей в самое ухо:
— За пятидесятичетырехлетнюю службу! Серебряная медаль! Двадцать пять франков! Вам, вам!

Получив, наконец, свою медаль, старушка стала ее разглядывать. И тогда по лицу ее разлилась блаженная улыбка, и, сходя с эстрады, она прошамкала:

— Отдам ее нашему кюре, пусть служит мне мессы.
— Какой фанатизм! — воскликнул аптекарь, наклоняясь к нотариусу».

Апофеоз этой великолепной контрапунктальной главы — отчет Омэ о банкете и празднике, опубликованный в руанской газете: "Откуда все эти фестоны, цветы, гирлянды? Куда, подобно волнам бушующего моря, стекается эта толпа под потоками лучей знойного солнца, затопившего тропической жарой наши нивы?" <...>

Перечисляя состав жюри, он одним из первых назвал себя и даже в особом примечании напомнил, что это тот самый г-н фармацевт Омэ, который прислал в Агрономическое общество рассуждение о сидре. Дойдя до распределения наград, он описывал радость лауреатов в тоне дифирамба. "Отец обнимал сына, брат брата, супруг супругу. Каждый с гордостью показывал свою скромную медаль. Вернувшись домой к доброй своей хозяйке, он, конечно, со слезами повесит эту медаль на стене своей смиренной хижины.

Около шести часов все главнейшие участники празднества встретились на банкете, устроенном на пастбище у г-на Льежара. Царила ничем не нарушаемая сердечность. Было провозглашено много здравиц: г-н Льевен — за монарха! Г-н Тюваш — за префекта! Г-н Дерозерэ — за земледелие! Г-н Омэ — за двух близнецов: промышленность и искусство! Г-н Леплише — за мелиорацию! Вечером в воздушных пространствах вдруг засверкал блестящий фейерверк. То был настоящий калейдоскоп, настоящая оперная декорация, и на один момент наш скромный городок мог вообразить себя перенесенным в волшебную грезу из "Тысячи и одной ночи"».

Близнецы промышленность и искусство своего рода символ, сводящий свинопасов и нежную пару в каком-то фарсовом синтезе. Это замечательная глава. Она оказала огромное воздействие на Джеймса Джойса; и я не думаю, что, за вычетом поверхностных нововведений, Джойс пошел сколько-нибудь дальше Флобера.

* * *

«Сегодня... я был *(мысленно. — В. Н.)* одновременно мужчиной и женщиной, любовником и любовницей и катался верхом в лесу осенним днем среди пожелтевших листьев; я был и лошадьми, и листьями, и ветром, и словами, которые произносили влюбленные, и румяным солнцем». Так 23 декабря 1853 года писал Флобер Луизе Коле о знаменитой девятой главе второй части, где Родольф соблазняет Эмму. В общей схеме и рамке романа XIX века такого рода сцены значились под рубрикой «падение женщины», «падение добродетели». По ходу этой прекрасно написанной сцены стоит отдельно отметить поведение синей длинной вуали Эммы — самостоятельного персонажа в собственном змеящемся роде. Остановив лошадей, они идут пешком. «Пройдя шагов сто, она снова остановилась; сквозь вуаль, наискось падавшую с ее мужской шляпы на бедра, лицо ее виднелось в синеватой прозрачности; оно как бы плавало под лазурными волнами». Вернувшись домой, Эмма погружена в воспоминания о происшедшем: «Взглянув на себя в зеркало, она сама удивилась своему лицу. Никогда у нее не было таких огромных, таких черных, таких глубоких глаз. Какая-то особенная томность разливалась по лицу, меняя его выражение.

"У меня любовник! Любовник!" — повторяла она, наслаждаясь этой мыслью, словно новой зрелостью. Наконец-то познает она эту радость любви, то волнение счастья, которое уже отчаялась испытать. Она входила в какую-то страну чудес, где все будет страстью, восторгом, исступлением; голубая бесконечность окружала ее, вершины чувства искрились в ее мыслях, а будничное существование виднелось где-то далеко внизу, в тени, в промежутках между этими высотами».

Не забудем ни о синей банке с мышьяком, ни о синеватом дымке над крышами на ее похоронах.

Само давшее повод к воспоминаниям событие описано коротко, но с одной существенной деталью: «Сукно ее платья цеплялось за бархат фрака. Она откинула назад голову, ее белая шея раздулась от глубокого вздоха, — и, теряя сознание, вся в слезах, содрогаясь и пряча лицо, она отдалась.

Спускались вечерние тени; косые лучи солнца слепили ей глаза, проникая сквозь ветви. Вокруг нее там и сям, на листве и на траве, дрожали пятнышки света, словно здесь летали колибри[1] и на лету роняли перья. Тишина была повсюду; что-то нежное, казалось, исходило от деревьев; Эмма чувствовала, как вновь забилось ее сердце, как кровь теплой струей бежала по телу. И тогда она услышала вдали, над лесом, на холмах, неясный и протяжный крик, чей-то певучий голос и молча стала прислушиваться, как он, подобно музыке, сливался с последним трепетом ее взволнованных нервов. Родольф, держа в зубах сигару, связывал оборвавшийся повод, подрезая его перочинным ножом».

Когда Эмма, очнувшись от страстного забытья, откуда-то из-за тихого леса слышит неясный звук, дальний певучий стон, то будьте добры его запомнить, поскольку все его волшебное звучание всего лишь преображенная эхом хриплая песня уродливого бродяги. И Эмма и Родольф возвращаются с верховой прогулки под улыбку

---

[1] В рабочем экземпляре романа В. Н. записал на полях: «Такое сравнение могло прийти в голову только Эмме. В Европе колибри не встречаются. Могла найти их у Шатобриана». — *Фр. Б.*

на лице у автора. Поскольку меньше чем через пять лет эта хриплая песня в Руане отвратительно сольется с предсмертными хрипами Эммы.

***

После конца романа с Родольфом (он бросает Эмму в ту самую минуту, когда она ждет его, чтобы вместе убежать в синий туман романтических снов) две взаимосвязанные сцены написаны любимым флоберовским методом контрапункта.

Первая — вечер в опере на «Лючии де Ламермур», когда Эмма встречает вернувшегося из Парижа Леона. Молодые франты, которые красуются в оперном партере, затянутыми в желтые перчатки руками опираясь на блестящий набалдашник трости, и за которыми наблюдает Эмма, образуют вступление к звукам настраиваемых инструментов.

В первой части сцены Эмму опьяняют мелодические жалобы тенора, напоминающие ей о давно прошедшей любви к Родольфу. Шарль прерывает музыку ее переживаний прозаическими репликами. Для него опера — бессмысленная суета, зато она понимает сюжет, поскольку читала роман по-французски. Во второй части, следя за судьбой Лючии на сцене, она отдается мыслям о своей судьбе. Она видит себя в оперной героине и готова полюбить всякого, в ком могла бы увидеть тенора. Но в третьей части роли меняются. Опера, пение обращаются в досадные помехи, а главным становится ее разговор с Леоном. Шарль только начал получать удовольствие, как его уводят в кафе. В четвертой части Леон предлагает ей в воскресенье вернуться, чтобы услышать пропущенный последний акт. Уравнения, что называется, упрощены: сперва для Эммы реальности равна опера; певец вначале равен Родольфу, потом самому себе, Лагарди, возможному любовнику; возможный любовник становится Леоном, и, наконец, Леон приравнен к реальности, а опера перестает занимать Эмму, и она идет в кафе, чтобы покинуть невыносимо душный зал.

Другой пример контрапункта — эпизод в соборе. Разминкой на этот раз служит визит Леона к Эмме в гостиницу, и только потом мы попадаем в собор к ним на свидание. Предварительная беседа перекликается с разговором Эммы и Родольфа на земледельческом съезде, но теперь Эмма гораздо искушеннее. В первой части сцены в соборе Леон заходит в церковь и ждет Эмму. На этот раз интерлюдия разыгрывается между церковным привратником (постоянно ждущим туристов гидом), с одной стороны, и Леоном, отказывающимся осматривать достопримечательности, — с другой. Он замечает только то (переливающиеся пятна света на полу и так далее), что созвучно его сосредоточенности на Эмме, которая ему представляется ревниво охраняемой испанской дамой, вроде воспетых французским поэтом Мюссе, приходящей в церковь и тайком передающей поклоннику записку. Привратник кипит от гнева при виде потенциального экскурсанта, позволяющего себе любоваться собором самостоятельно.

Вторая часть открывается приходом Эммы — она порывисто протягивает Леону бумагу (письмо с отказом), проходит в придел Пречистой Девы и там молится. «Она поднялась, и оба собрались уходить, но вдруг к ним быстро подошел швейцар и сказал:

— Вы, сударыня, конечно, приезжая? Вам, сударыня, угодно осмотреть достопримечательности собора?

— Да нет! — крикнул клерк.

— Почему же? — возразила Эмма. Всей своей колеблющейся добродетелью она цеплялась за деву, за скульптуру, за могильные плиты — за все, что было вокруг».

Поток разъяснительного красноречия привратника вторит нетерпеливой буре внутри у Леона. Привратник как раз собирается показать им шпиль, когда Леон тащит Эмму прочь из собора. Но, — и это третья часть, — когда они уже выходят, привратник ухитряется снова встрять, притащив на продажу кипу огромных переплетенных томов — сочинения о соборе. Наконец, обезумевший от нетерпения Леон пытается найти фиакр, а потом пытается усадить туда Эмму. Так делают в Париже, отзывается он на ее колебания, — для нее это Париж шелкового портсигара, — и его слова, словно неопровержимый довод, ее убеждают.

«Но фиакра все не было. Леон боялся, как бы она не вернулась в церковь. Наконец фиакр появился.

— Вы бы хоть вышли через северный портал, — кричал им с порога швейцар, — тогда бы вы увидели "Воскресение из мертвых", "Страшный суд", "Рай", "Царя Давида" и "Грешников" в адском пламени!

— Куда ехать? — спросил извозчик.

— Куда хотите! — ответил Леон, подсаживая Эмму в карету.

И тяжелая колымага тронулась».

Как сельскохозяйственные мотивы (свиньи и навоз) на ярмарке предвещали ту грязь, которую мальчик Жюстен счищает с башмаков Эммы после ее прогулок к дому любовника, Родольфа, так и последний порыв красноречия попугая-привратника предвосхищает адское пламя, которого Эмма могла бы еще избежать, не сядь она в карету вместе с Леоном.

На этом завершается церковная часть контрапункта. Она откликается в следующем эпизоде — с закрытой каретой[1].

Извозчику тоже первым делом приходит в голову показать паре, которую он по своей неосведомленной простоте принимает за туристов, виды Руана, например статую какого-нибудь поэта. Затем он так же бездумно резвым галопом гонит к станции и пробует другие маршруты в том же роде. Но всякий раз голос из таинственной глубины кареты приказывает ехать дальше. Нет нужды входить в подробности этой удивительно смешной поездки, поскольку цитата скажет сама за себя. Но стоит отметить, что гротескный фиакр с зашторенными окнами, курсирующий по Руану у всех на виду, далеко ушел от прогулок в багряных лесах по лиловому вереску с Родольфом. Эммины измены стали вульгарнее.

«И тяжелая колымага тронулась.

Она спустилась по улице Гран-Пон, пересекла площадь Искусств, Наполеоновскую набережную, Новый мост и остановилась прямо перед статуей Пьера Корнеля.

— Дальше! — закричал голос изнутри.

---

[1] Весь эпизод с каретой, от слов извозчика: «Куда ехать?» до конца главы, был выпущен издателями «Парижского обозрения», где печаталась «Госпожа Бовари». В номере от 1 декабря 1856 года, где должен был появиться этот отрывок, есть примечание, сообщающее читателю о купюре. — *В. Н.*

Лошадь пустилась вперед и, разбежавшись под горку с перекрестка Лафайет, во весь галоп прискакала к вокзалу.

— Нет, прямо! — прокричал тот же голос.

Фиакр миновал заставу и вскоре, выехав на аллею, медленно покатился под высокими вязами. Извозчик вытер лоб, зажал свою кожаную шапку между коленями и поехал мимо поперечных аллей, по берегу, у травы. <...>

Но вдруг она [карета] свернула в сторону, проехала весь Катр-Мар, Сотвиль, Гранд-Шоссе, улицу Эльбёф и в третий раз остановилась у Ботанического сада.

— Да поезжайте же! — еще яростней закричал голос.
Карета вновь тронулась, пересекла Сен-Севе. <...> Она поднялась по бульвару Буврейль, протарахтела по бульвару Кошуаз и по всей Мон-Рибуде, до самого Девильского склона.

Потом вернулась обратно и стала блуждать без цели, без направления, где придется. Ее видели в Сен-Поле, в Лескюре, у горы Гарган, в Руж-Марке, на площади Гайарбуа; на улице Маладрери, на улице Динандери, у церквей св. Ромена, св. Вивиана, св. Маклю, св. Никеза, перед таможней, у нижней старой башни, в Труа-Пип и на Большом кладбище. Время от времени извозчик бросал со своих козел безнадежные взгляды на кабачки. Он никак не мог понять, какая бешеная страсть к движению гонит этих людей с места на место, не давая им остановиться. Иногда он пытался натянуть вожжи, но тотчас же слышал за собой гневный окрик. Тогда он снова принимался нахлестывать взмыленных кляч и уже не объезжал ухабов, задевал за тумбы и сам того не замечал; он совсем пал духом и чуть не плакал от жажды, усталости и обиды.

И на набережной, среди тележек и бочонков, и на улицах, у угловых тумб, обыватели широко раскрывали глаза, дивясь столь невиданному в провинции зрелищу: карета с опущенными шторами все время появляется то там, то сям, замкнутая, словно могила, и проносится, раскачиваясь, как корабль в бурю.

Один раз, в самой середине дня, далеко за городом, когда солнце так и пылало огнем на старых посеребренных фонарях, из-под желтой полотняной занавески высунулась обнаженная рука и выбросила горсть мелких клочков бумаги; ветер подхватил их, они рассыпались и, словно белые бабочки, опустились на красное поле цветущего клевера (*письмо с отказом, которое Эмма дала Леону в соборе. — В. Н.*).

А около шести часов карета остановилась в одном из переулков квартала Бовуазин; из нее вышла женщина под вуалью и быстро, не оглядываясь, удалилась».

***

Вернувшись в Ионвиль, Эмма узнает от служанки, что ей нужно срочно быть у господина Омэ. В аптеке она попадает в обстановку бедствия: первое, что она видит, — большое опрокинутое кресло, но хаос вызван лишь тем, что семейство Омэ исступленно варит варенье. Эмму смутно тревожит, зачем ее звали, но Омэ напрочь забыл, что хотел ей сказать. Позже выясняется, что Шарль попросил его со всеми предосторожностями сообщить Эмме о смерти ее свекра — новость, которую она принимает совершенно равнодушно, когда Омэ выпаливает ее наконец после яростной инвективы против юного Жюстена: посланный за запасным тазом, тот принес таз, лежавший в каморке в опасной близости от синей банки с мышьяком. Тонкость этой замечательной сцены в том, что настоящая новость, настоящая информация, полученная Эммой и отпечатавшаяся у нее в памяти, — именно та, что имеется банка с ядом, хранится там-то, у Жюстена есть ключ от комнаты; и, хотя в данную минуту она погружена в упоительный дурман измены и не помышляет о смерти, эти сведения, вплетенные в известие о смерти старика Бовари, останутся в ее цепкой памяти.

***

Незачем подробно разбирать уловки, которыми Эмма пользуется, чтобы вынудить у бедного мужа согласие на поездки в Руан для встреч с Леоном в их любимой гостиничной спальне, которую они скоро начнут считать собственным домом. В это время Эмма достигает с Леоном высшей степени счастья: ее сентиментальные озерные мечты, ее детские грезы под напевы Ламартина — все исполнилось: есть и вода, и лодка, и любовник, и лодочник. В лодке обнаруживается шелковая лента. Лодочник вспоминает какого-то весельчака — Адольфа, Додольфа, — который недавно катался на лодке с приятелями и дамами. Эмма вздрагивает.

Но понемногу ее жизнь, будто ветхие декорации, начинает осыпаться и разваливаться. Начиная с четвертой главы третьей части поощряемая Флобером судьба с изумительной тщательностью принимается за уничтожение Эммы. Если говорить о композиции, то тут находится точка, где смыкаются искусство и наука. Эмма ухитряется кое-как подпирать шаткую ложь об уроках музыки в Руане; и так же готовые обрушиться векселя Лере она на время подпирает новыми векселями. В сцене, которую можно назвать одним из случаев контрапункта, Омэ требует, чтобы Леон развлекал его в Руане в то самое время, когда Эмма ждет Леона в гостинице, — эпизод гротескный и очень смешной, напоминающий эпизод в соборе, с Омэ в роли привратника. Разгульный маскарад в Руане Эмме не в радость — она понимает, до какого нечистоплотного общества она опустилась. Однажды, вернувшись из города, она получает письменное уведомление, что все ее имущество будет распродано, если в двадцать четыре часа не уплатить долг, составляющий теперь 8000 франков. Начинается ее последнее путешествие, от одного человека к другому в поисках денег. Все персонажи сходятся в трагической кульминации. Сперва она пытается выиграть время.

«— Заклинаю вас, господин Лере, еще хоть несколько дней!

Она рыдала.

— Ну вот! Теперь слезы!

— Вы приводите меня в отчаяние!

— Подумаешь! — сказал Лере и запер дверь».

От Лере она едет в Руан, но теперь Леон хочет от нее отделаться. Она даже предлагает ему украсть деньги у него в конторе: «Адская смелость лучилась из ее горящих глаз; веки сладострастно смежались, она подстрекала его взглядом. Леон почувствовал, что воля в нем слабеет под немым воздействием этой женщины, толкающей его на преступление». Его обещания оказываются пустым звуком, в назначенное время он не приходит. «Он пожал ей руку, но пальцы ее оставались неподвижны. У Эммы не было сил ни на какое чувство.

Пробило четыре часа, и, повинуясь привычке, она, словно автомат, встала с места, чтобы ехать обратно в Ионвиль».

Идя по Руану, она должна уступить дорогу вороной лошади, которой правит виконт Вобьессар или кто-то на него похожий. Она возвращается домой в том же экипаже, что и Омэ, по дороге пережив опустошающую встречу с отвратительным нищим слепцом. В Ионвиле она обращается к нотариусу Гильомену, который пытается ее соблазнить.

«Забыв о своем халате, он полз к ней на коленях.
— Останьтесь! Умоляю вас! Я вас люблю!
Он схватил ее за талию.
Волна крови залила щеки г-жи Бовари. Лицо ее было ужасно; она отскочила и крикнула:
— Вы бесстыдно пользуетесь моим отчаянием, милостивый государь! Я женщина несчастная, но не продажная!
И вышла».

Затем она идет к Бине, а Флобер меняет позицию: вместе с двумя женщинами мы наблюдаем сцену через окно, не слыша ни слова.

«Сборщик, по-видимому, слушал и при этом так таращил глаза, как будто ничего не понимал. Эмма все говорила нежным, умоляющим тоном. Она придвинулась к нему; грудь ее волновалась; теперь оба молчали.
— Неужели она делает ему авансы? — сказала г-жа Тюваш.
Бине покраснел до ушей. Эмма взяла его за руку.
— О, это уж слишком!
Тут она явно предложила ему нечто совершенно ужасное, ибо сборщик налогов, — а ведь он был человек храбрый, он бился при Бауцене и Люцене, он защищал Париж от союзников и даже был *представлен к кресту*, — вдруг, словно завидев змею, отскочил далеко назад и закричал:
— Сударыня! Понимаете ли вы, что говорите?..

— Таких женщин надо просто сечь! — сказала г-жа Тюваш».

Оттуда она идет передохнуть к Ролле, старой кормилице, и там, повоображав, как Леон все-таки явится с деньгами, она «вдруг... вскрикнула и ударила себя по лбу: словно молния в глухой ночи, пронизала ей душу мысль о Родольфе. Он так добр, так деликатен, так великодушен! Да, наконец, если он даже поколеблется оказать ей эту услугу, она всегда может заставить его: довольно одного взгляда, чтобы вновь вызвать в нем погибшую любовь. И вот она пустилась в Ла-Юшетт, не замечая, что теперь сама бежит предлагать себя, сделать то, что недавно так возмущало ее, ни на секунду не видя в этом бесчестья». Выдуманная ею для тщеславного пошляка Родольфа история перекликается с реальным происшествием в начале книги, когда бегство реального нотариуса привело к смерти предшественницу Эммы, первую госпожу Бовари. Ласки Родольфа обрываются на ее мольбе дать взаймы три тысячи франков.

«"Ах, вот зачем она пришла!" — сразу побледнев, подумал Родольф.

И очень спокойно ответил:

— У меня нет денег, сударыня.

Он не лгал. Будь у него деньги, он, конечно, дал бы, хотя делать такие великолепные жесты вообще не слишком приятно: ведь денежная просьба — это самое расхолаживающее, самое опасное из всех испытаний любви.

Несколько минут Эмма глядела на него молча.

— У тебя нет!..

Она несколько раз повторила:

— У тебя нет!.. Мне бы следовало избавить себя от этого последнего унижения. Ты никогда не любил меня! Ты не лучше других! <...>

— У меня нет денег! — отвечал Родольф с тем непоколебимым спокойствием, которым, словно щитом, прикрывается сдержанный гнев.

Эмма вышла. <...> Земля под ногами была податливее воды, борозды колыхались, как огромные бушующие коричневые волны. Все мысли, все воспоминания, какие только были в ней, вырвались сразу, словно тысячи огней гигантского фейерверка. Она увидела отца, кабинет Лере, комнату в гостинице «Булонь», другой пейзаж. Она сходила с ума, ей стало страшно, и она кое-как заставила себя очнуться, — правда, не до конца: она все не могла вспомнить причину своего ужасного состояния — денежные дела. Она страдала только от любви, она ощущала, как вся душа ее уходит в это воспоминание — так умирающий чувствует в агонии, что жизнь вытекает из него сквозь кровоточащую рану. <...>

Потом в каком-то героическом порыве, почти радостно, бегом спустилась с холма, миновала коровий выгон, тропинку, дорогу, рынок — и очутилась перед аптекой». Она выманивает у Жюстена ключ от каморки. «Ключ повернулся в скважине, и Эмма двинулась прямо к третьей полке, — так верно вела ее память, — схватила синюю банку, вырвала из нее пробку, засунула руку внутрь и, вынув горсть белого порошка, тут же принялась глотать.

— Перестаньте! — закричал, бросаясь на нее, Жюстен.

— Молчи! Придут...

Он был в отчаянии, он хотел звать на помощь.

— Не говори никому, а то за все ответит твой хозяин.

И, внезапно успокоившись, словно в безмятежном сознании исполненного долга, она вернулась домой».

Ход ее агонии до самого конца описан с беспощадными клиническими подробностями:

«И тотчас грудь ее задышала необычайно часто. Язык весь высунулся изо рта; глаза закатились и потускнели, как абажуры на гаснущих лампах; если бы не невероятно быстрое движение ребер, сотрясавшихся в яростном дыхании, словно душа вырывалась из тела скачками, можно было бы подумать, что Эмма уже мертва. <...> Бурнисьен снова начал молиться, наклонившись лицом к краю смертного ложа, и длинные полы его черной сутаны раскинулись по полу. Шарль стоял на коленях по другую сторону кровати и тянулся к Эмме. Он схватил ее за руки, сжимал их и содрогался при каждом ударе ее сердца, словно отзываясь на толчки разваливающегося здания. Чем громче становился хрип, тем быстрее священник читал молитвы; они сливались с подавленными рыданиями Бовари, и порой все тонуло в глухом рокоте латыни, гудевшей, как похоронный звон.

Вдруг на улице послышался стук деревянных башмаков, зашуршала по камням палка и раздался голос, хриплый, поющий голос:

> Ах, летний жар волнует кровь,
> Внушает девушке любовь...

Эмма приподнялась, словно гальванизированный труп; волосы ее рассыпались, широко открытые глаза пристально глядели в одну точку.

> Проворный серп блестит, трудясь,
> И ниву зрелую срезает;
> Наннета, низко наклонясь,
> Колосья в поле собирает...

— Слепой! — вскрикнула Эмма и засмеялась диким, бешеным, отчаянным смехом, — ей казалось, что она видит отвратительное лицо урода, пугалом встающее в вечном мраке.

> Проказник-ветер крепко дул
> И ей юбчонку завернул.

Судорога отбросила Эмму на подушки. Все придвинулись ближе. Ее не стало».

ЗАМЕТКИ

СТИЛЬ

Гоголь назвал «Мертвые души» поэмой; роман Флобера тоже поэма в прозе, но лучше построенная, с более плотной и тонкой фактурой. Чтобы сразу окунуться в суть дела, я прежде всего хочу обратить ваше внимание на то, как Флобер употребляет предлог «и» после точки с запятой. (Точку с запятой в английских переводах иногда заменяют просто запятой, но мы вернем правильный знак на место.) Пара «точка с запятой — и» следует за перечислением действий, состояний или предметов; точка с запятой создает паузу, а «и» завершает абзац, вводя ударный образ, живописную деталь — описательную, поэтическую, меланхолическую или смешную. Это особенность флоберовского стиля.

В первое время после свадьбы: «[Шарль] не мог удержаться, чтобы не трогать ежесекундно ее гребня, колец, косынки; он то крепко и звонко целовал ее в щеки, то легонько пробегал губами по всей ее голой руке, от пальцев до плеча; и она, улыбаясь и слегка досадуя, отталкивала его, как отгоняют надоевшего ребенка».

В конце первой части Эмме наскучила замужняя жизнь: «С тупым вниманием слушала она, как равномерно дребезжал надтреснутый колокол. Кошка медленно кралась по крыше, выгибая спину под бледными лучами солнца. Ветер клубами вздымал пыль на дороге. Иногда вдали выла собака; и колокол продолжал свой монотонный звон, уносившийся в поля».

После отъезда Леона в Париж Эмма открывает окно и смотрит на тучи: «Скопляяясь на западе, в стороне Руана, они быстро катились черными клубами и, словно стрелы висевшего в облаках трофея, падали из-за них на землю широкие лучи солнца; остальная часть неба была покрыта фарфоровой белизной. Но вдруг тополя согнулись под порывом ветра — и полил, застучал по зеленым листьям дождь. Потом снова выглянуло солнце, закудахтали куры, захлопали крылышками в мокрых кустах воробьи; и побежали по песку ручьи и понеслись по ним розовые цветочки акаций».

Эмма лежит мертвая: «Голова Эммы была наклонена к правому плечу. Приоткрытый угол рта черной дырою выделялся на лице; большие закостенелые пальцы пригнуты к ладони; на ресницах появилась какая-то белая пыль, а глаза уже застилало что-то мутное и клейкое, похожее на тонкую паутинку. Приподнятое на груди одеяло полого опускалось к коленям, а оттуда снова поднималось к ступням; и Шарлю казалось, что Эмму давит какая-то бесконечная тяжесть, какой-то невероятный груз».

Другая сторона его стиля, следы которой видны и в примерах употребления «и» после точки с запятой, — любовь к тому, что можно бы назвать методом развертывания, к последовательному нанизыванию зрительных подробностей, одной вещи вслед за другой, с нарастанием той или иной эмоции. Хороший пример есть в начале второй части, где вдоль постепенно развертывающегося пейзажа будто движется камера, приводя нас в Ионвиль: «От большой дороги в Буасьере ответвляется проселок, отлого поднимается на холм Ле, откуда видна вся долина. Речка делит ее как бы на две области различного характера: налево идет сплошной луг, направо — поля. Луг тянется под полукружием низких холмов и позади соединяется с пастбищами Брэ, к востоку же все шире идут мягко поднимающиеся поля, беспредельные нивы золотистой пшеницы. Окаймленная травою текучая вода отделяет цвет полей от цвета лугов светлой полоской, и, таким образом, все вместе похоже на разостланный огромный плащ с зеленым бархатным воротником, обшитым серебряной тесьмой.

Подъезжая к городу, путешественник видит впереди, на самом горизонте, дубы Аргейльского леса и крутые откосы Сен-Жана, сверху донизу изрезанные длинными и неровными красноватыми бороздами. Это — следы дождей, а кирпичные тона цветных жилок, испестривших серую массу горы, происходят от бесчисленных железистых источников, которые текут из глубины ее в окрестные поля».

Третья черта — свойственная скорее поэзии, чем прозе, — это манера Флобера передавать эмоции или душевные состояния обменом бессмысленными репликами. У Шарля только что умерла жена, и Омэ составляет ему компанию.

«Омэ из приличия взял с этажерки графин и стал поливать герань.

— Ах, спасибо, — сказал Шарль, — вы так добры!

И умолк, задыхаясь под грузом воспоминаний, вызванных этим жестом аптекаря.

Тогда Омэ счел уместным немного развлечь его разговором о садоводстве, — все растения нуждаются во влаге. Шарль наклонил голову в знак согласия.
— Впрочем, теперь снова скоро будет тепло!
— А! — сказал Бовари.
Фармацевт, решительно не зная, что делать, осторожно раздвинул занавески.
— А вот идет господин Тюваш.
Шарль, словно машина, повторил:
— Идет господин Тюваш».
Как мало смысла в этих фразах и как много значения.

Еще один пункт в анализе стиля Флобера связан с употреблением имперфекта — несовершенного прошедшего времени во французском языке, выражающего длительное действие или состояние, что-то обычно, постоянно случавшееся. По-английски это лучше всего передается с помощью would или used to: on rainy days she used to do this or that; then the church bells would sound; the rain would stop, etc. (в дождливые дни она обычно делала это или то; потом звонили церковные колокола; дождь прекращался и так далее). Пруст где-то говорит, что мастерство Флобера в обращении с временем, с протекающим временем, выразилось в употреблении имперфекта, imparfait. С помощью имперфекта, говорит Пруст, Флоберу удается выразить непрерывность времени, его единство.

Переводчики об этом вообще не задумывались. В многочисленных пассажах ощущение тягостного однообразия в жизни Эммы, например в главе о ее жизни в Тосте, не передано с должной точностью, поскольку переводчик не потрудился вставить там и сям would, или used to, или череду woulds.

В Тосте Эмма выходит на прогулки с псом: «She would begin (не «began«) by looking around her to see if nothing had changed since last she had been there. She would find (не «found«) again in the same places the foxgloves and wallflowers, the beds of nettles growing round the big stones, and the patches of lichen along the three windows, whose shutters, always closed, were rotting away on their rusty iron bars. Her thoughts, aimless at first, would wander (не «wandered«) at random...»¹

Флобер не очень часто пользуется метафорами, но когда они есть, то передают эмоции в образах, соответствующих характеру персонажа.

Эмма, после отъезда Леона: «И, тихо воя, словно зимний ветер в заброшенном замке, все глубже уходило в ее душу горе». (Разумеется, так описала бы свое горе сама Эмма, будь у нее художественный талант.)

Родольф устал от страстных упреков Эммы: «Он слышал подобные же слова из уст развратных или продажных женщин и потому мало верил в чистоту Эммы. "Если отбросить все эти преувеличенные выражения, — думал он, — останутся посредственные влечения". Как будто истинная полнота души не изливается порой в самых пустых метафорах! Ведь никто никогда не может выразить точно ни своих потребностей, ни понятий, ни горестей, ведь человеческая речь подобна надтреснутому котлу, и мы выстукиваем на нем медвежьи пляски, когда нам хотелось бы растрогать своей музыкой звезды». (Я слышу, как Флобер жалуется на трудности сочинения.)

Прежде чем написать Эмме накануне их бегства, Родольф роется в старой любовной переписке: «Наконец ему это надоело, он зевнул, отнес коробку в шкаф и сказал про себя: "Какая все это чепуха!.."

Он и в самом деле так думал, ибо наслаждения вытоптали его сердце, как школьники вытаптывают двор коллежа; там не пробивалось ни травинки, а все, что там проходило, было легкомысленнее детей и даже

---

[1] В переводе А. Ромма обсуждаемый пассаж выглядит так: «Прежде всего Эмма оглядывалась кругом — смотрела, не изменилось ли что-нибудь с тех пор, как она приходила сюда в последний раз. Все было по-старому: наперстянка, левкой, крупные булыжники, поросшие крапивой, пятна лишая гнили вдоль трех окон, всегда запертые ставни, которые понемногу гнили и крошились за железными ржавыми брусьями. Мысли Эммы сначала были беспредметны, цеплялись за случайное...»

не оставляло, подобно им, вырезанных на стене имен».
(Я вижу, как Флобер навещает свою старую школу в Руане.)

ОПИСАНИЯ

Вот несколько описательных пассажей, где лучше всего видно умение Флобера обращаться с данными восприятия, отобранными, просеянными и сгруппированными глазом художника.

Зимняя местность, по которой Шарль едет лечить сломанную ногу старику Руо: «Кругом уходили в бесконечность ровные поля, и только редкие, далеко разбросанные фермы выделялись фиолетовыми пятнами рощиц на этой серой равнине, сливавшейся у горизонта с хмурым небом».

Эмма и Родольф на свидании: «Сквозь оголенные ветви жасмина сверкали звезды. За своей спиной любовники слышали шум реки, да время от времени на берегу трещал сухой камыш. Тьма кое-где сгущалась пятнами, и иногда тени эти с внезапным трепетом выпрямлялись и склонялись; надвигаясь на любовников, они грозили накрыть их, словно огромные черные волны. От ночного холода они обнимались еще крепче, и как будто сильнее было дыхание уст; больше казались еле видевшие друг друга глаза, и среди мертвой тишины шепотом сказанное слово падало в душу с кристальной звучностью и отдавалось бесчисленными повторениями».

Эмма глазами Леона в гостинице на следующий день после встречи в опере: «Эмма, в канифасовом пеньюаре, сидела откинувшись головой на спинку старого кресла; желтые обои казались сзади нее золотым фоном; ее непокрытые волосы с белой полоской прямого пробора отражались в зеркале; из-под черных прядей видны были мочки ушей».

ТЕМА ЛОШАДЕЙ

Привести все примеры этой темы значило бы изложить всю «Госпожу Бовари». В движении книги лошади играют странно важную роль.

Впервые тема появляется, когда «однажды ночью (Шарля и его первую жену) разбудил конский топот. Лошадь остановилась у самого крыльца». Верховой прискакал от старика Руо, сломавшего ногу.

Когда Шарль въезжает на ферму, где через минуту встретит Эмму, его лошадь шарахается, будто от тени судьбы.

Когда он ищет свой хлыст, он неловко наклоняется над Эммой, чтобы помочь ей вытащить его из-за мешков с пшеницей. (Фрейд, средневековый шарлатан, много бы извлек из этой сцены.)

Когда при свете луны пьяные гости разъезжаются со свадьбы, разогнавшиеся повозки сваливаются в канавы.

Старый отец Эммы, проводив молодую пару, вспоминает, как много лет назад увозил к себе жену, сидевшую на подушке у него за седлом.

Отметьте лепесток, который, высунувшись из окна, Эмма сдувает на гриву кобыле мужа.

Добрые монашенки в одном из воспоминаний Эммы о монастыре надавали ей столько добрых советов, полезных для смирения плоти и спасения души, что она уподобилась «лошади, которую тянут вперед за узду; она осадила на месте, и удила выскочили из зубов».

Хозяин Вобьессара показывает ей конюшню.

Мимо уезжающих из замка Эммы и Шарля галопом проносятся виконт и другие всадники.

Шарль привыкает к вялому шагу старой кобылы, доставляющей его к пациентам.

Первый разговор Эммы и Леона в Ионвиле начинается с верховой езды. «— Если бы вам, — сказал Шарль, — приходилось, как мне, не слезать с лошади...

— А по-моему, что может быть приятнее *(чем ездить верхом)*? — отвечал Леон, обращаясь к г-же Бовари». И в самом деле, что может быть приятнее.

Родольф говорит Шарлю, что Эмме была бы очень полезна верховая езда.

Можно сказать, что знаменитая любовная прогулка Родольфа и Эммы в лесу показана сквозь длинную синюю вуаль ее амазонки. Отметьте хлыстик, который она поднимает в ответ на воздушный поцелуй, посланный заоконной дочерью.

Позже, читая письмо отца, она вспоминает ферму — жеребят, которые ржали и прыгали, прыгали.

Можно усмотреть гротескный поворот той же темы в особом (equinus, то есть конском) искривлении стопы у конюха, которое Бовари пытается вылечить.

Эмма дарит Родольфу красивый хлыст (в темноте хихикает старик Фрейд).

Эммины мечты о новой жизни с Родольфом начинаются с картины: «четверка лошадей галопом мчит ее» в Италию.

Синее тюльбири крупной рысью увозит Родольфа из жизни Эммы.

Другая знаменитая сцена — Эмма и Леон в зашторенной карете. Конская тема весьма опошлилась.

В последних главах значительную роль в ее жизни начинает играть «Ласточка» — курсирующий между Ионвилем и Руаном дилижанс.

В Руане ей попадается на глаза вороная лошадь виконта, напоминание.

В последний ее, трагический, визит к Родольфу в ответ на его слова, что у него нет денег, она с язвительной фразой указывает на роскошно украшенный хлыст. (Хихиканье в темноте звучит уже сатанински.)

Однажды после ее смерти Шарль отправился продавать старую лошадь — последний свой ресурс — и встретил Родольфа. Он уже знает, что Родольф был любовником его жены. На этом кончается конская тема. Что касается символичности, то ее у флоберовских лошадей не больше, чем сегодня было бы у спортивных автомобилей.

РОБЕРТ ЛУИС СТИВЕНСОН

1850—1894

«СТРАННАЯ ИСТОРИЯ ДОКТОРА ДЖЕКИЛА И МИСТЕРА ХАЙДА» (1885)

Повесть «Доктор Джекил и мистер Хайд» написана Стивенсоном в 1885 году на берегу Английского канала[1], в Борнмуте, между приступами легочного кровотечения, уложившего его в постель. Она вышла в свет в 1886 году. Дородный добряк доктор Джекил, не чуждый человеческих слабостей, с помощью некоего снадобья время от времени превращается — дистиллируется, осаждается — в злобного негодяя самого скотского пошиба, назвавшегося Хайдом, и в этом качестве пускается во все тяжкие. Поначалу ему удается без труда возвращать себе прежний облик — один препарат превращает его в Хайда, другой — в Джекила, — но постепенно лучшая сторона его натуры ослабевает, питье, позволяющее Джекилу снова стать собой, в конце концов перестает действовать, и он на пороге разоблачения принимает яд. Таково краткое содержание повести.

Для начала, если у вас такое же, как у меня, карманное издание, оберните чем-нибудь отвратительную, гнусную, непотребную, чудовищную, мерзкую, пагубную для юношества обложку, а вернее, смирительную рубашку. Закройте глаза на то, что шайка проходимцев подрядила бездарных актеров разыграть пародию на эту книгу, что потом эту пародию засняли на пленку и показали в так называемых кинотеатрах — по-моему,

---

[1] С учетом англосаксонской аудитории В. Н. именует так пролив Ла-Манш. — *Примеч. ред. рус. текста.*

именовать помещение, где демонстрируются фильмы, театром столь же нелепо, как называть могильщика распорядителем похорон.

А теперь главный запрет. Прошу вас, выкиньте из головы, забудьте, вычеркните из памяти, предайте забвению мысль о том, что «Джекил и Хайд» в некотором роде приключенческая история, детектив или соответствующий фильм. Разумеется, нельзя отрицать, что написанная Стивенсоном в 1885 году повесть является предтечей современного детектива. Однако в наши дни жанр детектива не совместим с понятием стиля и в лучшем случае не поднимается над уровнем заурядного чтения. Честно говоря, я не из тех преподавателей, которые застенчиво козыряют любовью к детективам — на мой вкус, они слишком плохо написаны, их тошно читать. А повесть Стивенсона — помилуй, Господи, его чистую душу! — как детектив хромает. Не является она и притчей или аллегорией: в обоих случаях она грешила бы против хорошего вкуса. И все же ей присуще особое очарование, если рассматривать ее как феномен стиля. Это не только хорошая «кошмарная история», как воскликнул пробудившийся Стивенсон, которому она приснилась, — возможно, благодаря такой же таинственной работе мозга Колридж увидел во сне самую знаменитую из своих неоконченных поэм[1]: она, что еще важнее, «ближе к поэзии, нежели к художественной прозе как таковой»[2], и потому повесть принадлежит к тому же разряду, что «Госпожа Бовари» или «Мертвые души».

Книге присущ восхитительный винный вкус. И впрямь, по ходу действия в ней выпивается немало превосходного вина — достаточно вспомнить, как смакует винцо мистер Аттерсон. Эта искрящаяся благодатная влага разительно отличается от леденящего кровь преобразующего, чудодейственного питья, которое доктор Джекил готовит в своей пыльной лаборатории. Все призвано возбудить наши чувства: приятно округлые фразы Габриэля Джона Аттерсона с Гонт-стрит, бодрящая свежесть холодного лондонского утра, даже описа-

---

[1] Поэма «Кубла Хан», которую С. Т. Колридж написал («записал» по пробуждении) в 1797 году; опубликована в 1816-м.

[2] В. Н. указывает, что критические цитаты, приведенные в этой статье, взяты из книги Стивена Гвинна «Роберт Луис Стивенсон» (*Gwynn S.* Robert Louis Stevenson. L., Macmillan, 1939) — *Фр. Б.*

Набросок обложки повести, сделанный Набоковым.

ние мучительных превращений доктора Джекила в Хайда привлекает богатством красок. Стивенсон вынужден во многом полагаться на стиль, чтобы решить две трудные задачи: во-первых, убедить читателя в том, что чудодейственный напиток готовится из обычных аптекарских порошков, и, во-вторых, сделать правдоподобной дурную сторону натуры Джекила до и после его превращений в Хайда[1]. «Вот куда уже привели меня мои размышления, когда, как я упоминал, на лабораторном столе забрезжил путеводный свет. Я начал осознавать глубже, чем кто-либо это осознавал прежде, всю зыбкую нематериальность, всю облачную бесплотность столь неизменного на вид тела, в которое мы облечены. Я обнаружил, что некоторые вещества обладают свойством колебать и преображать эту мышечную оболочку, как ветер, играющий с занавесками в беседке. <...> Я не только распознал в моем теле всего лишь эманацию и ореол неких сил, составляющих мой дух, но и сумел приготовить препарат, с помощью которого эти силы лишались верховной власти, и возникал второй облик, который точно так же принадлежал мне, хотя он был

---

[1] В стивенсоновской папке В. Н. хранятся четыре страницы цитат, перепечатанных из «Заметок о писательском искусстве» Стивенсона, которые В. Н. зачитывал студентам. Одну из них уместно привести: «Переход от вереницы плоских суждений летописца прежних времен к плотному, светящемуся потоку в высшей степени организованного повествования немыслим без изрядной доли философии и остроумия. Философию мы видим ясно, признавая за синтезирующим писателем гораздо более глубокий и воодушевляющий взгляд на жизнь и гораздо более острое чувство поколения и взаимосвязи событий. Может показаться, что остроумие ныне утеряно; однако это не так, ведь именно остроумие, бесконечные выдумки, ловкое преодоление препятствий, пальба по двум целям сразу, вот эти два апельсина, одновременно кувыркающиеся в воздухе, — это и приводит читателя в восторг независимо от того, сознательно это делается или нет. Более того, непризнанное остроумие является необходимым инструментом той философии, которой мы восхищаемся. Стало быть, наиболее совершенным является не самый естественный стиль, как полагают глупцы, ибо естественнее всего нечленораздельное бормотание летописца, но тот стиль, который незаметно достигает высшей степени изящества и полноты смысла, а если и заметно, то с огромным преимуществом для понимания и выразительности. Даже нарушение так называемого естественного порядка проясняет мысль; и именно посредством намеренной перестановки составные части высказывания выстраиваются наиболее выгодным образом, а этапы сложного действия толково сводятся воедино.

Итак, кружево, узоры, ткань одновременно эмоциональная и логическая, изящная и полная смысла текстура — вот что такое стиль, вот что составляет основу писательского мастерства». — *Фр. Б.*

выражением и нес на себе печать одних низших элементов моей души[1].

Я долго колебался, прежде чем рискнул подвергнуть эту теорию проверке практикой. Я знал, что опыт легко может кончиться моей смертью: ведь средство, столь полно подчиняющее себе самый оплот человеческой личности, могло вовсе уничтожить призрачный ковчег духа, который я надеялся с его помощью только преобразить, — увеличение дозы на ничтожнейшую частицу, мельчайшая заминка в решительный момент неизбежно привели бы к роковому результату. Однако соблазн воспользоваться столь необыкновенным, столь неслыханным открытием в конце концов возобладал над всеми опасениями. Я уже давно изготовил тинктуру, купил у некой оптовой фирмы значительное количество той соли, которая, как показали мои опыты, была последним необходимым ингредиентом, и вот в одну проклятую ночь я смешал элементы, увидел, как они закипели и задымились в стакане, а когда реакция завершилась, я, забыв про страх, выпил стакан до дна.

Тотчас я почувствовал мучительную боль, ломоту в костях, тягостную дурноту и такой ужас, какого человеку не дано испытать ни в час рождения, ни в час смерти. Затем эта агония внезапно прекратилась, и я пришел в себя, словно после тяжелой болезни. Все мои ощущения как-то переменились, стали новыми, а потому неописуемо сладостными. Я был моложе, все мое тело пронизывала приятная и счастливая легкость, я ощущал бесшабашную беззаботность, в моем воображении мчался вихрь беспорядочных чувственных образов, узы долга распались и более не стесняли меня, душа обрела неведомую прежде свободу, но далекую от безмятежной невинности. С первым же дыханием этой новой жизни я понял, что стал более порочным, несравненно более порочным — рабом таившегося во мне зла, и в ту минуту эта мысль подкрепила и опьянила меня, как вино. Я простер вперед руки, наслаждаясь непривычностью этих ощущений, и тут внезапно обнаружил, что стал гораздо ниже ростом. <...> И если лицо одного дышало добром, лицо другого несло на себе ясный и размашис-

---

[1] «Стало быть, здесь дуализм не «тела и души», а «добра и зла». (Замечание В. Н. на полях его экземпляра. — *Фр. Б.*)

тый росчерк зла. Кроме того, зло (которое я и теперь не могу не признать губительной стороной человеческой натуры) наложило на этот облик отпечаток уродства и гнилости. И все же, увидев в зеркале этого безобразного истукана, я почувствовал не отвращение, а внезапную радость. Ведь это тоже был я. Образ в зеркале казался мне естественным и человеческим. На мой взгляд, он был более четким отражением духа, более выразительным и гармоничным, чем та несовершенная и двойственная внешность, которую я до тех пор привык называть своей. И в этом я был, без сомнения, прав. Я замечал, что в облике Эдварда Хайда я внушал физическую гадливость всем, кто приближался ко мне. Этому, на мой взгляд, есть следующее объяснение: обычные люди представляют собой смесь добра и зла, а Эдвард Хайд был единственным среди всего человечества чистым воплощением зла[1]».

Имена Джекил и Хайд — скандинавского происхождения, подозреваю, что Стивенсон отыскал их на той же странице старой книги имен, что и я. Хайд — производное от англосаксонского hyd, по-датски hide, что означает «гавань, пристанище». А Джекил происходит от датского имени Jökulle — «ледяной». Не зная этой простой этимологии, можно навыдумывать Бог знает каких символических значений, особенно в случае с Хайдом; наиболее очевидное из них, что Хайд — это убежище Джекила, совмещающего в себе добродушного доктора и убийцу.

В расхожих представлениях об этой редко читаемой книге совершенно упускаются из виду три важных положения:

1. Добродетелен ли Джекил? Нет, он составная натура, смесь добра и зла, препарат, на 99% состоящий из раствора джекилита и на 1% — из Хайда (или гидатиды, от греческого «вода», что в зоологии означает крошечную кисту в теле человека или животного, наполненную прозрачной жидкостью, внутри которой плавают личинки эхинококка, — великолепное устройство, по крайней мере для малюток-эхинококков. Таким образом, мистер Хайд в некотором смысле паразитирует на докторе Джекиле, однако должен предупредить, что, выбирая

---

[1] Перевод И. Гуровой цит. по: *Стивенсон Р. Л.* Собр. соч.: В 5 Т. — М.: Правда, 1981. — Т. 1.

имя, Стивенсон ничего такого не знал). С викторианской точки зрения мораль доктора Джекила небезупречна. Он лицемер, тщательно скрывающий свои грешки. Он злопамятен — так и не простил доктору Лэньону расхождения в научных взглядах. Он склонен к безрассудному риску. Хайд слит с ним воедино, влит в него. Из этой смеси добра и зла в докторе Джекиле можно извлечь чистое зло, выделив его в осадок в виде Хайда — слово «осадок» здесь употребляется в химическом смысле, поскольку нечто от составной натуры Джекила все же остается где-то в стороне, с ужасом наблюдая за бесчинствами Хайда.

2. В действительности Джекил не превращается в Хайда, а выделяет из себя чистое зло, которое становится Хайдом, — вот почему Хайд мельче крупного Джекила: в последнем преобладает добро.

3. В повести на самом деле три персонажа: Джекил, Хайд и некто третий — то, что остается от Джекила, когда возникает Хайд.

Эту ситуацию можно проиллюстрировать следующим образом.

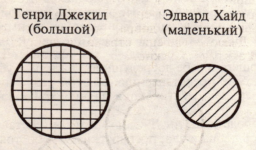

Вглядевшись, вы увидите, что в большого, светлого, уютно-домашнего Джекила вкраплены ростки зла.

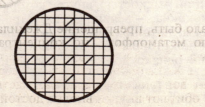

Под действием чудесного напитка зло сгущается

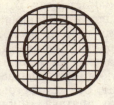

и переходит, или обособляется, в

И все же, если приглядеться к Хайду, то можно заметить, что над ним, содрогаясь от ужаса, но неотступно парит то, что осталось от Джекила, — подобие туманного кольца, или ореола, словно темный сгусток зла выпал из кольца добра, но само это кольцо не исчезло: Джекил все еще стремится вернуться в свой облик. И это очень важно.

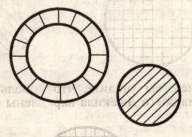

Стало быть, превращение Джекила подразумевает не полную метаморфозу, но концентрацию наличного в нем зла. Джекил не является чистым воплощением добра, а Хайд (якобы оборотная сторона Джекила) — чистым воплощением зла; как частицы недостойного Хайда обитают внутри вполне достойного Джекила, так над Хайдом витает ореол Джекила, ужасающегося порочности своей худшей половины.

Дом Джекила, олицетворяя отношения этих двух персонажей, принадлежит наполовину Джекилу, наполовину Хайду. Когда в один из воскресных дней Аттерсон со своим другом Энфилдом прогуливаются по Лондону, они попадают на некую улочку в деловом квартале, небольшую и, что называется, тихую, хотя по будним дням там идет бойкая торговля: «Даже в воскресенье, когда улочка прятала наиболее пышные свои прелести и была пустынна, все же по сравнению с окружающим убожеством она сияла, точно костер в лесу, — аккуратно выкрашенные ставни, до блеска начищенные дверные ручки и общий дух чистоты и веселости сразу привлекали и радовали взгляд случайного прохожего.

Через две двери от угла, по левой стороне, если идти к востоку, линия домов нарушалась входом во двор, и как раз там высилось массивное здание. Оно было двухэтажным, без единого окна — только дверь внизу да слепой лоб грязной стены над ней — и каждая его черта свидетельствовала о длительном и равнодушном небрежении. На облупившейся, в темных разводах двери не было ни звонка, ни молотка. Бродяги устраивались отдохнуть в ее нише и зажигали спички о ее панели, дети играли "в магазин" на ступеньках крыльца, школьник испробовал остроту своего ножика на резных завитушках, и уже много лет никто не прогонял этих случайных гостей и не старался уничтожить следы их бесчинств».

Именно этой дверью, на которую Энфилд тростью указывает Аттерсону, пользовался мерзостный злодей, хладнокровно наступивший на споткнувшуюся девочку; когда же Энфилд схватил его за ворот, он согласился уплатить родителям девочки сто фунтов. Отперев эту дверь ключом, злодей возвратился с десятью фунтами золотом и чеком на предъявителя, где стояла подпись доктора Джекила, впоследствии оказавшаяся подлинной. Энфилд приходит к выводу, что тут кроется шантаж. Он продолжает: «Собственно говоря, его нельзя назвать жилым домом. Других дверей в нем нет, а этой, да и то лишь изредка, пользуется только наш молодчик.

Во двор выходят три окна, но они расположены на втором этаже, а на первом этаже окон нет вовсе; окна эти всегда закрыты, но стекло в них протерто. Из трубы довольно часто идет дым, следовательно, в доме все-таки кто-то живет. Впрочем, подобное свидетельство нельзя считать неопровержимым, так как дома тут стоят столь тесно, что трудно сказать, где кончается одно здание и начинается другое».

За углом находится площадь, окруженная старинными красивыми особняками, в большинстве утратившими былое величие и сдающимися поквартирно и покомнатно. «Но один из этих домов, второй от угла, по-прежнему оставался особняком и дышал богатством и комфортом». Аттерсон стучит в дверь и спрашивает, дома ли его друг доктор Джекил. Ему известно, что дверь, через которую входил мистер Хайд, — это дверь бывшей прозекторской, оставшейся от прежнего владельца дома, хирурга, и примыкающей к элегантному особняку, выходящему на площадь. Доктор Джекил переоборудовал ее в химическую лабораторию, и именно здесь (как мы узнаем позже) происходят его превращения в мистера Хайда, который на это время поселяется в этом крыле.

Подобно Джекилу, в котором перемешались добро и зло, его жилище тоже неоднородно; дом Джекила необыкновенно точный символ, точное выражение связи между ним и Хайдом. Мы видим на рисунке[1], что дальнее, глядящее на восток парадное в доме Джекила выходит на площадь. А таинственная дверь, которой пользуется Хайд, ведет на улочку сбоку того же квартала, причудливо искаженного скоплением других строений и внутренних дворов. Итак, в комбинированном доме Джекила с его покойным, просторным холлом есть коридоры, ведущие в логово Хайда, в бывшую прозекторскую, а теперь лабораторию Джекила, где доктор производит не столько вскрытия, сколько химические опыты. Чтобы исподволь создать мир, в котором странное преображение со слов самого доктора Джекила воспринималось бы читателем как добротная художест-

---

[1] В оригинале воспроизводится исполненный студентом план дома Джекила с поправками В. Н.

венная реальность, чтобы читателю, иначе говоря, сообщилось такое умонастроение, когда он не задастся вопросом, возможно ли такое преображение, Стивенсон применяет самые разные приемы — образы, интонация, фигуры речи и, разумеется, ложные ходы. Нечто подобное проделывает Диккенс в «Холодном доме», когда благодаря тонкому подходу и виртуозной прозе совершает чудо: доподлинно веришь в самовозгорание накачавшегося джином старика, от которого остается кучка пепла.

***

Цель Стивенсона-художника состояла в том, чтобы «фантастическая драма разворачивалась в присутствии заурядных здравомыслящих людей», в знакомой читателям Диккенса обстановке, на фоне холодного лондонского тумана, уродливых домов, серьезных пожилых джентльменов, потягивающих выдержанный портвейн, семейных адвокатов и преданных дворецких, на фоне скрытых пороков, таящихся за стенами богатых особняков, в одном из которых живет Джекил, холодных рассветов и щегольских кебов. Аттерсон, нотариус Джекила, «добропорядочный, сдержанный, приятный, надежный, прямой и решительный человек; то, что подобные люди считают "реальным", читатель тоже неизбежно сочтет реальным». Друг Аттерсона Энфилд назван в повести «далеко не впечатлительным», это крепкий молодой человек, откровенно скучающий (неодолимая скука и сводит его с Аттерсоном). Этого-то наводящего скуку, лишенного воображения и не слишком наблюдательного Энфилда Стивенсон выбирает для того, чтобы поведать начало истории. Энфилд даже не догадывается, что дверь, из которой Хайд выносит чек с подписью Джекила, ведет в лабораторию доктора. Аттерсон, однако, тотчас же улавливает связь, и история начинается.

Хотя для Аттерсона непривычное равнозначно неприличному, после рассказа Энфилда он уже дома извлекает из сейфа завещание Джекила, написанное доктором собственноручно (ибо Аттерсон наотрез отказался участвовать в его составлении), и перечитывает его: «согласно воле завещателя, все имущество Генри Джекила, доктора медицины, доктора права, члена Королевского общества и т. д., переходило "его другу и благодетелю Эдварду Хайду" не только в случае смерти, но и в случае "исчезновения или необъяснимого отсутствия означенного доктора Джекила свыше трех календарных месяцев"; означенный Эдвард Хайд также должен был вступить во владение его имуществом "без каких-либо дополнительных условий и ограничений, если не считать выплаты небольших сумм слугам доктора". Этот документ давно уже оскорблял Аттерсона, но до сих пор его негодование питалось тем, что он ничего не знал о наследнике; «теперь же оно обрело новую пищу в том, что он узнал о мистере Хайде *(из рассказа Энфилда о злобном карлике и девочке. — В. Н.).* Пока имя Хайда оставалось для него только именем, положение было достаточно скверным. Однако оно стало еще хуже, когда это имя начало облекаться омерзительными качествами и из зыбкого смутного тумана, столь долго застилавшего его взор, внезапно возник сатанинский образ.

— Мне казалось, что это простое безумие, — пробормотал нотариус, убирая ненавистный документ в сейф. — Но я начинаю опасаться, что за этим кроется какая-то позорная тайна».

Аттерсон отправляется спать, и в его голове оживает услышанный рассказ. «Я возвращался домой откуда-то с края света часа в три по-зимнему темной ночи, и путь мой вел через кварталы, где буквально ничего не было видно, кроме фонарей. Улица за улицей, где все спят, улица за улицей освещенные, словно для какого-нибудь торжества, и опустелые, как церковь...» (Энфилд — скучный, пресный человек, но Стивенсон-художник просто не мог удержаться и не подарить ему фразу об освещенных улицах, где все спят, опустелые, словно церковь.) В голове у дремлющего Аттерсона эта фраза разрастается и отдается эхом, дробится на множество отражений «в его сознании, точно свиток с огненными картинами, развертывалась история, услышанная от мистера Энфилда. Он видел перед собой огромное поле фонарей ночного города, затем появлялась фигура торопливо шагающего мужчины, затем — бегущая от врача девочка, они сталкивались. Джаггернаут[1] в человеческом облике наступал на ребенка и спокойно шел дальше, не обращая внимания на стоны бедняжки. Потом перед его мысленным взором возникала спальня в богатом доме, где в постели лежал его друг доктор Джекил, грезил во сне и улыбался, но тут дверь спальни отворялась, занавески кровати откидывались, спящий просыпался, услышав оклик, и у его изголовья вырастала фигура, облеченная таинственной властью, — даже в этот глухой час он вынужден был вставать и исполнять ее веления. Эта фигура в двух своих ипостасях преследовала нотариуса всю ночь напролет; если он ненадолго забывался сном, то лишь для того, чтобы вновь ее увидеть: она еще более беззвучно кралась по затихшим домам или еще быстрее, еще стремительнее — с головокружительной быстротой — мелькала в еще более запутанных лабиринтах освещенных фонарями улиц, на каждом углу топтала девочку и ускользала прочь, не слушая ее стонов. И по-прежнему у этой фигуры не было лица».

Аттерсон принимает решение выследить мистера Хайда; в любое время суток, когда позволяют дела, он ведет наблюдение за дверью, и наконец ему удается увидеть мистера Хайда: «Он был невысок, одет очень просто, но даже на таком расстоянии нотариус почувствовал в нем что-то отталкивающее». (Энфилд тоже отметил: «Я сразу же проникся к этому молодчику ненавистью и омерзением».) Аттерсон заговаривает с Хайдом и под каким-то предлогом просит показать ему лицо, которое Стивенсон до этого момента намеренно не описывал. Аттерсон, однако, не много сообщает читателю: «Мистер Хайд был бледен и приземист, он производил впечатление урода, хотя никакого явного уродства в нем заметно не было, улыбался он крайне неприятно, держался с нотариусом как-то противоестественно робко и в то же время нагло, а голос у него был сиплый, тихий и прерывистый — все это говорило против него, но и все это, вместе взятое, не могло объяснить, почему мистер Аттерсон почувствовал дотоле ему

---

[1] Статуя Кришны, вывозимая на ежегодном празднестве; под колесами повозки находили добровольную смерть фанатики-верующие.

неизвестное отвращение, гадливость и страх. <...> Мой бедный, бедный Генри Джекил, на лице твоего нового друга явственно видна печать Сатаны».

Аттерсон отправляется на площадь, звонит в дверь, осведомляется у дворецкого Пула, дома ли мистер Джекил, и Пул отвечает, что доктор вышел. Правильно ли, что Хайд вошел в прозекторскую в отсутствие хозяина дома, спрашивает Аттерсон, и в ответ дворецкий сообщает, что доктор дал мистеру Хайду ключ, а слугам приказал исполнять распоряжения этого господина.

«— Мне, кажется, не приходилось встречаться с мистером Хайдом здесь? — спросил Аттерсон.

— Нет, нет, сэр. Он у нас никогда не обедает, — выразительно ответил дворецкий. — По правде говоря, в доме мы его почти не видим; он всегда приходит и уходит через лабораторию».

Аттерсон подозревает, что здесь замешаны какие-то старинные грехи, и собирается предложить Джекилу свою помощь. Вскоре предоставляется удобный случай, однако доктор отказывается от его услуг.

«Вы не понимаете, в каком я нахожусь положении, — сбивчиво ответил доктор. — Оно крайне щекотливо, Аттерсон, крайне щекотливо и странно, очень странно. Это один из тех случаев, когда словами делу не поможешь». Однако он прибавляет: «Чтобы успокоить ваше доброе сердце, я скажу вам одну вещь: стоит мне захотеть, и я легко и навсегда избавлюсь от мистера Хайда. Даю вам слово». Разговор кончается тем, что Аттерсон скрепя сердце соглашается оградить права Хайда, когда доктора Джекила «не станет».

После убийства Кэрью история начинает проясняться. Некая служанка с романтическими склонностями предается мечтам при лунном свете и видит из окна, как красивый пожилой джентльмен учтиво спрашивает дорогу у некоего мистера Хайда, который однажды приходил к ее хозяину и возбудил в ней неприязнь: «В руках он держал тяжелую трость, которой все время поигрывал; он не ответил ни слова и, казалось, слушал с плохо скрытым раздражением. Внезапно он пришел в дикую ярость — затопал ногами, взмахнул тростью и вообще повел себя, по словам служанки, как буйнопомешанный. Почтенный старец попятился с недоумевающим и несколько обиженным видом, а мистер Хайд, словно сорвавшись с цепи, свалил его на землю ударом трости. В следующий миг он с обезьяньей злобой принялся топтать свою жертву и осыпать ее градом ударов — служанка слышала, как хрустели кости, видела, как тело подпрыгивало на мостовой, и от ужаса лишилась чувств».

Пожилой джентльмен нес на почту письмо, адресованное мистеру Аттерсону. Того вызывают в полицейский участок, где он опознает убитого — это сэр Дэнверс Кэрью. Он узнает и обломки трости, которую сам много лет назад подарил доктору Джекилу, и предлагает полицейскому указать дом мистера Хайда в Сохо, одном из самых скверных районов Лондона. В этом отрывке Стивенсон использует несколько великолепных стилистических приемов, в частности аллитерацию[1]: «Было уже около девяти часов утра, и город окутывал первый осенний туман. Небо было скрыто непроницаемым шоколадного цвета пологом, но ветер гнал и крутил эти колышущиеся пары, и пока кеб медленно полз по улицам, перед глазами мистера Аттерсона проходили бесчисленные степени и оттенки сумерек: то вокруг смыкалась мгла уходящего вечера, то ее пронизывало густое рыжее сияние, словно жуткий отблеск странного пожара, то туман на мгновение рассе-

---

[1] В папке В. Н. среди цитат из «Заметок о писательском искусстве» есть такая: «Обычно всем начинающим писателям давался добрый совет избегать аллитерации, и это был здравый совет, поскольку страховал от небрежности стиля. При всем при том это полнейшая ерунда и бред слепцов, которые никогда не прозреют. Красота фразы или предложения зависит полностью от аллитерации и ассонанса. Гласный звук требует повтора; согласный требует повтора; и оба молят о нескончаемых вариациях. Вы можете проследить приключения буквы в любом особенно понравившемся вам отрывке; и вы, возможно, вдруг обнаружите ее исчезновение, мучительное для слуха; обнаружите, как она вновь выпаливает в вас из всех орудий; или переходит в родственные звуки, как один плавный или губной звук перетекает в другой. И вы обнаружите еще одно гораздо более необычное обстоятельство. Художественные произведения пишутся для двоякого рода восприятия — и с их помощью: для некоего внутреннего слуха, способного улавливать "неслышные мелодии", и для зрения, которое водит пером и расшифровывает напечатанную фразу». К этому В. Н. приписывает: «И позвольте мне как читателю добавить: внутреннее зрение воспринимает ее цвет и смысл». — *Фр. Б.*; «Неслышные мелодии» — из Д. Китса («Ода греческой вазе», 1819).

ивался совсем и меж свивающихся прядей успевал проскользнуть чахлый солнечный луч. И в этом переменчивом освещении унылый район Сохо с его грязными мостовыми, оборванными прохожими и горящими фонарями, которые то ли еще не были погашены, то ли были зажжены вновь при столь неурочном и тягостном вторжении тьмы, — этот район, как казалось мистеру Аттерсону, мог принадлежать только городу, привидевшемуся в кошмаре».

Хайда дома нет, в комнатах царит величайший беспорядок, ясно, что убийца бежал. В тот же день Аттерсон отправляется к Джекилу, и тот принимает его в лаборатории. «В камине горел огонь, лампа на каминной полке была зажжена, так как туман проникал даже в дома, а возле огня сидел доктор Джекил, бледный и измученный. Он не встал навстречу гостю, а только протянул ему ледяную руку и поздоровался с ним голосом, совсем не похожим на прежний». Аттерсон спрашивает, не укрывает ли он здесь Хайда.

«Аттерсон, клянусь Богом! — воскликнул доктор. — Клянусь Богом, я никогда больше его не увижу. Даю вам слово чести, что в этом мире я отрекся от него навсегда. С этим покончено. Да к тому же он и не нуждается в моей помощи; вы не знаете его так, как знаю я: он нашел себе надежное убежище, очень надежное! И — помяните мое слово — больше о нем никто никогда не услышит». Доктор показывает Аттерсону письмо за подписью «Эдвард Хайд», в котором сообщается, что его благодетель может не тревожиться, поскольку у пишущего есть верное и надежное средство спасения. В ответ на расспросы адвоката Джекил признается, что это Хайд продиктовал ему условия завещания, и Аттерсон поздравляет его со спасением от верной гибели.

«Куда важнее другое! — угрюмо возразил доктор. — Я получил хороший урок! Бог мой, Аттерсон, какой я получил урок! — И он на мгновение закрыл лицо руками».

Затем Аттерсон узнает от своего помощника, что почерк Хайда очень похож на почерк Джекила, хотя наклон у них разный. «"Как! — думал он. — Генри Джекил совершает подделку ради спасения убийцы!" И кровь застыла в его жилах».

***

Стивенсон поставил перед собой необычайно сложную художественную задачу; посмотрим, сумел ли он ее решить. Для этого разобьем ее на части:

1. Чтобы придать фантастической истории правдоподобие, он хочет пропустить ее через восприятие весьма прозаических натур — Аттерсона и Энфилда, которые, несмотря на все свое здравомыслие, должны-таки ощутить в Хайде нечто странное и пугающее.

2. Эти два флегматика призваны внушить читателю отвращение к Хайду, но при этом автор не может позволить им примечать детали, поскольку они не художники и не ученые люди, как доктор Лэньон.

3. Итак, если Стивенсон сделает Энфилда и Аттерсона слишком обыкновенными простаками, они не смогут выразить даже смутную неприязнь, которую вызывает у них Хайд. Вдобавок читателя интересует не только их реакция — он хочет своими глазами увидеть лицо Хайда.

4. Однако автор сам недостаточно четко видит лицо Хайда и может описать его лишь косвенно, словами Энфилда или Аттерсона, прибегая к услугам воображения и домысла, что вряд ли можно счесть подходящей манерой выражения для столь уравновешенных натур.

По-моему, единственный способ решить эту задачу в данных обстоятельствах — это сделать так, чтобы Хайд вызывал у Энфилда и Аттерсона не только содрогание и отвращение, но и нечто большее. Мне кажется, потрясение, испытанное Энфилдом и Аттерсоном при встрече с Хайдом, пробуждает дремлющего в них художника. В противном случае тонкость восприятия, что сквозит в рассказе Энфилда о том, как он брел по пустым освещенным улицам, а затем стал свидетелем бесчеловечного поступка Хайда, и яркие образы сна, который привиделся Аттерсону после того, как он услышал этот рассказ, можно объяснить лишь грубым вмешательством автора, навязавшего этим персонажам свой набор художественных ценностей, свой язык и интонацию. Занятная проблема.

Существует и другая. Стивенсон предлагает нам четкое, убедительное описание событий, влагая его в уста скучных лондонских джентльменов, однако с ним контрастируют неясные, туманные и вместе с тем зловещие намеки на утехи и гнусный разврат где-то за сценой. С одной стороны, перед нами «реальность», с другой — «мир кошмара». Если автор и впрямь полагает, что между этими мирами проходит четкая грань, то рассказанная им история разочаровывает. Если нам всерьез говорят: «Не важно, в чем именно состояло зло, поверьте, оно было отвратительно», то у читателя почти неизбежно возникнет ощущение, что его одурачили. Неясность в самом интересном месте повествования вызывает у нас досаду именно потому, что действие повести развертывается в будничных, реалистических декорациях. Вопрос надо ставить так: не являются ли Аттерсон, туман, кебы и бледный дворецкий более «реальными», нежели таинственные опыты и приключения Джекила и Хайда, о которых автор умалчивает?

***

Критики, и в их числе Стивен Гвинн, отметили странный изъян в якобы знакомой и привычной атмосфере повести: «Здесь следует отметить одно характерное упущение: читая повесть, можно вообразить, что речь идет о монашеской братии. Мистер Аттерсон холостяк, как и сам доктор Джекил, а также, судя по всему, и Энфилд, молодой человек, первым сообщивший Аттерсону о жестокости Хайда. Холостяком является и дворецкий Джекила, Пул, важную роль которого во всей истории нельзя отрицать. Если не считать двух-трех безликих служанок, традиционной старой карги и безликой малышки, бегущей к врачу, то слабый пол никак не участвует в действии. Высказывалось предположение, что Стивенсон, "работая в условиях викторианских ограничений" и не желая вносить неподобающие краски в монашеский антураж, сознательно не включил яркий женский образ в разряд утех, которым тайно предавался доктор Джекил».

Если бы Стивенсон пошел так же далеко, как, скажем, Толстой, который тоже был викторианцем и тоже не заходил слишком далеко, — но если бы Стивенсон все же зашел так далеко, как Толстой, описавший увлечения Облонского: француженка, певичка, маленькая балерина и т. д., то с художественной точки зрения было бы очень сложно Джекилу — Облонскому превратиться в Хайда. Легкий, игривый тон, в каком описывают развлечения повесы, так же вязался бы с исчадием средневековья Хайдом, как черное пугало — с серо-голубым небом. Писателю безопаснее, не вдаваясь в подробности, умолчать о развлечениях Джекила. Но не изобличает ли эта безопасность, этот легкий путь определенную слабость художника? Думаю, что да.

Прежде всего викторианская скрытность подталкивает современного читателя к выводам, на которые совершенно не рассчитывал Стивенсон. К примеру, Хайд в повести назван другом и благодетелем Джекила, однако читателя, скорее всего, озадачит двусмысленность еще одной характеристики Хайда — «протеже», что звучит почти как «фаворит». Отмеченное Гвинном исключительно мужское сообщество может навести на мысль о том, что таинственные похождения Джекила — это его гомосексуализм, каковой был весьма распространен в Лондоне за викторианским фасадом. Поначалу Аттерсон считает, что Хайд шантажирует доброго доктора — трудно вообразить, какие поводы для шантажа могло дать общение холостяка с дамами легкого поведения. Быть может, гадают Аттерсон и Энфилд, Хайд — внебрачный сын Джекила? Энфилд полагает, что Джекилу приходится платить за «юношеские шалости». Однако разница в возрасте, выявляемая внешним различием, не столь уж велика, чтобы посчитать Хайда сыном Джекила. К тому же в своем завещании Джекил называет Хайда «другом и благодетелем», и это странное, с оттенком горькой иронии определение едва ли приложимо к сыну.

Во всяком случае, туман, окутывающий похождения Джекила, не может удовлетворить вдумчивого читателя. Эта неопределенность особенно раздражает, когда нам без дальнейших разъяснений сообщается, что не вполне достойные наслаждения доктора Джекила Хайд превратил в нечто чудовищное. Итак, нам известно об усладах Хайда одно: они садистские; он наслаждается, причиняя боль другим. «В Хайде Стивенсон хотел изобразить зло, наглухо отгороженное от добра. Больше всего на свете Стивенсон ненавидел жестокость, и созданный им бесчеловечный негодяй показан не в приступе животной похоти, в чем бы она ни заключалась, а в момент звериного бесчувствия» к страданиям людей, которых он калечит и убивает.

* * *

В статье «Досужий разговор о романе» Стивенсон пишет о структуре повествования: «Нужный предмет должен оказаться в нужном месте; затем — следующий нужный предмет; и... все обстоятельства повествования согласуются между собой, как звуки в музыке. Сюжетные нити время от времени сходятся и, сплетаясь, составляют определенную картину; действующие лица время от времени ставятся в определенные отношения друг к другу или к природе — и все это запечатлевается в памяти, как рисунок в тексте. Робинзон Крузо, увидевший след человека на песке *(Эмма, улыбающаяся под радужным зонтиком; Анна, читающая объявления по пути к гибели. — В. Н.)*, — вот кульминационные моменты повествования, каждый из них наш мысленный взор навечно запечатлевает в памяти. Все остальное можно забыть... можно забыть замечания автора, даже самые остроумные и верные; но эти эпохальные сцены, которые накладывают последнюю печать [художественной] правды на повествование и вмиг насыщают нашу способность к [художественному] наслаждению, мы так глубоко усваиваем себе, что ни время, ни события не могут стереть или ослабить это впечатление. Это [высшая], пластическая работа литературы: воплотить характер, мысль или чувство в некое действие или положение, которые поразят наш мысленный взор».

Словосочетание «доктор Джекил и мистер Хайд» вошло в язык благодаря именно такой эпохальной сцене, впечатление от которой никогда не тускнеет. Это, несомненно, сцена превращения Джекила в Хайда; ее воздействие усиливается тем, что раскрывающий тайну рассказ о превращении приводится в двух письмах уже после того, как хронологическое повествование подошло к концу и Аттерсон, напуганный сообщением Пула, что-де кто-то другой заперся в кабинете доктора, взломав дверь, обнаруживает на полу труп Хайда в чересчур просторной для него одежде доктора (в воздухе стоял сильный запах цианистого калия, капсулу с которым Хайд только что разгрыз). Небольшой отрывок между убийством сэра Дэнверса и этим открытием просто готовит нас к предстоящему объяснению тайны. Время шло, но Хайд не появлялся. Джекил казался прежним; восьмого января он устроил дружеский обед, пригласив к себе Аттерсона и доктора Лэньона, с которым успел помириться. Однако четыре дня спустя дверь доктора Джекила оказалась для Аттерсона закрытой, хотя последние два месяца с лишним они виделись ежедневно. На шестой день, получив вторичный отказ, Аттерсон отправляется за советом к доктору Лэньону, но видит перед собой человека, на чьем лице — смертный приговор. Тот не желает больше слышать о Джекиле. Через неделю доктор Лэньон умирает, а Аттерсон получает конверт, на котором почерком его покойного друга написано: «Не вскрывать до смерти или исчезновения доктора Генри Джекила». Через день или два Аттерсон, как обычно, прогуливается с Энфилдом, который вновь заводит речь о Хайде; проходя по знакомой улочке, они сворачивают во двор и видят изможденного доктора Джекила, сидящего у окна своей лаборатории. Завязавшаяся между ними беседа неожиданно обрывается. «Улыбка исчезла с его [Джекила] лица и сменилась выражением такого неизбывного ужаса и отчаяния, что стоящие внизу похолодели. Окно тотчас захлопнулось, но и этого краткого мгновения оказалось достаточно. Нотариус и мистер Энфилд повернулись и молча покинули двор».

Вскоре к мистеру Аттерсону является Пул; выслушав его рассказ о том, что творится в доме доктора Джекила, Аттерсон принимает решение взломать дверь.

«— Аттерсон! — раздался голос за дверью. — Сжальтесь, во имя Бога!

— Это не голос Джекила! — вскричал Аттерсон. — Это голос Хайда! Ломайте дверь, Пул!

Пул взмахнул топором, все здание содрогнулось от удара, а обитая красным сукном дверь прогнулась, держась на петлях и замке. Из кабинета донесся пронзительный вопль, полный животного ужаса. Вновь взвился топор, и вновь затрещали филенки, вновь дверь прогнулась, но дерево было крепким, а петли пригнаны превосходно, и первые четыре удара не достигли цели; только после пятого замок сломался, и сорванная с петель дверь упала на ковер в кабинете».

Сначала Аттерсон думает, что Хайд убил Джекила и спрятал тело, однако поиски оказываются тщетными. Зато на письменном столе он обнаруживает записку, в которой Джекил просит его сначала прочесть письмо доктора Лэньона, а затем, если он пожелает узнать больше, обратиться к исповеди, хранящейся в пухлом, запечатанном сургучом пакете. Повествовательная часть кончается на том, что Аттерсон, вернувшись домой, вскрывает печати и принимается читать. Историю завершает объяснение тайны — «рассказ в рассказе», изложенный в двух взаимосвязанных письмах.

Суть объяснения сводится к следующему. В своем письме доктор Лэньон сообщает, как он получил от доктора Джекила срочное заказное письмо, в котором тот просил отправиться к нему в лабораторию, забрать оттуда ящик с химикалиями и передать его посланцу, который явится за ним в полночь. Лэньон берет ящик (Пул также получил заказное письмо) и, вернувшись домой, исследует его содержимое. «Когда же я развернул один пакетик, то увидел какую-то кристаллическую соль белого цвета. Флакончик, которым я занялся в следующую очередь, был наполнен до половины кроваво-красной жидкостью — она обладала резким душным запахом и, насколько я мог судить, имела в своем составе фосфор и какой-то эфир. Что еще входило в нее, сказать не могу». В полночь является посыльный: «Как я уже говорил, он был невысок; меня поразило омерзительное выражение его лица, сочетание большой мышечной активности с видимой слабостью телосложения и — в первую очередь — странное, неприятное ощущение, которое возникло у меня при его приближении. Ощущение это напоминало легкий ступор и сопровождалось заметным замедлением пульса». Костюм был ему непомерно велик. Когда доктор Лэньон показал ему ящик, «незнакомец бросился к нему, но вдруг остановился и прижал руку к сердцу. Я услышал, как заскрежетали зубы его сведенных судорогой челюстей, а лицо так страшно исказилось, что я испугался за его рассудок и даже за жизнь.

— Успокойтесь, — сказал я.

Он оглянулся на меня, раздвинув губы в жалкой улыбке, и с решимостью отчаяния сдернул простыню. Увидев содержимое ящика, он испустил всхлипывающий вздох, полный такого невыразимого облегчения, что я окаменел. А затем, уже почти совсем овладев своим голосом, он спросил:

— Нет ли у вас мензурки?

Я встал с некоторым усилием и подал ему просимое.

Он поблагодарил меня кивком и улыбкой, отмерил некоторое количество красной тинктуры и добавил в нее один из порошков. Смесь, которая была сперва красноватого оттенка, по мере растворения кристаллов начала светлеть, с шипением пузыриться и выбрасывать облачка пара. Внезапно процесс этот прекратился, и в тот же момент микстура стала темно-фиолетовой, а потом этот цвет медленно сменился бледно-зеленым. Мой посетитель, внимательно следивший за этими изменениями, улыбнулся, поставил мензурку на стол, а затем пристально посмотрел на меня».

Незнакомец предлагает Лэньону удалиться или остаться при условии, что все им увиденное должно избежать огласки как «врачебная тайна». Лэньон остается.

«— Пусть так, — ответил мой посетитель. — Лэньон, вы помните нашу профессиональную клятву? <...> А теперь... теперь человек, столь долго исповедовавший самые узкие и грубо материальные взгляды, отрицавшие самую возможность трансцендентной медицины, смеявшийся над теми, кто был талантливей, — смотри!

Он поднес мензурку к губам и залпом выпил ее содержимое. Раздался короткий вопль, он покачнулся, зашатался, схватился за стол, глядя перед собой налитыми кровью глазами, судорожно глотая воздух открытым ртом; и вдруг я заметил, что он меняется... становится словно больше... его лицо вдруг почернело, черты расплылись, преобразились — и в следующий миг я вскочил, отпрянул к стене и поднял руку, заслоняясь от этого видения, теряя рассудок от ужаса.

— Боже мой! — вскрикнул я и продолжал твердить "Боже мой!", ибо передо мной, бледный, измученный, ослабевший, шаря перед собой руками, точно человек, воскресший из мертвых, — передо мной стоял Генри Джекил!

Я не решаюсь доверить бумаге то, что он рассказал мне за следующий час. Я видел то, что видел, я слышал то, что слышал, и моя душа была этим растерзана; однако теперь, когда это зрелище уже не стоит перед моими глазами, я спрашиваю себя, верю ли я в то, что было, — и не знаю ответа. <...> Но даже в мыслях я не могу без содрогания обратиться к той бездне гнуснейшей безнравственности, которую открыл мне этот человек, пусть со слезами раскаяния. Я скажу только одно, Аттерсон, но этого (если вы заставите себя поверить) будет достаточно. Тот, кто прокрался ко мне в дом в ту ночь, носил — по собственному признанию Джекила — имя Хайда, и его разыскивали по всей стране как убийцу Кэрью».

Письмо доктора Лэньона оставляет достаточно неопределенности, которая рассеивается по прочтении Аттерсоном «Исчерпывающего объяснения Генри Джекила», замыкающего рассказ. Джекил сообщает, как стремление скрыть свои юношеские развлечения вылилось у него в пагубную привычку к двойной жизни. «Таким образом, я стал тем, чем стал, не из-за своих довольно безобидных недостатков, а из-за бескомпромиссности моих лучших стремлений — те области добра и зла, которые сливаются в противоречиво двойственную природу человека, в моей душе были разделены гораздо более резко и глубоко, чем они разделяются в душах подавляющего большинства людей». Его научные занятия, тяготевшие к области мистического и трансцендентного, в конце концов привели его к уяснению той истины, «что человек на самом деле не един, но двоичен»: «Еще задолго до того, как мои научные изыскания открыли передо мной практическую возможность такого чуда, я с наслаждением, точно заветной мечте, предавался мыслям о полном разделении этих двух элементов. Если бы только, говорил я себе, их можно было расселить в отдельные тела, жизнь освободилась бы от всего, что делает ее невыносимой; дурной близнец пошел бы своим путем, свободный от высоких стремлений и угрызений совести добродетельного двойника, а тот мог бы спокойно и неуклонно идти своей благой стезей, творя добро, согласно своим наклонностям и не опасаясь более позора и кары, которые прежде мог бы навлечь на него соседствовавший с ним носитель зла. Это насильственное соединение в одном пучке двух столь различных прутьев, эта непрерывная борьба двух враждующих близнецов в истерзанной утробе души были извечным проклятием человечества. Но как же их разъединить?»

Далее следует яркое описание того, как доктор Джекил открывает чудодейственный напиток и, отведав его, превращается в мистера Хайда, который «был единственным среди всего человечества чистым воплощением зла»: «Я медлил перед зеркалом не долее минуты — мне предстояло проделать второй и решающий опыт: я должен был проверить, смогу ли я вернуть себе прежнюю личность или мне придется, не дожидаясь рассвета, бежать из дома, переставшего быть моим. Поспешив назад в кабинет, я снова приготовил и испил магическую чашу, снова испытал муки преображения и очнулся уже с характером, телом и лицом Генри Джекила».

Сначала все обстоит благополучно. «Я был первым человеком, которого общество видело облаченным в одежды почтенной добродетели и который мог в мгновение ока сбросить с себя этот временный наряд, и, подобно вырвавшемуся на свободу школьнику, кинуться в море распущенности. Но в отличие от этого школьника мне в моем непроницаемом плаще не грозила опасность быть узнанным. Поймите, я ведь просто не существовал. Стоило мне скрыться за дверью лаборатории, в одну-две секунды смешать и выпить питье — я бдительно следил за тем, чтобы тинктура и порошки всегда были у меня под рукой, — и Эдвард Хайд, что бы он ни натворил, исчез бы, как след дыхания на зеркале, а вместо него в кабинете оказался бы Генри Джекил, человек, который, мирно трудясь у себя дома при свете полночной лампы, мог бы смеяться над любыми подозрениями». Нам почти ничего не сообщается об утехах, которым предается Джекил в образе Хайда, пока совесть его спит глубоким сном; то, что у Джекила было «не очень достойным, но и только», у Хайда превращается в «нечто чудовищное». «Этот фактотум, которого я вызвал из своей собственной души и послал одного искать наслаждений на его лад, был существом по самой своей природе злобным и преступным; каждое его действие, каждая мысль диктовались себялюбием, с животной жадностью он упивался чужими страданиями и не знал жалости, как каменное изваяние». Так мы узнаем о садизме Хайда.

Затем положение начинает ухудшаться. Облекаться в тело Джекила становится все труднее. Порой приходится прибегать к двойной дозе элексира, а как-то раз, рискуя жизнью, даже к тройной. Однажды питье не подействовало вовсе. Через некоторое время, проснувшись утром в своем в доме на площади, Джекил принимается лениво размышлять над тем, почему ему кажется, что он находится не у себя в спальне, а в комнатушке Хайда в Сохо. «Я все еще был занят этими мыслями, как вдруг в одну из минут пробуждения случайно взглянул на свою руку. Как вы сами не раз говорили, рука Генри Джекила по форме и размерам была настоящей рукой врача — крупной, сильной, белой и красивой. Однако лежавшая на одеяле полусжатая в кулак рука, которую я теперь ясно разглядел в желтоватом свете позднего лондонского утра, была худой, жилистой, узловатой, землисто-бледной и густо поросшей жесткими волосами. Это была рука Эдварда Хайда. <...> Да, я лег спать Генри Джекилом, а проснулся Эдвардом Хайдом». Ему удается пробраться в лабораторию и вернуть себе облик доктора Джекила, однако глубокое потрясение, вызванное непроизвольным превращением, приводит его к решению отказаться от двойного существования. «Да, я предпочел пожилого доктора, втайне не удовлетворенного жизнью, но окруженного друзьями и лелеющего благородные надежды; я предпочел его и решительно простился со свободой, относительной юностью, легкой походкой, необузданностью порывов и запретными наслаждениями — со всем тем, чем был мне дорог облик Эдварда Хайда».

Два месяца Джекил свято соблюдает свой обет, однако так и не отказывается от дома в Сохо и не уничтожает одежду Эдварда Хайда, которая лежит наготове у него в лаборатории. И приходит минута душевной слабости: «Мой Дьявол слишком долго изнывал в темнице, и наружу он вырвался с ревом. Я еще не допил своего состава, как уже ощутил неудержимое и яростное желание творить зло». Учтивость сэра Дэнверса Кэрью приводит его в бешенство, и он зверски убивает пожилого джентльмена. Упиваясь восторгом при каждом ударе, он вдруг ощущает в сердце леденящий ужас. «Туман рассеялся, я понял, что мне грозит смерть, и бежал от места своего разгула, ликуя и трепеща одновременно, — удовлетворенная жажда зла наполняла меня радостью, а любовь к жизни была напряжена, как струна скрипки. Я бросился в Сохо и для верности уничтожил бумаги, хранившиеся в моем тамошнем доме; затем я снова вышел на освещенные фонарями улицы все в том же двойственном настроении — я смаковал мое преступление, беззаботно обдумывал, какие еще совершу в будущем, и в то же время продолжал торопливо идти, продолжал прислушиваться, не раздались ли уже позади меня шаги отмстителя. Хайд весело напевал, составляя напиток, и выпил его за здоровье убитого. Но не успели еще стихнуть муки преображения, как Генри Джекил, проливая слезы смиренной благодарности и раскаяния, упал на колени и простер в мольбе руки к небесам».

С чувством облегчения Джекил понимает, что проблема его решена, что он никогда не отважится принять облик Хайда, которому грозит эшафот. Несколько месяцев он ведет полезную и чистую жизнь, однако душевная двойственность по-прежнему остается его проклятием; «...низшая сторона моей натуры, которую я столь долго лелеял и лишь так недавно подавил и сковал, начала злобно бунтовать и требовать выхода». Не рискуя воскрешать Хайда, он начинает потакать тайным грехам уже в собственном обличье. Краткая уступка злу безвозвратно расстроила равновесие его души. Однажды он оказывается в Риджент-парке. «...По моему телу вдруг пробежала судорога, я ощутил мучительную дурноту и ледяной озноб. Затем они прошли, и я почувствовал слабость, а когда оправился, то заметил, что характер моих мыслей меняется и на смену прежнему настроению приходит дерзкая смелость, презрение к опасности, пренебрежение к узам человеческого долга. Я посмотрел на себя и увидел, что одежда повисла мешком на моем съежившемся теле, что рука, лежащая на колене, стала жилистой и волосатой. Я вновь превратился в Эдварда Хайда. За мгновение до этого я был в полной безопасности, окружен уважением, богат, любим — и дома меня ждал накрытый к обеду стол; а теперь я стал изгоем, затравленным, бездомным, я был изобличенным убийцей, добычей виселицы«. Он не может вернуться домой в облике Хайда, и поэтому решает прибегнуть к помощи доктора Лэньона, описавшего этот эпизод в своем письме.

Начиная с этого момента развязка стремительно приближается. Уже на следующее утро, когда доктор Джекил шел по своему двору, его вновь охватила дрожь, предвестница преображения, и, чтобы стать собой, ему пришлось принять двойную дозу. Шесть часов спустя он вновь ощутил знакомые спазмы и должен был воспользоваться питьем еще раз. С этого дня он никогда не чувствовал себя в безопасности и мог сохранять облик Джекила только под непрерывным действием препарата. (Как раз в один из таких моментов, когда Энфилд и Аттерсон, зайдя к доктору во двор, беседовали с ним через окно, их разговор был прерван подоспевшим преображением.) «В любой час дня и ночи по моему телу могла пробежать роковая дрожь, а стоило мне уснуть или хотя бы задремать в кресле, как я просыпался Хайдом. Это вечное ожидание неизбежного и бессонница, на которую я теперь обрек себя, — я и не представлял, что человек может так долго не спать! — превратили меня, Джекила, в снедаемое и опустошаемое лихорадкой существо, обессиленное и телом и духом, занятое одной-единственной мыслью — ужасом перед своим близнецом. Но когда я засыпал или когда кончалось действие препарата, я почти без перехода (с каждым днем спазмы преображения слабели) становился обладателем воображения, полного ужасных образов, души, испепеляемой беспричинной ненавистью, и тела, которое казалось слишком хрупким, чтобы вместить такую бешеную жизненную энергию. Хайд словно обретал мощь по мере того, как Джекил угасал. И ненависть, разделявшая их, теперь была равной с обеих сторон. У Джекила она порождалась инстинктом самосохранения. Он теперь полностью постиг все уродство существа, которое делило с ним некоторые стороны сознания и должно было стать сонаследником его смерти — но вне этих объединяющих звеньев, которые сами по себе составляли наиболее мучительную сторону его несчастья. Хайд, несмотря на всю свою жизненную энергию, представлялся ему не просто порождением ада, но чем-то не причастным органическому миру. Именно это и было самым ужасным: тина преисподней обладала голосом и кричала, аморфный прах двигался и грешил, то, что было мертвым и лишенным формы, присваивало функции жизни. И эта бунтующая мерзость была для него ближе жены, неотъемлемее глаза, она томилась в его теле, как в клетке, и он слышал ее глухое ворчание, чувствовал, как она рвется на свет, а в минуты слабости или под покровом сна она брала верх над ним и вытесняла его из жизни. Ненависть Хайда к Джекилу была иной. Страх перед виселицей постоянно заставлял его совершать временное самоубийство и возвращаться к подчиненному положению компонента, лишаясь статуса личности; но эта необходимость была ему противна, ему было противно уныние, в которое впал теперь Джекил, и его бесило отвращение Джекила к нему. Поэтому он с обезьяньей злобой устраивал мне всяческие гадости: писал моим почерком гнусные кощунства на полях моих книг, жег мои письма, уничтожил портрет моего отца, и только страх смерти удерживал его от того, чтобы навлечь на себя гибель, лишь бы я погиб вместе с ним. Но его любовь к жизни поразительна! Скажу более: я содрогаюсь от омерзения при одной мысли о нем, но, когда я вспоминаю, с какой трепетной страстью он цепляется за жизнь и как он боится моей власти убить его при помощи самоубийства, я начинаю испытывать к нему жалость».

Последний удар судьбы обрушивается на Джекила, когда запасы соли, которой он пользовался, начинают иссякать; он посылает дворецкого купить ее и готовит питье, но цвет меняется всего один раз. Состав не действует. О тщетных поисках нужного препарата Аттерсон узнает от Пула: «Всю эту неделю, вот послушайте, он... оно... ну, то, что поселилось в кабинете, день и ночь требует какое-то лекарство и никак не найдет того, что ему нужно. Раньше он — хозяин то есть — имел привычку писать на листке, что ему было нужно, и выбрасывать листок на лестницу. Так вот, всю эту неделю мы ничего, кроме листков, не видели — ничего, только листки да закрытую дверь; даже еду оставляли на лестнице, чтобы никто не видел, как ее заберут в кабинет. Так вот, сэр, каждый день по два, по три раза на дню только и были, что приказы да жалобы, и я обегал всех лондонских аптекарей. Чуть я принесу это снадобье, так тотчас нахожу еще листок с распоряжением вернуть его аптекарю, — дескать, оно с примесями, — и обратиться еще к одной фирме. Очень там это снадобье нужно, сэр, а уж для чего — неизвестно.

— А у вас сохранились эти листки? — спросил мистер Аттерсон.

Пул пошарил по карманам и вытащил скомканную записку, которую нотариус, нагнувшись поближе к свече, начал внимательно разглядывать. Содержание ее было таково: "Доктор Джекил с почтением заверяет фирму Мау, что последний образчик содержит примеси и совершенно непригоден для его целей. В 18... году доктор Джекил приобрел у их фирмы большую партию этого препарата. Теперь он просит со всем тщанием проверить, не осталось ли у них препарата точно такого же состава, каковой и просит выслать ему немедленно. Цена не имеет значения. Доктору Джекилу крайне важно получить этот препарат". До этой фразы тон письма был достаточно деловым, но тут, как свидетельствовали чернильные брызги, пишущий уже не мог совладать со своим волнением. "Ради всего святого, — добавлял он, — разыщите для меня старый препарат!"

— Странное письмо, — задумчиво произнес мистер Аттерсон и тут же резко спросил: — А почему оно вскрыто?

— Приказчик у Мау очень рассердился, сэр, и швырнул его мне прямо в лицо, — ответил Пул».

Наконец доктор Джекил убеждается, что в той соли, которой он пользовался, была какая-то неведомая примесь, сообщавшая питью силу, и что ему не удастся возобновить ее запасы; тогда он принимается писать свою исповедь и неделей позже заканчивает ее, находясь под воздействием последнего из прежних порошков. «Если не случится чуда, значит, Генри Джекил в последний раз мыслит как Генри Джекил, и в последний раз видит в зеркале свое лицо (увы, изменившееся до неузнаваемости!)». Он спешит, опасаясь, что внезапное преображение застанет его врасплох и Хайд разорвет исповедь в клочки. «Через полчаса, когда я вновь и уже навеки облекусь в эту ненавистную личину, я знаю, что буду, дрожа и рыдая, сидеть в кресле или, весь превратившись в испуганный слух, примусь без конца расхаживать по кабинету (моему последнему приюту на земле) и ждать, ждать, что вот-вот раздадутся звуки, предвещающие конец. Умрет ли Хайд на эшафоте? Или в последнюю минуту у него хватит мужества избавить себя от этой судьбы? Это ведомо одному Богу, а для меня не имеет никакого значения: час моей настоящей смерти уже наступил, дальнейшее же касается не меня, а другого. Сейчас, отложив перо, я запечатаю мою исповедь, и этим завершит свою жизнь злополучный

Генри Джекил».

* * *

Я хотел бы сказать несколько слов о последних минутах Стивенсона. Как вам уже известно, я не из тех, кто выуживает интересующие публику подробности из биографии писателя, когда речь идет о книгах. Такие подробности не по моей части, как любил говорить Вронский[1]. Но, как гласит латинская пословица, у книг своя судьба, и порою судьба писателей повторяет судьбу персонажей их книг. Так случилось с Толстым, который в 1910 году, покинув семью и дом, умер в комнате начальника станции под грохот колес, раздавивших Анну Каренину. И в смерти Стивенсона на Самоа в 1894 году есть нечто, странным образом перекликающееся с темой вина и темой преображения в этой его фантастической повести. Он спустился в погреб за бутылкой любимого бургундского, откупорил ее на кухне и вдруг крикнул жене: «Что со мной? Что за странное чувство? Мое лицо изменилось?» — и упал. Кровоизлияние в мозг. Через два часа его не стало.

Мое лицо изменилось? Протягивается загадочная тематическая связь между последним эпизодом жизни Стивенсона и роковыми преображениями в его восхитительной книге.

---

[1] У Толстого («Анна Каренина») Вронский говорит это по-английски — not in my line.

МАРСЕЛЬ ПРУСТ

1871–1922

«В СТОРОНУ СВАНА» (1913)

Великий роман Пруста «В поисках утраченного времени» состоит из следующих семи частей:
«В сторону Свана»,
«Под сенью девушек в цвету»,
«У Германтов»,
«Содом и Гоморра»,
«Пленница»,
«Исчезнувшая Альбертина»,
«Обретенное время».

Эти семь частей, вышедшие на французском в пятнадцати томах между 1913 и 1927 годами, составляют в английском варианте 4000 страниц, или почти полтора миллиона слов. Роман охватывает более полувека: с 1840 до 1915-го, до Первой мировой войны, и список действующих в нем лиц превышает две сотни. Приблизительно говоря, изобретенное Прустом общество относится к началу 90-х годов.

Пруст начал книгу осенью 1906 года в Париже и закончил первый черновик в 1912-м. Потом он почти все переделал и не оставлял переписывания и правки до самой смерти в 1922 году. Вся книга сводится к поискам клада, где кладом служит время, а тайником — прошлое: таков внутренний смысл заглавия «В поисках утраченного времени». Переход впечатлений в чувства, приливы и отливы памяти, волны страстей (вожделение, ревность, творческий восторг) — вот предмет огромного и при этом исключительно ясного и прозрачного произведения.

В юности Пруст изучал философию Анри Бергсона (1859—1941). Основные идеи Пруста относительно потока времени связаны с непрерывной эволюцией личности, с невиданными богатствами нашего бессознательного, которыми можно завладеть только с помощью интуиции, памяти, непроизвольных ассоциаций; а также подчинения простого рассудка гению внутреннего вдохновения и взгляда на искусство как на единственную реальность мира; произведения Пруста суть иллюстрированное издание учения Бергсона. Жан Кокто назвал его книгу «гигантской миниатюрой, полной миражей, висячих садов, игр между пространством и временем».

Усвойте раз и навсегда: эта книга не автобиография; рассказчик — это не Пруст собственной персоной, а остальные герои не существовали нигде, кроме как в воображении автора. Не будем поэтому вдаваться в жизнь писателя. Она в данном случае ничего не значит и только затуманит предмет разговора, прежде всего потому, что рассказчик и автор во многом схожи и вращаются примерно в одинаковой среде.

Пруст — призма. Его или ее единственная задача — преломлять и, преломляя, воссоздавать мир, какой видишь, обернувшись назад. И сам мир, и его обитатели не имеют ни социального, ни исторического значения. Им выпало быть теми, кого газеты называют людьми света, праздными господами, богатыми безработными. Их профессии, применение и результаты которых нам видны, относятся к искусству или к науке. У призматических людей Пруста нет работы: их работа — развлекать писателя. Они столь же вольны предаваться беседе и наслаждениям, как те римские патриции, которые на наших глазах полулежат у ломящихся от фруктов столов или гуляют, развлекаясь возвышенной беседой по расписным полам, но никогда мы не увидим их в конторе или на судоверфи.

Как заметил французский критик Арно Дандье, «В поисках утраченного времени» — это заклинание, а не описание прошлого. Возможны, продолжает он, эти заклинания постольку, поскольку на свет вынесены отборные мгновения, вереница иллюстраций, образов. И действительно, пишет он в заключение, вся огромная книга не что иное, как огромное сравнение, вращающееся вокруг слов «как если бы»[1]. Ключом к воссозданию прошлого оказывается ключ искусства. Охота за кладом счастливо завершается в гроте, наполненном мелодиями, в храме, украшенном витражами. Боги признанных религий отсутствуют или — так, наверное, будет точнее — растворены в искусстве.

Поверхностному читателю книги Пруста — что, впрочем, звучит нелепо, поскольку такой читатель так устанет, так наглотается собственной зевоты, что никогда не дойдет до конца, — неопытному, скажем так, читателю могло бы показаться, что одна из главных забот рассказчика — изучить ответвления и союзы, связующие разные дома знати, и что он испытывает странную радость, узнавая в человеке, которого он считал невзрачным дельцом, завсегдатая высшего общества, или слыша о каком-нибудь нашумевшем браке, связавшем две семьи так, как он не смел и вообразить. Прямолинейный читатель, вероятно, заключит, что основное действие книги состоит в череде званых вечеров — например, обед занимает полтораста страниц, вечерний прием — полкниги. В первой части романа попадаешь в салон госпожи Вердюрен в дни, когда его завсегдатаем был Сван, и на званый вечер к госпоже де Сент-Эверт, на котором Сван впервые понимает безнадежность своей страсти к Одетте; затем, в следующих томах, появляются другие гостиные, другие приемы, званый обед у госпожи де Германт, концерт у госпожи Вердюрен и финальный прием в том же доме у той же дамы, ставшей теперь принцессой Германтской по мужу, — тот финальный прием в последнем томе, в «Обретенном времени», где рассказчик замечает перемены, начертанные временем на всех его друзьях, и, пораженный электрическим разрядом вдохновения, даже несколькими разрядами, решает немедля приняться за работу над книгой, за восстановление прошлого.

Как раз в это последнее мгновение соблазнительно

---

[1] Миддлтон Марри писал, что, если хочешь быть точным, нужно прибегать к метафорам. — *В. Н.*

было бы сказать, что рассказчик — это сам Пруст, что это он — глаза и уши книги. Но ответ остается отрицательным. Книга, которую будто бы пишет рассказчик в книге Пруста, все-таки остается книгой в книге и не вполне совпадает с «Поисками утраченного времени», равно как и рассказчик не вполне Пруст. Здесь фокус смещается так, чтобы возникла радуга на гранях — на гранях того собственно прустовского кристалла, сквозь который мы читаем книгу. Она не зеркало нравов, не автобиография, не исторический очерк. Это чистая выдумка Пруста, как «Анна Каренина» Толстого или «Превращение» Кафки и как Корнеллский университет превратится в выдумку, случись мне когда-нибудь описать его. Повествователь в книге — один из ее персонажей по имени Марсель. Иными словами, есть Марсель-соглядатай и есть Пруст-автор. Внутри романа, в последнем томе, рассказчик Марсель воображает тот идеальный роман, который собирается написать. Книга Пруста всего лишь копия этого идеального романа, зато какая копия!

***

«В сторону Свана» («Путь Свана») надо разглядывать под верным углом, то есть соотнося со всей книгой, как это и было задумано Прустом. Чтобы полностью понять первый том, мы должны сперва вместе с рассказчиком отправиться на прием в последнем томе. Менее бегло это будет предпринято позже, а сейчас следует прислушаться к словам Марселя, сказанным, когда он начинает разбираться в своих озарениях. «То, что мы зовем реальностью, есть определенное соотношение ощущений и воспоминаний, одновременно обступающих нас, единственное подлинное соотношение, которое должен уловить писатель, чтобы суметь навеки связать своей фразой два его различных элемента. Можно в нескончаемых описаниях перечислять имеющиеся в данном месте предметы, но правда начнется, только когда писатель возьмет два разных предмета и заключит их в неотменимые оковы своего искусства, или даже когда, подобно самой жизни, сравнив сходные качества двух ощущений, он заставит проявиться их природную сущность, соединив их в одной метафоре, чтобы избавить от случайностей времени, и свяжет их с помощью вневременных слов. Если глядеть с этой точки зрения на истинный путь искусства (*спрашивает себя Марсель. — В. Н.*), то не была ли его источником сама природа, которая так часто позволяла мне осознать красоту чего-то лишь долгое время спустя и лишь с помощью чего-то иного — полдень в Комбре с помощью вспомнившегося звука его колоколов и запаха его цветов».

Упоминание Комбре вводит важную тему двух прогулок. Роман вместил семь частей (семь частей, как семь дней творения, но без воскресного отдыха), и на протяжении всего повествования рассказчик держит в поле зрения две эти прогулки, на которые он ребенком обычно отправлялся в городке Комбре; один маршрут — в сторону Мезеглиз, мимо имения Свана Тансонвиль, и второй — в сторону загородного дома Германтов. Все повествование, растянувшееся на пятнадцать томов французского издания, исследует людей, так или иначе связанных с двумя детскими прогулками. В частности, горе рассказчика, не дождавшегося материнского поцелуя, предвосхищает горе и любовь Свана; а детская любовь к Жильберте и потом главный его роман с девушкой по имени Альбертина суть расширения романа, бывшего у Свана с Одеттой. Но у двух прогулок есть и дополнительное значение. Как пишет в «Введении к Прусту» (1940) Деррик Леон, «Марсель не сознает, пока не видит две прогулки своего детства соединенными во внучке Свана (дочери Жильберты), что доли, на которые мы дробим жизнь, совершенно произвольны и отвечают не какой-либо из сторон жизни, а лишь ущербному зрению, каким мы ее воспринимаем. Раздельные миры госпожи Вердюрен, госпожи Сван и госпожи де Германт являются, в сущности, одним миром, и только снобизм или какая-то социальная неурядица когда-то их разделили. Один мир они образуют не потому, что госпожа Вердюрен в конце концов выходит за принца Германтского, не потому, что дочь Свана оказывается женой племянника госпожи де Германт, и не потому, что Одетта увенчает свою карьеру связью с господином де Германтом, а потому, что все они вращаются на орбитах, образованным схожими силами, а именно: автоматизмом, поверхностностью, машинальностью бытия», что уже знакомо нам по сочинениям Толстого.

* * *

Напомню, что стиль — это манера писателя, та особая манера, которая отличает его от остальных писателей. Выбери я сейчас три отрывка из трех разных авторов, которых вы знаете, и причем так, чтобы ничто в содержании не было подсказкой, — и вы воскликнете с восторгом узнавания: «Это Гоголь, это Стивенсон, а это, надо же, Пруст!» — решение ваше будет основано на разительных отличиях стиля. В стиле Пруста особенно отчетливо видны три элемента:

1. Богатство метафорической образности, многослойные сравнения. Именно сквозь эту призму мы созерцаем красоту книги Пруста. В разговоре о Прусте термин «метафора» часто используется в широком смысле, как синоним для смешанной формы[1] или для сопоставления вообще, поскольку у него сравнения постоянно перетекают в метафору и обратно, с преобладанием метафоры.

2. Склонность распространять и заполнять предложение до предельной полноты и длины, заталкивать в чулок предложения неимоверное множество вставных фраз и придаточных, подчиненных и соподчиненных предложений. По словесной щедрости он настоящий Санта-Клаус.

3. Для прежних романистов привычно четкое деление на описательные части и диалоги: отрывок описательного характера сменяет диалог и т. д. Разумеется, такой метод и по сей день применяется в литературе расхожей, литературе второго и третьего сорта, продающейся в бутылках, и в низкосортной литературе, идущей в розлив. Но у Пруста разговоры и описания претворяются друг в друга, образуя новое единство, где цветок, и лист, и жук принадлежат одному и тому же цветущему дереву.

---
[1] В. Н. приводит для простого сравнения пример: "Туман был словно покров"; для простой метафоры — "покров тумана", а для смешанного сравнения, сочетающего сравнение и метафору, — "покров тумана был словно сон молчания"». — *Фр. Б.*

«Давно уже я стал ложиться рано»[1]. Фраза, открывающая книгу, служит ключом к теме, в центре которой — спальня чувствительного мальчика. Он пытается уснуть. «До меня доносились свистки поездов, более или менее отдаленные, и, отмечая расстояние, подобно пению птицы в лесу, они рисовали мне простор пустынного поля, по которому путешественник спешит к ближайшей станции; и глухая дорога, по которой он идет, запечатлеется в его памяти благодаря возбуждению, которым он обязан незнакомым местам, непривычным действиям, недавнему разговору и прощанию под чуждым фонарем, все еще сопровождающим его в молчании ночи, и близкой радости возвращения». Свистки поезда отмечают расстояние, подобно пению птицы в лесу, — дополнительное уподобление, внутреннее сравнение, типичный прием Пруста, добавляющего к картине все возможные цвет и силу. Дальше идея поезда логически развивается, переходит к описанию путешественника и его переживаний. Такое развертывание образа — любимый прием Пруста. Оно отличается от бессвязных сравнений Гоголя и своей логикой, и своей поэзией. Сравнение у Гоголя всегда гротеск, пародия на Гомера, его метафоры близки к бреду, а прустовские — к мечтам.

Немного погодя во сне мальчика происходит метафорическое сотворение женщины. «Иногда, подобно Еве, родившейся из ребра Адама, во время моего сна рождалась женщина из неудобного положения, в котором я лежал. <...> Тело мое, чувствовавшее в ее теле мою собственную теплоту, хотело соединиться с ней, и я просыпался. Остальные люди казались мне чем-то очень далеким рядом с этой женщиной, покинутой мною всего несколько мгновений тому назад; щека моя еще пылала от ее поцелуя, тело было утомлено тяжестью ее тела. Если, как это случалось иногда, у нее бывали черты какой-нибудь женщины, с которой я был знаком наяву, я готов был всего себя отдать для достижения единственной цели: вновь найти ее, подобно тем людям, что отправляются в путешествие, чтобы увидеть собствен-

---

[1] Учитывая неоднократно декларированные В.Н. переводческие установки, близкие «буквализму» отечественных переводов 1930-х гг., здесь и далее первый том романа цитируется по изданию: *Пруст М.* В поисках за утраченным временем / Пер. А. Франковского. — Л., 1934. — Ч. 1: В сторону Свана. Цитаты из романа «Обретенное время» — в переводе Г. Дашевского. — *Примеч. ред. рус. текста.*

ными глазами какой-нибудь желанный город, и воображают, будто можно насладиться в действительности прелестью грезы. Мало-помалу воспоминание о ней рассеивалось, я забывал деву моего сновидения». Снова перед нами прием развертывания: поиски женщины уподоблены путешествиям и так далее. Случайные поиски, посещения, разочарования создают одну из основных тем всей книги.

Бывает, что развертывание в одном периоде охватывает целые годы. От видящего сон, пробуждающегося, снова засыпающего мальчика мы незаметно переходим к его взрослым привычкам засыпать и пробуждаться, ко времени его рассказа. «Во время сна человек держит вокруг себя нить часов, порядок лет и миров. Он инстинктивно справляется с ними, просыпаясь, в одну секунду угадывает пункт земного шара, который он занимает, и время, протекшее до его пробуждения. <...> Но достаточно бывало, чтобы, в моей собственной постели, сон мой был глубоким и давал полный отдых моему уму; тогда этот последний терял план места, в котором я заснул, и когда я просыпался среди ночи, то, не соображая, где я, я не сознавал также в первое мгновение, кто я такой; у меня бывало только, в его первоначальной простоте, чувство существования, как оно может брезжить в глубине животного; я бывал более свободным от культурного достояния, чем пещерный человек; но тогда воспоминание — еще не воспоминание места, где я находился, но нескольких мест, где я живал и где мог бы находиться, — приходило ко мне, как помощь свыше, чтобы извлечь меня из небытия, из которого я бы не мог выбраться собственными усилиями...»

Тогда включалась телесная память и тело «старалось, по форме своей усталости, определить положение своих членов, чтобы заключить на основании его о направлении стены, о месте предметов обстановки, чтобы воссоздать и назвать жилище, в котором оно находилось. Память его, память его боков, колен, плеч, последовательно рисовала ему несколько комнат, в которых оно спало, между тем как вокруг него, меняя место соответственно форме воображаемой комнаты, вращались в потемках невидимые стены. И прежде даже, чем мое сознание, которое стояло в нерешительности на пороге времен и форм, успевало отожествить помещение, сопоставляя обстоятельства, оно — мое тело — припоминало для каждого род кровати, место дверей, расположение окон, направление коридора, вместе с мыслями, которые были у меня, когда я засыпал, и которые я снова находил при пробуждении». Мы проходим анфиладу комнат и метафор. На мгновение он снова становится ребенком в широкой кровати с балдахином, и «тотчас я говорил себе: "Вот как, я не выдержал и уснул, хотя мама не пришла пожелать мне покойной ночи"». В такие минуты он возвращался в деревню, к своему давно умершему дедушке. Затем он попадает в дом Жильберты (ныне госпожи де Сен-Лу), некогда принадлежавший Свану, в Тансонвиле, в череду летних и зимних комнат. Наконец он по-настоящему просыпается, уже взрослым человеком, возвращаясь в настоящее, в свой парижский дом, но память уже пущена в ход: «Обыкновенно я не пытался заснуть сразу же после этого; я проводил бо́льшую часть ночи в воспоминаниях о нашей прежней жизни — в Комбре у моей двоюродной бабушки, в Бальбеке, в Париже, в Донсьере, в Венеции и в других городах, припоминая места и людей, которых я знал там, то, что я сам видел из их жизни, и то, что мне рассказывали другие».

А вспомнив Комбре, он снова возвращается в детство, во времена, о которых рассказывает: «В Комбре, задолго до момента, когда мне нужно было ложиться в постель и оставаться без сна, вдали от матери и бабушки, моя спальня каждый вечер становилась пунктом, на котором сосредоточивались самые мучительные мои заботы». Когда он бывал особенно удручен, предобеденное время коротали за волшебным фонарем, показывавшим средневековую сказку о злодее Голо и доброй Женевьеве Брабантской (предвестнице герцогини Германтской). «Ход», или «номер», волшебного фонаря через лампу в столовой соединяется с маленькой гостиной, где собиралась семья ненастными вечерами, затем дождь служит поводом представить читателям бабушку — самое благородное и трогательное лицо в книге, защитницу прогулок по мокрому саду. Появляется Сван: «К нам доносился с конца сада негромкий и заливчатый звон бубенчика, окроплявший и оглушавший своим металлическим, неиссякаемым и ледяным дребезжанием всех домашних, входивших и отворявших калитку "не позвонившись", но двукратное робкое, овальное и золотистое, звяканье колокольчика для чужих <...> и вскоре дедушка говорил: "Узнаю голос Свана". <...> Г-н Сван, несмотря на большую разницу лет, был очень близок с моим дедушкой, являвшимся одним из лучших друзей его отца, человека превосходного, но странного, которому, казалось, достаточно было иногда самого ничтожного пустяка, чтобы охладить его сердечный порыв или изменить течение мысли». Сван — светский человек, знаток искусства, изысканный парижанин, любимец высшего общества, но его друзья в Комбре, семья рассказчика, и не подозревают о его положении и считают просто сыном биржевого маклера, их давнего друга. К существенным характеристикам романа относится разность способов, какими одного человека видят разные глаза; скажем, призма предрассудков, сквозь которую глядит на Свана двоюродная бабушка Марселя: «Однажды, придя к нам в Париже в гости откуда-то с обеда, Сван извинился, что был во фраке; когда Франсуаза [кухарка] сообщила после его ухода, со слов его кучера, что он обедал "у одной принцессы", — "Да, у принцессы полусвета!" — с веселой иронией ответила моя двоюродная бабушка, пожимая плечами и не поднимая глаз со своего рукоделия».

Есть одно существенное различие в обращении Джойса и Пруста с персонажами. Джойс берет законченный, подлинный образ человека, известный Богу, известный Джойсу, разбивает его вдребезги и рассеивает осколки по пространству-времени своей книги. Мастера перечитывания собирают по кусочкам эту головоломку и постепенно складывают ее заново. Пруст, напротив, утверждает, что характер, личность нельзя узнать с окончательной, непреложной точностью. Он не дробит личность, а показывает, как она отзывается в сознании других персонажей. И он надеется, изобразив ряд таких призм и теней, объединить их в художественную реальность.

Вступление завершается рассказом Марселя о его отчаянии, когда приход гостей вынуждал его говорить «спокойной ночи» внизу и мать не поднималась к нему в спальню поцеловать на ночь; и собственно повествование начинается с одного из визитов Свана: «Мы все были в саду, когда раздались два робких звяканья колокольчика. Мы знали, что это был Сван; тем не менее все переглянулись с вопросительным видом и послали на разведку бабушку». Метафора поцелуя сложна и пройдет через всю книгу. «Я не спускал глаз с мамы, зная, что мне не разрешат оставаться за столом до конца обеда и что, не желая причинять неудовольствие отцу, мама не позволит мне поцеловать ее несколько раз подряд на глазах у всех, как я делал это в своей комнате. По этой причине я решил заранее приготовиться к этому поцелую, который будет таким кратким и мимолетным, когда буду сидеть в столовой за обеденным столом и почувствую приближение часа прощанья; решил сделать из него все, что мог сделать собственными силами: выбрать глазами местечко на щеке, которое я поцелую, и настроиться на соответственный лад с целью иметь возможность, благодаря этому мысленному началу поцелуя, посвятить всю ту минуту, которую согласится уделить мне мама, на ощущение ее щеки у моих губ, подобно художнику, который, будучи ограничен кратковременными сеансами, заранее приготовляет свою палитру и делает по памяти, на основании прежних эскизов, все то, для чего ему не нужно, строго говоря, присутствие модели. Но вот, еще до звонка к обеду, дедушка совершил бессознательную жестокость, сказав: "У малыша утомленный вид, ему нужно идти спать. К тому же сегодня обед будет поздно". <...> Я хотел поцеловать маму, но в этот момент раздался звонок, приглашавший к обеду. "Нет, нет, оставь мать в покое, довольно будет тебе пожелать ей покойной ночи, эти нежности смешны. Ну, ступай же!"»

Муки, испытанные юным Марселем, записка, которую он пишет матери, предвкушение и слезы, когда она не приходит, открывают тему отчаянной ревности, от которой он будет страдать, так что устанавливается прямая связь между его переживаниями и переживаниями Свана. Ему кажется, что Сван рассмеялся бы от души, случись ему прочитать переданное матери письмо, «между тем, напротив, как я узнал об этом позже, тоска, подобная моей, была мукой долгих лет его жизни, и никто, может быть, не способен был бы понять меня так хорошо, как он; тоску эту, которую испытываешь, думая, что любимое существо веселится где-то, где тебя нет, куда ты не можешь пойти, — эту тоску дала ему познать любовь, любовь, для которой она как бы предназначена, которая внесет в нее определенность, придаст ей настоящее ее лицо. <...> И радость, которую я почувствовал, совершая свой первый опыт, когда Франсуаза вернулась сказать мне, что письмо мое будет передано, — Сван тоже изведал ее, эту обманчивую радость, доставляемую нам каким-нибудь другом, каким-нибудь родственником любимой нами женщины, когда, подходя к гостинице или театру, где она находится, направляясь на какой-нибудь бал, вечеринку или премьеру, где он встретится с ней, друг этот замечает, как мы блуждаем у подъезда в тщетном ожидании какого-нибудь случая снестись с нею. Он узнает нас, запросто подходит к нам, спрашивает нас, что мы здесь делаем. И когда мы выдумываем, будто нам нужно сказать его родственнице или знакомой нечто крайне нужное, он уверяет нас, что нет ничего проще, приглашает нас войти в вестибюль и обещает прислать ее к нам через пять минут. <...> Увы! Сван по опыту знал, что добрые намерения третьего лица не властны над женщиной, раздраженной тем, что ее преследует и не дает ей покоя даже на празднике человек, которого она не любит. Часто друг спускается обратно один.

Мама не пришла и, пренебрегая моим самолюбием (весьма чувствительным к тому, чтобы басня о поисках, результат которых она будто бы просила меня сообщить ей, не была разоблачена), велела Франсуазе передать мне: "Ответа нет". Впоследствии мне часто приходилось слышать, как швейцары шикарных гостиниц или лакеи увеселительных заведений передавали эти слова какой-нибудь бедной девушке, которая изумлялась: "Как, он ничего не сказал, но ведь это невозможно! Вы же передали мое письмо. Ну хорошо, я подожду еще". И —подобно тому, как она неизменно уверяет, что ей вовсе не нужен добавочный газовый рожок, который швейцар хочет зажечь для нее, и остается ждать, слыша только, как изредка обмениваются между собой замечаниями о погоде швейцар и лакей и как швейцар, видя приближение назначенного часа, вдруг посылает лакея освежить во льду напиток одного из постояльцев, — отклонив предложение Франсуазы приготовить мне настойку или остаться подле меня, я позволил ей возвратиться в буфетную, лег в постель и закрыл глаза, стараясь не слышать голосов моих родных, пивших кофе в саду».

За этим эпизодом следует описание лунного света и тишины, которое великолепно иллюстрирует разработку одной метафоры внутри другой у Пруста.

Мальчик отворяет окно и садится на край кровати, боясь шевельнуться от страха, что его услышат внизу. 1. «На дворе предметы, казалось, тоже застыли в немом внимании». 2. Они словно боялись «потревожить лунный свет». 3. А что делал лунный свет? Лунный свет удваивал предметы и словно отсовывал их вглубь, спереди вытягивая тени. Какие именно тени? Которые казались «более плотными или вещественными, чем сам предмет». 4. В итоге лунный свет «сделал пейзаж тоньше и в то же время вытянул его подобно развернутому чертежу, сложенному раньше в виде гармоники» *(дополнительное сравнение)*. 5. Что-то двигалось: «То, что ощущало потребность в движении, например листва каштана, шевелилось. Но мелкий ее трепет *(какой именно трепет?)*, охватывавший ее всю целиком и выполненный, вплоть до нежнейших нюансов, с безупречным изяществом *(какой он искусник, этот трепет)*, не распространялся на окружающее, не смешивался с ним, оставался ограниченным в пространстве» — потому что был облит светом луны, а остальное укрывалось в тени. 6. Тишина и отдаленные звуки. Дальние звуки вели себя по отношению к покрову тишины так же, как клочок освещенной луною трепещущей листвы — по отношению к бархату мрака. Самые отдаленные шумы, исходившие «из садов, расположенных на другом конце города, воспринимались во всех своих деталях с такой законченностью, что, казалось, этим эффектом дальности *(следует дополнительное сравнение)* они обязаны только своему pianissimo *(снова дополнительное сравнение)*, подобно тем мотивам под сурдинку, так хорошо исполняемым оркестром консерватории, которые, несмотря на то что для слушателей не пропадает ни одна их нота *(описание мотивов),* кажутся, однако, доносящимися откуда-то издалека и при восприятии которых все старые абоненты *(мы уже сидим в концертном зале),* — а также сестры моей бабушки, когда Сван уступал им свои места, — напрягали слух, как если бы *(последнее сравнение)* они слышали отдаленное движение марширующей колонны, еще не повернувшей на улицу Тревиз».

Живописные эффекты лунного света меняются вместе с эпохой и писателем. Между сочинившим приведенное описание около 1910 года Прустом и Гоголем, написавшим «Мертвые души» в 1840-м, есть сходство. Но у Пруста система метафор усложнена, и она — поэзия, а не гротеск. Описывая лунный сад, и Гоголь прибегнул бы к роскошной образности, но его заплетающиеся сравнения свернули бы на дорогу гротескных гипербол с привкусом иррациональной бессмыслицы. Он, скажем, сравнил бы лунный свет с бельем, упавшим с веревки, как он и делает где-то в «Мертвых душах»; но здесь он бы свернул в сторону и сказал, что пятна света на земле походили на простыни и рубахи, которые сбросил и разметал ветер, пока прачка покойно спала, и снились ей мыльная пена, крахмал и чу́дная новая сорочка, что купила себе невестка. В случае же Пруста примечательно прежде всего смещение от идеи бледного света к идее дальней музыки — зрение перетекает в слух.

Был, правда, предшественник и у Пруста. Во второй главе третьей части второго тома «Войны и мира» Толстого князь Андрей ночует в имении у знакомого, графа Ростова. Ему не спится. «Князь Андрей встал и подошел к окну, чтобы отворить его. Как только он открыл ставни, лунный свет, как будто он настороже у окна давно ждал этого, ворвался в комнату. Он отворил окно. Ночь была свежая и неподвижно-светлая. Перед самым окном был ряд подстриженных дерев, черных с одной и серебристо-освещенных с другой стороны. <...> Далее за черными деревами была какая-то блестящая росой крыша, правее большое кудрявое дерево с ярко-белым стволом и сучьями, и выше его почти полная луна на светлом, почти беззвездном весеннем небе».

В комнатах наверху он услышал два женских голоса, повторявших какую-то музыкальную фразу. Он сразу узнал голос Наташи Ростовой. Немного погодя Наташа «высунулась в окно, потому что слышно было шуршанье ее платья и даже дыханье. Все затихло и окаменело, как и луна и ее свет и тени».

Пруст предугадан у Толстого в трех пунктах:

1. Застывший в ожидании, лежащий в засаде лунный свет (трогательное заблуждение). Красота, ласковое существо, готовое ринуться к тебе, как только его заметишь.

2. Отчетливость картины, твердой рукой травленный в черни и серебре пейзаж, без банальных фраз и заемных лун. Все подлинно, неподдельно, прочувствованно.

3. Тесная связь видимого и слышимого, отблесков и отголосков, зрения и слуха.

Сравните эти пункты с развитием образа у Пруста. Обратите внимание на тщательную отделку лунного света, на тени, выдвинутые вперед, к свету, словно ящики из комода, на отдаленность, на музыку.

Разные слои и уровни смысла в метафорах самого Пруста любопытным образом проясняются в описании метода, каким его бабушка выбирала подарки. *(Первый слой.)* «Ей очень хотелось, чтобы в моей комнате висели фотографии старинных зданий и красивых пейзажей. Но, хотя бы изображаемое на них имело эстетическую ценность, она, совершая покупку, находила, что механический способ репродукции, фотография, в очень сильной степени придает вещам пошловатую, утилитарную окраску. *(Второй слой.)* Она пускалась на хитрости и пыталась если не вовсе изгнать коммерческую банальность, то, по крайней мере, свести ее к минимуму, заменить ее в большей своей части художественным элементом, ввести в приобретаемую ею репродукцию как бы несколько "слоев" искусства: она осведомлялась у Свана, не писал ли какой-нибудь крупный художник Шартрский собор, Большие фонтаны Сен-Клу, Везувий, и, вместо фотографий этих мест, предпочитала дарить мне фотографии картин: «Шартрский собор»

Коро, «Большие фонтаны Сен-Клу» Гюбера Робера, «Везувий» Тернера, отчего художественная ценность репродукции повышалась. *(Третий слой.)* Но хотя фотограф не участвовал здесь в интерпретации шедевра искусства или красот природы и его заменил крупный художник, однако без него дело все же не обходилось при воспроизведении самой этой интерпретации. В своем стремлении по возможности изгнать всякий элемент вульгарности бабушка старалась добиться еще более ощутительных результатов. Она спрашивала у Свана, нет ли гравюр с интересующего ее произведения искусства *(четвертый слой),* предпочитая, когда это было возможно, гравюры старинные и представляющие интерес не только сами по себе, например гравюры, изображающие какой-нибудь шедевр в таком состоянии, в котором мы больше не можем его видеть в настоящее время (подобно гравюре Моргена с «Тайной вечери» Леонардо, сделанной до разрушения картины)». Тому же методу она следовала, выбирая в подарок антикварную мебель, или давая Марселю старомодные, полувековой давности романы Жорж Санд (1804—1876).

Мать, читающая ему вслух эти романы Жорж Санд, завершает первую тему часов в постели. Первые шестьдесят страниц английской версии являются законченным целым и содержат почти все элементы стиля, какие есть в романе. Деррик Леон отмечает: «Обогащенная его замечательной и широкой культурой, глубокой любовью и пониманием классической литературы, музыки и живописи, вся книга обнаруживает роскошь сравнений, взятых с равной уместностью и легкостью из биологии, физики, ботаники, медицины, математики, чему не перестаешь изумляться и восхищаться».

* * *

И следующие шесть страниц образуют законченный эпизод или тему, которая, в сущности, служит предисловием к комбрейской части романного повествования. В эпизоде, достойном заглавия «Чудо Липового Чая», происходит знаменитое опознание мадлены. Он начинается с итоговой метафоры первой темы — темы засыпания и пробуждения: «И вот давно уже, просыпаясь ночью и вспоминая Комбре, я никогда не видел ничего, кроме этого ярко освещенного куска, выделявшегося посредине непроглядной тьмы, подобно тем отрезкам, что яркая вспышка бенгальского огня или электрический прожектор освещают и выделяют на какой-нибудь постройке, все остальные части которой остаются погруженными во мрак: на довольно широком основании маленькая гостиная, столовая, начало темной аллеи, из которой появится господин Сван, невольный виновник моих страданий, передняя, где я направлялся к первой ступеньке лестницы, по которой мне было так мучительно подниматься и которая одна составляла очень узкое тело этой неправильной пирамиды; а на вершине ее моя спальня с маленьким коридором и стеклянной дверью, через которую приходила мама...»

Не забудьте, что смысл таких воспоминаний, хоть их число и умножается, пока что ускользает от рассказчика. «Потерянный труд пытаться вызвать его *(прошлое)*, все усилия нашего рассудка оказываются бесплодными. Оно схоронено за пределами его ведения, в области, недостижимой для него, в каком-нибудь материальном предмете (в ощущении, которое вызвал бы у нас этот материальный предмет), где мы никак не предполагали его найти. От случая зависит, встретим ли мы этот предмет перед смертью или же его не встретим». И лишь на последнем званом обеде, в последнем томе книги, рассказчика, к тому времени человека пятидесяти лет, один за другим пронзают три электрических разряда, три озарения («епифании» — скажет современный критик) — впечатления настоящего сомкнулись с воспоминаниями о прошлом — неровность камней, звяканье ложечки, жесткость салфетки. И впервые ему открывается художественная важность подобного опыта.

За время жизни рассказчик несколько раз испытывал такого рода потрясения, но не сознавал тогда их важности. Первый такой шок был вызван мадленой. Однажды, когда ему было лет тридцать, что ли, и детские дни в Комбре были давно позади, «в один зимний день, когда я пришел домой, мать моя, увидя, что я озяб, предложила мне выпить, против моего обыкновения, чашку чаю. Сначала я отказался, но, не знаю почему, передумал. Мама велела подать мне одно из тех кругленьких и пузатеньких пирожных, называемых petites madeleines, формочками для которых как будто служат желобчатые раковины моллюсков из вида морских гребешков. И тотчас же, удрученный унылым днем и перспективой печального завтра, я машинально поднес к своим губам ложечку чаю, в котором намочил кусочек мадлены. Но в то самое мгновение, когда глоток чаю с крошками пирожного коснулся моего нёба, я вздрогнул, пораженный необыкновенностью происходящего во мне. Сладостное ощущение широкой волной разлилось по мне, казалось, без всякой причины. Оно тотчас же наполнило меня равнодушием к превратностям жизни, сделало безобидными ее невзгоды, призрачной ее скоротечность, вроде того, как это делает любовь, наполняя меня некоей драгоценной сущностью: или, вернее, сущность эта была не во мне, она была мною. Я перестал чувствовать себя посредственным, случайным, смертным. Откуда могла прийти ко мне эта могучая радость? Я чувствовал, что она была связана со вкусом чая и пирожного, но она безмерно превосходила его, она должна была быть иной природы. Откуда же приходила она? Что она означала? Где схватить ее?»

С каждым следующим глотком волшебная сила напитка слабеет. Марсель отставляет чашку и понуждает свой ум изучать это ощущение, пока не доходит до изнеможения. Передохнув, он вновь собирает все свои силы. «Я... ставлю перед моим разумом еще не исчезнувший вкус этого первого глотка, и я чувствую, как во мне что-то трепещет и перемещается, хочет подняться, снимается с якоря на большой глубине; не знаю, что это такое, но оно медленно плывет кверху; я ощущаю сопротивление, и до меня доносится рокот пройденных расстояний». Возобновляются попытки извлечь из вкуса те обстоятельства прошлого, что были причиной переживания. «И вдруг воспоминание всплыло передо мной. Вкус этот был вкусом кусочка мадлены, которым по воскресным утрам в Комбре (так как по воскресеньям я не выходил из дому до начала мессы) угощала меня тетя Леония, предварительно намочив его в чае или в настойке из липового цвета, когда я приходил в ее комнату поздороваться с нею. <...>

И как только узнал я вкус кусочка размоченной в липовой настойке мадлены, которою угощала меня тетя (хотя я не знал еще, почему это воспоминание делало меня таким счастливым, и принужден был отложить решение этого вопроса на значительно более поздний срок), так тотчас старый серый дом с фасадом на улицу, куда выходили окна ее комнаты, прибавился, подобно театральной декорации, к маленькому флигелю, выходившему окнами в сад. <...> И как в японской игре, состоящей в том, что в фарфоровую чашку, наполненную водой, опускают маленькие скомканные клочки бумаги, которые, едва только погрузившись в воду, расправляются, приобретают очертания, окрашиваются, обособляются, становятся цветами, домами, плотными и распознаваемыми персонажами, так и теперь все цветы нашего сада и парка г-на Свана, кувшинки Вивоны, обыватели городка и их маленькие домики, церковь и весь Комбре со своими окрестностями, все то, что обладает формой и плотностью, все это, город и сады, всплыло из моей чашки чаю».

На этом кончается вторая тема и волшебное введение к комбрейскому разделу тома. Но более дальние цели всей книги заставляют внимательнее прислушаться к признанию, что «я не знал еще, почему это воспоминание делало меня таким счастливым, и принужден был отложить решение этого вопроса на значительно более поздний срок». Все новые воспоминания будут то и дело возникать в книге, всякий раз принося ему счастье, но по-прежнему пряча свой смысл, пока в последнем томе череда потрясений, поразивших его чувства и память, не сольется необычайным образом во всеобъемлющее постижение, и тогда он — повторюсь — осознает, торжествуя, художественную важность своего опыта и сможет приступить к составлению грандиозного отчета о «поисках утраченного времени».

* * *

В раздел, озаглавленный «Комбре», входит часть книги, посвященная тете Леонии — ее комнате, отношениям с кухаркой Франсуазой, интересу к жизни городка, в которой она из-за болезни не могла принимать участия. Страницы эти легко читаются. Обратите внимание на систему Пруста. На протяжении ста пятидесяти страниц до самой своей смерти тетя Леония находится в центре паутины, откуда нити разбегаются к саду, к улице, к церкви, к прогулкам в окрестностях Комбре и — всякий раз возвращаются в ее комнату.

Оставив тетю сплетничать с Франсуазой, Марсель сопровождает родителей в церковь; следует знаменитое описание церкви Сент-Илер в Комбре, полное радужных бликов, стеклянных и каменных грез. Имя Германтов впервые упоминается, когда это романтически древнее семейство всплывает из многоцветного церковного интерьера. «Два гобелена представляли коронование Эсфири (предание пожелало придать Артаксерксу черты одного французского короля и Эсфири — черты одной принцессы Германта, в которую король был влюблен); от времени краски их расплылись, что придало фигурам бо́льшую выразительность, бо́льшую рельефность, большую яркость». И без пояснений понятно, что раз все семейство Германтов выдумано Прустом, то и короля он не мог указать точно. Мы разглядываем интерьер церкви, опять выходим на улицу, и тут начинается прелестная тема колокольни, видной отовсюду: «незабываемый силуэт обрисовывался на горизонте в то время, когда Комбре еще не был виден», при приближении поезда к городу. «И на пути одной из самых дальних прогулок, совершавшихся нами в Комбре, было место, где стесненная холмами дорога вдруг выходила на широкую равнину, замкнутую на горизонте изрезанным просеками лесом, над которым возвышался один только острый шпиль колокольни Сент-Илер, такой тоненький, такой розовый, что казался лишь легким штрихом, едва оттиснутым в небе ногтем безвестного художника, пожелавшего придать этому пейзажу, этому чистому куску природы, маленькую черточку искусства, единственный намек на присутствие человека». Все описание стоит тщательно изучить. Напряженный трепет поэзии пронизывает весь отрывок, розовый шпиль высится над нагромождением крыш, словно указательная стрелка к веренице воспоминаний, словно восклицательный знак чуткой памяти.

Простой переход выводит нас к новому действующему лицу. Побывав в церкви, мы на обратном пути часто встречаем господина Леграндена, инженера, наезжающего в свой комбрейский дом по выходным. Он не только инженер, но и человек широкой культуры и, как выяснится по ходу книги, совершенный образчик вульгарного сноба. Придя домой, снова встречаем тетю Леонию, потом ее гостью — деятельную, невзирая на свою глухоту, старую деву Евлалию. Ждем обеда. В рассказ о кулинарных талантах Франсуазы изящно вставлены четырехлистники, высекавшиеся на порталах соборов XIII века. Иными словами, шпиль не покидает нас, маяча над сказочной снедью. Не оставьте без внимания шоколадный крем. Ощущения языка и нёба играют весьма поэтическую роль в прустовской системе воссоздания прошлого: «Шоколадный крем, плод творческого вдохновения Франсуазы, воздушный и легкий, как произведение, исполненное для чрезвычайного случая, в которое она вложила весь свой талант. <...> Даже оставить хотя бы самый маленький кусочек на тарелке было бы такой же невежливостью, как встать и уйти из концертного зала до окончания музыкального номера под носом у композитора».

На следующих страницах возникает важная тема, ведущая к одной из главных героинь книги, которая потом станет нам известной как Одетта Сван, жена Свана, но здесь появляется лишь в виде давнего безымянного воспоминания Марселя, — в виде дамы в розовом. Вот как устроено ее появление. В том же доме в Комбре некогда жил его дядя, дядя Адольф. Мальчиком автор навещал его в Париже, любил говорить с ним о театре. Словно хлопушки взрываются имена великих актрис, среди них и одной вымышленной — Берма. Дядя Адольф жил, несомненно, в свое удовольствие, и однажды, не очень кстати, Марсель застал у него молодую женщину в розовом шелковом платье, «кокотку», женщину нестрогих правил, чья любовь ценилась в алмаз или жемчужину. Именно этой прелестной даме предстояло стать женой Свана, но что речь идет о ней, надежно утаено от читателя.

Снова мы в Комбре, у тети Леонии, которая, подобно богине-хранительнице, владычествует над всей частью книги. Она больна, несколько комична, но вместе с тем весьма трогательна. Отрезанная от мира болезнью, она тем не менее охоча до ничтожнейших комбрейских сплетен. В ней видна своеобразная пародия, гротескная тень самого Марселя — больного писателя, который ловит в свою паутину жужжащую кругом жизнь. Мелькает беременная служанка, уподобленная аллегорической фигуре с картины Джотто, совсем как госпожа де Германт возникала на церковном гобелене. Примечательно, что на протяжении всей книги то рассказчик, то Сван не однажды воспринимают внешность того или иного персонажа через работы знаменитых старых мастеров, зачастую флорентийской школы. У этого метода две причины — главная и второстепенная. Главная, безусловно, в том, что для Пруста искусство было основной реальностью жизни. Вторая причина более личного характера: описывая юношей, он прятал обостренное чутье к мужской красоте под маской подходящих картин; а описывая девушек, под той же маской он скрывал безразличие к женщинам и неумение изобразить их прелесть. Но сейчас нас уже не должен смущать взгляд Пруста на реальность как на маску.

Затем наступает горячий летний полдень, настоящая концентрация летней яркости и жары, с садом и книгой посередине; смотрите, как книга сливается с окружением читающего Марселя, не забывайте, что и по прошествии тридцати пяти лет Марсель неустанно пробует все новые методы, чтобы восстановить городок времен его детства. Словно праздничная процессия, мимо сада проходят солдаты, и вскоре тема чтения вводит автора книги, которого Пруст зовет Берготом. У него есть некоторое сходство с Анатолем Франсом, невымышленным писателем, который упоминается и под настоящим именем, но в общем Бергот придуман Прустом. (Смерть Бергота прекрасно описана в одном из следующих томов.) Снова встречаем Свана, и впервые вскользь говорится о его дочери Жильберте, в которую Марселю предстоит влюбиться. Жильберта связана с Берготом, другом ее отца, объяснявшим ей красоты соборов. Марсель поражен тем, что его любимый писатель служит девочке проводником в ее занятиях и увлечениях — пример тех романтических проекций и связей, в обрамлении которых так часто появляются персонажи Пруста.

На сцену выходит юноша по имени Блок, несколько напыщенный и экстравагантный, сочетающий снобизм с образованностью и капризным нравом; с ним вступает тема расовой нетерпимости. Сван — еврей, как и Блок, как и сам Пруст со стороны матери. Вполне понятно, что Пруста тревожили антисемитские настроения в буржуазных и аристократических кругах той эпохи, — настроения, исторической кульминацией которых стало дело Дрейфуса, главный предмет политических разговоров в следующих томах.

Снова к тете Леонии, принимающей ученого-кюре. По-прежнему брезжит тема церковного шпиля, и ее эхо, словно от боя часов, отдается в теме Евлалии, Франсуазы, беременной служанки, пока выстраиваются взаимоотношения этих женщин. Мы видим, как Марсель буквально подслушивает сон своей тети — исключительное происшествие в истории литературы. Подслушивание, разумеется, древнейший литературный прием, но здесь писатель доходит до его границ.

По субботам завтракали раньше. Пруст высоко ценит мелкие семейные традиции — те прихотливые узоры домашних привычек, которые так весело отличают одну семью от другой. Далее, на ближайших страницах, начинается прекрасная тема боярышника, которая разовьется позже. Мы опять в церкви, где алтарь украшен цветами: «...и еще большую прелесть ему придавали гирлянды темной листвы, в изобилии усеянной, словно фата новобрачной, букетиками бутонов ослепительной белизны. Хотя я решался смотреть на это роскошное убранство только украдкой, я чувствовал, что оно было живым и что сама природа, вырезывая этот лиственный узор и изысканно украшая его белоснежными бутонами, позаботилась о создании подобающей декорации для того, что было одновременно народным празднеством и торжественным таинством. Выше, над престолом, там и сям с беззаботной грацией раскрывались венчики цветов, поддерживая так небрежно, словно легчайший, почти воздушный наряд, пучки тонких как паутинка тычинок, окутывавших цветы туманной дымкой, что, следуя за ними взором, пытаясь подражать в глубине своего существа движению их расцветания, я представлял его себе похожим на резкое и своенравное движение головки с кокетливым взглядом прищуренных глаз, принадлежавшей какой-нибудь ветреной и живой молоденькой девушке в белом платье».

У церкви мы встречаем некоего господина Вентейля. В провинциальном Комбре все считают Вентейля чудаком, пописывающим музыку, и ни Свану, ни юному Марселю не приходит в голову, что на самом-то деле его музыка оглушительно знаменита в Париже. Это начало важной музыкальной темы. Как уже отмечалось, Пруста живо занимает, насколько разным один и тот же человек воспринимается другими людьми. Так, для семьи Марселя Сван всего лишь сын маклера, а для Германтов — обворожительная и романтическая фигура парижского света. По всей мерцающей книге разбросано множество других примеров переменчивости в оценке в человеческих отношений. Вентейль вводит не только тему повторяющейся музыкальной ноты, еще один малый «мотив», как мы увидим позже, но и тему гомосексуализма, которая будет развертываться на протяжении всего романа, проливая всякий раз новый свет на то или иное действующее лицо. В данном случае в эту тему вовлечена дочь Вентейля, лесбиянка.

Марсель — невероятный Шерлок Холмс, в высшей степени счастливый в ловле мимолетных жестов и обрывочных историй, которые он видит и слышит. (Кстати, в новой литературе гомосексуалисты впервые описаны в «Анне Карениной», а именно в девятнадцатой главе второй части, когда Вронский завтракает в полковой столовой. Два офицера изображены кратко, но живо — и это описание не оставляет сомнений в характере их дружбы.) Дом Вентейля стоял в ложбине, окруженной крутыми склонами холмов, и в кустах на откосе прятался рассказчик, стоя всего в нескольких футах от окна гостиной и наблюдая, как старик Вентейль ставит на видное место нотную тетрадь — со своей музыкой, — так, чтобы привлечь внимание приближающихся гостей, родителей Марселя, но в последнюю минуту убирает ее, чтобы не внушить гостям подозрение, будто он рад видеть их только из-за возможности сыграть им свои сочинения. Примерно через восемьдесят страниц рассказчик прячется в тех же кустах, глядит в то же окно. Старик Вентейль уже умер. Дочь его в глубоком трауре.

Рассказчик видит, как она выставляет фотографию отца на столик тем же жестом, каким ее отец выкладывал нотную тетрадь. Цель у нее, как выясняется, довольно порочная, садистская: ее подруга-лесбиянка издевается над портретом, подводя дело к занятиям любовью. Между прочим, вся сцена несколько хромает в свете предстоящих событий, а прием соглядатайства только усиливает ее неуклюжесть. Но ее задача — начать длинный ряд тех разоблачений и переоценок относительно гомосексуальности персонажей, которые занимают множество страниц в следующих томах и производят множество преобразований в героях. Так, позже возможная связь Альбертины с дочерью Вентейля обернется для Марселя неотступной болезненной ревностью.

Но вернемся к прогулке из церкви домой, к тете Леонии, пауку в паутине, к Франсуазе, готовящей обед, по-крестьянски жестокой что к цыплятам, что к людям. Чуть позже вновь появляется Легранден. Обыватель и сноб, он пресмыкается перед герцогиней, не желая показывать ей своих безродных друзей, семью Марселя. Любопытно видеть, как фальшиво и напыщенно звучат речи Леграндена о красотах пейзажа.

* * *

Развитие темы двух прогулок, которые семья совершала в окресностях Комбре, теперь входит в главную свою фазу. Один маршрут вел к Мезеглиз и назывался «в сторону Свана», поскольку проходил вдоль границы имения Свана, Трансонвиля; другой вел к имению герцога и герцогини Германтских. Как раз на маршруте Свана тема боярышника и тема любви к дочке Свана, Жильберте, сходятся в ослепительной вспышке живописного искусства: «Я нашел тропинку всю жужжавшей запахом боярышника. Изгородь похожа была на ряд часовен, совсем утопавших под грудами цветов, наваленных на их алтари *(отсылка к первому, церковному, появлению темы боярышника)*; внизу, на земле, солнце рисовало световые квадратики, словно лучи его проникали через оконные стекла; от изгороди распространялось такое же густое, такое же ограниченное в пространстве благоухание, как если бы я стоял перед церковным алтарем. <...>

Но напрасно я останавливался перед боярышником вдохнуть, поставить перед своим сознанием (не знавшим, что делать с ним), утратить, чтобы затем вновь найти, невидимый характерный запах его цветов, слиться с ритмом, разбрасывавшим эти цветы там и сям с юношеской легкостью на расстояниях столь неожиданных, как бывают неожиданны некоторые музыкальные интервалы, — цветы без конца изливали передо мной, с неистощимой расточительностью, все то же очарование, но не позволяли проникнуть в него глубже, подобно тем мелодиям, которые переигрываешь сто раз подряд, нисколько не приближаясь к заключенной в них тайне. На несколько мгновений я отворачивался от них, чтобы затем вновь подойти со свежими силами».

Но и при повторном созерцании разгадать боярышник не удавалось (ибо Марселю не дано знать, в чем смысл подобных переживаний, вплоть до озарения, настигающего его в последнем томе), хотя восторг увеличился, когда дедушка указал ему куст, непохожий на остальные. «В самом деле, этот куст розового боярышника был еще красивее, чем белые кусты. Он тоже был в праздничном наряде... но наряд его был еще более богатым, чем наряд остальных кустов, ибо цветы, лепившиеся по его ветвям, один над другим, так густо, что не было ни одного местечка, не украшенного ими *(первое сравнение)*, словно помпончики, обвивающие пастушьи посохи в стиле рококо, имели "окраску" и, следовательно, обладали более высоким качеством, согласно эстетике Комбре *(второе сравнение)*, если судить о ней по лестнице цен в "магазине" на площади или у Камю, где самыми дорогими бисквитами были розовые. Я сам *(третье сравнение)* выше ценил творог с розовыми сливками, то есть тот, что мне позволяли приправить мятыми ягодами земляники. Розовые цветы боярышника *(теперь все чувства вместе)* избрали именно окраску вкусной съедобной вещи или же трогательного украшения на туалете для большого праздника, одну из тех красок, которые, поскольку принцип их превосходства несложен, кажутся наиболее очевидно красивыми в глазах детей. <...> На концах ветвей, как мы можем наблюдать это на тех розовых деревцах в горшках, задрапированных бумажным кружевом, которые раскидывают тонкие свои веточки на престоле в дни больших праздников, тысячами сидели маленькие бутончики более бледной окраски; приоткрываясь, они позволяли видеть, словно на дне чаши из розового мрамора, кроваво-красные крапинки и еще больше, чем цветы, выдавали своеобразную, бесконечно притягательную сущность боярышника, которая всюду, где на нем распускались бутоны, где он начинал зацветать, могла быть только розовой».

Тут мы встречаем Жильберту, которая в душе Марселя с этих пор навсегда связалась с великолепием цветущего боярышника. «Подняв лицо, усеянное розовыми пятнышками, на нас смотрела белокурая рыжеватая девочка, казалось только что вернувшаяся с прогулки и державшая в руке маленький заступ. <...>
Сначала я смотрел на нее тем взглядом, в котором принимают участие не только глаза, но все чувства, застывшие в немом восторге, взглядом, который хотел бы прикоснуться, завладеть, унести с собой пленившее его тело, а вместе с телом также и душу... взгляд мой бессознательно сделался умоляющим, старался принудить ее обратить на меня внимание, увидеть меня, познакомиться со мною! В это время девочка посмотрела в сторону отца и дедушки, как бы желая узнать, что это за люди, и мы, несомненно, произвели не нее неблагоприятное впечатление, потому что она отвернулась с равнодушным и презрительным видом и стала в таком положении, чтобы лицо ее оказалось вне поля их зрения; и в то время как, продолжая свой путь и не заметив ее, дедушка и отец обогнали меня, глаза ее блуждали в моем направлении, не меняя равнодушного выражения и не подавая вида, будто они заметили меня, но взгляд их был пристальным и светился какой-то замаскированной улыбкой, которую я не мог истолковать, на основании полученных мною понятий о хорошем воспитании, иначе как свидетельство величайшего презрения; и ее рука в это самое время описывала в воздухе непристойное движение, которому, когда оно бывает публично обращено к незнакомому лицу, маленький словарь правил приличия, запечатлевшийся в

моем уме, давал единственное значение — значение намеренного оскорбления.

— Жильберта, пойдем; что ты делаешь, — крикнула резким и повелительным тоном дама в белом, которой раньше мне не случалось видеть, между тем как стоявший невдалеке от нее господин в полотняном костюме, тоже незнакомый мне, пристально смотрел на меня, выпуча глаза; улыбка девочки вдруг исчезла, она схватила свой заступ и удалилась, не оборачиваясь в мою сторону, с видом послушным, непроницаемым и лукавым.

Так прозвучало подле меня имя Жильберты, врученное мне словно талисман... [сообщая] о таинственной жизни той, которую называли так счастливые существа, жившие, гулявшие и путешествовавшие с нею, — обдавая меня, сквозь просвет в кустах розового боярышника, открывавшийся на уровне моего плеча, квинтэссенцией их коротких — для меня таких мучительных — отношений с нею, со всем неведомым для меня миром ее жизни, в который мне никогда не удастся проникнуть». Разумеется, Марсель проник в него, и не только в мир Одетты, но и в мир господина Шарлюса, который разовьется дальше в величайший литературный образ гомосексуалиста. Правда, семья Марселя по невинности своей считала его любовником госпожи Сван и возмущалась тем, что ребенку приходится жить в такой атмосфере. Много позже Жильберта признается Марселю, что была оскорблена его остолбенением, когда он глядел на нее, не делая к знакомству и шага, на который она бы охотно ответила.

Прогулка в сторону Германтов вела вдоль прелестной речки Вивоны, текущей сквозь сплетения водяных лилий. Тема Германтов обретает плоть, когда Марсель видит герцогиню, присутствующую на венчании в той самой церкви, где находится ее гобеленовый прообраз. Он находит, что имя значительнее его носительницы: «Во время венчанья движение, сделанное церковным сторожем, позволило мне увидеть сидевшую в приделе белокурую даму с большим носом, голубыми проницательными глазами, пышным шарфом из лилового шелка, глянцевитого, нового и блестящего, и небольшим прыщом на носу. <...> Разочарование мое было огромно. Оно проистекало оттого, что, думая о герцогине Германтской, я давал слишком большую волю воображению и всегда представлял ее себе в тонах гобелена или витража, в костюме другой эпохи, состоявшей из другого вещества, чем все остальные люди... я рассматривал этот образ, который, понятно, не имел ничего общего с образом, столько раз являвшимся моим мечтам под тем же именем герцогини Германтской, ибо он не был, подобно другим образам, произвольно создан моей фантазией, но впервые предстал моим глазам лишь несколько мгновений тому назад, здесь, в церкви; он был иной природы, не окрашивался по произволу, подобно прочим, в оранжевые тона звучного слога *(Марсель видит звуки цветными)*, но обладал такой реальностью, что все в нем, вплоть до прыщика, горевшего на носу, удостоверяло его подчиненность законам жизни, как в театральном апофеозе складка на платье феи, дрожание ее мизинца выдают физическое присутствие живой актрисы, не будь чего, мы остались бы в неуверенности, не находится ли перед нашими глазами простая картина волшебного фонаря. <...> И вот эта герцогиня Германтская, о которой я так часто грезил, теперь, когда я видел, что она реально существует вне меня, забрала еще больше власти над моим воображением; на миг парализованное соприкосновением с так отличавшейся от моих ожиданий действительностью, оно понемногу стало оправляться и говорить мне: "Славные еще задолго до Карла Великого, Германты обладали правом казнить и миловать своих вассалов; герцогиня Германтская происходит от Женевьевы Брабантской". <...> И, останавливая свои взгляды на ее белокурых волосах, на ее голубых глазах, на линиях ее шеи и оставляя без внимания черты, которые могли бы напомнить мне другие женские лица, я восклицал по адресу этого намеренно незаконченного эскиза: "Как она прекрасна! Какое благородство! Да, это действительно гордая представительница рода Германтов, потомок Женевьевы Брабантской, дама, которую я вижу перед собою!"»

После церемонии, выйдя из церкви, герцогиня скользнула взглядом по Марселю: «И тотчас же я воспылал к ней любовью. <...> Глаза ее синели, словно барвинок, который я не мог сорвать, но который она все же дарила именно мне; и солнце, подвергавшееся угрозе со стороны облака, но еще ярко освещавшее площадь и ризницу, окрашивало в тона герани разостланный на полу по случаю торжества красный ковер, по которому с улыбкой шествовала герцогиня, и покрывало шерстяную его поверхность пушком розового бархата, световым налетом, сообщая пышному и радостному церемониалу оттенок своеобразной нежности и величавой мягкости, так характерный для некоторых страниц "Лоэнгрина" и для некоторых картин Карпаччо и делающий нам понятным, почему Бодлер мог приложить к звуку труб эпитет "сладостный"».

Во время прогулок по направлению к Германтам Марсель размышляет о своем писательском будущем, и его удручает нехватка способностей, «чувство моей немощности, испытываемое каждый раз, когда я искал философской темы для большого литературного произведения». Живейшие ощущения посещают его, но он не понимает их литературного значения. «Тогда, вне всякой зависимости от этих литературных забот и без всякой вообще видимой причины, вдруг какая-нибудь кровля, отсвет солнца на камне, дорожный запах заставляли меня остановиться, благодаря своеобразному удовольствию, доставляемому мне ими, а также впечатлению, будто они таят в себе, за пределами своей видимой внешности, еще нечто, какую-то особенность, которую они приглашали подойти и взять, но которую, несмотря на все мои усилия, мне никогда не удавалось открыть. Так как я чувствовал, что эта таинственная особенность заключена в них, то я застывал перед ними в неподвижности, пристально в них вглядываясь, внюхиваясь, стремясь проникнуть своею мыслью по ту сторону видимого образа или запаха. И если мне нужно было догонять дедушку или продолжать свой путь, то я пытался делать это с закрытыми глазами; я прилагал все усилия к тому, чтобы точно запомнить линию крыши, окраску камня, казавшиеся мне, я не мог понять почему, преизбыточными, готовыми приоткрыться, явить моему взору таинственное сокровище, лишь оболочкой которого они были. Разумеется, не эти впечатления могли снова наполнить меня утраченной надеждой стать со временем писателем и поэтом, потому что они всегда были связаны с каким-либо конкретным предметом, лишенным всякой интеллектуальной ценности и не содержащим в себе никакой отвлеченной истины». Здесь противопоставлены литература ощущений, подлинное искусство, и литература идей, подлинного искусства не порождающая, если она не питается ощущениями. К этой глубокой связи Марсель слеп. Он ошибочно думает, будто должен писать о том, что имеет интеллектуальную ценность, в то время как на самом деле именно мир его ощущений незаметно и постепенно делает его настоящим писателем.

Кое-какие догадки посещают его, когда, например, во время поездки тема колоколен возвращается в утреннем обличье: «На одном из поворотов дороги я испытал вдруг уже знакомое мне своеобразное, ни с чем не сравнимое наслаждение при виде двух освещенных закатным солнцем колоколен мартенвильской церкви, которые движение нашего экипажа и извилины дороги заставляли непрерывно менять место; затем к ним присоединилась третья колокольня — колокольня вьевикской церкви; несмотря на то, что она была отделена от первых двух холмом и долиной и стояла вдали на сравнительно более высоком уровне, мне казалось, что колокольня эта расположена совсем рядом с ними.

Наблюдая и запечатлевая в сознании их остроконечную форму, изменение их очертаний, освещенную солнцем их поверхность, я чувствовал, что этим впечатление мое не исчерпывается, что за движением линий и освещенностью поверхностей есть еще что-то, что-то такое, что они одновременно как бы и содержат и прячут в себе».

Тут Пруст делает любопытнейшую вещь: он сталкивает свой нынешний стиль со стилем своего прошлого. Марсель просит бумаги и сочиняет описание этих трех колоколен, которое рассказчик и воспроизводит. Это первый писательский опыт Марселя, очаровательный, несмотря на то что некоторым сравнениям, скажем, с цветами или с девушками, придана нарочитая детскость. Но, в сущности, сравниваются колокольни, только что описанные рассказчиком с его более поздней и выгодной точки зрения, с литературной пробой Марселя, внешним описанием, без того смысла, который он искал, впервые эти колокольни созерцая. Вдвойне важно, что «страница эта... всецело освободила меня от наваждения мартенвильских колоколен».

Посвященная детским впечатлениям комбрейская часть тома завершается темой, возникшей в начале, — воссозданием той комнаты в Комбре, где он ночами лежал без сна. Годы спустя в бессонные ночи ему казалось, что он снова в той комнате: «Все эти воспоминания, прибавляясь одни к другим, мало-помалу образовали одно целое, не настолько, однако, однородное, чтобы я не мог различить между ними — между самыми старыми воспоминаниями, воспоминаниями сравнительно недавними, вызванными "ароматом", и, наконец, воспоминаниями другого лица, сообщившего их мне, — если не расщелины, не трещины, то по крайней мере прожилки, цветные полосы, отмечающие в некоторых горных породах, в некоторых мраморах, различное происхождение, различный возраст, различную "формацию"». Здесь Пруст описывает три уровня впечатлений: 1 — простое воспоминание как произвольный акт; 2 — воспоминание, вызванное совпадением ощущений настоящего с ощущениями прошлого, и 3 — память о чужой жизни, пусть даже полученная из вторых рук. Смысл опять в том, что на простые воспоминания нельзя положиться при воссоздании прошлого.

Комбрейский раздел посвящен первым двум категориям; третья составляет содержание второго раздела тома, озаглавленного «Любовь Свана», в котором страсть Свана к Одетте проясняет чувства Марселя к Альбертине.

* * *

Несколько важных тем занимают второй раздел тома. Одна из них — «музыкальная фраза». Годом раньше на одном вечере Сван слышал музыкальное сочинение для скрипки и рояля. «Большим наслаждением было уже и то, что под узкой ленточкой скрипичной партии, тоненькой, прочной, плотной и управлявшей движением звуков, он вдруг услышал пытавшуюся подняться кверху, в бурных всплесках, звуковую массу партии для рояля, бесформенную, нерасчлененную, однородную, повсюду сталкивавшуюся с мелодией, словно волнующаяся лиловая поверхность моря, околдованная и бемолизованная сиянием луны». «...Едва только сладостное ощущение, испытанное Сваном, угасало, как память уже снабжала его копией услышанной фразы, правда, упрощенной и несовершенной, но все же предстоявшей его взору в то время, как игра продолжалась, так что, когда прежнее впечатление вдруг возвращалось, оно не было больше неуловимым. <...> На этот раз он отчетливо различил фразу, вынырнувшую на несколько мгновений из звуковых волн. Она сразу же наполнила его своеобразным наслаждением, о котором, до того как услышать ее, он не имел никакого понятия, с которым, он чувствовал, ничто другое, кроме этой фразы, не могло бы познакомить его, и ощутил к ней какую-то неведомую ему раньше любовь.

Медленным ритмическим темпом она вела его, сначала одной своей нотой, потом другой, потом всеми, к какому-то счастью — благородному, непонятному, но отчетливо выраженному. И вдруг, достигнув известного пункта, от которого он приготовился следовать за ней, после небольшой паузы она резко меняла направление и новым темпом, более стремительным, дробным, меланхоличным, непрерывным и сладостно-нежным, стала увлекать его к каким-то безбрежным неведомым далям».

Любовь к этой музыкальной фразе внесла в жизнь уже пресыщенного Свана возможность своего рода омоложения, обновления, но, не сумев ни узнать имя композитора, ни достать ноты, он в конце концов перестал думать о сонате. Но на вечере, куда он пришел, чтобы побыть с Одеттой, в игре пианиста он узнает ту самую вещь и понимает, что это анданте из сонаты Вентейля для рояля и скрипки. Знание это дарит Свану чувство надежного обладания фразой, как мечтал владеть виденными однажды пейзажами рассказчик. Та же музыкальная фраза не только волнует Свана и в дальнейшем повествовании, но восхищает и самого рассказчика в одну из минут его жизни. Надо иметь в виду, что Сван —

капризное зеркало, в которое глядится рассказчик: первый задает образец, второй ему следует.

В другом важном эпизоде, по которому можно проследить способ развертывания, мы застаем Свана у окна Одетты. Он приехал после одиннадцати, но она утомлена, неотзывчива и просит его оставаться не более получаса. «Она попросила его потушить свет перед уходом; он задернул занавески у ее кровати и удалился». Но через час приступ ревности внушает ему, будто она избавилась от него, потому что ожидала кого-то другого. Он берет извозчика и выходит почти у самого ее дома. Метафора Пруста строится вокруг золотистого плода. «Посреди ряда тускло блестевших окон, за которыми свет давно уже был погашен, он увидел только одно, откуда изливался — сквозь щели ставень, как бы выжимавших из него таинственный золотистый сок, — свет, который наполнял комнату и столько раз, едва только он издали замечал его, дойдя до этой улицы, радовал его сердце и возвещал ему: "она там и ожидает тебя", и который теперь терзал его, говоря ему: "она там с тем, кого она ожидала". Он хотел узнать, с кем именно; прокрался вдоль стены до окна, но не мог ничего увидеть между косыми полосами решетчатых ставень; расслышал только в тишине ночи ночные звуки разговора».

Несмотря на боль, он испытывает интеллектуальное наслаждение, наслаждение истиной, — той самой личной истиной, превосходящей чувства, в которой нуждался Толстой. Он был охвачен «тем самым любопытством, с каким он изучал когда-то историю. И все поступки, которых он устыдился бы до сих пор: выслеживание под окном, а завтра — кто знает? — может быть, искусно заданные вопросы каким-нибудь случайным свидетелям, подкуп слуг, подслушивание у дверей, — казались ему теперь, подобно расшифровыванию текстов, сопоставлению показаний и интерпретации старинных памятников, только методами научного исследования, обладающими бесспорной логической ценностью и вполне позволительными при отыскании истины». Следующая метафора сочетает идею золотистого света с чистым, научным поиском знания, тайну освещенного окна с толкованием древнего текста. «Но желание знать истину было сильнее и показалось ему более благородным *(чем страсть к Одетте)*. Он был уверен, что за этим изборожденным световыми полосками окном, — как за тисненным золотом переплетом одной из тех драгоценных рукописей, к самому художественному богатству которых обращающийся к ним ученый не в силах отнестись равнодушно, — можно прочесть какие-то важные события, за точное восстановление которых он отдал бы жизнь. Он испытывал страстное желание знать до глубины души волновавшую его истину, заключенную в этом единственном, летучем и драгоценном списке, на этой просвечивающей странице, такой прекрасной, так согретой жизненным теплом. И к тому же преимущество, которое он чувствовал — которое так жадно хотел чувствовать — над ними, заключалось, может быть, не столько в знании, сколько в возможности показать им, что он знает».

Он стучит в окно, и два пожилых господина оказываются перед ним. Он ошибся окном: «Привыкнув во время поздних своих посещений Одетты узнавать ее окно по тому признаку, что из всех похожих окон оно одно только было освещено, он ошибся и постучал в следующее окно, принадлежавшее соседнему дому». Ошибку Свана можно сравнить с ошибкой рассказчика, когда в конце комбрейского раздела тот пытается, полагаясь на одну лишь память, восстановить по смутным очертаниям во мраке свою комнату и с рассветом обнаруживает, что все расположил неверно.

В Париже, в саду на Елисейских полях, «обращаясь к рыжеволосой девочке, игравшей в волан перед раковиной бассейна, другая девочка, уже вышедшая на дорожку, крикнула резким голосом, надевая пальто и пряча ракетку: "До свидания, Жильберта, я ухожу домой; не забудь, что сегодня вечером мы придем после обеда к тебе". Так снова прозвучало подле меня имя "Жильберта", вызывая с тем большей силой существо той, к кому оно относилось, что не просто упоминало ее, как мы упоминаем в разговоре имя отсутствующего, но было обращено прямо к ней», и через рыжеволосую девочку прихлынула вся ее неведомая жизнь — та жизнь, от которой был отлучен Марсель. Метафора летящего мимо имени, открывшая описание, продолжается метафорой запаха: подруга Жильберты «бросала *(ее имя)* в пространство в беззаботном возгласе; — разливая в воздухе сладкий аромат, источенный этим возгласом, путем точного к ним прикосновения, из нескольких невидимых частиц жизни м-ль Сван». Небесность проносящегося имени — как «облачко, окрашенное в нежные и тонкие тона, вроде того облака, что, клубясь над одним из прекрасных садов Пуссена, отражает во всех подробностях, словно оперное облако, полное лошадей и колесниц, какое-нибудь видение из жизни богов». В этот ряд образов добавляется и образ пространства-времени, взятого в скобки, содержимое которых достойно внимания из-за частицы лужайки и частицы времени в дневных часах девочки, отбивающей время воланом: облако бросает «на эту истоптанную траву, в том месте, где стояла белокурая девочка (составленном из куска зачахшей лужайки и мгновения одного из послеполуденных часов этой девочки, с увлечением игравшей в волан, пока ее не подозвала гувернантка с синим пером на шляпе), чудесную, цвета гелиотропа, полоску». Свет, пролитый именем, словно мимолетным облаком, был для Марселя «чудесной, цвета гелиотропа, полоской», в скрытом сравнении превращавшей лужайку в волшебный ковер.

Световая полоска окрашена в лиловый, в фиолетовый оттенок, пропитавший всю книгу, в цвет самого времени. Эта синева с уклоном в багровый, бледный пурпур с просинью, прихлынувшая лиловость связаны в европейской литературе с определенными извращениями, присущими художественным натурам. Это цвет орхидеи, Cattleya labiata (вид, названный в честь Уильяма Катли, почтенного британского ботаника), — орхидеи, которая сегодня в этой стране непременно украшает декольте матрон на клубных утренниках. В 90-х годах прошлого века в Париже она была очень редким и дорогим цветком. Она украшает объятия Свана в знаменитой, но не слишком убедительной сцене. Все переливы от ее лиловости до бледно-розового боярышника в главах о Комбре играют на вспыхнувших

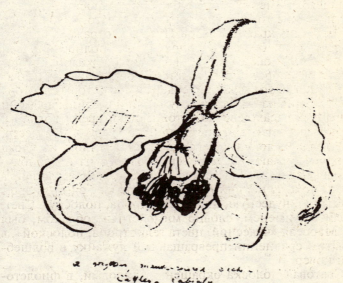

Набоковский рисунок орхидеи.

гранях призмы Пруста. Вспоминается розовое платье, в котором много лет назад была прелестная дама (Одетта де Креси) в квартире дяди Адольфа, и линия, ведущая к ней от Жильберты, ее дочери. Кроме того, обратите внимание на своего рода восклицательный знак, стоящий в конце отрывка, — синее перо на шляпе гувернантки, которого не было у Франсуазы, присматривавшей за мальчиком.

Еще больше метафор внутри метафор в отрывке после знакомства Марселя с Жильбертой, когда он играет с ней в саду. Когда собирается дождь, Марсель боится, что Жильберту не пустят на Елисейские поля. «Вот почему, когда небо хмурилось, я с утра не переставая исследовал его и принимал в расчет все его предзнаменования». Заметив, что дама в доме напротив надевает шляпу, он надеется, что и Жильберта сможет выйти. Но небо темнело и оставалось хмурым. «Балкон перед окном был серым». И затем идет цепь внутренних сравнений: «[1] Вдруг на его унылых каменных плитах я не то что замечал менее тусклую окраску, но чувствовал как бы усилие к менее тусклой окраске, [2] пульсацию нерешительного луча, пытавшегося вывести наружу заключенный в нем свет. [3] Мгновение спустя балкон становился бледным и зеркальным, как поверхность озера на рассвете, и сотни отражений железной решетки ложились на нем». И снова внутренние сравнения: порыв ветра сметает тени и камень опять темнеет, «[1] но, как прирученные птицы, отражения вскоре возвращались; плиты начинали еле заметно белеть, и я видел, как — [2] посредством непрерывного crescendo, напоминавшего одно из тех музыкальных crescendo, которые в финале увертюры доводят какую-нибудь одну ноту до крайнего fortissimo, заставляя ее быстро миновать все промежуточные интенсивности звучания, — балкон покрывался устойчивым, несокрушимым золотом погожих дней, [3] на котором четко очерченная тень кованой решетки балюстрады ложилась черным узором, словно прихотливо разветвившееся растение...» Сравнения завершаются ожиданием счастья: «Мельчайшие детали этого узора были выведены с такой тонкостью, что он казался произведением зрелого художника, уверенно кладущего каждый штрих; и его спокойная темная и счастливая масса рисовалась с такой рельефностью, с такой бархатистостью, что поистине эти широкие, похожие на листья, полосы тени, покоившиеся на солнечном озере, как будто знали, что они являются залогом душевного мира и счастья». Наконец, тени филигранной решетки, похожие на плющ, становятся похожи на «тень самой Жильберты, которая была уже, может быть, на Елисейских полях и которая, как только я приду туда, скажет мне: "Не будем терять времени, начнем сейчас же; вы на моей стороне"».

Романтический взгляд на Жильберту распространяется и на ее родителей: «Все, что их касалось, было для меня предметом столь неослабного интереса, что в дни, когда г-н Сван (которого я так часто видел в детстве, в то время, когда он был близок с моими родными, причем он не возбуждал во мне никакого любопытства) приезжал за Жильбертой на Елисейские поля, вид его, после того, как прекращалось мое сердцебиение, вызванное появлением его серого цилиндра и пальто с пелериной, потрясал меня точно вид исторического персонажа, о котором незадолго перед тем мы прочли ряд исследований и малейшие подробности жизни которого нас страстно волнуют. <...> Сван сделался для меня главным образом ее отцом и перестал быть Сваном из Комбре; как мысли, с которыми я переплетал теперь его имя, были отличны от мыслей, в сочетание которых он некогда входил и к которым я больше не обращался, когда мне случалось в последнее время думать о нем, так и сам он стал совсем новым для меня лицом...». Марсель даже старается подражать Свану: «Чтобы придать себе сходство с ним, я все время, сидя за столом, вытягивал себе нос и протирал глаза. Отец говорил: "Мальчик совсем с ума сошел; он хочет изуродовать себя"».

Диссертация о любви Свана, занимающая середину тома, выдает желание рассказчика найти сходство между Сваном и собой: приступы ревности, мучающие Свана, повторятся в романе рассказчика с Альбертиной.

«В сторону Свана» кончается, когда рассказчик, уже взрослым, по крайней мере тридцатипятилетним, возвращается в Булонский лес в один из первых ноябрьских дней и дает нам удивительный отчет о своих впечатлениях и воспоминаниях: «На фоне темной и далекой массы деревьев, теперь голых или все еще сохранивших свою летнюю листву, аллея оранжевых каштанов производила, точно едва начатая картина, такое впечатление, как будто она одна была написана красками на полотне, остальные части которого представляли лишь эскиз карандашом или углем...» Увиденное кажется ненастоящим: «И Лес являл вид чего-то временного, искусственного, не то питомника, не то парка, где, с научной ли целью, или для приготовления к празднеству, недавно посадили, посреди самых обыкновенных древесных пород, которых не успели еще удалить, две или три редкие разновидности, с фантастической листвой, создававшие впечатление, будто подле них много простора, много воздуха, много света». Горизонтальные лучи солнца трогают верхушки деревьев в этот ранний час, и, как в начале сумерек, «засветятся словно лампа, бросят издали на листву горячий и феерический отблеск и зажгут ярким пламенем вершину дерева, под которой несгораемым канделябром будет стоять тускло освещенный ствол. В одном месте лучи эти уплотнялись как кирпичи и, как на желтых с голубым узором стенах персидских построек, грубо вмуровывали в небо листья каштанов; в другом — напротив, отделяли их от неба, к которому те тянулись своими скрюченными золотыми пальцами».

Словно на раскрашенной карте, различимы разные части леса. Многие годы деревья участвовали в жизни гулявших под ними прекрасных женщин: «Обреченные в течение стольких лет, благодаря своего рода прививке, сожительствовать с женщиной, они вызывали в моем сознании фигуру дриады, торопливо идущей и окрашенной в яркие цвета хорошенькой элегантной женщины, которую они покрывают по пути сенью своих ветвей и принуждают чувствовать, как и сами они, могущество времени года; они приводили мне на память счастливую пору моей доверчивой юности, когда я с таким нетерпением спешил на эти аллеи, где, под лишенной сознания листвой деревьев-соучастников, на несколько мгновений воплощались шедевры женской элегантности». Невзрачность тех, кого он теперь встречает в лесу, приводит на ум прошлое. «По силам ли мне будет сделать понятным для них волнение, овладевавшее мною зимними утрами при встрече с г-жой Сван, прохаживавшейся пешком, в котиковом пальто и в простеньком берете с двумя похожими на лезвие ножа перьями куропатки, но окутанной искусственным теплом натопленных комнат, живое ощущение которого вызывалось такой ничтожной вещицей, как смятый букетик фиалок на груди, чьи ярко-голубые цветочки на фоне серого неба, морозного воздуха и голых деревьев обладали тем же прелестным свойством относиться ко времени и к погоде лишь как к рамке и жить подлинной жизнью в человеческой атмосфере, в атмосфере этой женщины, какое было присуще цветам в вазах и жардиньерках ее гостиной, подле ярко пылавшего камина, перед обитым шелком диваном, — цветам, глядевшим через закрытые окна на падавший на дворе снег?»

Том кончается словами рассказчика о прошлом во времени и пространстве. «Солнце спряталось за тучей. Природа вновь брала власть над Лесом, и из него исчезли всякие следы представления, что это Елисейский Сад Женщин...» Возврат реального облика этому искусственному лесу помог «мне лучше уяснить всю внутреннюю противоречивость попыток искать в реальном мире воплощения картин, сохраненных памятью, ибо реальность всегда лишена будет очарования, свойственного образам памяти именно потому, что эти образы не могут быть чувственно восприняты. Реальность, которую я знал, больше не существовала. Достаточно было г-же Сван появиться в другом наряде и в неурочный час, и вся аллея стала бы другой. Места, которые мы знали, существуют лишь на карте, нарисованной нашим воображением, куда мы помещаем их для большего удобства. Каждое из них есть лишь тоненький ломтик, вырезанный из смежных впечатлений, составлявших нашу тогдашнюю жизнь; определенное воспоминание есть лишь сожаление об определенном мгновении; и дома, дороги, аллеи столь же мимолетны, увы, как и годы».

***

Суть его слов в том, что обычное воспоминание, мысленное представление какой-то части былого, не тот метод, какой нужен: так прошлого не воссоздать. В конце книги дан лишь один из множества способов созерцать прошлое, которые, шаг за шагом достраивая восприимчивость Марселя, готовят его к финальному переживанию, раскрывающему ту реальность, которую он искал весь роман напролет. Это случается в великой третьей главе («Прием у принцессы де Германт») последнего тома («Обретенное время»), когда он понимает, чего недостает обычной памяти и что на самом деле требуется. Начинается этот процесс, когда он входит во двор особняка принца де Германт и отшатывается от въезжающего автомобиля: «...отпрянув в сторону каретного сарая, я споткнулся о неровные плитки. Но в миг, когда, удерживая равновесие, я ступил на камень чуть ниже соседнего, все мое огорчение исчезло от того самого счастья, какое (в разные периоды жизни) мне дарил то вид деревьев, которые я опознавал, катаясь в автомобиле вокруг Бальбека, то вид мартенвильских колоколен, то вкус размоченной в чае мадлены и столько иных ощущений, о которых я уже рассказывал и сущность которых, по-моему, воплотилась в последних сочинениях Вентейля. Как и в миг, когда я попробовал мадлену, рассеялись все тревоги о будущем, все сомнения разума. Только что досаждавшие мне и относительно реальности моего литературного дара, и относительно реальности самой литературы, они пропали, как по волшебству. Без того, чтобы я напал на новое рассуждение или решающий довод, только что непреодолимые трудности потеряли всякую важность. Но на сей раз я твердо решил не смиряться с неизвестностью причин, как я поступил, откусив от размоченного в чае пирожного. Пережитое сейчас счастье действительно было тем самым, какое я ощутил из-за вкуса мадлены и поиски скрытых причин которого в тот раз отложил».

Рассказчику удается узнать в ощущении, всплывающем из прошлого, то, которое он испытал когда-то, стоя на двух неровных плитах баптистерия св. Марка в Венеции, «и вместе с этим ощущением пришли все остальные, соединившиеся с ним в тот день, ждавшие где-то у себя, в череде забытых дней, пока внезапный случай не приказал им явиться оттуда. Точно так же вкус маленькой мадлены напомнил мне Комбре». На этот раз он решает добраться до сути дела, и, пока ждет приглашения проследовать в гостиную, а восприятие его резко обострено, звяканье ложечки о тарелку, жесткость накрахмаленной салфетки и даже гул отопительных труб возвращают ему потоки воспоминаний о таких же ощущениях в прошлом. «Даже в эту минуту, в особняке принца Германтского, еще слышны шаги родителей, провожающих господина Свана, и скачущее, с железным призвуком, неуемное, резкое, пронзительное дребезжанье колокольчика, возвещавшее мне, что господин Сван уже ушел и мама поднимется ко мне, я слышу именно их, пусть они и размещены так далеко в минувшем».

Но рассказчик знает, что этого мало. «Не на площади св. Марка, не еще раз приехав в Бальбек, не вернувшись в Тансонвиль повидать Жильберту, обрел бы я утраченное Время, и не путешествие, лишь пытавшееся снова уверить меня, будто былые впечатленья существуют вне меня, на углу какой-то площади, стало бы средством, которого я искал. <...> Те впечатленья, какие я пытался удержать, могли лишь исчезнуть, соприкоснувшись с прямым обладанием, бессильным их возродить. Чтобы вкушать их и впредь, единственным способом было постараться познать их как можно полнее именно там, где они находились, то есть внутри меня, прояснить их до самых глубин». Возникает задача — как уберечь эти впечатления от гибели под напором настоящего. Ответ находится в новом понимании неразрывности прошлого и настоящего: «В себя самого должен был я сойти. Итак, эта трель *(колокольчика при уходе Свана)* была там всегда, и там же, между нею и настоящей минутой, оставалось все бесконечно разматывающееся прошлое, которое я и не знал, что ношу в себе. Когда она зазвенела, я уже существовал, и с тех пор, чтобы мне еще слышалась она, не должно было случиться ни единому перерыву, мне нельзя было сделать даже мгновенной остановки в бытии, в мышлении, в самосознании, ведь это былое мгновение еще хранилось во мне, раз я сумел вернуться к нему, всего лишь сойдя в себя глубже обычного. Это представление о воплотившемся в нас времени, о хранящемся в нас минувшем я и решил, в порыве отважной легкости, высказать в моей книге».

И все же речь идет о чем-то большем, чем память, сколь бы яркой и непрерывной она ни была. Нужно искать скрытый смысл. «Ибо истины, постигаемые рассудком напрямую в ярко освещенном мире, суть нечто менее глубокое, менее обязательное, чем те, какие жизнь сообщает нам помимо нашей воли во впечатленье — материальном, поскольку оно приходит посредством чувств, но из которого мы в силах выделить духовную часть. Одним словом, и в том и в другом случае, шла ли речь о впечатленьях вроде оставленного во мне колокольнями Мартенвиля, о воспоминаньях ли, вызванных неровностью двух плит или вкусом мадлены, следовало толковать эти ощущения как отсылки к неким законам и идеям, пытаясь размышлять, выводить ощущенья из сумрака и обменивать их на духовный эквивалент». Само по себе интеллектуальное исследование воспоминаний и ощущений, понял он, не откроет ему их смысла. Много лет длились его попытки: «уже в Комбре я останавливал ум на каком-нибудь образе, понудившим меня к созерцанию, будь то облако, треугольник, колокольня, цветок, камень, в подозрении, не кроется ли под этими знаками нечто совсем иное, что я обязан был обнаружить, некая мысль, которую они выражали словно иероглифы, которые можно принять за простое изображение видимых предметов».

Истина, отныне ясная ему, состоит в том, что он не волен усилием разума вернуть, выбрать из прошлого воспоминания, чтобы разглядывать их, «они приходили ко мне как попало. И я понимал, что это и должно было служить печатью их подлинности. Я не искал двух неровных плиток во дворе, когда споткнулся. Но именно непроизвольность и неизбежность моей встречи с ощущением удостоверяли истинность вызванного им былого, освобожденных им образов, ибо нам внятно усилие, с каким оно рвется на свет, радость обретенной реальности. Оно же подтверждает подлинность всей картины, составленной из одновременных впечатлений, которые оно приводит вслед за собой с той безошибочной пропорцией света и тени, ударений и пропусков, сохраненного и забытого, которых никогда не узнать сознательной памяти и наблюдению». Сознательная память лишь воспроизводит «цепь приблизительных впечатлений, не сохранивших ничего действительно пережитого нами, которые и составляют для нас нашу мысль, нашу жизнь, реальность, и только эту вот ложь и воспроизводит так называемое "жизненное искусство" — как жизнь, простое и лишенное красоты, так бесплодно, так скучно повторявшее, чтó видели глаза и заметил рассудок... Величие подлинного искусства, напротив... в том, чтобы вновь найти, поймать и показать нам ту реальность, вдали от которой мы живем и от которой все дальше отходим по мере того, как плотнее и непроницаемее становится то привычное сознание, которым мы заменяем реальность — ту самую, так и не узнав которой мы рискуем умереть и которая просто-напросто и есть наша жизнь. Жизнь настоящая, жизнь наконец-то раскрытая и проясненная...»

И тогда Марсель находит мост, соединяющий настоящее с прошлым: «То, что мы зовем реальностью, есть определенное соотношение ощущений и воспоминаний, одновременно обступающих нас». Короче, чтобы воссоздалось прошлое, должно произойти что-то отличное от работы памяти: должны сойтись нынешнее ощущение (особенно вкуса, запаха, звука) с воспоминанием, мысленным возвращением ощущений прошлого. Процитируем Леона: «Итак, если в минуту подобного воскрешения *(скажем, Венеции из неровных камней во дворе у Германтов)* вместо того, чтобы зачеркивать настоящее, мы сумеем не забыть о нем; если мы сумеем сохранить ощущение собственной личности и одновременно целиком жить в том мгновении, которое мы давно уже считали исчезнувшим, тогда, и только тогда мы наконец овладеем утраченным временем». Иными словами, букет чувств в настоящем и при этом созерцание минувшего события или ощущения — вот когда сходятся чувства и память и возвращается потерянное время.

Озарение довершается, когда рассказчик понимает, что произведение искусства — единственное средство для такого овладения прошлым, ибо «воссоздать памятью впечатления, чтобы потом измерить всю их глубину, осветить и обменять на духовный эквивалент, — разве не в этом одна из предпосылок, почти суть произведения искусства — такого, какое я задумал?..». И в конце концов становится ясно, что «всеми этими материалами для литературного труда была моя прошлая жизнь, я понял, что они приходили ко мне в легкомысленных развлечениях, в праздности, в нежности, в горе, которые я запасал, догадываясь, к чему они предназначены и даже выживут ли они, не больше, чем зерно, накапливающее пищу, которой будет кормиться растение».

«Мне не казалось, — пишет он в заключение, — что у меня еще найдутся силы долго сохранять рядом с собой это прошлое, которое спустилось уже так далеко и которое я так болезненно вынашивал. По крайней мере, будь мне отпущено достаточно времени, чтобы закончить книгу, я не преминул бы оттиснуть на ней клеймо того Времени, понимание которого так властно запечатлелось во мне, и изобразил бы в ней людей (придай даже это им сходство с чудовищами), занимающими во Времени место гораздо большее тесного, уделенного им в пространстве, место, напротив, безмерно протяженное — поскольку они, словно погруженные в годы великаны, одновременно касаются сроков, между которыми уместилось столько дней и которые столь далеки друг от друга во Времени».

ФРАНЦ КАФКА
1883–1924

«ПРЕВРАЩЕНИЕ» (1915)

Как бы тонко и любовно ни анализировали и ни разъясняли рассказ, музыкальную пьесу, картину, всегда найдется ум, оставшийся безучастным, и спина, по которой не пробежит холодок. «...Воспримем тайну всех вещей», — печально говорит себе и Корделии король Лир[1], и таково же мое предложение всем, кто всерьез принимает искусство. У бедняка отняли пальто («Шинель» Гоголя), другой бедняга превратился в жука («Превращение» Кафки) — ну и что? Рационального ответа на «ну и что?» нет. Можно отвлечься от сюжета и выяснять, как подогнаны одна к другой его детали, как соотносятся части его структуры, но в вас должна быть какая-то клетка, какой-то ген, зародыш, способный завибрировать в ответ на ощущения, которых вы не можете ни определить, ни игнорировать. Красота плюс жалость — вот самое близкое к определению искусства, что мы можем предложить. Где есть красота, там есть и жалость по той простой причине, что красота должна умереть: красота всегда умирает, форма умирает с содержанием, мир умирает с индивидом. Если «Превращение» Кафки представляется кому-то чем-то большим, нежели энтомологической фантазией, я поздравляю его с тем, что он вступил в ряды хороших и отличных читателей.

Я хочу поговорить о фантазии и реальности и об их взаимоотношении. Если мы примем рассказ «Странная история доктора Джекила и мистера Хайда» за аллего-

---

[1] Шекспир. «Король Лир». Акт V, сцена 3. — Перевод В. Голышева.

рию — о борьбе Добра и Зла в человеке, — то аллегория эта ребяческая и безвкусная. Для ума, усмотревшего здесь аллегорию, ее театр теней постулирует физические события, которые здравый смысл считает невозможными; на самом же деле в обстановке рассказа, если подойти к ней с позиций здравого смысла, на первый взгляд ничто не противоречит обычному человеческому опыту. Я, однако, утверждаю, что при более пристальном взгляде обстановка в рассказе противоречит обычному человеческому опыту, и Аттерсон, и остальные люди рядом с Джекилом в каком-то смысле не менее фантастичны, чем мистер Хайд. Если мы не увидим их в фантастическом свете, очарование исчезнет. А если уйдет чародей и останутся только рассказчик и учитель, мы очутимся в неинтересной компании.

История о Джекиле и Хайде выстроена красиво, но это старая история. Мораль ее нелепа, поскольку ни добро, ни зло практически не изображены — в них предлагается поверить, и борьба идет между двумя пустыми контурами. Очарование заключено в искусстве стивенсоновской вышивки; но хочу заметить, что, поскольку искусство и мысль, манера и материал неразделимы, нечто подобное, наверное, присутствует и в структуре рассказа. Будем, однако, осторожны. Я все-таки думаю, что в художественном воплощении этой истории, — если рассматривать форму и содержание по отдельности, — есть изъян, несвойственный «Шинели» Гоголя и «Превращению» Кафки. Фантастичность окружения — Аттерсон, Энфилд, Пул, Лэньон и их Лондон не того же свойства, что фантастичность хайдизации доктора Джекила. Есть трещина в картине, отсутствие единства.

«Шинель», «Доктор Джекил и мистер Хайд» и «Превращение» — все три произведения принято называть фантазиями. На мой взгляд, всякое выдающееся произведение искусства — фантазия, поскольку отражает неповторимый мир неповторимого индивида. Но, называя эти истории фантазиями, люди просто имеют в виду, что содержание историй расходится с тем, что принято называть реальностью. Попробуем же понять, что такое реальность, дабы выяснить, каким образом и до какой степени так называемые фантазии расходятся с так называемой реальностью. Представим себе, что по одной и той же местности идут три разных человека. Один — горожанин, наслаждающийся заслуженным отпуском. Другой — специалист-ботаник. Третий — местный фермер. Первый, горожанин, — что называется реалист, человек прозаический, приверженец здравого смысла: в деревьях он видит *деревья*, а карта сообщила ему, что эта красивая новая дорога ведет в Ньютон, где можно отлично поесть в погребке, рекомендованном ему сослуживцем. Ботаник смотрит вокруг и воспринимает ландшафт в точных категориях жизни растений, в конкретных видовых терминах, характеризующих те или иные травы и деревья, цветы и папоротники; мир флегматичного туриста (не умеющего отличить дуб от вяза) представляется ему фантастическим, смутным, призрачным, подобным сновидению. И наконец, мир местного фермера отличается от остальных двух тем, что он окрашен сильными эмоциями и личным отношением, поскольку фермер родился здесь, вырос и знает каждую тропку: в теплой связи с его будничным трудом, с его детством — тысяча мелочей и сочетаний, о которых те двое — праздный турист и систематик-ботаник — даже не подозревают. Нашему фермеру неведомо, как соотносится окружающая растительность с ботанической концепцией мира — ботанику же невдомек, что значат для фермера этот хлев, или это старое поле, или тот старый дом под тополями, погруженные, так сказать, в раствор личных воспоминаний, накопленных за целую жизнь.

Таким образом, перед нами три разных мира — у этих обыкновенных людей разные *реальности*; и конечно, мы можем пригласить сюда еще много кого: слепца с собакой, охотника с собакой, собаку с хозяином, художника, блуждающего в поисках красивого заката, барышню, у которой кончился бензин... В каждом случае этот мир будет в корне отличаться от остальных, ибо даже самые объективные слова: «дерево», «дорога», «цветок», «небо», «хлев», «палец», «дождь» — вызывают у них совершенно разные ассоциации. И эта субъективная жизнь настолько интенсивна, что так называемое объективное существование превращается в пустую лопнувшую скорлупу. Единственный способ вернуться к объективной реальности таков: взять эти отдельные индивидуальные миры, хорошенько их перемешать, зачерпнуть этой смеси и сказать: вот она, «объективная реальность». Можно почувствовать в ней привкус безумия, если поблизости прогуливался сумасшедший, или совершенно изумительного вздора, если кто-то смотрел на живописный луг и воображал на нем миленькую пуговичную фабрику или завод для производства бомб; но в целом эти безумные частицы затеряются в составе объективной реальности, который мы рассматриваем в пробирке на свет. Кроме того, эта «объективная реальность» будет содержать нечто, выходящее за рамки оптических иллюзий или лабораторных опытов. Она будет содержать элементы поэзии, высоких чувств, энергии и дерзновения (тут ко двору придется и пуговичный король), жалости, гордости, страсти и — мечту о сочном бифштексе в рекомендованном ресторанчике.

Так что, когда мы говорим «реальность», мы имеем в виду все это в совокупности — в одной ложке — усредненную пробу смеси из миллиона индивидуальных реальностей. Именно в этом смысле (человеческой реальности) я употребляю термин «реальность», рассматривая ее на фоне конкретных фантазий, таких, как миры «Шинели», «Доктора Джекила и мистера Хайда» или «Превращения».

В «Шинели» и в «Превращении» герой, наделенный определенной чувствительностью, окружен гротескными бессердечными персонажами, смешными или жуткими фигурами, ослами, покрасившимися под зебру, гибридами кроликов с крысами. В «Шинели» человеческое содержание героя — иного рода, нежели у Грегора в «Превращении», но взывающая к состраданию человечность присуща обоим. В «Докторе Джекиле и мистере Хайде» ее нет, жилка на горле рассказа не бьется, не слышно этой интонации скворца: «Не могу выйти, не могу выйти», берущей за душу в стерновской фантазии «Сентиментальное путешествие».

Да, Стивенсон посвящает немало страниц горькой участи Джекила, и все-таки в целом это лишь первоклассный кукольный театр. Тем и прекрасны кафкианский и гоголевский частные кошмары, что у героя и окружающих нелюдей мир общий, но герой пытается выбраться из него, сбросить маску, подняться над этим миром. В рассказе же Стивенсона нет ни этого единства, ни этого контраста. Аттерсоны, Пулы, Энфилды преподносятся как обыкновенные, рядовые люди; на самом деле эти персонажи извлечены из Диккенса и представляют собой фантомы, не вполне укорененные в стивенсоновской художественной реальности, так же как стивенсоновский туман явно выполз из мастерской Диккенса, дабы окутать вполне обыкновенный Лондон.

В сущности, я хочу сказать, что волшебное снадобье Джекила более реально, чем жизнь Аттерсона. Фантастическая тема Джекила-Хайда по замыслу должна была контрастировать с обыкновенным Лондоном, а на самом деле контрастируют готическая средневековая тема с диккенсовской. И расхождение это иного порядка, чем расхождение между абсурдным миром и трогательно абсурдным Башмачкиным или между абсурдным миром и трагически абсурдным Грегором.

Тема Джекила-Хайда не образует единства с ее окружением, ибо фантастичность ее иного рода, чем фантастичность окружения. В Джекиле, по существу, нет ничего особенно трогательного или трагического. Мы восхищаемся великолепным жонглированием, отточенностью трюков, но эмоционально художество не пульсирует, и доброму читателю глубоко безразлично, кто возьмет верх — Хайд или Джекил. Однажды, когда трезвомыслящий, но несколько поверхностный французский философ попросил глубокомысленного, но темного немецкого философа Гегеля изложить свою мысль сжато, Гегель отрезал: «Такие предметы нельзя изложить ни сжато, ни по-французски». Не углубляясь в вопрос, прав был Гегель или нет, попробуем все же определить в двух словах разницу между историей в кафкианско-гоголевском роде и историей стивенсоновской.

У Гоголя и Кафки абсурдный герой обитает в абсурдном мире, но трогательно и трагически бьется, пытаясь выбраться из него в мир человеческих существ — и умирает в отчаянии. У Стивенсона ирреальность героя иного характера, нежели ирреальность окружающего мира. Это готический персонаж в диккенсовском окружени: он тоже бьется, а затем умирает, но к нему мы испытываем лишь вполне обычное сочувствие. Я вовсе не хочу сказать, что повесть Стивенсона — неудача. Нет, в своем роде и по обычным меркам это маленький шедевр, но в нем всего лишь два измерения, тогда как в повестях Гоголя и Кафки их пять или шесть.

* * *

Франц Кафка родился в 1883 году в немецкоязычной семье пражских евреев. Он — величайший немецкий писатель нашего времени. В сравнении с ним такие поэты, как Рильке, и такие романисты, как Томас Манн, — карлики или гипсовые святые. Он изучал право в немецком университете в Праге, а с 1908 года служил мелким чиновником в совершенно гоголевской конторе, по страховому делу. Из ныне знаменитых произведений Кафки, таких, как романы «Процесс» (1925) и «Замок» (1926), почти ничего не было напечатано при его жизни. Его самый замечательный рассказ «Превращение» — по-немецки «Die Verwandlung» — написан был осенью 1912 года и опубликован в октябре 1915-го в Лейпциге. В 1917 году у Кафки открылось кровохарканье, и остаток жизни, последние семь лет, он частично провел в санаториях Центральной Европы. На эти последние годы его короткой жизни (он умер в возрасте сорока одного года) пришелся счастливый роман; в 1923 году он поселился со своей возлюбленной в Берлине, неподалеку от меня. Весной 1924-го он отправился в санаторий под Веной, где и умер 3 июня от туберкулеза гортани. Похоронили его на еврейском кладбище в Праге. Своему другу Максу Броду он завещал сжечь все им написанное, включая опубликованные произведения. К счастью, Брод не исполнил его воли.

Прежде чем говорить о «Превращении», я хочу отмежеваться от двух воззрений. Я хочу отмежеваться от идеи Макса Брода относительно того, что для понимания Кафки надо исходить из категорий святости, а отнюдь не литературы. Кафка был прежде всего художником, и, хотя можно утверждать, что каждый художник в некотором роде святой (я сам это очень ясно ощущаю), я не согласен с тем, что в творчестве Кафки просматриваются религиозные мотивы. Также я хочу отвергнуть фрейдистскую точку зрения. Биографы-фрейдисты, вроде Нидера (Neider, The Frozen Sea, 1948) утверждают, например, что «Превращение» произросло из сложных отношений Кафки с отцом и из чувства вины, не покидавшего его всю жизнь; они утверждают далее, будто в мифологической символике дети представлены насекомыми, — в чем я сомневаюсь, — и будто Кафка изобразил сына жуком в соответствии с фрейдистскими постулатами. Насекомое, по их словам, как нельзя лучше символизирует его ощущение неполноценности рядом с отцом. Но в данном случае меня интересует жук, а не книжные черви, и этот вздор я отметаю. Сам Кафка весьма критически относился к учению Фрейда. Он называл психоанализ (я цитирую) «безнадежной ошибкой» и теории Фрейда считал очень приблизительными, очень грубыми представлениями, не отражающими в должной мере ни деталей, ни, что еще важнее, сути дела. Так что фрейдистским подходом я пренебрегу еще и по этой причине и сосредоточусь на художественной стороне.

Сильнейшее влияние на Кафку оказал Флобер. Флобер, презиравший слащавую прозу, приветствовал бы отношение Кафки к своему орудию. Кафка любил заимствовать термины из языка юриспруденции и науки, используя их с иронической точностью, гарантирующей от вторжения авторских чувств, — именно таков был метод Флобера, позволявший ему достигать исключительного поэтического эффекта.

Герой «Превращения» Грегор Замза — сын небогатых пражан-обывателей флоберовской складки, людей с чисто материалистическими интересами и примитивными вкусами. Лет пять назад старший Замза лишился почти всех своих денег, после чего его сын Грегор поступил на службу к одному из кредиторов отца и стал коммивояжером, торговцем сукном. Отец тогда совсем перестал работать, сестра Грета по молодости лет работать не могла, мать болела астмой, и Грегор не только содержал всю семью, но и подыскал квартиру, где они обитают ныне. Квартира эта, в хилом доме на Шарлоттенштрассе, если быть точным, разделена на сегменты так же, как будет разделено его тело. Мы в Праге, в Центральной Европе, и год на дворе — 1912-й; слуги дешевы, и Замзы могут позволить себе содержать служанку, Анну (ей шестнадцать, она на год моложе Греты), и кухарку. Грегор постоянно разъезжает, но в начале повествования он ночует дома в перерыве между двумя деловыми поездками, и тут с ним приключается нечто ужасное. «Проснувшись однажды утром после беспокойного сна, Грегор Замза обнаружил, что он у себя в постели превратился в страшное насекомое. Лежа на панцирно-твердой спине, он видел, стоило ему приподнять голову, свой коричневый, выпуклый, разделенный дугообразными чешуйками живот, на верхушке которого еле держалось готовое вот-вот окончательно сползти одеяло. Его многочисленные, убого тонкие по сравнению с остальным телом ножки беспомощно копошились у него перед глазами.

"— Что со мной случилось?" — подумал он. Это не было сном. <...>

Затем взгляд Грегора устремился в окно, и пасмурная погода — слышно было, как по жести подоконника стучат капли дождя, — привела его и вовсе в грустное настроение. "Хорошо бы еще немного поспать и забыть всю эту чепуху", — подумал он, но это было совершенно неосуществимо, он привык спать на правом боку, а в теперешнем своем состоянии он никак не мог принять это положение. С какой бы силой ни поворачивался он на правый бок, он неизменно сваливался опять на спину. Закрыв глаза[1], чтобы не видеть своих барахтающихся ног, он проделал это добрую сотню раз и отказался от своих попыток только тогда, когда почувствовал какую-то неведомую дотоле, тупую и слабую боль в боку.

"Ах ты, Господи, — подумал он, — какую я выбрал хлопотную профессию! Изо дня в день в разъездах. Деловых волнений куда больше, чем на месте, в торговом доме, а кроме того, изволь терпеть тяготы дороги,

---

[1] В экземпляре «Превращения» с пометками В. Н.: «Обычный жук не имеет век и не может закрыть глаза — жук с человеческими глазами». Об отрывке в целом: «В немецком оригинале чудесный плавный ритм, последовательность фраз, напоминающая сновидение. Он наполовину проснулся — он воспринимает свое состояние без удивления, приемлет по-детски и в то же время цепляется за человеческие воспоминания, за прошлый опыт. Превращение еще не завершилось». — *Фр. Б.*

The Metamorphosis

just over 3 feet long

1

As Gregor Samsa awoke one morning from ~~uneasy~~ *troubled* dreams he found himself transformed in his bed into a ~~gigantic~~ *monstrous* insect. He was lying on his hard, as it were armor-plated, back and when he lifted his head a little he could see his dome-like brown belly divided into ~~stiff arched~~ segments on top of which the bed quilt could hardly keep in position and was about to slide off completely. His numerous legs, which were pitifully thin compared to the rest of his bulk, ~~waved~~ helplessly before his eyes.

What has happened to me? he thought. It was no dream. His room, a regular human bedroom, ~~only~~ *though* rather ~~too~~ small, lay quiet ~~between the~~ *within* four familiar walls. Above the table on which a collection of cloth samples was unpacked and spread out—Samsa was a commercial traveler—hung the picture which he had recently cut out of an illustrated magazine and put into a pretty gilt frame. It showed a lady, with a fur cap on and a fur ~~stole~~, sitting ~~upright~~ and holding out to the spectator a huge fur muff into which the whole of her forearm had vanished!

Первая страница набоковского экземпляра «Превращения».

думай о расписании поездов, мирись с плохим, нерегулярным питанием, завязывай со все новыми и новыми людьми недолгие, никогда не бывающие сердечными отношения. Черт бы побрал все это!" Он почувствовал вверху живота легкий зуд; медленно подвинулся на спине к прутьям кровати, чтобы удобнее было поднять голову; нашел зудевшее место, сплошь покрытое, как оказалось, белыми непонятными точечками; хотел было ощупать это место одной из ножек, но сразу отдернул ее, ибо даже простое прикосновение вызвало у него, Грегора, озноб»[1].

В кого так внезапно превратился невзрачный коммивояжер, бедняга Грегор? Явно в представителя членистоногих (Arthropoda), к которым принадлежат насекомые, пауки, многоножки и ракообразные. Если «многочисленных ножек», упомянутых вначале, больше шести, то с зоологической точки зрения Грегор не насекомое. Но мне представляется, что человек, проснувшийся на спине и обнаруживший у себя шесть колеблющихся в воздухе ножек, вполне может счесть, что шесть — это «много». Предположим поэтому, что у Грегора шесть ног, что он насекомое.

Следующий вопрос: какое насекомое? Комментаторы говорят «таракан», что, разумеется, лишено смысла. Таракан — насекомое плоское, с крупными ножками, а Грегор отнюдь не плоский: он выпуклый сверху и снизу, со спины и с брюшка, и ножки у него маленькие. Он похож на таракана лишь коричневой окраской. Вот и все. Зато у него громадный выпуклый живот, разделенный на сегменты, и твердая округлая спина, что наводит на мысль о надкрыльях. У жуков под надкрыльями скрыты жиденькие крылышки, и, выпустив их, жук может преодолевать в неуклюжем полете многие километры. Любопытно, что жук Грегор так и не узнал, что под жестким покровом на спине у него есть крылья. (Это очень тонкое наблюдение с моей стороны, и вы будете дорожить им всю жизнь. Некоторые Грегоры, некоторые Джоны и Дженни не знают, что у них есть крылья.) Кроме того, у Грегора имеются сильные челюсти, жвалы. С помощью этих органов, поднявшись на

---

[1] Здесь и далее цит. по: *Кафка Ф.* Собр. соч.: В 3 Т. — М.: Худож. лит., 1994. — Т. 1.

задние ножки (на третью, сильную пару ножек), он поворачивает ключ в замке. Таким образом мы получаем представление о длине его тела — около метра. По ходу рассказа он постепенно приучается пользоваться своими конечностями и усиками. Это коричневый, выпуклый, весьма широкий жук размером с собаку. Мне он представляется таким:

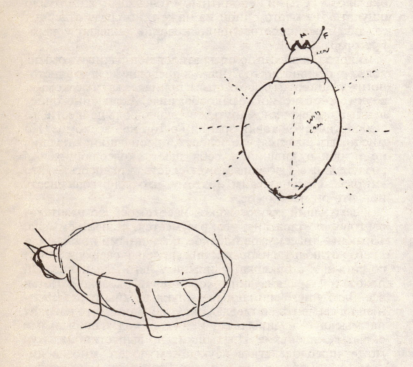

В оригинале старая служанка-поденщица называет его Mistkafer — «навозным жуком». Ясно, что добрая женщина прибавляет этот эпитет из дружеского расположения. Строго говоря, это не навозный жук. Он просто большой жук. (Должен сказать, что как Грегор, так и Кафка не слишком ясно видят этого жука.)

Рассмотрим внимательно метаморфозу Грегора. Перемена эта, поразительная и шокирующая, не столь, однако, странна, как может показаться на первый взгляд. Пол Ландсберг[1], комментатор здравомыслящий, замечает: «Уснув в незнакомой обстановке, мы нередко переживаем при пробуждении минуты растерянности, чувство нереальности, и с коммивояжером подобное может происходить многократно, учитывая его образ жизни, разрушающий всякое ощущение непрерывности бытия». Чувство реальности зависит от непрерывности, от длительности. В конце концов, не такая уж большая разница — проснуться насекомым или проснуться Наполеоном, Джорджем Вашингтоном. (Я знавал человека, который проснулся императором Бразилии.)

С другой стороны, обособленность, странность так называемой реальности — вечные спутницы художника, гения, первооткрывателя. Семья Замза вокруг фантастического насекомого — не что иное, как посредственность, окружающая гения.

ЧАСТЬ ПЕРВАЯ

Теперь я намерен поговорить о структуре. Часть первую можно разделить на семь сцен, или сегментов:

Сцена I. Грегор просыпается. Он один. Он уже превратился в жука, но человеческие впечатления еще мешаются с новыми инстинктами насекомого. В конце сцены вводится пока еще человеческий фактор времени: «И он взглянул на будильник, который тикал на сундуке. "Боже правый!" — подумал он. Было половина седьмого, и стрелки спокойно двигались дальше, было даже больше половины, без малого уже три четверти. Неужели будильник не звонил? <...> Следующий поезд уходит в семь часов; чтобы поспеть на него, он должен отчаянно торопиться, а набор образцов еще не упакован, да и сам он отнюдь не чувствует себя свежим и легким на подъем. И даже поспей он на поезд, хозяйского разноса ему все равно не избежать — ведь рассыльный торгового дома дежурил у пятичасового поезда и давно доложил о его, Грегора, опоздании». Он думает, не сказаться ли больным, но решает, что врач больничной кассы нашел бы его совершенно здоровым. «И разве в данном случае он был бы так уж неправ? Если не

---

[1] *Landsberg Paul L.* The Kafka Problem. Ed. Angel Flores, 1946.

считать сонливости, действительно странной после такого долгого сна, Грегор и в самом деле чувствовал себя превосходно и был даже чертовски голоден».

Сцена II. Трое членов семьи стучатся в его двери из передней, из гостиной и из комнаты сестры и разговаривают с ним. Все они — паразиты, которые эксплуатируют его, выедают его изнутри. Это и есть человеческое наименование зуда, испытываемого жуком. Желание обрести какую-нибудь защиту от предательства, жестокости и низости воплотилось в его панцире, хитиновой оболочке, которая выглядит твердой и надежной поначалу, но в конце концов оказывается такой же уязвимой, как в прошлом его хилая человеческая плоть. Кто из трех паразитов — отец, мать или сестра — наиболее жесток? Сначала кажется, что отец. Но худший здесь не он, а сестра, больше всех любимая Грегором и предающая его после эпизода с перестановкой мебели в середине рассказа. А во второй сцене возникает тема дверей: «...в дверь у его изголовья осторожно постучали.

— Грегор, — услыхал он (это была его мать), — уже без четверти семь. Разве ты не собирался уехать?

Этот ласковый голос! Грегор испугался, услыхав ответные звуки собственного голоса, к которому, хоть это и был, несомненно, прежний его голос, примешивался какой-то упрямый болезненный писк. <...>

— Да, да, спасибо, мама, я уже встаю.

Снаружи благодаря деревянной двери, по-видимому, не заметили, как изменился его голос. <...> Но короткий этот разговор обратил внимание остальных членов семьи на то, что Грегор вопреки ожиданию все еще дома, и вот уже в одну из боковых дверей стучал отец — слабо, но кулаком.

— Грегор! Грегор! — кричал он. — В чем дело?

И через несколько мгновений позвал еще раз, понизив голос:

— Грегор! Грегор!

А за другой боковой дверью тихо и жалостно говорила сестра:

— Грегор! Тебе нездоровится? Помочь тебе чем-нибудь?

Отвечая всем вместе: "Я уже готов", — Грегор старался тщательным выговором и длинными паузами между словами лишить свой голос какой бы то ни было необычности. Отец и в самом деле вернулся к своему завтраку, но сестра продолжала шептать:

— Грегор, открой, умоляю тебя.

Однако Грегор и не думал открывать, он благословлял приобретенную в поездках привычку и дома предусмотрительно запирать на ночь все двери».

Сцена III. Грегор с мучительным трудом выбирается из постели. Здесь рассчитывает человек, а действует жук: Грегор еще думает о своем теле как о человеческом, но теперь нижняя часть человека — это задняя часть жука, верхняя часть человека — передняя часть жука. Грегору кажется, что жук на шести ногах подобен человеку на четвереньках, и, пребывая в этом заблуждении, упорно пытается встать на задние ноги. «Сперва он хотел выбраться из постели нижней частью своего туловища, но эта нижняя часть, которой он, кстати, еще не видел, да и не мог представить себе, оказалась малоподвижной; дело шло медленно; а когда Грегор наконец в бешенстве рванулся напропалую вперед, он, взяв неверное направление, сильно ударился о прутья кровати, и обжигающая боль убедила его, что нижняя часть туловища у него сейчас, вероятно, самая чувствительная. <...> Но потом он сказал себе: "Прежде чем пробьет четверть восьмого, я должен во что бы то ни стало окончательно покинуть кровать. Впрочем, к тому времени из конторы уже придут справиться обо мне, ведь контора открывается раньше семи". И он принялся выталкиваться из кровати, раскачивая туловище по всей его длине равномерно. Если бы он упал так с кровати, то, видимо, не повредил бы голову, резко приподняв ее во время падения. Спина же казалась достаточно твердой; при падении на ковер с ней, наверно, ничего не случилось бы. Больше всего беспокоила его мысль о том, что тело его упадет с грохотом и это вызовет за всеми дверями если не ужас, то уж, во всяком случае, тревогу. И все же на это нужно было решиться. <...> Но даже если бы двери не были заперты, неужели он действительно позвал бы кого-нибудь на помощь? Несмотря на свою беду, он не удержался от улыбки при этой мысли».

Сцена IV. Он еще продолжает возиться, когда вновь вторгается тема семьи — тема многих дверей, и по ходу этой сцены он наконец сползает с кровати и с глухим стуком падает на пол. Переговоры здесь напоминают хор греческой трагедии. Из фирмы прислали управляющего выяснить, почему Грегор не явился на вокзал. Угрюмая срочность этой проверки нерадивого служащего имеет все черты дурного сна. Снова, как во второй сцене, переговоры через закрытые двери. Отметим их последовательность: управляющий говорит из гостиной слева, сестра Грета разговаривает с братом из комнаты справа, мать с отцом присоединились к управляющему в гостиной. Грегор еще способен говорить, но голос его искажается все сильнее, и вскоре его речь становится невнятной.

(В «Поминках по Финнегану» Джойса, написанных двадцатью годами позже, две прачки разговаривают через реку и постепенно превращаются в толстый вяз и камень.) Грегор не понимает, почему сестра в комнате справа не пошла к остальным. «Вероятно, она только сейчас встала с постели и еще даже не начала одеваться. А почему она плакала? Потому что он не вставал и не впускал управляющего, потому что он рисковал потерять место и потому что тогда хозяин снова стал бы преследовать родителей старыми требованиями». Бедный Грегор настолько привык быть всего лишь инструментом, используемым семьей, что вопроса о жалости не возникает — он не надеется даже, что ему посочувствует Грета. Мать и сестра переговариваются через закрытую комнату Грегора. Сестру и служанку посылают за врачом и слесарем. «А Грегору стало гораздо спокойнее. Речи его, правда, уже не понимали, хотя ему она казалась достаточно ясной, даже более ясной, чем прежде, — вероятно потому, что его слух к ней привык. Но зато теперь поверили, что с ним творится что-то неладное, и были готовы ему помочь. Уверенность и твердость, с какими отдавались первые распоряжения, подействовали на него благотворно. Он чувствовал себя вновь приобщенным к людям и ждал от врача и от слесаря, не отделяя, по существу, одного от другого, удивительных свершений».

Сцена V. Грегор открывает дверь. «Грегор медленно придвинулся со стулом к двери, отпустил его, навалился на дверь, припал к ней стоймя — на подушечках его лапок было какое-то клейкое вещество — и немного передохнул, натрудившись. А затем принялся поворачивать ртом ключ в замке. Увы, у него, кажется, не было настоящих зубов — чем же схватить теперь ключ? — но зато челюсти оказались очень сильными; с их помощью он и в самом деле задвигал ключом, не обращая внимания на то, что, несомненно, причинил себе вред, ибо какая-то бурая жидкость выступила у него изо рта, потекла по ключу и закапала на пол. <...> Поскольку отворил он ее таким способом, его самого еще не было видно, когда дверь уже довольно широко отворилась. Сначала он должен был медленно обойти одну створку, а обойти ее нужно было с большой осторожностью, чтобы не шлепнуться на спину у самого входа в комнату. Он был еще занят этим трудным передвижением и, торопясь, ни на что больше не обращал внимания, как вдруг услышал громкое "О!" управляющего — оно прозвучало, как свист ветра, — и увидел затем его самого: находясь ближе всех к двери, тот прижал ладонь к открытому рту и медленно пятился, словно его гнала какая-то невидимая, неодолимая сила. Мать — несмотря на присутствие управляющего, она стояла здесь с распущенными еще с ночи, взъерошенными волосами — сначала, стиснув руки, взглянула на отца, а потом сделала два шага к Грегору и рухнула, разметав вокруг себя юбки, опустив к груди лицо, так что его совсем не стало видно. Отец угрожающе сжал кулак, словно желая вытолкнуть Грегора в его комнату, потом нерешительно оглядел гостиную, закрыл руками глаза и заплакал, и могучая его грудь сотрясалась».

Сцена VI. Боясь увольнения, Грегор пытается успокоить управляющего.

«Ну вот, — сказал Грегор, отлично сознавая, что спокойствие сохранил он один, — сейчас я оденусь, соберу образцы и поеду. А вам хочется, вам хочется, чтобы я поехал? Ну вот, господин управляющий, вы видите, я не упрямец, я работаю с удовольствием; разъезды утомительны, но я не мог бы жить без разъездов. Куда же вы, господин управляющий? В контору? Да? Вы доло́жите обо всем? Иногда человек не в состоянии работать, но тогда как раз самое время вспомнить о прежних своих успехах в надежде, что тем внимательней и прилежнее будешь работать в дальнейшем, по устранении помехи». Но управляющий с ужасом и как бы в трансе отступает к лестнице. Грегор устремляется за ним — великолепная деталь — на задних ногах, «но тут же, ища опоры, со слабым криком упал на все свои лапки. Как только это случилось, телу его впервые за это утро стало удобно; под лапками была твердая почва; они, как он, к радости своей отметил, отлично его слушались; даже сами стремились перенести его туда, куда он хотел; и он уже решил, что вот-вот все его муки окончательно прекратятся». Мать вскакивает и, пятясь от него, опрокидывает кофейник на столе; горячий кофе льется на ковер.

«Мама, мама, — тихо сказал Грегор и поднял на нее глаза.

На мгновение он совсем забыл об управляющем; однако при виде льющегося кофе он не удержался и несколько раз судорожно глотнул воздух. Увидев это, мать снова вскрикнула...» Грегор, вспомнив об управляющем, «пустился было бегом, чтобы вернее его догнать; но управляющий, видимо, догадался о его намерении, ибо, перепрыгнув через несколько ступенек, исчез. Он только воскликнул: "Фу!" — и звук этот разнесся по лестничной клетке».

Сцена VII. Отец грубо загоняет Грегора обратно в комнату, топая ногами и одновременно размахивая палкой и газетой. Грегор не может пролезть в одну створку двери, но, поскольку отец продолжает наступление, он не оставляет своих попыток и застревает. «Одна сторона его туловища поднялась, он наискось лег в проходе, один его бок был совсем изранен, на белой двери остались безобразные пятна; вскоре он застрял и уже не мог самостоятельно двигаться дальше, на одном боку лапки повисли, дрожа, вверху; на другом они были больно прижаты к полу. И тогда отец с силой дал ему сзади поистине спасительного теперь пинка, и Грегор, обливаясь кровью, влетел в свою комнату. Дверь захлопнули палкой, и наступила долгожданная тишина».

ЧАСТЬ ВТОРАЯ

Сцена I. Первая попытка накормить жесткокрылого Грегора. Полагая, что его состояние — род противной, но не безнадежной болезни, которая со временем может пройти, его вначале сажают на диету больного человека — ему предлагают молоко. Нам все время напоминают о дверях — двери тихо открываются и закрываются в потемках. Из кухни через переднюю к его двери приближаются легкие шаги сестры, и, пробудившись от сна, он обнаруживает, что к нему в комнату поставили миску с молоком. В столкновении с отцом он повредил одну ножку — она заживет, но в этой сцене Грегор хромает и волочит ее по полу. Грегор — большой жук, но меньше человека и более хрупок, чем человек. Он направляется к миске. Увы, его все еще человеческий ум предвкушает сладкую похлебку из молока с мягким белым хлебом, а желудок и вкусовые бугорки жука не принимают еды млекопитающих. Хотя он очень голоден, молоко ему отвратительно, и он отползает на середину комнаты.

Сцена II. Тема дверей продолжается, и вступает тема длительности. Мы станем свидетелями того, как проходят дни и вечера Грегора в ту фантастическую зиму 1912 года, как он находит себе убежище под диваном. Но послушаем-ка и посмотрим вместе с Грегором через щелку в приоткрытой двери, что творится в гостиной слева. Отец его, бывало, читал вслух газеты жене и дочери. Теперь этого нет, квартира безмолвна, хотя и заселена по-прежнему; однако в целом семья начинает привыкать к ситуации. С их сыном и братом случилась ужасная перемена — тут-то, казалось бы, и выскочить на улицу в слезах и с воплями о помощи, вне себя от горя, но нет, эти трое мещан живут себе как ни в чем не бывало.

Не знаю, читали ли вы года два назад в газетах о том, как совсем молоденькая девушка с молодым человеком убила свою мать. Начинается с совершенно кафкианской сцены: мать возвращается домой, застает дочь с молодым человеком в спальне, и молодой человек бьет ее молотком — несколько раз, после чего утаскивает. Но женщина еще корчится и стонет, и юноша говорит возлюбленной: «Дай молоток. Надо еще разок ее стукнуть». Вместо этого подруга дает ему нож, и он бьет мать ножом — много-много раз, до смерти, воображая, вероятно, что это комикс: человека бьют, он видит много звездочек и восклицательных знаков, но потом оживает — к следующему выпуску. У физической жизни, однако, следующих выпусков нет, и девушке с юношей надо куда-то деть маму. «О, алебастр, он ее полностью растворит!» Конечно, растворит — чудесная мысль — засунуть ее в ванну, залить алебастром, и дело с концом. А пока мама лежит в алебастре (напрасно лежит — может быть, алебастр не тот), девушка и юноша закатывают вечеринки с пивом. Сколько веселья! Пластинки с чудной музыкой, чудное пиво в банках. «Только в ванную, ребята, не ходите. В ванной бардак».

Я пытаюсь показать вам, что в так называемой реальной жизни мы иногда находим большое сходство с ситуацией из рассказа Кафки. Обратите внимание на душевный склад этих идиотов у Кафки, которые наслаждаются вечерней газетой, невзирая на фантастический ужас, поселившийся в их квартире. «"До чего же, однако, тихую жизнь ведет моя семья", — сказал себе Грегор и, уставившись в темноту, почувствовал великую гордость от сознания, что он сумел добиться для своих родителей и сестры такой жизни в такой прекрасной квартире». Комната высокая и пустая, и жук постепенно вытесняет в Грегоре человека. Высокая комната, «в которой он вынужден был плашмя лежать на полу, пугала его, хотя причины своего страха он не понимал, ведь он жил в этой комнате вот уже пять лет, и, повернувшись почти безотчетно, он не без стыда поспешил уползти под диван, где, несмотря на то, что спину ему немного прижало, а голову уже нельзя было поднять, он сразу же почувствовал себя очень уютно и пожалел только, что туловище его слишком широко, чтобы поместиться целиком под диваном».

Сцена III. Сестра приносит Грегору несколько блюд на выбор. Она уносит миску с молоком — правда, не просто руками, а с помощью тряпки, поскольку к посуде прикасался отвратительный монстр. Она, однако, умненькая, эта сестра, и подает ему целый набор: овощи с гнильцой, старый сыр, кости с белым застывшим соусом, — Грегор набрасывается на угощение. «Со слезящимися от наслаждения глазами он быстро уничтожил подряд сыр, овощи, соус; свежая пища, напротив, ему не нравилась, даже запах ее казался ему несносным, и он оттаскивал в сторону от нее куски, которые хотел съесть». Сестра, давая понять, что ему пора удалиться, медленно поворачивает ключ в замке, а затем входит и убирает за ним; раздувшийся от еды Грегор в это время прячется под диваном.

Сцена IV. Роль сестры Греты возрастает. Это она кормит жука, она одна входит в его логово, вздыхая и порой взывая к святым — семья ведь такая христианская. Чудесный эпизод, где кухарка, упав на колени перед матерью, просит рассчитать ее. Со слезами на глазах она благодарит за увольнение, словно отпущенная на волю рабыня, и, хотя никто ее не просил, торжественно клянется ни слова не говорить о том, что произошло в семье Замза. «Грегор получал теперь еду ежедневно — один раз утром, когда родители и прислуга еще спали, а второй раз после общего обеда, когда родители опять-таки ложились поспать, а прислугу сестра усылала из дому с каким-нибудь поручением. Они тоже, конечно, не хотели, чтобы Грегор умер с голоду, но знать все подробности кормления Грегора им было бы, вероятно, невыносимо тяжело, и, вероятно, сестра старалась избавить их хотя бы от маленьких огорчений, потому что страдали они и в самом деле достаточно».

Сцена V. Гнетущая сцена. Выясняется, что, когда Грегор был человеком, семья обманывала его. Он поступил на эту кошмарную службу, желая помочь отцу, пять лет назад обанкротившемуся. «К этому все привыкли —

и семья, и сам Грегор; деньги у него с благодарностью принимали, а он охотно их давал, но особой теплоты больше не возникало. Только сестра осталась все-таки близка Грегору; и так как она в отличие от него очень любила музыку и трогательно играла на скрипке, у Грегора была тайная мысль определить ее на будущий год в консерваторию, несмотря на большие расходы, которые это вызовет и которые придется покрыть за счет чего-то другого. Во время коротких задержек Грегора в городе в разговорах с сестрой часто упоминалась консерватория, но упоминалась всегда как прекрасная, несбыточная мечта, и даже эти невинные упоминания вызывали у родителей неудовольствие; однако Грегор думал о консерватории очень определенно и собирался торжественно заявить о своем намерении в канун Рождества». Теперь Грегор подслушивает разъяснения отца касательно того, «что, несмотря на все беды, от старых времен сохранилось еще маленькое состояние и что оно, так как процентов не трогали, за эти годы даже немного выросло. Кроме того, оказалось, что деньги, которые ежемесячно приносил домой Грегор — он оставлял себе всего несколько гульденов, — уходили не целиком и образовался небольшой капитал. Стоя за дверью, Грегор усиленно кивал головой, обрадованный такой неожиданной предусмотрительностью и бережливостью. Вообще-то он мог бы этими лишними деньгами погасить часть отцовского долга и приблизить тот день, когда он, Грегор, волен был бы отказаться от своей службы, но теперь оказалось несомненно лучше, что отец распорядился деньгами именно так». Семья считает, что эти деньги надо отложить на черный день, но откуда тогда взять деньги на жизнь? Отец пять лет не работал, и на него мало надежды. Мать страдает астмой и зарабатывать деньги не в состоянии. «Или, может быть, их следовало зарабатывать сестре, которая в свои семнадцать лет была еще ребенком и имела полное право жить так же, как до сих пор, — изящно одеваться, спать допоздна, помогать в хозяйстве, участвовать в каких-нибудь скромных развлечениях и прежде всего играть на скрипке. Когда заходила речь об этой необходимости заработка, Грегор сперва всегда отпускал дверь и бросался на прохладный кожаный диван, стоявший близ двери, потому что ему делалось жарко от стыда и от горя».

Сцена VI. Между братом и сестрой образуются новые отношения, связанные на этот раз не с дверью, а с окном. Грегор, «не жалея трудов, придвигал кресло к окну, вскарабкивался к проему и, упершись в кресло, припадал к подоконнику, что было явно только каким-то воспоминанием о чувстве освобождения, охватывавшем его прежде, когда он выглядывал из окна». Грегор или Кафка, видимо, полагают, что тяга Грегора к окну обусловлена человеческими воспоминаниями. В действительности же это типичная реакция насекомого на свет: на подоконниках всегда находишь разных пыльных насекомых — мотылька кверху лапками, увечную долгоножку, бедную козявку, запутавшуюся в паутине, муху, с жужжанием бьющуюся о стекло. Человеческое зрение Грегора слабеет, он уже не различает дом на другой стороне улицы. Общая идея насекомого доминирует над человеческими деталями. (Но не будем сами насекомыми. Изучим прежде каждую деталь рассказа; общая идея сложится сама собой, когда мы будем располагать всеми необходимыми данными.) Сестра не понимает, что у Грегора сохранились человеческое сердце, человеческая чувствительность, понятия о приличии, смирение и трогательная гордость. Она ужасно расстраивает брата, когда бежит к окну, с шумом распахивает его, чтобы вдохнуть свежий воздух, и даже не пытается скрыть, что вонь в его логове для нее непереносима. Не скрывает она и тех чувств, которые вызывает у нее облик Грегора. Однажды, когда прошло уже около месяца после его превращения «и у сестры, следовательно, не было особых причин удивляться его виду — она пришла немного раньше обычного и застала Грегора глядящим в окно, у которого он неподвижно стоял, являя собой довольно страшное зрелище... Но она не просто не вошла, а отпрянула назад и заперла дверь; постороннему могло бы показаться даже, что Грегор подстерегал ее и хотел укусить. Грегор, конечно, сразу же спрятался под диван, но ее возвращения ему пришлось ждать до полудня, и была в ней какая-то необычная встревоженность». Это причиняло ему боль, и никто даже не понимал какую. Проявляя необыкновенную чуткость и пытаясь избавить сестру от мерзкого зрелища, Грегор «однажды перенес на спине — на эту работу ему потребовалось четыре часа — простыню на диван и положил ее таким образом, чтобы она скрывала его целиком и сестра, даже нагнувшись, не могла увидеть его... и Грегору показалось даже, что он поймал благодарный взгляд, когда осторожно приподнял головой простыню, чтобы посмотреть, как приняла это нововведение сестра».

Заметьте, какой он хороший и добрый, наш бедный маленький монстр. Превращение в жука, исказившее, изуродовавшее его тело, кажется, еще ярче высветило его человеческую прелесть. Его крайнее бескорыстие, постоянная озабоченность чужими нуждами на фоне ужасного несчастья выступают особенно рельефно. Мастерство Кафки проявляется в том, как он накапливает, с одной стороны, энтомологические черты Грегора, все печальные подробности облика насекомого, а с другой — прозрачно и живо раскрывает перед читателем его нежную, тонкую человеческую душу.

Сцена VII. Переставляют мебель. Прошло два месяца. До сих пор его навещала только сестра; но, говорит себе Грегор, она еще ребенок и взяла на себя заботу обо мне только по детскому легкомыслию. Мать, наверно, поймет ситуацию лучше. И вот в седьмой сцене мать, хилая и бестолковая астматичка, впервые войдет к нему в комнату. Кафка тщательно подготавливает эту сцену. Грегор приобрел привычку ползать для развлечения по стенам и потолку. Это высшее из жалких блаженств, доступных жуку. «Сестра сразу заметила, что Грегор нашел новое развлечение — ведь, ползая, он повсюду оставлял следы клейкого вещества, — и решила предоставить ему как можно больше места для этого занятия, выставив из комнаты мешавшую ему ползать мебель, то есть прежде всего шкаф и письменный стол». На помощь призвана мать. Мать направляется к двери с «возгласами взволнованной радости», но, когда она входит в таинственные покои, эта неуместная и автоматическая реакция сменяется красноречивым молчанием. «Сестра, конечно, сначала проверила, все ли в порядке в комнате; лишь после этого она впустила мать. Грегор с величайшей поспешностью скомкал и еще дальше потянул простыню; казалось, что простыня брошена на диван и в самом деле случайно. На этот раз Грегор не стал выглядывать из-под простыни; он отказался от возможности увидеть мать уже в этот раз, но был рад, что она наконец пришла.

— Входи, его не видно, — сказала сестра и явно повела мать за руку».

Женщины возятся с тяжелой мебелью, и тут мать высказывает некую человечную мысль, наивную, добрую, беспомощную, но продиктованную чувством: «...Разве, убирая мебель, мы не показываем, что перестали надеяться на какое-либо улучшение и безжалостно предоставляем его самому себе? По-моему, лучше всего постараться оставить комнату такой же, какой она была прежде, чтобы Грегор, когда он к нам возвратится, не нашел в ней никаких перемен и поскорее забыл это время». В Грегоре борются две эмоции. Жуку в пустой комнате с голыми стенами будет удобнее ползать: единственное, что ему нужно, это какой-нибудь отнорок, укрытие под тем же незаменимым диваном, а прочие человеческие удобства и украшения ни к чему. Но голос матери напоминает Грегору о его человеческом прошлом. К несчастью, сестра приобрела странную самоуверенность и считает себя экспертом по делам Грегора в отличие от родителей. «Может быть, впрочем, тут сказалась и свойственная девушкам этого возраста пылкость воображения, которая всегда рада случаю дать себе волю и теперь побуждала Грету сделать положение Грегора еще более устрашающим, чтобы оказывать ему еще большие, чем до сих пор, услуги». Здесь любопытная нота: властная сестра, деспотичная сестра из сказок, командующая глупыми родственниками, гордые сестры Золушки, жестокий символ здоровья, молодости и цветущей красоты в доме горя и пыли. В конце концов они все-таки решают вынести мебель, но с тяжелым шкафом приходится повозиться. Грегор в страшной панике. Его единственным хобби было выпиливание лобзиком, а лобзик он держит в шкафу.

Сцена VIII. Грегор пытается спасти портрет в рамке, которую он выпилил драгоценным лобзиком. Кафка разнообразит свои эффекты: каждый раз жук появляется перед родственниками в другой позе, в новом месте. Пока женщины возятся с письменным столом и не замечают его, он выскакивает из своего убежища, взбирается на стену и прилипает к портрету — сухим горячим брюшком прижимается к прохладному стеклу. От матери мало толку в этих такелажных работах, ее саму должна поддерживать дочь. Грета на протяжении всего рассказа остается сильной и бодрой, тогда как не только ее братом, но и родителями скоро (после сцены с метанием яблок) овладевает сонная одурь, грозящая перейти в тяжелое забытье. Грета же, с ее крепким здоровьем румяной молодости, станет им опорой.

Сцена IX. Несмотря на старания Греты, мать увидела Грегора — «огромное бурое пятно на цветных обоях, вскрикнула, прежде чем до ее сознания по-настоящему дошло, что это и есть Грегор, визгливо-пронзительно: "Ах, Боже мой, Боже мой!" — упала с раскинутыми в изнеможении руками на диван и застыла.

— Эй, Грегор! — крикнула сестра, подняв кулак и сверкая глазами.

Это были первые после случившегося с ним превращения слова, обращенные к нему непосредственно». Она выбегает в гостиную за какими-нибудь каплями, чтобы привести мать в чувство. «Грегор тоже хотел помочь матери — спасти портрет время еще было; но Грегор прочно прилип к стеклу и насилу от него оторвался; затем он побежал в соседнюю комнату, словно мог дать сестре какой-то совет, как в прежние времена, но вынужден был праздно стоять позади нее; перебирая разные пузырьки, она обернулась и испугалась; какой-то пузырек упал на пол и разбился; осколок ранил Грегору лицо, а его всего обрызгало каким-то едким лекарством; не задерживаясь долее, Грета взяла столько пузырьков, сколько могла захватить, и побежала к матери; дверь она захлопнула ногой. Теперь Грегор оказался отрезан от матери, которая по его вине была, возможно, близка к смерти; он не должен был открывать дверь, если не хотел прогнать сестру, а сестре следовало находиться с матерью; теперь ему ничего не оставалось, кроме как ждать; и, казнясь раскаянием и тревогой, он начал ползать, облазил все: стены, мебель и потолок — и наконец, когда вся комната уже завертелась вокруг него, в отчаянии упал на середину большого стола». Взаимное положение членов семьи изменилось. Мать (на диване) и сестра теперь находятся в средней комнате; Грегор — в комнате слева, в углу; вскорости домой возвращается отец и проходит в комнату. «...Подбежав к двери своей комнаты, он (Грегор) прижался к ней, чтобы отец, войдя из передней, сразу увидел, что Грегор исполнен готовности немедленно вернуться к себе и что не нужно, следовательно, гнать его назад, а достаточно просто отворить дверь — и он сразу исчезнет».

Сцена X. Метание яблок. Отец Грегора переменился, и теперь он на вершине своего могущества. Это уже не тот человек, который устало лежал в постели и с трудом мог поднять в знак приветствия руку, а во время прогулок едва ковылял, опираясь на клюку. «Сейчас он был довольно-таки осанист; на нем был строгий синий мундир с золотыми пуговицами, какие носят банковские рассыльные; над высоким тугим воротником нависал жирный двойной подбородок; черные глаза глядели из-под кустистых бровей внимательно и живо; обычно растрепанные, седые волосы были безукоризненно причесаны на пробор и напомажены. Он бросил на диван, дугой через всю комнату, свою фуражку с золотой монограммой какого-то, вероятно, банка и, спрятав руки в карманы брюк, отчего фалды длинного его мундира отогнулись назад, двинулся на Грегора с искаженным от злости лицом. Он, видимо, и сам не знал, как поступит; но он необычно высоко поднимал ноги, и Грегор поразился огромному размеру его подошв».

Как всегда, Грегора чрезвычайно занимает движение человеческих ног, больших широких ступней, так непохожих на его копошащиеся конечности. Здесь вновь возникает тема замедленного движения. (Шаркающая ретирада управляющего тоже дана была в замедленном темпе.) Теперь отец и сын медленно кружат по комнате. Маневры производятся так медленно, что даже не похожи на преследование. И тут отец начинает бомбардировать его яблоками — мелкими красными яблоками, за неимением в тесной гостиной других снарядов. Грегор загнан обратно в среднюю комнату, в свою резервацию. «Одно легко брошенное яблоко задело Грегору спину, но скатилось, не причинив ему вреда. Зато другое, пущенное сразу вслед, накрепко застряло в спине у Грегора. Грегор хотел отползти подальше, как будто перемена места могла унять внезапную невероятную боль; но он почувствовал себя словно бы пригвожденным к полу и растянулся, теряя сознание. Он успел увидеть только, как распахнулась дверь его комнаты и в гостиную, опережая кричавшую что-то сестру, влетела мать в нижней рубашке — сестра раздела ее, чтобы облегчить ей дыхание во время обморока; как мать подбежала к отцу и с нее, одна за другой, свалились на пол развязанные юбки и как она, спотыкаясь о юбки, бросилась отцу на грудь и, обнимая его, целиком слившись с ним, — но тут зрение Грегора уже отказало, — охватив ладонями затылок отца, взмолилась, чтобы он сохранил Грегору жизнь».

Это — конец второй части. Подведем итоги. Сестра стала относиться к Грегору с нескрываемой враждебностью. Когда-то, может быть, она его любила, но теперь он вызывает у нее гнев и отвращение. В госпоже Замза чувства борятся с астмой. Она довольно механическая мать и по-своему, механически, любит сына; но вскоре мы убедимся, что и она готова отказаться от него. Отец, как уже было отмечено, достиг некоего пика внушительной и брутальной силы. С самого начала он жаждет нанести физический ущерб своему беспомощному сыну, и теперь брошенное им яблоко застряло в теле бедного насекомого Грегора.

ЧАСТЬ ТРЕТЬЯ

Сцена I. «Тяжелое ранение, от которого Грегор страдал более месяца (яблоко никто не отважился удалить, и оно так и осталось в теле наглядной памяткой), тяжелое это ранение напомнило, кажется, даже отцу, что, несмотря на свой нынешний плачевный и омерзительный облик, Грегор все-таки член семьи, что с ним нельзя обращаться как с врагом, а нужно во имя семейного долга подавить отвращение и терпеть, только терпеть». Снова появляется тема дверей: по вечерам дверь из темной комнаты Грегора в освещенную гостиную оставляют открытой. В этой ситуации есть одна тонкость. В предыдущей сцене отец и мать достигли пика своей энергии: отец в роскошном мундире мечет маленькие красные бомбочки, символы плодовитости и мужества, а мать, с ее слабыми бронхами, в самом деле двигает мебель. Но после пика следует упадок, бессилие. Кажется, что сам отец чуть ли не на грани распада и превращения в хрупкого жука. Словно бы странные токи идут через эту открытую дверь. Болезнь ожуковления заразна, она как будто передалась от Грегора отцу — вместе со слабостью, бурым неряшеством, грязью. «Отец вскоре после ужина засыпал в своем кресле; мать и сестра старались хранить тишину; мать, сильно нагнувшись вперед, ближе к свету, шила тонкое белье для магазина готового платья; сестра, поступившая в магазин продавщицей, занималась по вечерам стенографией и французским языком, чтобы, может быть, когда-нибудь позднее добиться лучшего места. Иногда отец просыпался и, словно не заметив, что спал, говорил матери: "Как ты сегодня опять долго шьешь!" — после чего тотчас же засыпал снова, а мать и сестра устало улыбались друг другу.

С каким-то упрямством отец отказывался снимать и дома форму рассыльного; и в то время как его халат без пользы висел на крючке, отец дремал на своем месте совершенно одетый, словно всегда был готов к службе и даже здесь только и ждал голоса своего начальника. Из-за этого его и поначалу-то не новая форма, несмотря на заботы матери и сестры, утратила опрятный вид, и Грегор, бывало, целыми вечерами глядел на эту хоть и сплошь в пятнах, но сверкавшую неизменно начищенными пуговицами одежду, в которой старик весьма неудобно и все же спокойно спал». Когда наступало время сна, отец неизменно отказывался идти в постель, несмотря на увещевания жены и дочери, и в конце концов женщины брали его под мышки и поднимали из кресла. «И, опираясь на обеих женщин, медленно, словно не мог справиться с весом собственного тела, [он] поднимался, позволял им довести себя до двери, а дойдя до нее, кивал им, чтобы они удалились, и следовал уже самостоятельно дальше, однако мать в спешке бросала шитье, а сестра — перо, чтобы побежать за отцом и помочь ему улечься в постель». Мундир отца начинает напоминать наружный покров большого, но несколько потрепанного скарабея. Измотанная жена и дочь должны перемещать его из одной комнаты в другую и там — в постель.

Сцена II. Распад семьи Замза продолжается. Служанку увольняют, а нанимают подешевле, поденщицу — огромную костистую женщину — на самые тяжелые работы. Замечу, что убирать и стряпать в Праге в 1912 году было сложнее, чем в Итаке[1] в 1954-м. Замза вынуждены продавать семейные украшения. «Больше всего, однако, сетовали всегда на то, что эту слишком большую по теперешним обстоятельствам квартиру нельзя покинуть, потому что неясно, как переселить Грегора. Но Грегор понимал, что переселению мешает не только забота о нем, его-то можно было легко перевезти в каком-нибудь ящике с отверстием для воздуха; удерживали семью от перемены квартиры главным образом полная безнадежность и мысль о том, что с ними стряслось такое несчастье, какого ни с кем из их знакомых и родственников никогда не случалось». Члены семьи полностью сосредоточены на себе, сил у них хватает только на то, чтобы выполнять свою каждодневную работу.

Сцена III. Последние человеческие воспоминания мелькают в сознании Грегора, и вызваны они еще живой потребностью заботиться о семье. Он даже вспоминает смутно девушек, которыми увлекался, «но вместо того, чтобы помочь ему и его семье, [все они] оказывались... неприступны, и он бывал рад, когда они исчезали». Эта сцена отдана Грете, которая со всей очевидностью выступает теперь как главный отрицательный персонаж. «Уже не раздумывая, чем бы доставить Грегору особое удовольствие, сестра теперь утром и днем, прежде чем бежать в свой магазин, ногою запихивала в комнату Грегора какую-нибудь еду, чтобы вечером, независимо от того, притронется он к ней или — как бывало чаще всего — оставит ее нетронутой, одним взмахом веника

---

[1] Город в штате Нью-Йорк, где располагается Корнеллский университет.

вымести эту снедь. Уборка комнаты, которой сестра занималась теперь всегда по вечерам, проходила как нельзя более быстро. По стенам тянулись грязные полосы, повсюду лежали кучи пыли и мусора. Первое время при появлении сестры Грегор забивался в особенно запущенные углы, как бы упрекая ее таким выбором места. Но если бы он даже стоял там неделями, сестра все равно не исправилась бы; она же видела грязь ничуть не хуже, чем он, она просто решила оставить ее. При этом она с совершенно не свойственной ей в прежние времена обидчивостью, овладевшей теперь вообще всей семьей, следила за тем, чтобы уборка комнаты Грегора оставалась только ее, сестры, делом». Однажды, когда мать затеяла большую уборку, изведя для этого несколько ведер воды, — а Грегору сырость весьма неприятна, — происходит гротескная семейная ссора. Сестра разражается рыданиями; родители взирают на нее в беспомощном изумлении; «потом засуетились и они: отец, направо, стал упрекать мать за то, что она не предоставила эту уборку сестре; сестра же, налево, наоборот, кричала, что ей никогда больше не дадут убирать комнату Грегора; тем временем мать пыталась утащить в спальню отца, который от волнения совсем потерял власть над собой; сотрясаясь от рыданий, сестра колотила по столу своими маленькими кулачками; а Грегор громко шипел от злости, потому что никому не приходило в голову закрыть дверь и избавить его от этого зрелища и от этого шума».

Сцена IV. Любопытные отношения устанавливаются у Грегора с костистой поденщицей, которую он совсем не пугает, а скорее забавляет. Он даже нравится ей. «Поди-ка сюда, навозный жучок!» — говорит она. А за окном дождь — может быть, предвестие скорой весны.

Сцена V. Появляются постояльцы — три бородатых жильца, помешанные на порядке. Они — механические создания, их импозантные бороды — маскировка; на самом деле эти строгие господа — мерзавцы и прощелыги. Жильцы занимают спальню родителей, за гостиной, слева. Родители перебираются в комнату сестры, справа от комнаты Грегора, а Грета вынуждена спать в гостиной, и своей комнаты у нее теперь нет, поскольку жильцы в гостиной ужинают и коротают вечера. Кроме того, три бородача привезли в обставленную квартиру еще и собственную мебель. У них дьявольская страсть к внешней опрятности, и все ненужные им вещи отправляются в комнату Грегора. То есть происходит обратное тому, что делалось с мебелью в сцене VII второй части, когда всю ее пытались из комнаты Грегора вынести. Тогда у нас был мебельный отлив, теперь прилив, хлам приплывает назад, комната наполняется всякой всячиной. Любопытно, что Грегор, тяжело больной жук — рана с яблоком гноится, и он почти перестал есть — получает удовольствие, ползая среди пыльной рухляди. В этой пятой сцене третьей части, где совершаются все перемены, показано, как изменился характер семейных трапез. Механическому движению бородатых роботов соответствуют механические реакции семьи Замза. Жильцы «уселись с того края стола, где раньше ели отец, мать и Грегор, развернули салфетки и взяли в руки ножи и вилки. Тотчас же в дверях появилась мать с блюдом мяса и сразу же за ней сестра — с полным блюдом картошки. От еды обильно шел пар. Жильцы нагнулись над поставленными перед ними блюдами, словно желая проверить их, прежде чем приступить к еде, и тот, что сидел посредине и пользовался, видимо, особым уважением двух других, и в самом деле разрезал кусок мяса прямо на блюде, явно желая определить, достаточно ли оно мягкое и не следует ли отослать его обратно. Он остался доволен, а мать и сестра, напряженно следившие за ним, с облегчением улыбнулись». Вспомним острый завистливый интерес Грегора к большим ногам, теперь беззубого Грегора заинтересовали зубы. «Грегору показалось странным, что из всех разнообразных шумов трапезы то и дело выделялся звук жующих зубов, словно это должно было показать Грегору, что для еды нужны зубы и что самые распрекрасные челюсти, если они без зубов, никуда не годятся. "Да ведь и я чего-нибудь съел бы, — озабоченно говорил себе Грегор, — но только не того, что они. Как много эти люди едят, а я погибаю!"»

Сцена VI. В этой великолепной музыкальной сцене жильцы, услышав скрипку Греты, играющей на кухне, и автоматически отреагировав на музыку как на своеобразный десерт, предлагают ей сыграть перед ними. Трое квартирантов и трое хозяев размещаются в гостиной.

Не желая обидеть любителей музыки, замечу тем не менее, что в общем плане, с потребительской точки зрения, музыка является более примитивным, более животным видом искусства, чем литература и живопись. Я беру музыку в целом — не в плане личного творчества, воображения, сочинительства, а в плане ее воздействия на рядового слушателя. Великий композитор, великий писатель, великий художник — братья. Но я считаю, что воздействие, которое оказывает на слушателя музыка в общедоступной и примитивной форме, — это воздействие более низкого порядка, чем то, которое оказывают средняя книга или картина. Прежде всего я имею в виду успокаивающее, убаюкивающее, отупляющее действие музыки на некоторых людей — музыки в записи и по радио.

У Кафки в рассказе просто пиликает на скрипке девушка, что соответствует сегодняшней музыке — консервированной или эфирной. Кафка относился к музыке так, как я только что описал: он чувствовал в ней нечто животное, одурманивающее. Это отношение надо иметь в виду при интерпретации фразы, неверно понятой многими переводчиками. Сказано в ней буквально следующее: «Был ли он животным, если музыка так волновала его?» То есть в бытность свою человеком он ее не очень любил, а теперь, став жуком, не может перед ней устоять: «Ему казалось, что перед ним открывается путь к желанной, неведомой пище». Сцена развивается следующим образом. Сестра Грегора начинает играть жильцам. Игра привлекает Грегора, и он просовывает голову в гостиную. «Он почти не удивлялся тому, что в последнее время стал относиться к другим не очень-то чутко; прежде эта чуткость была его гордостью. А между тем именно теперь у него было больше, чем когда-либо, оснований прятаться, ибо из-за пыли, лежавшей повсюду в его комнате и при малейшем движении поднимавшейся, он и сам тоже был весь покрыт пылью; на спине и на боках он таскал с собой нитки, волосы, остатки еды; слишком велико было его равнодушие ко всему, чтобы ложиться, как прежде, по нескольку раз в день на спину и чиститься о ковер. Но, несмотря на свой неопрятный вид, он не побоялся продвинуться вперед по сверкающему полу гостиной».

Сперва никто его не замечает. Жильцы, обманутые в своей надежде послушать хорошую игру на скрипке, отошли к окну и вполголоса переговаривались, явно дожидаясь окончания музыки. Но Грегору казалось, что сестра играет прекрасно. Он «прополз еще немного вперед и прижался головой к полу, чтобы получить возможность встретиться с ней глазами. Был ли он животным, если музыка так волновала его? Ему казалось, что перед ним открывается путь к желанной, неведомой пище. Он был полон решимости пробраться к сестре и, дернув ее за юбку, дать ей понять, чтобы она прошла со своей скрипкой в его комнату, ибо здесь никто не оценит ее игры так, как оценит эту игру он. Он решил не выпускать больше сестру из своей комнаты, по крайней мере до тех пор, покуда он жив; пусть ужасная его внешность сослужит ему наконец службу; ему хотелось, появляясь у всех дверей своей комнаты одновременно, шипеньем отпугивать всякого, кто подступится к ним; но сестра должна остаться у него не по принуждению, а добровольно; пусть она сядет рядом с ним на диван и склонит к нему ухо, и тогда он поведает ей, что был твердо намерен определить ее в консерваторию и что об этом, не случись такого несчастья, он еще в прошлое Рождество — ведь Рождество, наверное, уже прошло? — всем заявил бы, не боясь ничьих и никаких возражений. После этих слов сестра, растрогавшись, заплакала бы, а Грегор поднялся бы к ее плечу и поцеловал бы ее в шею, которую она, с тех пор как поступила на службу, не закрывала ни воротниками, ни лентами».

Средний жилец вдруг замечает Грегора, а отец, вместо того чтобы прогнать жука, как прежде, поступает наоборот: устремляется к троице, «стараясь своими широко разведенными руками оттеснить жильцов в их комнату и одновременно заслонить от их глаз Грегора своим туловищем. Теперь они и в самом деле начали сердиться — то ли из-за поведения отца, то ли обнаружив, что жили, не подозревая о том, с таким соседом, как Грегор. Они требовали от отца объяснений, поднимали в свою очередь руки, теребили бороды и лишь медленно отступали к своей комнате». Сестра бросается в комнату жильцов и быстро стелит им постели. Но отцом, «видимо, снова настолько овладело его упрямство, что он забыл о всякой почтительности, с которой как-никак обязан был относиться к своим жильцам. Он все оттеснял их, покуда уже в дверях комнаты средний жилец не топнул громко ногой и не остановил этим отца.

— Позвольте мне заявить, — сказал он, подняв руку и поискав глазами также мать и сестру, — что ввиду мерзких порядков, царящих в этой квартире и в этой семье, — тут он решительно плюнул на пол, — я наотрез отказываюсь от комнаты. Разумеется, я ни гроша не заплачу и за те дни, что я здесь прожил, напротив, я еще подумаю, не предъявить ли мне вам каких-либо претензий, смею вас заверить, вполне обоснованных.

Он умолк и пристально посмотрел вперед, словно чего-то ждал. И действительно, оба его друга тотчас же подали голос:

— Мы тоже наотрез отказываемся.

После этого он взялся за дверную ручку и с шумом захлопнул дверь».

Сцена VII. Сестра полностью разоблачила себя; окончательное ее предательство фатально для Грегора.

«— Я не стану произносить при этом чудовище имя моего брата и скажу только: мы должны попытаться избавиться от него. <...>

— Мы должны попытаться избавиться от него, — сказала сестра, обращаясь только к отцу, ибо мать ничего не слышала за своим кашлем, — оно вас обоих погубит, вот увидите. Если так тяжело трудишься, как мы все, невмоготу еще и дома сносить эту вечную муку. Я тоже не могу больше.

И она разразилась такими рыданиями, что ее слезы скатились на лицо матери, которое сестра принялась вытирать машинальным движением рук». Отец и сестра согласны в том, что Грегор не понимает их, а посему договориться с ним о чем-либо невозможно.

«Пусть убирается отсюда! — воскликнула сестра. — Это единственный выход, отец. Ты должен только избавиться от мысли, что это Грегор. В том-то и состоит наше несчастье, что мы долго верили в это. Но какой же он Грегор? Будь он Грегор, он давно бы понял, что люди не могут жить вместе с таким животным, и сам ушел бы. Тогда бы у нас не было брата, но зато мы могли бы по-прежнему жить и чтить его память. А так это животное преследует нас, прогоняет жильцов, явно хочет занять всю квартиру и выбросить нас на улицу».

То, что он исчез как человеческое существо и как брат, а теперь должен исчезнуть как жук, стало смертельным ударом для Грегора. Слабый и искалеченный, он с огромным трудом уползает в свою комнату. В дверях он оборачивается, и последний его взгляд падает на спящую мать. «Как только он оказался в своей комнате, дверь поспешно захлопнули, заперли на задвижку, а потом и на ключ. Внезапного шума, раздавшегося сзади, Грегор испугался так, что у него подкосились лапки. Это сестра так спешила. Она уже стояла наготове, потом легко метнулась вперед — Грегор даже не слышал, как она подошла, — и, крикнув родителям: "Наконец-то!" — повернула ключ в замке». Очутившись в темноте, Грегор обнаруживает, что больше не может двигаться и, хотя ему больно, боль как будто уже проходит. «Сгнившего яблока в спине и образовавшегося вокруг него воспаления, которое успело покрыться пылью, он уже почти не ощущал. О своей семье он думал с нежностью и любовью. Он тоже считал, что должен исчезнуть, считал, пожалуй, еще решительней, чем сестра. В этом состоянии чистого и мирного раздумья он пребывал до тех пор, пока башенные часы не пробили три часа ночи. Когда за окном все посветлело, он еще жил. Потом голова его помимо его воли совсем опустилась, и он слабо вздохнул в последний раз».

Сцена VIII. Грегор мертв; утром служанка находит высохшее тело, и семью насекомых охватывает могучее, теплое чувство облегчения. Эту грань истории надо рассматривать внимательно и любовно. Грегор — человек в обличье насекомого; его родичи — насекомые в человеческом облике. Грегор умер, и насекомые их души сразу ощущают, что теперь можно радоваться жизни.

«Зайди к нам на минутку, Грета, — сказала госпожа Замза с печальной улыбкой, и Грета, не переставая оглядываться на труп, пошла за родителями в спальню»[1].

Служанка распахивает окно настежь, в уличном воздухе уже чувствуется тепло: на исходе март, и насекомые пробуждаются от спячки.

Сцена IX. Чудесная картинка: жильцы угрюмо требуют завтрак, а вместо этого им предъявляют труп Грегора. «Они вошли туда и в уже совсем светлой комнате обступили труп Грегора, спрятав руки в карманах потертых своих пиджаков». Какое слово здесь ключевое? *Потертые* — на солнечном свету. Как в сказке, как в счастливом конце сказки, злые чары рассеиваются со смертью волшебника. Становится явным убожество жильцов, в них нет уже ничего грозного, — семейство же Замза, наоборот, воспряло, исполнилось буйной жизненной силы, диктует условия. Сцена заканчивается повтором темы лестницы. Прежде в замедленном темпе по лестнице отступал управляющий, цепляясь за перила. Сейчас г-н Замза велит присмиревшим жильцам покинуть квартиру. «В передней все три жильца сняли с вешалки шляпы, вытащили из подставки для тростей трости, молча поклонились и покинули квартиру». Спускаются — три бородатых жильца, автоматы, заводные куклы, а семейство Замза, облокотясь на перила, наблюдает за их отбытием. Марши уходящей вниз лестницы, так сказать, моделируют членистые ножки насекомого, а жильцы, то исчезая, то появляясь опять, спускаются все ниже и ниже, с площадки на площадку, с сустава на сустав. В какой-то точке с ними встречается подручный мясника: сперва он виден внизу и поднимается им навстречу, а потом оказывается высоко над ними — гордо выпрямившийся, с корзиной на голове, полной красных бифштексов и сочных потрохов — сырого красного мяса, плодилища блестящих жирных мух.

Сцена X. Последняя сцена великолепна в своей иронической простоте. Весеннее солнце светит на се-

---

[1] В экземпляре «Превращения» с пометками В. Н. указано, что после смерти Грегора нет ни «отца», ни «матери», а только «г-н Замза» и «г-жа Замза». — *Фр. Б.*

стру и родителей, пишущих — каллиграфия, членистые ножки, радостные лапки, три насекомых пишут три письма — объяснительные записки своим начальникам. «Они решили посвятить сегодняшний день отдыху и прогулке; они не только заслуживали этого перерыва в работе, он был им просто необходим». Служанка, закончив утренние труды, уходит и с добродушным смешком говорит им: «Насчет того, как убрать это, можете не беспокоиться. Уже все в порядке». Госпожа Замза и Грета с сосредоточенным видом снова склонились над своими письмами, а господин Замза, видя, что служанка намеревается рассказать все в подробностях, остановил ее решительным движение руки. <...>

«— Вечером она будет уволена, — сказал господин Замза; но не получил ответа ни от жены, ни от дочери, ибо служанка нарушила их едва обретенный покой. Они поднялись, подошли к окну и, обнявшись, остановились там. Господин Замза повернулся на стуле в их сторону и несколько мгновений молча глядел на них. Затем он воскликнул:

— Подите же сюда! Забудьте наконец старое. И хоть немного подумайте обо мне.

Женщины тотчас повиновались, поспешили к нему, приласкали его и быстро закончили свои письма.

Затем они покинули квартиру все вместе, чего уже много месяцев не делали, и поехали на трамвае за город. Вагон, в котором они сидели одни, был полон теплого солнца. Удобно откинувшись на своих сиденьях, они обсуждали виды на будущее, каковые при ближайшем рассмотрении оказались совсем не плохими, ибо служба, о которой они друг друга до сих пор, собственно, и не спрашивали, была у всех у них на редкость удобная, а главное — она многое обещала в дальнейшем. Самым существенным образом улучшить их положение легко могла сейчас, конечно, перемена квартиры; они решили снять меньшую и более дешевую, но зато более уютную и вообще более подходящую квартиру, чем теперешняя, которую выбрал еще Грегор. Когда они так беседовали, господину и госпоже Замзе при виде их все более оживлявшейся дочери почти одновременно подумалось, что, несмотря на все горести, покрывшие бледностью ее щеки, она за последнее время расцвела и стала пышной красавицей. Приумолкнув и почти безотчетно перейдя на язык взглядов, они думали о том, что вот и пришло время подыскать ей хорошего мужа. И как бы в утверждение их новых мечтаний и прекрасных намерений, дочь первая поднялась в конце их поездки и выпрямила свое молодое тело»[1].

* * *

Подытожим основные темы рассказа.

1. Значительную роль в рассказе играет число три. Рассказ разделен на три части. В комнате Грегора три двери. Его семья состоит из трех человек. По ходу рассказа появляются три служанки. У трех жильцов три бороды. Три Замзы пишут три письма. Я опасаюсь чрезмерно педалировать значение символов, ибо, как только вы отрываете символ от художественного ядра текста, он перестает вас радовать. Причина в том, что есть художественные символы и есть банальные, надуманные и даже дурацкие символы. Вы встретите немало таких глупых символов в психоаналитических и мифологических трактовках произведений Кафки — в модной смеси секса с мифологией, столь привлекающей посредственные умы. Другими словами, символы могут быть подлинными, а могут быть банальными и глупыми. Абстрактное символическое значение истинно художественного произведения никогда не должно превалировать над прекрасной пламенеющей жизнью.

Так что акцент на числе три в «Превращении» имеет скорее эмблематический или геральдический характер, нежели символический. В сущности, роль его — техническая. Троица, триплет, триада, триптих — очевидные формы искусства, как, например, три картины: юность, зрелость, старость — или любой другой троичный, трехчастный сюжет. Триптих означает строенную картину или рельеф — и как раз такого эффекта достигает Кафка, давая, например, три комнаты в начале рассказа — гостиную, комнату Грегора и комнату сестры, с комнатой Грегора в центре. Кроме того, трехчастное строение

---

[1] В экземпляре «Превращения» с пометками В. Н.: «С Грегором умерла душа; восторжествовало здоровое молодое животное. Паразиты отъелись на Грегоре». — *Фр. Б.*

ассоциируется с тремя актами пьесы. И наконец, надо отметить, что фантазия Кафки сугубо логична; что может быть родственнее логике, чем триада: тезис—антитезис—синтез. Так что оставим кафкианскому символу «три» только эстетическое и логическое значения и полностью забудем обо всем, что вычитывают у него сексуальные мифологи под руководством венского шамана.

2. Другая тематическая линия — это линия дверей, отворяющихся и затворяющихся, — она пронизывает весь рассказ.

3. Третья тематическая линия — подъемы и спады в благополучии семьи Замза: тонкий баланс между их процветанием и отчаянно жалким состоянием Грегора.

Есть и другие, второстепенные темы, но для понимания рассказа существенны только эти.

Обратите внимание на стиль Кафки. Ясность его речи, точная и строгая интонация разительно контрастируют с кошмарным содержанием рассказа. Его резкое, черно-белое письмо не украшено никакими поэтическими метафорами. Прозрачность его языка подчеркивает сумрачное богатство его фантазии. Контраст и единство, стиль и содержание, манера и материал слиты в нерасторжимое целое.

ДЖЕЙМС ДЖОЙС

1882-1941

«УЛИСС» (1922)

Джеймс Джойс родился в 1882 году в Ирландии, покинул ее в начале XX века, прожил бо́льшую часть жизни экспатриантом в континентальной Европе и умер в 1941 году в Швейцарии. «Улисс» написан между 1914 и 1921 годами в Триесте, Цюрихе и Париже. В 1918—1920 годах отрывки из романа печатались в США в журнале «Литл ривью». «Улисс» — толстая книга, объемом более чем в двести шестьдесят тысяч слов, и с богатым лексиконом — примерно тридцать тысяч слов. Обстановка Дублина выстроена отчасти по памяти, но главным образом по справочнику «Весь Дублин за 1904 год», который втайне пролистывают преподаватели литературы перед обсуждением «Улисса», чтобы поразить студентов познаниями, которые сам Джойс почерпнул оттуда же. На протяжении всей книги он пользовался также экземпляром дублинской газеты «Ивнинг телеграф» за 16 июня 1904 года, четверг, ценою полпенни. Газета помимо прочего в тот день освещала скачки на Золотой кубок в Аскоте (где победителем стал аутсайдер Реклама), ужасающую катастрофу в Америке (пожар на прогулочном пароходе «Генерал Слокам») и автомобильные гонки на кубок Гордона Беннета в Гомбурге (Германия).

«Улисс» — это описание одного дублинского дня, 16 июня 1904 года, четверга, — дня в отдельных и связанных жизнях персонажей, которые прогуливаются, едут, сидят, разговаривают, мечтают, пьют и решают второстепенные и важные физиологические и философские проблемы — и занимаются этим в течение всего этого дня и ранним утром следующего. Почему Джойс выбрал именно этот день, 16 июня 1904 года? В довольно слабой, хотя и старательно написанной книге «Сказочный путешественник: "Улисс" Джеймса Джойса» Ричард Кейн сообщает нам, что этот день — день первого свидания Джойса с его будущей женой Норой Барнакл. Вот и все о биографической стороне дела.

«Улисс» состоит из ряда сцен, выстроенных вокруг трех главных персонажей; среди них основная роль принадлежит Леопольду Блуму, мелкому предпринимателю, занятому в рекламном бизнесе, точнее, рекламному агенту. В свое время он работал у Уиздома Хили, торговца почтовой бумагой, в должности коммивояжера и продавал промокательную бумагу, но сейчас у него свое дело, он размещает объявления, не слишком в этом преуспевая. По причинам, о которых я вскоре скажу, Джойс наделил его венгерско-еврейским происхождением. Два других главных персонажа — Стивен Дедал, уже выведенный Джойсом в «Портрете художника в юности» (1916), и Мэрион Блум, Молли Блум, жена Блума. Если Блум — фигура центральная в этом триптихе, то Стивен и Мэрион — боковые: книга начинается со Стивена и заканчивается на Мэрион. Стивен Дедал носит имя мифического создателя лабиринта в Кноссе — царской резиденции древнего Крита, — а также крыльев для себя и своего сына Икара и других сказочных приспособлений. Стивену двадцать два года, он дублинский школьный учитель, ученый и поэт, задавленный в годы учебы дисциплиной иезуитского воспитания и теперь бурно восстающий против него, но при этом сохранивший склонность к метафизике. Он теоретик, догматик, даже когда пьян, вольнодумец, эгоцентрик, превосходный чеканщик едких афоризмов, физически хрупкий, подобно святому пренебрегающий гигиеной (последний раз он мылся в октябре, а сейчас июнь), ожесточенный и желчный молодой человек — трудно воспринимаемый читателем, скорее проекция авторского интеллекта, нежели теплое конкретное существо, созданное воображением художника. Критики склонны отождествлять Стивена с молодым Джойсом, но это к делу не относится. Как пишет Гарри Левин, «Джойс утратил религию, но сохранил категории» — это справедливо и для Стивена.

Мэрион (Молли) Блум, жена Блума, — ирландка по отцу и испанская еврейка по матери. Концертная певица. Если Стивен — интеллектуал, а Блум — интеллектуал наполовину, то Молли Блум определенно не интеллектуалка и при этом особа очень вульгарная. Но все три персонажа не чужды прекрасного. В случае Стивена художественность почти невиданная — вы никогда не встретите в «реальной жизни» человека, столь художественно владеющего повседневной речью, как он. В полуинтеллектуале Блуме от художника меньше, чем в Стивене, но гораздо больше, чем разглядели в нем критики: поток его сознания порой сближается с потоком сознания Стивена, что я покажу позже. Наконец, Молли Блум, несмотря на свою банальность, несмотря на заурядный характер ее мыслей, несмотря на вульгарность, эмоционально отзывчива на простые радости существования, как мы увидим в последней части ее необычайного монолога, которым заканчивается книга.

Прежде чем обсуждать тему и стиль книги, я хочу сказать еще несколько слов о главном герое, Леопольде Блуме. Пруст создавал Свана как личность с индивидуальными, уникальными чертами. Сван не литературный и не национальный тип, хотя он сын биржевого маклера-еврея. При создании образа Блума в намерения Джойса входило поместить среди коренных ирландцев его родного Дублина кого-то, кто, будучи ирландцем, как сам Джойс, был бы также белой вороной, изгоем, как тот же Джойс. Поэтому он сознательно выбрал для своего героя тип постороннего, тип Вечного Жида, тип изгоя. Однако позже я покажу, что Джойс нарочито груб в накапливании и заострении так называемых национальных черт. Еще одно соображение относительно Блума: многие литературоведы, столько написавшие об «Улиссе», либо очень чистые, либо очень испорченные люди. Они склонны рассматривать Блума как натуру заурядную, и сам Джойс явно стремился изобразить человека заурядного. Однако очевидно, что в сексуальном отношении Блум если и не вполне безумен, то по крайней мере являет собой наглядный клинический пример крайней сексуальной озабоченности и извращения со всевозможными любопытными осложнениями. Его случай, безусловно, строго гетеросексуальный, в отличие от гомосексуального большинства дам и джентльменов у Пруста («homos» — от греческого «одинаковый», а не от латинского «человек», как думают некоторые студенты), но в беспредельной любви к противоположному полу Блум позволяет себе действия и мечты явно не вполне нормальные в зоологическом, эволюционном смысле. Я не стану докучать вам перечнем его курьезных желаний, но скажу, что в сознании Блума и в книге Джойса тема секса постоянно переплетается с темой уборной. Видит Бог, я не против так называемой откровенности в романе. Напротив, у нас ее слишком мало, а та, что есть, стала привычной и банальной под пером так называемых жестких писателей, любимцев литературных клубов, обласканных клубными дамами. Но я возражаю против того, чтобы Блума объявляли заурядным гражданином. Вряд ли сознание обыкновенного гражданина неизменно занято физиологией. Я возражаю против этой неизменности — не против низменности интереса. Весь этот патологический вздор кажется надуманным и лишним в данном контексте. Я предлагаю самым щепетильным из вас отвлечься от этой особой озабоченности Джойса.

«Улисс» — превосходное, долговременное сооружение, но он слегка переоценен теми критиками, что больше заняты идеями, обобщениями и биографической стороной дела, чем самим произведением искусства. Я должен особо предостеречь вас от соблазна видеть в беспорядочных блужданиях и мелких приключениях Леопольда Блума летним дублинским днем прямую пародию на «Одиссею», где рекламный агент Блум исполняет роль Одиссея, иначе — Улисса, героя хитроумного; а склонная к адюльтеру жена Блума представляет добродетельную Пенелопу, тогда как Стивену Дедалу отводится роль Телемака. Очень приблизительная и очень общая перекличка с Гомером, очевидно, существует в теме странствий Блума, на что указывает название романа, — существует наряду со многими другими присутствующими в книге классическими аллюзиями; но было бы напрасной тратой времени искать прямые параллели в каждом персонаже и в каждой сцене «Улисса». Нет ничего скучнее затяжных аллегорий, основанных на затасканном мифе; после того как роман вышел частями, Джойс тут же вычеркнул псевдогомеровские названия глав, увидев, на что нацелились ученые и псевдоученые педанты. И еще: один из них по имени Стюарт Гилберт, введенный в заблуждение насмешливым перечнем, составленным самим Джойсом, обнаружил, что каждая глава соответствует определенному органу — уху, глазу, желудку и т. д., но эту унылую ахинею мы также оставим без внимания. Все искусство до некоторой степени символично, но мы кричим: «Держи вора!» — критику, который сознательно превращает тонкий символ художника в сухую аллегорию педанта, тысячу и одну ночь в собрание храмовников[1].

Так каковы же главные темы книги? Они очень просты.

1. Горестное прошлое. Маленький сын Блума давно умер, но его образ живет в крови и в сознании героя.

2. Смешное и трагическое настоящее. Блум все еще любит свою жену Молли, но отдается на волю Судьбы. Он знает, что в 4.30 этого июньского дня Бойлан, ее напористый импресарио, посетит Молли — и Блум ничего не делает, чтобы помешать этому. Он всеми силами старается не стоять на пути Судьбы, но в течение дня постоянно наталкивается на Бойлана.

3. Жалкое будущее. Блум сталкивается с молодым человеком — Стивеном Дедалом. Постепенно он понимает, что, возможно, это маленький знак внимания со стороны Судьбы. Если его жена *должна* иметь любовника, то чувствительный, утонченный Стивен больше годится на эту роль, чем вульгарный Бойлан. Стивен мог бы давать Молли уроки, мог бы помочь ей с итальянским произношением, необходимым в ее профессии певицы, — короче, как трогательно думает Блум, мог бы оказывать на нее облагораживающее воздействие.

Это главная тема: Блум и Судьба.

Каждая глава написана другим стилем или, скорее, с преобладанием другого стиля. Нет никакой особой причины, почему это должно быть так — почему одна глава

---

[1] Члены американского тайного братства, основанного в 1872 г.

должна излагать содержание прямо, другая — через призму пародии, а третья — журчать потоком сознания. Никакой особой причины нет, но можно говорить о том, что эта постоянная смена точки зрения разнообразит знание и позволяет посмотреть на предмет свежим взглядом с разных сторон. Попытайтесь наклониться и снизу посмотреть назад между коленями — вы увидите мир в совершенно ином свете. Сделайте это на пляже: очень забавно смотреть на идущих вверх ногами людей. Кажется, что они с каждым шагом высвобождают ноги из клея гравитации, не теряя при этом достоинства. Этот трюк с изменением взгляда, изменением угла и точки зрения можно сравнить с новой литературной техникой Джойса, с новым поворотом, благодаря которому вы видите траву более яркой, а мир обновленным.

В этот день герои постоянно сталкиваются во время своих перемещений по Дублину. Джойс ни на минуту не теряет их из виду. Они приходят и уходят, встречаются, расстаются, и снова встречаются, как живые части тщательно продуманной композиции, в некоем медленном танце судьбы. Повторение ряда тем — одна из самых поразительных особенностей книги. Эти темы очерчены гораздо четче, и следуют им гораздо планомернее, чем Толстой или Кафка. Весь «Улисс», как мы постепенно поймем, — это обдуманный рисунок повторяющихся тем и синхронизация незначительных событий.

У Джойса три основных стиля:

1. Исходный Джойс: простой, прозрачный, логичный и неспешный. Это основа главы 1 первой части и глав 1 и 3 второй части; прозрачные, логичные, медленные отрывки встречаются и в других главах.

2. Неполная, быстрая, отрывистая форма выражения, передающая так называемый поток сознания или, скорее, прыжки сознания. Примеры этой техники можно найти в большинстве глав, хотя обычно ее связывают только с главными героями. К обсуждению этого приема мы обратимся в связи с заключительным монологом Молли в главе 3 третьей части, наиболее знаменитым его примером; сейчас же можно сказать, что в нем преувеличивается вербальная сторона мысли. А человек

не всегда думает словами, он думает еще и образами, поток же сознания предпологает поток слов, который может быть записан, однако трудно поверить, что Блум непрерывно говорит сам с собой.

3. Пародии на различные нероманные формы: газетные заголовки (часть II, глава 4), оперетты (часть II, глава 8), мистерии и фарсы (часть II, глава 12), экзаменационные вопросы и ответы по образцу катехизиса (часть III, глава 2). А также пародии на литературные стили и авторов: бурлескный рассказчик части II, главы 9, тип автора дамского журнала в части II, главе 10, ряд конкретных авторов и литературных эпох в части II, главе 11 и изящно исполненная газетчина в части III, главе 1.

Оставаясь внутри одного стиля или сменяя их, Джойс в любой момент может усилить настроение, вводя музыкальную лирическую струю при помощи аллитерации и ритмических приемов — обычно для передачи тоскливых чувств. Поэтический стиль часто сопутствует Стивену, но пример такого стиля встречается и у Блума, когда он избавляется от конверта с посланием Марты Клиффорд: «Проходя под железнодорожным мостом, он вынул конверт, проворно изорвал на клочки и пустил по ветру. Клочки разлетелись, быстро падая вниз в сыром воздухе: белая стайка; потом все попадали»[1]. Или, через несколько предложений, когда огромный поток пива полился, «растекаясь по грязной земле, петляя, образуя озерки и водовороты хмельной влаги и увлекая с собой широколистые цветы ее пены». Однако в любой другой момент Джойс может обратиться ко всевозможным лексическим трюкам, каламбурам, перестановке слов, словесным перекличкам, многообразным спариваниям глаголов или звукоподражаниям. Все это, равно как и перегруженность местными аллюзиями и иностранными выражениями, может быть, излишне затемняет эту книгу, где и без того подробности не проговариваются с достаточной ясностью, а лишь даются намеком для посвященных.

---

[1] Здесь и далее «Улисс» цитируется в переводе В. Хинкиса и С. Хоружего.

ЧАСТЬ I, ГЛАВА 1

Время: около восьми утра, 16 июня 1904 года, четверг.

Место: Дублинский залив, Сэндикоув, башня Мартелло — реально существующее сооружение, похожее на приземистую шахматную ладью, одна из сторожевых башен, построенных по указанию премьер-министра Уильяма Питта Младшего в эпоху наполеоновских войн, «когда с моря угрожали французы», — говорит Бык Маллиган. (Отрывок из песни «Французы с моря говорит старуха», последнее слово дано по-ирландски и означает Ирландию.) Мартелло — это омфал среди башен, пуп, центр тела, отправная точка и центр книги; а также местонахождение дельфийского оракула в Древней Греции. Стивен Дедал, Бык Маллиган и англичанин Хейнс живут в этом омфале.

Действующие лица: Стивен Дедал, двадцатидвухлетний дублинец, студент, философ и поэт. В Дублин он вернулся недавно, в начале 1904 года, из Парижа, где провел около года. Сейчас он уже три месяца преподает в школе дублинского пригорода Долки, получая зарплату шестнадцатого числа каждого месяца; его месячное жалованье — 3 фунта 12 шиллингов — по тогдашнему курсу меньше 20 долларов. Из Парижа его вызвала телеграмма отца: «Мать умирает возвращайся отец». Мать умирала от рака. Она попросила Стивена стать на колени при чтении отходной молитвы, но он отказался, и отказ этот является причиной мрачной подавленности Стивена на протяжении книги. Он поставил свою вновь обретенную духовную свободу выше последней просьбы, последнего утешения матери. Он отверг Римско-католическую церковь, в лоне которой был воспитан, и обратился к искусству и философии в отчаянных поисках чего-то, что заполнило бы пустоту, образовавшуюся после потери веры в христианского Бога.

Два других персонажа, которые появляются в первой главе, — это студент-медик Бык Маллиган («Мейлахи Маллиган, два дактиля. Но тут звучит что-то эллинское...») и англичанин Хейнс, оксфордский студент, собиратель фольклора, заехавший в Дублин. Аренда башни, как мы узнаем, стоит 12 фунтов в год (в те дни — 60 долларов), и до сих пор выплачивал эту аренду именно Стивен, а Бык Маллиган был беззаботным паразитом и узурпатором. Он в некотором смысле гротескная тень Стивена, пародия на него. Ибо, если Стивен — тип серьезного молодого человека с мятущейся душой, для которого потеря или перемена веры — трагедия, Маллиган, напротив, веселый, крепкий, богохульствующий простолюдин, любитель цветистых фраз, доморощенный эллинист-язычник с поразительной памятью. В начале главы он возникает «из лестничного проема, неся в руках чашку с пеной, на которой накрест лежали зеркальце и бритва», и тянет нараспев, передразнивая католическую мессу, когда верующие причащаются тела и крови христовых через хлеб и вино. «Он поднял чашку перед собою и возгласил:

— Introibo ad altare Dei.

Остановясь, он вгляделся вниз, в сумрак винтовой лестницы, и грубо крикнул:

— Выходи, Клинк! Выходи, иезуит несчастный!»

Клинк — прозвище, данное Маллиганом Стивену, на диалекте означает «лезвие ножа» (Kinch). Присутствие Маллигана гнетет Стивена, все в нем ему отвратительно, и он высказывает Быку свои претензии.

«Стивен, удручаясь собственным голосом, сказал:

— Ты помнишь, как я пришел к тебе домой в первый раз после смерти матери?

Бык Маллиган, мгновенно нахмурившись, отвечал:

— Как? Где? Убей, не могу припомнить. Я запоминаю только идеи и ощущения. Ну и что? Чего там стряслось, Бога ради?

— Ты готовил чай, — продолжал Стивен, — и пошел на кухню за кипятком. Из комнат вышла твоя мать и с ней кто-то из гостей. Она спросила, кто у тебя.

— Ну? — не отступал Бык Маллиган. — А я что сказал? Я уже все забыл.

— А ты сказал, — ответил Стивен ему, — "Да так, просто Дедал, у которого мамаша подохла".

Бык Маллиган покраснел и стал казаться от этого моложе и привлекательней.

— Я так сказал? — переспросил он. — И что же? Что тут такого?

Нервным движением он стряхнул свое замешательство.

— А что, по-твоему, смерть, — спросил он, — твоей

матери, или твоя, или, положим, моя? Ты видел только, как умирает твоя мать. А я каждый день вижу, как они отдают концы и в Ричмонде, и в Скорбящей, да после этого из них делают крошево в анатомичке. Это и называется подох, ничего больше. И не о чем говорить. Ты вот не соизволил стать на колени и помолиться за свою мать, когда она просила тебя на смертном одре. А почему? Да потому, что в тебе эта проклятая иезуитская закваска, только она проявляется наоборот. По мне, тут одна падаль и пустая комедия. Ее лобные доли уже не действуют. Она называет доктора "сэр Питер Тизл" и хочет нарвать лютиков с одеяла. Уж не перечь ей, вот-вот все кончится. Ты сам не исполнил ее предсмертную просьбу, а теперь дуешься на меня, что я не скулил, как наемный плакальщик от Лалуэтта. Абсурд! Допустим, я и сказал так. Но я вовсе не хотел оскорбить память твоей матери.

Его речь вернула ему самоуверенность. Стивен, скрывая зияющие раны, оставленные словами в его сердце, как можно суше сказал:

— Я и не говорю, что это оскорбляет мою мать.
— Так что же тогда? — спросил Бык Маллиган.
— Это оскорбляет меня, — был ответ.

Бык Маллиган круто повернулся на каблуках.

— Нет, невозможный субъект, — воскликнул он».

Бык Маллиган не только парализует «омфал» Стивена, но еще и поселяет там своего приятеля Хейнса, английского туриста от литературы. Ничего особенно неприятного в Хейнсе нет, но для Стивена он представитель ненавистного узурпатора-Англии и друг его личного узурпатора, Быка, чьи башмаки Стивен донашивает и чьи штаны, купленные «с ног», ему впору. Бык и займет эту башню.

Действие. Действие главы начинается с того, что Маллиган бреется и одалживает у Стивена грязный сопливо-зеленый платок, чтобы вытереть бритву. Пока Маллиган бреется, Стивен протестует против пребывания Хейнса в башне. Хейнс во сне бредит, что надо застрелить какую-то черную пантеру, и Стивену с ним страшно: «Если он тут останется, я ухожу». Дальше речь заходит о море, об Ирландии, снова о матери Стивена, о 3 фунтах 12 шиллингах, которые Стивен должен получить в школе. Затем в замечательно аппетитной сцене Хейнс, Маллиган и Стивен завтракают. Старуха-молочница приносит молоко, и происходит восхитительный обмен репликами. Все трое отправляются на пляж. Маллиган тотчас же ныряет в воду. Хейнс окунется, как только уляжется завтрак, а Стивен, ненавидящий воду так же сильно, как ее любит Блум, в нее не заходит. Вскоре Стивен покидает своих спутников и отправляется в школу, где он преподает.

Стиль. 1-я и 2-я главы первой части написаны, я бы сказал, обычным стилем, то есть в стиле обычного повествования, — прозрачный и логичный Джойс. Правда, то тут, то там поток повествовательной прозы ненадолго перебивается внутренним монологом, который в других главах книги значительно затемняет и нарушает авторскую речь; но здесь преобладает логический поток. Краткий образчик потока сознания появляется на первой странице, когда Маллиган собирается бриться. «Он устремил взгляд искоса вверх, издал долгий, протяжный призывный свист и замер, напряженно прислушиваясь. Белые ровные зубы кой-где поблескивали золотыми крупинками. Златоуст. Резкий ответный свист дважды прозвучал в тишине». Это типичный джойсовский прием, который будет повторен и значительно разработан на протяжении книги. Златоуст — конечно, Иоанн, константинопольский патриарх IV века. Но почему возникает это имя? Очень просто: описание перебивается ходом мысли Стивена. Стивен видит и слышит, как Бык свистит, чтобы разбудить Хейнса, затем замирает, напряженно прислушиваясь, и Стивен видит золотые пломбы в зубах Быка, блестящие на солнце, — золото, златоуст, красноречивый оратор, оракул Маллиган — на мгновение образ отца Церкви проносится в голове Стивена, после чего повествование немедленно возобновляется ответным свистом Хейнса, который Бык провозглашает чудом и велит Богу выключить ток.

Это просто, в настоящей главе есть и другие простые примеры, но вскоре нам встретятся более загадочные перебивки рассказа ходом мыслей Стивена. Стивен только что выдал один из своих блестящих афоризмов, которые так нравятся Маллигану. Указывая на расколотое зеркальце для бритья, которое Бык стянул из комнаты служанки, он с горечью произносит: «Вот символ ирландского искусства. Треснувшее зеркало служанки». Маллиган предлагает Стивену продать этот афоризм за гинею «олуху из Оксфорда» Хейнсу и добавляет, что он, Маллиган, и Стивен, чью руку он доверительно сжимает, должны эллинизировать Ирландию яркой свежей мыслью. Откликом на это — мысль Стивена: «Рука Крэнли. Его рука». Первое чтение «Улисса» вряд ли здесь что-нибудь объяснит, но при повторном чтении мы будем знать, кто такой Крэнли, поскольку он будет упомянут позже, — неверный друг детства Стивена, обычно бравший его на скачки — «меня привел, чтобы разом разбогатеть, таскались за его фаворитами средь... орущих букмекеров у стоек». Так же и сейчас ему предлагает разом разбогатеть Маллиган, продав блестящие афоризмы: «Один к одному на Честного Мятежника, на остальных десять к одному! Мимо жуликов, мимо игроков в кости спешили мы вслед за копытами, картузами и камзолами, и мимо мяснолицей зазнобы мясника, жадно всосавшейся в апельсин». Означенная зазноба — двоюродная сестра Мэрион Блум, предвосхищение этой плотоядной леди.

Еще один хороший пример потока сознания Стивена в этой простой первой главе мы встречаем, когда Стивен, Маллиган и Хейнс заканчивают завтрак. Маллиган оборачивается к Стивену и говорит:

«— Серьезно, Дедал. Я совсем на мели. Беги в свою школьную шарашку да принеси оттуда малость деньжонок. Сегодня бардам положено пить и пировать. Ирландия ожидает, что в этот день каждый выполнит свой долг.

— Что до меня, — заметил Хейнс, поднимаясь, — то я должен сегодня посетить вашу национальную библиотеку.

— Сперва поплавать, — заявил Бык Маллиган.

Он обернулся к Стивену и самым учтивым тоном спросил:

— Не сегодня ли, Клинк, день твоего ежемесячного омовения?

И пояснил, обращаясь к Хейнсу:

— Оный нечистый бард имеет правило мыться один раз в месяц.

— Всю Ирландию омывает Гольфстрим, — промолвил Стивен, поливая хлеб струйкой меда.

Хейнс отозвался из угла, легким узлом повязывая шейный платок под открытым воротом спортивной рубашки:

— Я буду собирать ваши изречения, если вы позволите.

Обращено ко мне. Они моются, банятся, оттираются. Жагала сраму. Совесть. А пятно все на месте.

— Это отлично сказано, что треснувшее зеркало служанки — символ ирландского искусства».

Мысль Стивена движется следующим образом: англичанин обращается ко мне. Англичане моются и оттираются, у них нечистая совесть угнетателей. Стивен вспоминает леди Макбет и ее нечистую совесть — «а пятно все на месте» — кровь, которую она не может смыть. «Agenbite of inwit» («жагала сраму») — среднеанглийское, соответствующее французскому remords de conscience. Угрызения совести, раскаяние. (Заглавие богословского трактата XIV века о семи смертных грехах.)

Преимущество этого приема — в краткости. Ход мыслей в виде ряда коротких соображений, фиксируемых мозгом. Но такой прием требует от читателя больше внимания и участия, нежели обычное описание: Стивен понял, что Хейнс обращается к нему. Да, подумал он, англичане много моются, стараясь, возможно, стереть пятно на их совести, то, что старина Нортгейт назвал agenbite of inwit и т. д.

Глубинные мысли, рождаемые внешними впечатлениями, поднимаются на поверхность и приводят к знаменательным сцеплениям слов, лексическим связям в голове героя. Взгляните, к примеру, как упоминание моря приводит к самым потаенным мыслям в беспокойной душе Стивена. Во время бритья Маллиган бросает долгий взгляд на Дублинский залив и негромко замечает: «Господи <...> Как верно названо море у Элджи *(Алджернон Суинберн, второстепенный английский постромантический поэт. — В. Н.)*: седая (grey) нежная мать!» (Отметьте слово sweet — нежная, сладкая.) «Наша великая (great) и нежная (sweet) мать», — добавляет он, улучшая, так сказать, grey добавлением t.

«Наша могущественная мать (mighty mother)!» — продолжает он, оттачивая изящную аллитерацию. Затем он заговаривает о матери Стивена и о его зловещем грехе. «Моя тетка считает, ты убил свою мать», — говорит Бык. «Но бесподобный комедиант (mummer)!» — шепнул (murmur) он тихонько». Взгляните, как накручиваются аллитерации, вытягивая смысл за смыслом: mighty mother, mummer, murmur. И Стивен слушает сытый голос; мать и шепчущее могущественное сладко-горькое море сливаются, но есть и другие слияния. «Кольцо залива и горизонта заполняла тускло-зеленая влага». Стивен мысленно переводит это в «белый фарфоровый сосуд у ее смертного одра», заполненный тягучей зеленой желчью, «которую она с громкими стонами извергала из своей гниющей печени в приступах мучительной рвоты». «Сладкая» мать становится горькой матерью, горькой желчью, горьким раскаянием. Затем Бык Маллиган вытирает лезвие бритвы носовым платком Стивена.

«Эх, пес-бедолага! — с участием вздохнул он. — Надо бы выдать тебе рубашку да хоть пару сморкальников». Это увязывает сопливо-зеленое море с грязным платком Стивена и зеленой желчью в сосуде; и сосуд с желчью, и чашка с пеной, и чаша моря, горькие слезы и соленая слизь — все на мгновение сливается в один образ. Это Джойс в ударе.

Отметьте, кстати, выражение *пес-бедолага*. Образ одинокого пса будет связан со Стивеном на протяжении всей книги точно так же, как образ вкрадчивой, мягко ступающей кошки будет сопутствовать Блуму. И это приводит меня к следующему заключению: черная пантера — кошмар Хейнса — каким-то образом предвещает Стивену явление еще незнакомого ему Блума, который будет бесшумно следовать за ним мягкой черной кошачьей тенью. Также отметьте, что этой ночью Стивен видел тревожный сон: восточный человек предлагал ему женщину, и этой же ночью похожий сон видит Блум: Молли в одежде турчанки среди антуража невольничьего рынка.

ЧАСТЬ I, ГЛАВА 2

Время: Между девятью и десятью часами того же дня. Четверг, короткий день, в десять заканчиваются занятия и сразу начинается хоккей.

Действие: Стивен преподает в школе древнюю историю.

«— Кокрейн, ты скажи. Какой город послал за ним?

— Тарент, сэр.

— Правильно. А потом?

— Потом было сражение, сэр.

— Правильно. А где?

Мальчуган с пустым выражением уставился в пустоту окна».

Вновь вступает ход мыслей Стивена. «Басни дочерей памяти. Но ведь чем-то и непохоже на басни памяти. Тогда — фраза, сказанная в сердцах, шум Блейковых крыл избытка. Слышу, как рушатся пространства, обращаются в осколки стекло и камень, и время охвачено сине-багровым пламенем конца. Что же нам остается?»

За мгновение, пока школьник мешкает, силясь вспомнить, живое воображение Стивена рисует стремительный поток истории, бьющиеся вдребезги стекла, рушащиеся стены, сине-багровое пламя времени. Что же нам остается? По-видимому, утешение забвения:

«— Я позабыл место, сэр. В 279 году до нашей эры.

— Аскулум, — бросил Стивен, заглянув в книгу с рубцами кровополитий *(написанная красными чернилами, кровавая книга истории. — В. Н.)*».

Fig rolls, которые ест один из мальчиков, — сорт печенья, мы называем его фиговыми ньютонами. Юный идиот составляет жалкий каламбур: Пирр — пирс. Стивен разражается одним из своих обычных афоризмов. Что такое пирс? Несбывшийся мост. Ученики не понимают его.

На протяжении всей главы происходящее в школе перебивается или, лучше сказать, комментируется внутренним течением мысли Стивена. Он думает о Хейнсе и Англии, о парижской библиотеке, где он читал Аристотеля, «огражден от греховного Парижа, вечер за вечером». «Душа — это, неким образом, все сущее: душа — форма форм». Душа — форма форм станет ведущей темой следующей главы. Стивен задает загадку:

> Кочет поет.
> Чист небосвод.
> Колокол в небе
> Одиннадцать бьет.
> Бедной душе на небеса
> Час улетать настает.

В этот день в одиннадцать часов похороны Патрика Дигнама, приятеля его отца, но Стивена преследует память о недавней смерти матери. Она похоронена на том же кладбище; на похоронах Дигнама его отец, проходя мимо могилы жены, всхлипывает, но Стивен на похороны Падди Дигнама не пойдет. Он говорит отгадку: «Это лис хоронит свою бабку под остролистом».

Он все еще тяготится своей виной перед матерью: «Бедная душа улетела на небеса — и на вересковой пустоши, под мерцающими звездами, лис, горящие беспощадные глаза, рыжим и хищным духом разит от шкуры, рыл землю, вслушивался, откидывал землю, вслушивался и рыл, рыл». Софист Стивен может доказать что угодно, к примеру, что шекспировский призрак — это дед Гамлета. Почему дед, а не отец? Потому что в загадке о лисе — бабка, означающая для него мать. В следующей главе, гуляя по берегу, Стивен видит собаку, и мысль о собаке сливается с мыслью о лисе, когда пес по-лисьи разгребает песок и прислушивается, ибо что-то он тут похоронил, бабку свою.

Пока мальчики играют в хоккей, Стивен разговаривает с директором школы мистером Дизи и получает жалованье. Смотрите, как прекрасно выписаны Джойсом подробности: «Он вынул из сюртука перетянутый кожаной ленточкой бумажник. Раскрыв его, извлек две банкноты, одну — из склеенных половинок, и бережно положил на стол.

— Два, — сказал он, вновь перетягивая и убирая бумажник.

Теперь в хранилище золотых запасов. Ладонь Стивена в неловкости блуждала по раковинам, лежавшим грудой в холодной каменной ступке: волнистые рожки, и каури, и багрянки, а эта вот закручена, как тюрбан эмира, а эта — гребешок святого Иакова. Добро старого пилигрима, мертвые сокровища, пустые ракушки.

Соверен, новенький и блестящий, упал на мягкий ворс скатерти.

— Три, — сказал мистер Дизи, вертя в руках свою маленькую копилку. — Очень удобная штучка. Смотрите. Вот сюда соверены. Тут шиллинги, полукроны, шестипенсовики. А сюда — кроны. Смотрите.

Он высыпал на ладонь два шиллинга и две кроны.

— Три двенадцать, — сказал он. — По-моему, это правильно.

— Благодарю вас, сэр, — отвечал Стивен, с застенчивою поспешностью собирая деньги и пряча их в карман брюк.

— Не за что, — сказал мистер Дизи. — Вы это заработали.

Рука Стивена, освободившись, вернулась снова к пустым ракушкам. Тоже символы красоты и власти. Толика денег в моем кармане: символы, запятнанные алчностью и нищетой».

Вы с удовольствием отметите гребешок святого Иакова, прототип пирожного мадлена у Пруста, la coquille Saint-Jacques. Эти ракушки африканцы использовали в качестве денег.

Дизи просит Стивена взять письмо, которое он напечатал, и поместить его в «Ивнинг телеграф». Мистер Дизи, вездесущий филистер, напоминающий флоберовского господина Омэ, напыщенно рассуждает в своем письме о местной эпидемии ящура. Дизи напичкан политическими клише, пронизанными, как у всякого обывателя, ненавистью к национальным меньшинствам. «Англия, — говорит он, — в когтях у евреев. <...> Ясно как божий день, еврейские торгаши уже ведут свою разрушительную работу». На что Стивен весьма разумно замечает, что торгаш — это тот, кто дешево покупает и дорого продает, будь он еврей или не еврей, — разящий ответ на обывательский антисемитизм.

ЧАСТЬ I, ГЛАВА 3

Время: Между десятью и одиннадцатью утра.

Действие: Стивен идет в город через пляж по берегу Сэндимаунта. Позже — все еще мерно шагающим — его можно будет увидеть из экипажа, в котором Блум, Каннингем, Пауэр и Саймон Дедал, отец Стивена, едут к кладбищу на похороны Дигнама; затем мы встретим его в редакции газеты «Телеграф», куда он и направлялся с самого начала. Бродя по пляжу, Стивен предается разнообразным размышлениям: о «неотменимой модальности зримого», где *неотменимая* означает «неотвратимость», а *модальность* — «форму, как нечто противоположное сущности»; о двух встретившихся ему старухах-акушерках; о сходстве мешка собирателя моллюсков с акушерской сумкой; о матери; о дядюшке Ричи; о фразах из письма Дизи; о сосланном ирландском революционере Игене; о Париже; о море; о смерти матери. Он видит еще двух собирателей моллюсков — двух цыган, мужчину и женщину, и на ум ему немедленно приходит образчик воровского жаргона, воровские слова, «блатная музыка».

> Эх, фартовая маруха,
> На молодчика присуха!
> Маркоташки-голубки,
> Выйди в ночку под дубки.

Недавно утонул человек. Он уже упоминался в разговоре лодочников, пока Стивен наблюдал за купанием Маллигана и Хейнса; персонаж этот появится вновь. «Там будет саженей пять. Отец твой спит на дне морском, над ним саженей пять. В час, он сказал. Найден утопленник. Полный прилив на Дублинской отмели. Гонит перед собой наносы гальки, случайные ракушки, широкие стаи рыбы. Труп, выбеленный солью, всплывает из отката, покачивается к берегу, едет-едет сам-сам, самец. Вот он. Цепляй живо. Тащи. Хотя над ним волны сомкнулись очертанья. Готово, наш. Полегче теперь.

Мешок трупных газов, сочащийся зловонной жижей. Стайка мальков, отъевшихся на рыхлом лакомстве, стрелой вылетает через щели его застегнутой ширинки. Бог стал человеком человек рыбой рыба гагарой гагара перинной горой. Дыханьями мертвых дышу я живой, ступаю по праху мертвых, пожираю мочой пропитанную требуху от всех мертвых. Мешком переваленный через борт, он испускает смрад своей зеленой могилы, лепрозная дыра носа храпит на солнце. <...>

Платок мой. Он забрал. Помню. А я назад не забрал?

Рука тщетно пошарила в карманах. Нет, не забрал. Лучше другой купить.

Он аккуратно положил сухую козявку, которую улупнул в носу, на выступ скалы. Желающие пусть смотрят.

Позади. Кажется, кто-то есть.

Он обернулся через плечо, взирая назад. Пронося в воздухе высокие перекладины трех мачт, с парусами, убранными по трем крестам салингов, домой, против течения, безмолвно скользя, безмолвный корабль».

В главе 1 части III мы узнаем, что это шхуна «Роузвин», идущая из Бриджуотера с грузом кирпичей. На ней прибывает Д. Б. Мэрфи, с которым Блум встретится в «Приюте извозчика», как в море встречаются два корабля.

ЧАСТЬ II, ГЛАВА 1

Стиль: Логичный и прозрачный Джойс.

Время: Восемь часов утра, синхронизировано с утром Стивена.

Место: Экклс-стрит, 7, жилище Блума в северо-западной части города, в непосредственной близости от Верхней Дорсет-стрит.

Главные действующие лица: Блум и его жена; второстепенные: мясник Длугач, он, как и Блум, из Венгрии, и служанка семьи Вудс, живущей по соседству на Экклс-стрит, 8. Кто такой Блум? Блум — сын венгерского еврея Рудольфа Вигара (что по-венгерски значит «цветок»), сменившего фамилию на Блум, и Эллен Хиггинс, ирландско-венгерского происхождения. Ему тридцать восемь лет, он родился в Дублине в 1866 году. Посещал школу миссис Эллис, потом учился у Ванса, в 1880 году закончил учебу. В 1886 году отец Блума, не вынеся одиночества после смерти жены, измученный невралгией, покончил с собой.

Блум и Молли, дочь Брайэна Твиди, познакомились у Мэта Диллона, за игрой в «музыкальные стулья», где они оказались в паре. 8 октября 1888 года они поженились, ему было двадцать два года, ей — восемнадцать. 15 июня 1889 года у них родилась дочь Милли, а родившийся в 1894 году сын Руди умер одиннадцати дней от роду. Поначалу Блум был агентом у торговца почтовой бумагой Уиздома Хили и одно время даже работал на скотном рынке агентом по продаже. С 1888 по 1893 год они жили на Ломбард-стрит, с 1893 по 1895 год — на Рэймонд-террас, в 1895 году и некоторое время до переезда в гостиницу «Городской герб» — на Онтарио-террас, и затем, в 1897 году, на Холлс-стрит. В 1904 году они живут на Экклс-стрит, номер 7.

Это узкий трехэтажный дом, на каждом этаже по два окна на улицу. Дома этого больше нет, а в 1904 году, когда в нем «жили» Блумы, он на самом деле пустовал; Джойс выбрал для них это жилье спустя почти пятнадцать лет, после переписки со своей родственницей, тетей Джозефиной. Когда в 1905 году этот дом приобрел некто Финнеран, он и вообразить не мог (сообщает мой источник — Патрисия Хатчинс, автор очаровательной книги «Дублин Джеймса Джойса», 1950) литературных призраков, которым предстояло там поселиться. Блумы занимают две комнаты в нижнем этаже (если смотреть с фасада, с Экклс-стрит; со двора — второй этаж) этого трехэтажного (если смотреть с фасада) дома с кухней в цокольном этаже (со двора он первый). Окна гостиной выходят на улицу, окна спальни — во двор, там садик. Квартира без горячей воды и без ванной комнаты, но с уборной на лестничной площадке и довольно заплесневелым клозетом в саду. Два пустых этажа над Блумами сдаются, на оконной раме гостиной Блумы поместили табличку, гласящую: «Квартиры без мебели».

Действие: В цокольном этаже, на кухне Блум готовит завтрак для жены, мило беседуя с кошкой; затем ставит на огонь чайник, который «сел тусклой глыбой, выставив торчком хобот», поднимается в переднюю и, решив купить для себя свиную почку, через дверь спальни говорит Молли, что он сходит за угол, и спрашивает, не купить ли ей чего-нибудь к завтраку. «Мягкий и сонный голос пробормотал в ответ: "Нне"». Некая полоска бумаги надежно примостилась за кожаным ободком его шляпы, «пропотевшее клеймо на дне шляпы молча сообщило ему: Плестоу, шляпы-лю» *(кс уничтожил пот. — В. Н.).* Полоска бумаги — карточка с вымышленным именем Генри Флауэр, ее он предъявит в почтовом отделении на Уэстленд-роу в следующей главе, чтобы получить письмо от некоей Марты Клиффорд (тоже псевдоним), с которой он ведет тайную переписку, завязавшуюся через колонку объявлений в «Айриш Таймс». Он забыл ключ в будничных брюках, поскольку сегодня на нем черный костюм по случаю похорон Дигнама, назначенных на 11 утра. Однако он не забыл переложить в карман брюк картофелину — подарок бедной матери, его амулет, талисман, панацея от всех несчастий. (В самом конце дня она спасает Блума от пескоразбрасывателя.) Его поток сознания бежит по камешкам разнообразных мыслей. «Гардероб скрипит. Не стоит ее тревожить. Была совсем сонная. Он притянул дверь к себе, осторожно, еще чуть-чуть, пока защитная полоска внизу не прикрыла порожек усталым веком. На вид закрыто. Обойдется до моего прихода». Он сворачивает на Дорсет-стрит, по пути здоровается с бакалейщиком: «Хорошая погодка», заходит к мяснику и замечает у прилавка соседскую прислугу, которая покупает сосиски. Должны ли они с Длугачем, оба выходцы из Венгрии, приветствовать друг друга как соотечественники? Блум снова это откладывает. Нет, в другой раз. Он читает рекламу плантаций в Палестине, и его мысль устремляется на Восток. Синхронизирующее облако. «Облако начало закрывать солнце: медленно, больше и больше, целиком. Серое. Вдалеке». Это синхронизация. Это же самое облако перед завтраком видел Стивен: «Облако медленно наползает на солнце, и гуще делается в тени зелень залива. Он был за спиной у него, сосуд горьких вод». Зелень — это горькая память Стивена, серый цвет облака приводит Блума к мыслям о серой пустыне, голых бесплодных землях на Востоке, непохожих на пышные рекламные сады.

Он возвращается с почкой; тем временем пришла почта: два письма и открытка. «Он, наклонившись, поднял. Миссис Мэрион Блум. Стремительный ритм сердца резко упал. Дерзкий почерк. Миссис Мэрион».

Письмо написано дерзким почерком, и миссис Мэрион тоже дерзкая. Почему сердце замерло? Как мы вскоре обнаружим, письмо от Буяна Бойлана, импресарио Мэрион. Он придет к четырем часам с программой ее предстоящего турне, и у Блума предчувствие, что если он, муж, не вмешается и останется в стороне, то в четыре часа случится непоправимое: Бойлан станет любовником Молли. Отметьте фатализм Блума: «Сожаление и потерянность, нарастая, смутной волной расползались вниз по спине. Да, случится. Помешать. Бесполезно: что сделаешь! Девичьи губы, нежные, легкие. Случится то же. Он чувствовал, как волна потерянности охватывает его. Бесполезно тут что-то делать. Губы целуют, целующие, целуемые. Женские губы, полные, клейкие».

Другое письмо и открытка — от Милли, дочери Блума, сейчас она в Моллингаре, графство Уэстмит в центральной Ирландии. Письмо — ему, открытка — матери, с благодарностью за подарок ко дню рождения 15 июня (чу́дная коробка сливочной помадки). Милли пишет: «А я тут зарылась с головой в фотографию». Когда Маллиган купался после завтрака, знакомый юноша сообщил ему, что получил открытку от Бэннона из Уэстмита: «Говорит, подцепил себе там одну молоденькую. Фотодевочка, он ее так зовет». Продолжается письмо Милли: «В субботу будет концерт в отеле "Гревильский герб". Сюда по вечерам иногда заходит один студент, его фамилия Бэннон, и у него какие-то родственники ужасные богачи, и он исполняет эту песенку Бойлана... о приморских красотках». Для Блума Буян Бойлан, неотвратимый любовник Молли, в некотором смысле то же, что для Стивена веселый узурпатор Бык Маллиган. Все кусочки складываются: Молли, Бэннон, Маллиган, Бойлан. Вы получите удовольствие от замечательно художественных страниц, одного из величайших отрывков в мировой литературе: Блум приносит Молли ее завтрак. Как дивно пишет Джойс!

« — А от кого письмо? — спросил он.

Дерзкий почерк. Мэрион.

— Да от Бойлана, — сказала она. — Должен программу принести.

— Что ты собираешься петь?

— Là ci darem с Дойлом, — ответила она, — и "Старую песню любви".

Она пила чай, полные губы улыбались. Довольно затхлый дух от этих курений на другой день. Как тухлая вода от цветов.

— Может быть, приоткрыть окошко?

Отправляя в рот сложенный пополам тонкий ломтик, она спросила:

— А во сколько похороны?

— В одиннадцать, кажется, — ответил он. — Я еще не смотрел газету.

Следуя знаку ее пальца, он поднял за штанину ее грязные панталоны. Не то? Тогда серую перекрученную подвязку с чулком: подошва мятая, залоснилась.

— Да нет же, книжку.

Другой чулок. Нижняя юбка.

— Должно быть, упала, — сказала она.

Он поглядел по сторонам. Voglio e non vorrei. Интересно, правильно ли она произносит voglio. На кровати нигде. Завалилась куда-то. Он нагнулся и приподнял подзор. Упавшая книга распласталась на пузе ночного горшка в оранжевую полоску.

— Дай-ка мне, — сказала она. — Я тут отметила. Хотела одно слово спросить.

Сделав глоток из чашки, которую держала за неручку, и бесцеремонно обтерев пальцы об одеяло, она принялась водить по странице шпилькой, покуда не нашла слово.

— Метим что? — переспросил он.

— Вот это, — сказала она. — Что это значит?

Наклонившись, он прочел подле холеного ногтя на ее большом пальце.

— Метемпсихоз?

— Вот-вот. С чем это вообще едят?

— Метемпсихоз, — начал он, морща лоб, — это греческое. Из греческого языка. Это означает переселение душ.

— Ну и дичь! — оценила она. — А теперь скажи по-простому.

Он улыбнулся, искоса глянув в ее смеющиеся глаза. Все те же молодые глаза. Первый вечер после игры в шарады. Долфинс-барн. Он полистал замусоленные страницы. "Руби — краса арены". Ага — картинка. Свирепый итальянец с хлыстом. А это видно Руби краса чего там положено голая на полу. Милостиво дали прикрыться. "Злодей Маффеи остановился и с проклятиями отшвырнул прочь свою жертву". Всюду жестокость. Одурманенные звери. Трапеция в цирке Хенглера. Не мог смотреть, отвернулся. А толпа глазеет. Ты там надрывай силы, а мы животики себе надорвем. Их целые семьи. Вдалбливают им смолоду, они и метемпсихозят. Будто бы мы живем после смерти. Души наши. Будто душа человека, когда он умрет. Дигнама вот душа...

— Ты ее уже кончила? — спросил он.

— Да, — сказала она. — Совсем никакой клубнички. Она что, все время любила того, первого?

— Я даже не заглядывал. Хочешь другую?

— Ага. Принеси еще Поль де Кока. Такое симпатичное имя.

Она подлила себе чаю, глядя сбоку на струйку.

Надо продлить ту книжку из библиотеки на Кейплстрит, а то напишут Карни, моему поручителю. Перевоплощение: вот то самое слово.

— Некоторые верят, — начал он, — что после смерти мы будем снова жить в другом теле и что уже жили раньше. Это называется перевоплощение. Что все мы уже жили раньше, тысячи лет назад, на земле или на какой-нибудь другой планете. Они считают, что мы забыли про это. А некоторые говорят, будто они помнят свои прошлые жизни.

Густые сливки вились витками у нее в чашке. Как бы ей лучше запомнить это слово: метемпсихоз. Хорошо бы пример. Пример.

Над кроватью "Купанье нимфы". Приложение к пасхальному номеру "Фотокартинок": роскошный шедевр, великолепные краски. Как чай до того как налили молока. Похожа на нее с распущенными волосами, только потоньше. За рамку отдано три и шесть. Она сказала: над кроватью будет красиво. Обнаженные нимфы — Греция — а вот и пример — все люди, что тогда жили.

Он перелистал страницы обратно.

— Метемпсихоз, — сказал он, — так это называли древние греки. Они верили, что человек может превратиться в животное или, скажем, в дерево. Что они называли нимфами, например.

Она перестала вдруг помешивать ложечкой. Смотрела прямо перед собой и втягивала воздух округлившимися ноздрями.

— Горелым пахнет, — сказала она. — У тебя там ничего на огне?

— Почка! — возопил он».

Столь же мастерски написан и конец главы, где с черного хода Блум выходит во двор и направляется к уборной. Шляпа — звено в цепи его размышлений. Мысленно Блум слышит колокольчик у Дрейго, парикмахера, хотя парикмахерская находится на Доусон-стрит, гораздо южнее, — и мысленно видит Бойлана с каштановыми блестящими волосами, только что вымывшегося и причесавшегося; у него возникает мысль сходить в баню на Тара-стрит, но вместо этого он отправится на Лейнстер-стрит.

В замечательно выписанной сцене в уборной Блум читает журнальный рассказ «Мастерский удар Мэтчена», и эхо этого рассказа еще не раз отзовется на протяжении романа. В старине Блуме есть что-то от художника, взять хотя бы «танец часов», который он воображает, сидя на теплом стульчаке. «Вечерние часы, девушки в серых газовых платьях. Потом ночные часы: в черном, с кинжалами, в полумасках. Это поэтично: розовое, потом золотое, потом серое, потом черное. И в то же время как в жизни. День, потом ночь.

Он смело оторвал половину премированного рассказа и подтерся ею. Потом поднял брюки, застегнул, надел подтяжки. Потянул на себя кривую шаткую дверь сортира и вышел из полумрака на воздух.

При ярком свете, облегченный и освеженный в членах, он тщательно осмотрел свои черные брюки, их обшлага, колени и за коленями. Во сколько похороны? Надо уточнить по газете».

Башенные часы бьют без четверти девять. Дигнама похоронят в одиннадцать.

ЧАСТЬ II, ГЛАВА 2

Время: Между десятью и одиннадцатью часами утра 16 июня.

Место: Улицы к югу от реки Лиффи, пересекающей Дублин с запада на восток.

Действующие лица: Блум; его знакомый Маккой. Он останавливает Блума на улице и просит внести его имя в список присутствующих на похоронах Дигнама, поскольку не может пойти на них: «В Сэндикоуве кто-то утонул, и может так выйти, что мне со следователем придется туда поехать, если тело найдут». Жена Маккоя — певица, но не такая хорошая, как Мэрион Блум. Еще один персонаж, который говорит с Блумом на улице в конце этой главы, — Бэнтам Лайонс, но о нем я скажу, когда речь пойдет о скачках в Аскоте.

Действие и стиль: В начале главы мы видим Блума на набережной сэра Джона Роджерсона, расположенной к югу от Лиффи, куда он добрался пешком от своего дома на Экклс-стрит, в миле от Лиффи к северо-западу. По пути он купил утреннюю газету «Фримен». Основной прием в этой главе — поток сознания. С набережной Блум идет к югу, на почту, переложив визитную карточку из-за ободка шляпы в жилетный карман. Его мысли движутся от витрины Белфастской и Восточной чайной компании в мир ароматов и цветов. На почте для него письмо от неведомой Марты Клиффорд, с которой он никогда не встретится. Пока Блум на улице разговаривает с Маккоем, его блуждающий взгляд останавливается на даме, садящейся в экипаж. «Гляди! Гляди! Шелк сверкнул, чулки дорогие белые. Гляди!» Женские лодыжки в 1904 году увидеть было труднее, чем сегодня. Но неуклюжий трамвай с трезвоном вклинивается между цепким взглядом Блума и дамой. «Пропало. Чтоб сам ты пропал, курносая рожа. Чувство как будто выставили за дверь. Рай и пери. Вот всегда так. В самый момент. Девица в подворотне на Юстейс-стрит. Кажется, в понедельник было, поправляла подвязку. Рядом подружка, прикрывала спектакль. Esprit de corps[1]. Ну что, что вылупился?»

Затем, шагая по Камберленд-стрит, Блум читает

---

[1] Дух товарищества *(фр.)*.

письмо Марты — сентиментальная пошлость действует на Блума умиротворяюще. Он проходит под железнодорожным мостом. Грохочущий над головой поезд обращает его мысль к бочонкам с пивом, главной статье дублинского экспорта, — как пенящееся море вызывает в уме бредущего по пляжу Стивена видение бочек с портером. «Они плещутся в чашах скал: плеск—плям—плен: пленены в бочках. И, иссякая, речь их стихает. Они льются, журча, широко разливаясь, неся гроздья пены, распускающиеся цветы». Сходная картина льющегося пива рисуется Блуму: «Прибывающий поезд тяжело пролязгал над головой у него, один вагон за другим. В голове стукались бочонки; плескался и переливался мутный портер. Затычки вылетели, полился мощный мутный поток, растекаясь по грязной земле, петляя, образуя озерки и водовороты хмельной влаги и увлекая с собой широколистые цветы ее пены». Это еще одна синхронизация. Следует отметить, что глава кончается словом «цветок»; ее последний абзац, описывающий Блума в ванной, рождает ассоциации с мыслями Стивена об утопленнике. Блум представляет себе «свое туловище и члены, покрытые струйной рябью, невесомо зависшие, слегка увлекаемые вверх, лимонно-желтые; свой пуп, завязь плоти; и видел, как струятся темные спутанные пряди поросли и струятся пряди потока вокруг поникшего отца тысяч, вяло колышущегося цветка». Словом «цветок» и оканчивается глава.

Прочтя письмо Марты, Блум продолжает двигаться по Камберленд-стрит и по пути заходит в католическую церковь. Его мысли сменяют одна другую. Через несколько минут, около четверти одиннадцатого, он идет по Уэстленд-роу в аптеку, чтобы заказать жене лосьон для рук. Миндальное масло, бензойная настойка и померанцевая вода. Он покупает кусок мыла и говорит, что за лосьоном зайдет позднее, но зайти позабудет. А вот мыло в этой истории станет практически действующим лицом.

Позвольте мне здесь проследить две темы этой главы: мыло и Золотой Кубок Аскота. Мыло — кусок баррингтоновского мыла стоимостью четыре пенса со сладковато-лимонной отдушкой. После бани Блум кладет мыло в карман брюк и по дороге на похороны в экипаже вспоминает о нем: «На что-то твердое сел. А, мыло: оно же в заднем кармане. Лучше убрать оттуда. Подожди случая». Случай представится, когда они доберутся до кладбища. Блум выходит. Только теперь он перекладывает мыло в бумажной обертке из брючного кармана во внутренний карман с носовым платком. После похорон, в редакции газеты, он вынимает носовой платок и здесь к теме лимонного запаха подверстывается письмо Марты и измена жены. Еще позднее, сразу после полудня, возле музея и библиотеки на Килдер-стрит Блум мельком видит Буяна Бойлана. Почему музей? Из чистого любопытства Блум давно решил исследовать некоторые анатомические детали мраморных богинь. «Соломенная шляпа блеснула на солнце. Рыжие штиблеты. Брюки с манжетами. Так и есть. Так и есть.

Его сердце дрогнуло мягко. Направо. Музей. Богини. Он повернул направо.

А точно? Почти уверен. Не буду смотреть. У меня лицо красное от вина. Что это я? Чересчур помчался. Да, так и есть. Шагом. И не смотреть. Не смотреть. Идти.

Приближаясь к воротам музея размашистым и нетвердым шагом, он поднял глаза. Красивое здание. По проекту сэра Томаса Дина. Он не идет за мной?

Может быть не заметил меня. Солнце ему в глаза.

Его дыхание стало коротким и прерывистым. Быстрей. Прохладные статуи: там спокойствие. Еще минута и я спасен.

Нет, он меня не заметил. После двух. У самых ворот. Как бьется сердце!

Его зрачки пульсируя неотрывно смотрели на кремовые завитки камня. Сэр Томас Дин был греческая архитектура.

Ищу что-то я.

Торопливую руку сунул быстро в карман, вынул оттуда, прочел, не разворачивая, Агендат Нетаим. Куда же я?

Беспокойно глядя.

Быстро сунул обратно Агендат.

Она сказала после полудня.

Я ищу это. Да, это. Смотри во всех карманах. Носовой. "Фримен". Куда же я? Ах, да. В брюках. Картофелина. Кошелек. Куда?

Спеши. Иди спокойно. Еще момент. Как бьется сердце.

Рука его искавшая тот куда же я сунул нашла в брючном кармане кусок мыла лосьон забрать теплая обертка прилипшее. Ага мыло тут я да. Ворота.

Спасен!»

Мыло напомнит о себе липкостью брючного кармана в четыре часа и затем в грандиозном по комизму кошмаре в полночь в доме терпимости; новенький чистенький кусок мыла восходит, источая свет и аромат, — душистая луна из рекламного объявления возносится к небесной жизни; и мыло действительно поет, паря в рекламном раю:

> Я и Блум, мы всех важней, всякий видит сам:
> Придает он блеск земле, я же — небесам.

Апофеозом мыльной темы является *странствующее мыло*; в конце концов, этим мылом Блум вымоет дома руки. «Зачем, поставив чайник, наполненный до половины, на разгоревшийся уголь, он снова вернулся к продолжающей течь струйке?

Чтобы вымыть руки куском лимонного мыла Баррингтона, частично уже б/у и с прилипшей к нему бумагой (купленным тринадцать часов назад за четыре пенса и еще не оплаченным), в свежей холодной изменчивой неизменной воде и осушить их, лицо и руки, длинным суровым полотенцем с красной каймой, перекинутым через вращающуюся деревянную палку».

В главе 2 части II читающий не в первый раз обнаруживает зарождение темы, проходящей через всю книгу: скачки на Золотой Кубок Аскота, которые должны состояться в этот день, 16 июня 1904 года, в Аскот-Хите, графство Беркшир в Англии. В Дублине результаты состязания станут известны через час, в четыре. Эти скачки с этими лошадьми имели место в так называемой действительности. Многие дублинцы ставят на четырех участников: это Максим Второй, французская лошадь, победитель прошлого года; Мускат, фаворит после своего выступления на Кубке Коронации в Эпсоме; Корона — избранница спортивного редактора Ленехана; и, наконец, аутсайдер Реклама.

Рассмотрим эволюцию этой темы в романе. Она зарождается, как я сказал, в конце второй блумовской главы: «У самой подмышки голос и рука Бэнтама Лайонса сказали:

— Приветствую, Блум, что новенького? Это сегодняшняя? Вы не покажете на минутку?

Фу ты, опять усы сбрил. Длинная, холодная верхняя губа. Чтобы выглядеть помоложе. А выглядит по-дурацки. Он моложе меня.

Пальцы Бэнтама Лайонса, желтые, с чернотой под ногтями, развернули газету. Ему бы тоже помыться. Содрать корку грязи. Доброе утро, вы не забыли воспользоваться мылом Пирса? По плечам перхоть. Череп бы смазывал.

— Хочу взглянуть насчет французской лошадки, что сегодня бежит, — сказал Бэнтам Лайонс. — Черт, да где тут она?

Он шелестел мятыми страницами, ерзая подбородком туда-сюда по тугому воротничку. Зуд после бритья. От такого воротничка волосы будут лезть. Оставить ему газету, чтоб отвязался.

— Можете взять себе, — сказал мистер Блум.

— Аскот. Золотой кубок. Постойте, — бормотал Бэнтам Лайонс. — Один мо. Максим Второй.

— Я здесь только рекламу смотрел, — добавил мистер Блум.

Внезапно Бэнтам Лайонс поднял на него глаза, в которых мелькнуло хитрое выражение.

— Как-как вы сказали? — переспросил он отрывисто.

— Я говорю: можете взять себе, — повторил мистер Блум. — Я все равно хотел выбросить, только посмотрел рекламу.

Бэнтам Лайонс, с тем же выражением в глазах, поколебался минуту — потом сунул раскрытые листы обратно мистеру Блуму.

— Ладно, рискну, — проговорил он. — Держите, спасибо.

Едва не бегом он двинулся в сторону Конвея. Прыть как у зайца».

Что нам следует отметить в этом отрывке, помимо прекрасной техники потока сознания? Два обстоятельства: 1 — что Блум не интересуется этими скачками (и, возможно, ничего о них не знает) и 2 — что Бэнтам Лайонс, случайный знакомый, ошибочно принимает замечание Блума как подсказку относительно Рекламы. Блум не только безразличен к скачкам Золотого кубка, но и не подозревает, что его фраза была истолкована как подсказка.

Теперь посмотрим на развитие этой темы. Бюллетени о скачках появляются в редакции «Фримена» в полдень, и Ленехан, спортивный редактор, отдает предпочтение Короне.

Эту подсказку случайно слышит Блум. В два часа он зайдет перекусить и окажется за стойкой рядом с безмозглым малым по прозвищу Флинн Длинный Нос, с жаром обсуждающим программу скачек: «Поднявшись и дожевывая, мистер Блум созерцал его вздох. Вот уж где олух царя небесного. Сказать ему на какую лошадь Ленехан? Знает уже. Лучше бы позабыл. Пойдет, еще больше проиграет. У дурака деньги не держатся. Снова капля повисла. Как бы это он целовал женщину со своим насморком. Хотя может им это нравится. Нравится же когда колючая борода. У собак мокрые носы. В гостинице Городской герб у старой миссис Риордан был скай-терьер, у которого вечно бурчало в брюхе. Молли его ласкала у себя на коленях. Ах ты собачка, ты мой гавгавгавчик!

Вино пропитывало и размягчало склеившуюся массу из хлеба горчицы какой-то момент противного сыра. Отличное вино. Лучше его чувствуешь когда не хочется пить. Конечно это ванна так действует. Ладно слегка перекусили. Потом можно будет часов в шесть. Шесть. Шесть. Тогда уже будет все. Она».

Вслед за Блумом в трактир заходит Бэнтам Лайонс и намекает Флинну, что он знает вероятного победителя и ставит на него пять шиллингов, но Рекламу он не упоминает, а лишь говорит, что эту подсказку получил от Блума. В конторке букмекера, куда заглядывает спортивный редактор Ленехан, чтобы выяснить шансы Короны, он встречает Лайонса и отговаривает его ставить на Рекламу. В замечательной главе, действие которой происходит в ресторане «Ормонд» около четырех часов дня, Ленехан уверяет Буяна Бойлана, что Корона выиграет, и Бойлан, направляющийся на свидание с Молли Блум, признается, что и он немного поставил за свою приятельницу (Молли). Телеграмма с результатами появится с минуты на минуту. В следующей главе Ленехан входит в кабачок Кирнана и мрачно сообщает, что выиграла Реклама «двадцать к одному. Чистейший аутсайдер... Корона, тебе имя — вероломство». Теперь посмотрим, как все это роковым образом отразится на Блуме, который нисколько не интересуется Золотым кубком. Блум выходит из кабачка Кирнана и с миссией милосердия (касательно страховки его покойного друга Падди Дигнама) направляется к зданию суда; в кабачке Ленехан замечает: «Знаю, куда он пошел, — вдруг говорит Ленехан и щелкает пальцами.

— Кто? — спрашиваю.

— Блум, — отвечает он. — Это все липа насчет суда. А он ставил на Рекламу и побежал сейчас загребать сребреники.

— Чего, этот белоглазый кафр? — Гражданин не верит. — Да он в жизни на лошадь не поставит, даже со злости.

— Нет, он туда пошел, — твердит свое Ленехан. — Я тут встретил Бэнтама Лайонса он как раз на эту лошадку хотел ставить только из-за меня раздумал и он сказал мне это Блум ему подкинул намек. На что хочешь бьюсь об заклад, он сейчас загребает сто шиллингов на свои пять. Единственный во всем Дублине, кто сорвал куш. Поставил на темную лошадку.

— Сам он чертова темная лошадка, — ворчит Джо».

«Я» в кабачке Кирнана — анонимный рассказчик, пьяная бестолочь с наклонностями к линчеванию, раздосадованный мягким обращением и мудрой человечностью Блума, сейчас он распален подозрением, что еврей выиграл сто к пяти на темной лошадке. С удовольствием анонимный рассказчик наблюдает свару, завязавшуюся после того, как хулиган (называемый в главе Гражданином) бросает в Блума жестянку из-под печенья.

Результаты скачек позднее появятся в вечернем выпуске «Ирвинг телеграф», который Блум читает в «Приюте извозчика» в конце этого долгого дня, там же будет напечатано сообщение о похоронах Дигнама и письмо Дизи — газета подводит итоги событий дня. И в предпоследней главе книги, где Блум наконец приходит домой, мы отметим две вещи: 1 — на салфетке, покрывающей кухонный шкаф, Блум находит четыре фрагмента двух порванных красных билетиков тотализатора, которые во время визита к Молли в ярости порвал Буян Бойлан, узнав, что Корона не выиграла; 2 — добродушный Блум с удовольствием думает, что он не рисковал, не испытал разочарования и не уговаривал за ланчем Флинна поставить на Корону, избранницу Ленехана.

* * *

Позвольте мне здесь, между 2 и 3 главами части II, сказать несколько слов о характере Блума. Одна из его главных черт — доброта к животным, доброта к слабым. Хотя на завтрак в тот день он с удовольствием съел внутренний орган меньшего брата — свиную почку и хотя он ощущает голод при мысли о дымящейся, горячей, густой сладковатой крови, но, несмотря на эти несколько грубые вкусы, он испытывает глубокое сострадание к притесняемым животным. Отметьте его доброе отношение за завтраком к своей черной кошечке! «Мистер Блум с добродушным интересом поглядел на черное гибкое существо. Ладный вид: шерстка гладкая и блестит, белая пуговка под хвостом, глаза зеленые, светятся. Он нагнулся к ней, упершись ладонями в колени.

— Молочка киске!
— Мрряу! — громко мяукнула она».

Также отметьте участливое отношение к собакам — к примеру, когда по пути на кладбище он вспоминает Атоса, собаку покойного отца: «Старый Атос, бедняга! Будь добрым к Атосу, Леопольд, это мое последнее желание». И Атос в мыслях Блума предстает как «смирный пес. У стариков обычно такие». Блум обнаруживает чуткость к зоологическим эмблемам жизни; в художественном и человеческом плане он здесь не уступает Стивену, сочувственно наблюдающему за собакой на пляже Сэндимаунта. Когда, после встречи с Маккоем, Блум проходит мимо извозчичьей стоянки, его охватывает жалость и нежность при виде кляч, понуро жующих овес. «Он подошел ближе, услышал хруст золоченого овса, жующие мирно челюсти. Их выпуклые оленьи глаза смотрели на него, когда он шел мимо, среди сладковатой овсяной вони лошадиной мочи. Их Эльдорадо. Бедные саврасы! Плевать им на все, уткнули длинные морды в свои торбы, знать ничего не знают и забот никаких. Слишком сыты, чтоб разговаривать. И корм и кров обеспечены. Холощеные: черный обрубок болтается, как резиновый, между ляжками. Что ж, может, они и так счастливы. На вид славная, смирная животинка. Но как примутся ржать, это бывает невыносимо». Блум разделяет курьезный интерес Джойса к мочевому пузырю. Исполненный сочувствия к животным, он даже кормит морских чаек, которых я лично считаю неприятными птицами с глазами пьяниц. В книге есть и другие примеры доброты Блума по отношению к животным. Во время прогулки перед вторым завтраком он обращает внимание на стаю голубей возле здания Ирландского парламента. Интересно, что сама тональность наблюдения: «Резвятся после кормежки» — в точности соответствует по ритму и настроению размышлениям Стивена на пляже: «Простые радости бедняков» (ироничное искажение «Элегии, написанной на сельском кладбище» Томаса Грея, 1751), где пес, когда его позвали, поднял заднюю лапу и «быстро, коротко помочился на необнюханный валун».

ЧАСТЬ II, ГЛАВА 3

Стиль: Прозрачный, логичный Джойс, читателю легко следить за мыслями Блума.

Время: Сразу после одиннадцати.

Место: У бань на Лейнстер-стрит Блум сел в трамвай, идущий на восток, к дому Дигнама, Серпентайн-авеню, 9, расположенному к юго-востоку от Лиффи. От этого дома двинется похоронная процессия. Вместо того чтобы сразу отправиться на запад, к центру Дублина, а оттуда к северо-западу, на Гласневинское кладбище, процессия движется через Айриштаун, сворачивает

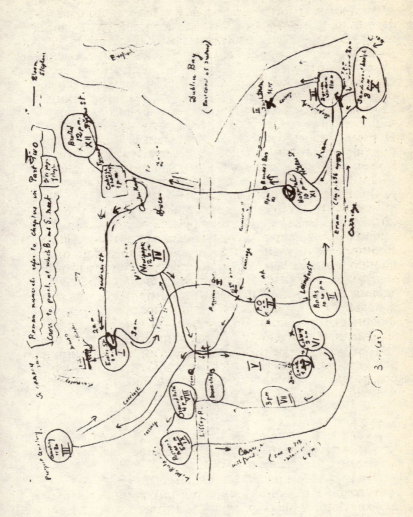

Составленная Набоковым карта передвижений Блума и Стивена во второй части «Улисса».

на северо-восток, а затем на запад. По прекрасному старому обычаю тело Дигнама провозят сначала по Трайтонвилл-роуд через Айриштаун на север от Серпентайн-авеню и только после проезда по Айриштауну сворачивают на запад по Рингсенд-роуд, Нью-Брансвик-стрит и затем через Лиффи на северо-запад, к кладбищу в Гласневине.

Действующие лица: С десяток провожающих; среди них на заднем сиденье четырехместного экипажа — Мартин Каннингем, добрый, мягкий человек, рядом с ним — Пауэр, необдуманно говорящий о самоубийстве в присутствии Блума, и напротив них — Блум и Саймон Дедал, отец Стивена, чрезвычайно остроумный, свирепый, одаренный старик с причудами.

Действие: Действие в этой главе не представляет трудности для чтения. Я хотел бы обсудить лишь некоторые темы.

Отец Блума, венгерский еврей (о его самоубийстве упоминается в этой главе), женился на ирландке Элин Хиггинс, по отцовской линии происходящей от католиков-венгров и от протестантов — по материнской; так что Блум был крещен в протестантской церкви и лишь позднее стал католиком, чтобы жениться на Мэрион Твиди, тоже смешанного, ирландско-венгерского происхождения. В родословной Блума числится также белокурый австрийский солдат. Несмотря на эти осложнения, Блум считает себя евреем, и тень антисемитизма постоянно висит над ним на протяжении всего повествования. В любой момент его могут задеть или оскорбить даже приличные в других отношениях люди. Блум для них чужак. Изучая этот вопрос, я обнаружил, что в 1904 году — время действия нашего дублинского романа — количество евреев, проживавших в Ирландии, составляло около четырех тысяч при населении в четыре с половиной миллиона. Большинство людей, с которыми Блум встречается в этот опасный день, придерживаются диких либо вполне распространенных предрассудков. В экипаже по дороге на кладбище Саймон Дедал глумится над Рувимом Дж. Доддом, еврейским ростовщиком, чей сын едва не утонул. Блум стремится рассказать эту историю первым, чтобы подать ее в должном виде и избежать оскорбительных намеков. Тема расовых гонений преследует Блума: даже Стивен грубо обижает его, исполняя в предпоследней главе песню-пародию на балладу XVI века о маленьком святом Хью из Линкольна, которого, как считалось раньше, в XII веке распяли евреи.

Синхронизация — скорее прием, нежели тема; Джойс пользуется им с большим искусством: на протяжении книги люди сталкиваются друг с другом, их пути пересекаются, расходятся и снова встречаются. Свернув с Трайтонвилл-роуд на Рингсенд-стрит, экипаж с четырьмя пассажирами нагоняет Стивена Дедала, сына Саймона, чей путь от Сэндикоув в редакцию газеты почти совпадает с маршрутом похоронной процессии. И дальше, на Брансвик-стрит, недалеко от Лиффи, как раз, когда Блум размышляет, что днем придет Бойлан, Каннингем замечает того на улице, и Бойлан принимает приветствия попутчиков Блума.

Зато человек в коричневом макинтоше — это тема. Среди эпизодических персонажей книги он представляет особый интерес для читателя Джойса, ибо нет нужды повторять, что каждый новый тип писателя порождает новый тип читателя; каждый гений плодит новые полчища бессонных. Совершенно особый эпизодический персонаж, которого я имею в виду, — это так называемый человек в коричневом макинтоше, который одиннадцать раз возникает в книге, но всякий раз без имени. Насколько мне известно, комментаторы его личность не установили. Посмотрим, сумеем ли мы опознать его.

Впервые его видят на похоронах Падди Дигнама, его никто не знает, появление его внезапно и неожиданно, и весь день мистер Блум будет возвращаться к этой маленькой, но свербящей загадке: кто был человек в коричневом плаще? Вот как он появляется на похоронах. Пока могильщики ставят гроб носом на край могилы и подводят снизу веревки, чтобы опустить его в яму, Блум думает о мертвом Дигнаме. «Хороним его... Он не знает кто тут и ему все равно». Взгляд Блума скользит по тем, «кто тут», и на мгновение останавливается на лице незнакомца. Поток мыслей принимает новое направление: «Нет, а это-то еще кто этот долговязый раззява в макинтоше? Нет правда кто хочу знать. Нет, грош я дам за то чтоб узнать. Всегда кто-нибудь объявится о ком ты отродясь не слыхивал». Эта мысль застревает, и вскоре он пересчитывает немногих провожающих. «Мистер Блум стоял поодаль со шляпой в руках, считая обнаженные головы. Двенадцать, я тринадцатый. Нет. Чудик в макинтоше тринадцатый. Число смерти. И откуда он выскочил? В часовне не было, за это я поручусь. Глупейший предрассудок насчет тринадцати». Мысли Блума переключаются на другое.

Так кто же этот долговязый, что возникает как будто из воздуха в тот самый момент, когда гроб Патрика Дигнама опускают в могилу? Продолжим наше расследование. В конце церемонии Джо Хайнс, репортер, который переписывает присутствующих на похоронах, спрашивает Блума:

«— И скажите-ка, — продолжал Хайнс, — вы не знаете этого типа, ну там вон стоял, еще на нем...» Но в этот момент он замечает, что тип исчез, и предложение остается незаконченным. Опущенное слово, конечно, «макинтош». Блум завершает предложение: «Макинтош... Да, я его видел. Куда же он делся?» Это недоразумение (сравните его с темой Золотого кубка и аутсайдера Рекламы): Хайнс думает, что Макинтош — имя незнакомца.

«Макинтош, — повторил Хайнс, записывая. — Не знаю, кто он такой. Это его фамилия?» Хайнс отходит, оглядываясь по сторонам: не упустил ли он кого. «Да нет, — начал мистер Блум, оборачиваясь задержать его. — Нет же, Хайнс!

Не слышит. А? Куда же тот испарился? Ни следа. Ну что же из всех кто. Не видали? Ка е два эль. Стал невидимкой. Господи, что с ним сталось?» В этот момент мысль Блума прерывается, к нему подходит седьмой могильщик, чтобы взять лежавшую рядом с ним лопату.

В самом конце главы 7 части II — главы, где основным приемом становится синхронизация действий различных людей на улицах Дублина около трех часов дня, мы находим еще одно упоминание о загадочном человеке. Вице-король, правитель Ирландии, следующий на открытие благотворительного базара Майрас в пользу больницы Мерсера (именно на этом базаре позже, когда стемнеет, произойдет знаменательный фейерверк — тема 10 главы), — итак, вице-король со своей свитой проезжает мимо слепого юноши, и тогда «на Нижней Маунт-стрит пешеход в коричневом макинтоше, жуя черствую корку, быстро и беспрепятственно перебежал вице-королю дорогу». Что нового здесь добавляется для разгадки? Да, этот человек существует, в конце концов, он живой индивидуум, он беден, он проходит легкими шагами, надменностью и отчужденностью движений он несколько напоминает Стивена Дедала. Но он, конечно, не Стивен. Вице-король — ему не препятствие, Англия не может повредить ему. Живой человек. И в то же время легкий, как призрак. Кто же он такой?

Следующее упоминание появляется в главе 9 части II. Кабачок Кирнана, где анонимный хулиган, именуемый Гражданином, и страшная собака донимают мягкого, любезного Блума. Нежно и серьезно (что возвышает его над собственной приземленностью в других частях книги) еврей Блум говорит: «И еще я принадлежу к племени... которое ненавидят и преследуют. Причем и поныне. Вот в этот день. Вот в эту минуту». Гражданин ерничает: «Вы что ли говорите про новый Иерусалим? <...>

— Я говорю про несправедливость, — отвечает Блум. <...> — Но все это бесполезно... Сила, ненависть, история, все эти штуки. Оскорбления и ненависть — это не жизнь для человека. Всякий знает, что истинная жизнь — это совершенно противоположное». «И что же это?» — спрашивает Олф, владелец заведения. «Любовь», — отвечает Блум. Между прочим, это основа философии Л. Толстого: человеческая жизнь есть божественная любовь. Простаки из кабачка понимают любовь как любовь физическую. Из череды разноообразных утверждений: «Констебль бляха 14 А любит Мэри Келли. Герти Макдауэлл любит парня с велосипедом. <...> Его Величество Король любит Ее Величество Королеву» и т. д. — на мгновение выглядывает наш таинственный незнакомец: «Человек в коричневом макинтоше любит женщину, которая уже умерла». Мы отмечаем, что он выделяется из всего ряда и противопоставлен констеблю и даже старичку мистеру Вершойлу со слуховым рожком, который «любит старушку миссис Вершойл со вставным глазом». Нечто поэтическое добавилось к его образу. Но кто он, этот человек, появляющийся на страницах книги в критические моменты, — что он символизирует: смерть, угнетение, притеснение, жизнь, любовь?

В конце сцены мастурбации на пляже (глава 10), во время фейерверка Блум вспоминает Человека в Коричневом Макинтоше, которого он видел возле могилы. И в главе 11, между сценой в родильном приюте и фарсом в доме терпимости в одиннадцать часов, прямо перед закрытием кабачка человек-загадка на мгновение возникает там из алкогольных паров: «Умора, братцы, ктой-то этот выпердыш в макинтоше? Пыльный Родси. Из какой помойки он шмотье вытащил? Мать родная! А чем это он разжился? Юбилейный барашек. Ха, глянь-ка, Боврил. Ну сердяга дошел. Знакомы ль вам те рваные носки? Никак голодраный гриб из Ричмонда? Об заклад, он! Он думал, у него хер свинцовый. Может симулировал. Мы его звали Бартл-Хлебожор. Прежде, о сэры, это был почтеннейший обыватель. Оборванец бедный жил, он сиротку полюбил. Но она от него сбежала. Перед вами несчастный покинутый. Макинтош, скитающийся в диких каньонах. Тяпнул и двигай. Прикрывают. Где легавые дело крант. Чего? Видал его сегодня на погребении? Что, кореш какой дал дуба?» Отрывок, как и весь последний эпизод главы, излишне темен, но имеются явные указания на человека, жадно поедающего суп Боврила, на его пыльные ботинки, рваные носки и утраченную любовь.

Человек в коричневом макинтоше вдруг появляется в борделе — глава 12, где гротескно изображены скачущие мысли Блума: отрывочные мысли действуют на сумрачной сцене комичного кошмара. Эту главу не следует принимать всерьез, равно как и краткое явление Блуму Человека в Коричневом Макинтоше, который осуждает его за то, что он сын христианки: «Не верьте ни одному его слову. Это — Леопольд Макинтош, известный поджигатель. Его настоящее имя Хиггинс». Мать Блума, жена Рудольфа Вирага из Сомбатхея, Вены, Будапешта, Милана, Лондона и Дублина, — урожденная Элин Хиггинс, вторая дочь Джулиуса Хиггинса (урожденного Кароя — венгра) и Фанни Хиггинс (урожденной Хегарти). В этом же кошмаре дед Блума Липоти

(Леопольд) Вираг плотно запакован в несколько пальто и поверх всего одет в коричневый макинтош, очевидно позаимствованный у человека-загадки. Заполночь в «Приюте извозчика» (часть III, глава 1), заказав Стивену кофе, Блум берет номер «Ивнинг Телеграф» и читает в нем сообщение Джо Хайнса о похоронах Патрика Дигнама: «В числе провожающих были» — дальше следует список имен, кончающийся Макинтошем. И наконец, в следующей главе, написанной в форме вопросов и ответов, встречается такой: «Какую самозапутанную загадку сознательно задал себе, однако не разрешил Блум, поднявшись, передвигаясь и собирая многочисленные, многоцветные и многообразные предметы одежды?

Кто был Макинтош?»

Здесь мы в последний раз слышим о Человеке в Коричневом Макинтоше.

Знаем ли мы, кто он? Я думаю, да. Ключ к разгадке — в главе 4 II части — сцена в библиотеке. Стивен говорит о Шекспире и утверждает, что великий писатель сам присутствует в своих произведениях. «Он запрятал свое имя, прекрасное имя, Вильям, в своих пьесах, дав его где статисту, где клоуну, как на картинах у старых итальянцев художник иногда пишет самого себя где-нибудь в неприметном уголке», и именно это сделал Джойс, поместив свое лицо в неприметном уголке этого полотна. Человек в Коричневом Макинтоше, проходящий сквозь романный сон, — это сам автор. Блум мельком видит своего создателя!

ЧАСТЬ II, ГЛАВА 4

Время: Полдень.

Место: Редакции газет «Фрименс» и «Ивнинг Телеграф», центр города, рядом с колонной Нельсона, прямо на север от Лиффи.

Действующие лица: Среди прочих — Блум, он пришел разместить рекламное объявление для Алессандро Ключчи: прекрасные помещения с лицензией на торговлю, винный магазин или пивная. Позже, в главе 5, Блум отправится в Национальную библиотеку за рисунком: два скрещенных ключа — эмблема Дома Ключей, так называется парламент острова Мэн — намек на самоуправление для Ирландии. В редакцию заходит Стивен с письмом Дизи о ящуре, но Джойс не сводит его с Блумом. Однако Блум мельком видит Стивена. В редакции промелькнут и другие дублинцы — среди них вернувшийся с кладбища вместе с Блумом отец Стивена. Много газетчиков, и в их числе Ленехан со своей загадкой: «Какая опера страдает хромотой?» Ответ: «Роза Кастилии» («рожа», «костыль» — игра слов).

Стиль: Разделы этой главы имеют комические заголовки, пародирующие газетные. Глава представляется плохо сбалансированной, а вклад Стивена — не слишком остроумным. Вы можете бегло просмотреть ее.

ЧАСТЬ II, ГЛАВА 5

Время: После часа дня.
Место: Улицы к югу от Колонны Нельсона.
Действующие лица: Блум и несколько случайных встречных.
Действие: От Колонны Нельсона Блум идет на юг, к реке. Хмурый человек из Ассоциации молодых христиан вкладывает листок «Илия грядет» «в руку мистера Блума». Почему такая странная конструкция — «в руку мистера Блума»? Потому что для раздающего листки рука — это просто рука, в которую надо нечто вложить; то, что она принадлежит мистеру Блуму, — не существенно. «Сердце сердцу весть подает.

Блу... Про меня? Нет.
Блудный сын... Кровь агнца...

Небыстрые ноги уносили его к реке, читающего. Ты обрел ли спасение? Все омыты в крови агнца. Бог желает кровавой жертвы. Рождение, девство, мученик, война, закладка здания, жертвоприношение, всесожжение почки, алтари друидов. Илия грядет. Д-р Джон Александр Дауи восстановитель Сионского Храма грядет.

Грядет! Грядет!! Грядет!!!
Всех просим от души».

Сейчас мы проследим судьбу этого воззвания, именуемого «рекламой».

Блум отправляется в город закусить и возле Аукционов Диллона видит сестру Стивена: наверное, старую мебель продают. После смерти матери Стивен и четыре его сестры бедствуют, а отец, старый эгоист, похоже, и в ус не дует. Блум ступает на мост О'Коннелла и смотрит, как, хлопая крыльями, кружат чайки. В руке он все еще держит листок, полученный от человека из АМХ. Блум комкает листок и бросает его с моста, чтобы поглядеть, кинутся ли на него чайки. «Илия грядет, скорость тридцать два фута в сек», — прикидывает Блум. Чайки оставляют листок без внимания.

Давайте бегло проследим судьбу темы Илии, судьбу этого клочка бумаги на протяжении трех глав. Его бросили в струистую Лиффи, и он становится инструментом, отмечающим ход времени. Он пускается в путешествие по реке примерно в половине второго и движется на восток к морю. Час спустя, легко покачиваясь, он плывет по реке под Окружным мостом, в двух кварталах к востоку от отправной точки: «Кораблик, скомканный листок, Илия грядет, легко покачиваясь, плыл вниз по Лиффи, под Окружным мостом, проскакивая стремнины, там, где вода бурлила вокруг устоев, держа на восток, мимо судов и якорных цепей, между старым доком Таможни и набережной короля Георга». Через несколько минут: «Мимо Северной стены и набережной сэра Джона Роджерсона, мимо судов и якорных цепей, плывя на запад, проплывал кораблик, скомканный листок, покачиваясь на волне от парома. Илия грядет». Наконец, в начале четвертого он достигает Дублинского залива: «Легкий кораблик, скомканный бумажный листок, Илия, плыл рядом с бортами больших и малых судов, посреди архипелага пробок, минуя Нью-Воппинг-стрит, на восток, мимо парома Бенсона и рядом с трехмачтовой шхуной "Роузвин", шедшей из Бриджуотера с грузом кирпичей». Примерно в это же время мистер Фаррелл, перед тем как столкнуться со слепым юношей, насупился «на имя Илии, возвещаемое на стене Метрополитен-холла», где должен проповедовать евангелист.

Цепочка людей, одетых в белое, на каждом — по две рекламные доски, медленно движущаяся навстречу Блуму около Уэстморленд-стрит, — еще одна синхронизирующая тема. Блум удручен грядущей изменой Молли, но ум его сейчас занят рекламой. На писсуаре он видит табличку: «Расклейка объявлений запрещена».

Какой-то весельчак приписал в рифму: «Злодейка гонорейка прекращена». Это заставляет Блума встревожиться: а что, если у Бойлана гонорея? Люди-сандвичи, рекламирующие писчебумажную лавку Уиздома Хили, еще не раз появятся на страницах книги. У Блума они ассоциируются со счастливым прошлым, когда он работал у Хили в первые годы после женитьбы.

В той же главе 5, направившись перекусить к югу от центра, Блум встречает свою старую любовь Джозефин Пауэлл, теперь миссис Денис Брин. Она рассказывает ему, что какой-то шутник прислал ее мужу издевательскую открытку: «К. к.» — ку-ку, мол, спятил, с ума спрыгну́л — и кончено с человеком. Блум меняет тему и спрашивает миссис Брин, случается ли ей видеть миссис Бьюфой. Она переспрашивает: «Майну Пьюрфой?» Оговорка Блума вызвана смешением имен Пьюрфой и Бьюфой, Филип Бьюфой — жеманное имя автора премированного «осколка» «Мастерский удар Мэтчена», с которым Блум ознакомился, сидя в уборной после завтрака. Во время разговора с миссис Брин Блум даже вспоминает фразу из него. Узнав, что Майна Пьюрфой находится в родильном приюте и у нее трудные роды, сострадательный Блум решает ее навестить и осуществляет это через восемь часов в главе 11. Одно влечет за собой другое в этой изумительной книге. Встреча с Джозефин Пауэлл, ныне миссис Брин, всколыхнула мысли Блума о счастливом прошлом, когда он впервые встретился с Молли, и нынешнем горьком и неприглядном настоящем. Блум вспоминает недавнюю ночную прогулку, когда он, Молли и Бойлан шли по берегу Толки (в окрестностях Дублина). Она напевала. Может быть, именно тогда пальцы Бойлана коснулись ее пальцев и на его вопрос ответом было «да». Перемена в Молли, перемена в их любви произошла лет десять назад, после смерти их мальчика, прожившего всего несколько дней. Блум думает подарить Молли подушечку для булавок, может быть на ее день рождения, 8 сентября. «Женщины не любят подбирать булавки. Говорят оборвется лю». Слово обрывается, показывая, как это происходит. Но он не может помешать ее роману с Бойланом. «Что толку о старом. Так надо было. Скажи мне все».

Блум заходит в столовую Бертона, но там шумно, людно, грязно, и он собирается уйти. Не желая никого обидеть, даже противного Бертона, добродушный Блум нелепо пытается соблюсти вежливость. Он «в нерешительности приложил два пальца к губам. Взгляд его говорил:

— Не здесь. Не вижу его».

Поиски вымышленного лица, предлога, чтобы покинуть столовую, — такое поведение очень характерно для добросердечного и ранимого Блума. Эта сцена предваряет его действия в конце главы, когда он сталкивается с Бойланом и делает вид, будто ищет что-то в кармане, чтобы не встретиться с ним взглядом. В конце концов он закусывает сандвичем с сыром горгонзола и стаканом бургундского на Дьюк-лейн у Берна, где разговаривает с Длинным Носом, занятым, как и остальные, пересудами о Золотом кубке. Смакуя вино, «мягким огнем» текущее по жилам, Блум вспоминает первый поцелуй Молли, дикий папоротник на мысе Хоут, прямо над Дублинским заливом, рододендрон, ее губы и ее груди.

Он вновь пускается в путь, на сей раз направляясь в Музей и Национальную библиотеку, где хочет найти рекламное объявление в старой подшивке «Килкенни пипл». «На Дьюк-лейн прожорливый терьер вырыгнул на булыжники тошнотворную жвачку из косточек и хрящей и с новым жаром набросился на нее. Неумеренность в пище. С благодарностью возвращаем, полностью переварив содержимое. <...> Мистер Блум предусмотрительно обошел. Жвачные животные. Это ему на второе». Подобным же образом в библиотеке будет извергать блистательные литературные теории пес-бедолага Стивен. Идя по улице, Блум думает о прошлом и настоящем, и означает ли teco в «Дон Жуане» «сегодня вечером» *(нет, оно означает «с тобой». — В. Н.)*. «Пожалуй можно будет купить для Молли какую-нибудь из тех шелковых комбинаций, под цвет к новым подвязкам»[1]. Но тень Бойлана и близящееся свидание, до которого остается всего два часа, вторгаются в эти

---

[1] Новые подвязки Молли лилового цвета, как мы узнали из восточной фантазии Блума, посетившей его ранним утром, когда он шел покупать себе на завтрак почку. — *Фр. Б.*

мысли. «Сегодня. Сегодня. Не думать». Он притворяется, что не видит идущего Бойлана.

В конце этого эпизода вы отметите появление второстепенного персонажа, который пройдет через несколько глав как один из многих синхронизаторов в этой книге; синхронизаторами я называю людей или предметы, меняющееся местоположение которых отмечает ход времени в описываемый день. «Слепой юноша стоял у края тротуара, постукивая по нему тонкой палкой. Трамвая не видно. Хочет перейти улицу.

— Вы хотите перейти? — спросил мистер Блум.

Слепой не ответил. Его неподвижное лицо слабо дрогнуло. Он неуверенно повернул голову.

— Вы на Доусон-стрит, — сказал мистер Блум. — Перед вами Моулсворт-стрит. Вы хотите перейти? Сейчас путь свободен.

Палка, подрагивая, подалась влево. Мистер Блум поглядел туда и снова увидел фургон красильни, стоящий у "Парижской парикмахерской" Дрейго. Где я и увидел его *(Бойлана. — В. Н.)* напомаженную шевелюру как раз когда я. Понурая лошадь. Возчик — у Джона Лонга. Промочить горло.

— Там фургон, — сказал мистер Блум, — но он стоит на месте. Я вас провожу через улицу. Вам нужно на Моулсворт-стрит?

— Да, — ответил юноша. — На Южную Фредерик-стрит. *(На самом деле он направляется на Клэр-стрит. — В. Н.)*

— Пойдемте, — сказал мистер Блум.

Он осторожно коснулся острого локтя — затем взял мягкую ясновидящую руку, повел вперед. <...>

— Спасибо, сэр.

Знает что я мужчина. По голосу.

— Все в порядке? Теперь первый поворот налево.

Слепой нащупал палкой край тротуара и продолжал путь, занося палку и постукивая ею перед собой».

Итак, около половины второго Блум сталкивается с миссис Брин; вскоре они видят безумного Фаррелла, размашисто шагающего мимо них. Перекусив у Берна, Блум отправляется в библиотеку. Именно здесь, на Доусон-стрит, он помогает слепому юноше перейти улицу, и тот продолжает свой путь на восток, в сторону

Клэр-стрит. Тем временем Фаррелл, который, миновав Килдер-стрит, дошел до Меррион-сквер и повернул назад, сталкивается со слепым юношей. «Когда он вышагивал мимо окон мистера Блума, дантиста *(другой Блум. — В. Н.)*, его плащ, болтаясь, резко сбил в сторону тоненькую постукивавшую тросточку и повлекся дальше, хлестнув по хилому телу. Слепой юноша повернул вслед прохожему свое болезненное лицо.

— Будь ты проклят, кто ты там есть! — воскликнул он с озлоблением. — Не я слепой, а ты, чертов ублюдок!»

Так встречаются слепота и безумие. Вскоре «возле лавки Бродбента» слепого юношу обгонит вице-король, следующий на открытие благотворительного базара. Еще позднее постукивание трости прочертит обратный путь слепого на запад, к ресторану «Ормонд», где он настраивал рояль и забыл камертон. Приближающееся «тук-тук» мы будем слышать всю восьмую главу; время действия в ней — около четырех часов дня.

ЧАСТЬ II, ГЛАВА 6

Время: Около двух часов дня.
Место: Национальная библиотека.
Действующие лица: Стивен послал Быку Маллигану телеграмму, подразумевающую, что тот должен уступить ему башню, а тем временем в библиотеке говорит о Шекспире с писателями и учеными, входившими в группу «Ирландское Возрождение». Среди них Томас Листер *(реальное имя. — В. Н.)*, в романе прозванный квакером-библиотекарем, поскольку он носит широкополую шляпу, чтобы прикрыть обширную лысину; в тени — рослая фигура в мохнатой домотканине — А. Э. (псевдоним известного ирландского писателя Джорджа Рассела), которого Блум встретил на улице в предыдущей главе; здесь же веселый пуританин Джон Эглинтон и Ричард Бест, на чьей фамилии, буквально значащей Наилучший[1], Джойс строит игру слов, наделяя мистера Беста и кровать, которую Шекспир завещал своей жене

---

[1] В переводе В. Хинкиса и С. Хоружего — Супер. — *Примеч. пер.*

Энн Хэтуэй, общим эпитетом «second-best» (второсортный); Бест изображен заурядным и поверхностным литератором; вскоре приходит и лимонножилетный насмешник Мэйлахи Маллиган с только что полученной от Стивена загадочной телеграммой.

Действие: В своих рассуждениях о Шекспире Стивен утверждает: 1 — что Призрак в «Гамлете» в действительности сам Шекспир; 2 — что Гамлета следует отождествлять с маленьким сыном Шекспира Гамнетом, и 3 — что у Ричарда Шекспира, брата Уильяма, была интрижка с женой Уильяма Энн, чем и объясняется горечь пьесы. Когда Стивена спрашивают, верит ли он в собственную теорию, он тотчас отвечает: «Нет». Все изгажено в этой книге[1]. Рассуждения в этой главе забавнее для писателя, нежели для читателя, поэтому их подробности можно опустить. Однако именно в этой главе Стивен впервые узнает о Блуме.

Джойс переплел пути Стивена и Блума гораздо теснее, чем думают обычно. Пересечение начинается задолго до того, как Блум пройдет мимо Стивена в библиотеке. Оно начинается со снов. Никто еще не отметил, — правда, немного было написано о настоящем Джойсе, Джойсе-художнике, — еще ни один комментатор не отметил, что, как и в «Анне Карениной» Толстого, в «Улиссе» существуют знаменательные парные сны; то есть в одно и то же время один и тот же сон видят два разных человека.

На одной из первых страниц Стивен жалуется Маллигану: Хейнс разбудил его ночью криком, что нужно застрелить черную пантеру. Черная пантера ведет к Блуму в черном, к ласковой черной кошке. Вот как это происходит. Получив жалованье, Стивен на пляже наблюдает за сборщиками моллюсков и их собакой, которая только что доставила себе «простую радость бедняков», задрав ногу у скалы. Чувство вины, возникшее из-за заданной ученикам загадки о ли́се, поначалу

---

[1] В выпущенном отрывке В. Н. писал: «Те, кто из чистого любопытства познакомится с главой 12, действие которой происходит в доме терпимости, в какой-то момент прочтут, как Блум видит себя в зеркале под отражением вешалки, сделанной из оленьих рогов, — и лицо рогоносца на мгновение приобретает черты Шекспира; две темы — измена Блуму и измена Шекспиру — сходятся в зеркале шлюхи». — *Фр. Б.*

омрачает мысли Стивена: «Потом задние лапы стали раскидывать песок; потом передние принялись грести, рыть. Что-то он тут хоронит, бабку свою. Он вгрызался в песок, разгребая, раскидывая; остановился, прислушался, снова принялся рыть яростными когтями, но вскоре перестал, леопард, пантера, зачатый в прелюбодействе, пожирающий мертвых.

После того как он *(Хейнс. — В. Н.)* меня разбудил этой ночью, тот же самый сон или? Постой. Открытая дверь. Квартал проституток. Припомни. Гарун-аль-Рашид. Ага, постепенькаю. Тот человек вел меня и говорил что-то. Я не боялся. У него была дыня, он ее поднес мне к лицу. Улыбался; сливками пахнул плод. Таков обычай, сказал он. Входи. Красный ковер расстелен. Увидишь кто».

Это пророческий сон. Но отметим, что к концу главы 10 второй части Блум, в свою очередь находясь на пляже, смутно вспоминает сон, который он видел той же ночью, что и Стивен. Сперва его мысли заняты рекламой, потом они вертятся вокруг его прежней любви, стареющей и непривлекательной миссис Брин и ее мужа, которого разыграли, вынудив обратиться к адвокату по поводу полученного им оскорбительного письма. «Женские панталоны серой фланели по три шиллинга за пару, фантастическая дешевка. Говорят, дурнушку полюбишь — не разлюбишь. Только ни одна себя такой не считает. Люби, лги и будь красивой, потому что завтра умрем. Уж несколько раз его видел, все бродит, доискивается, кто же сыграл с ним шутку. К. к: ку-ку. Такая судьба. Выпало ему, могло мне. Часто с какой-нибудь торговлей бывает так. Словно злой рок привяжется. Что-нибудь снилось мне этой ночью? Постой. Какая-то путаница. Она в красных шлепанцах. Турецких. И в мужских брюках». И затем мысли Блума переходят к другому. Еще одно упоминание проскальзывает в главе 11, правда, без новых подробностей: «Блум там оказался из-за усталости, сморившей его, но сейчас уже вновь воспрянул, а прошлую ночь приснился ему весьма причудливый сон о его даме, миссис Молль, в красных домашних туфлях и в турецких шальварах, а это, как сведущие полагают, к перемене...»

Итак, в ночь с 15 на 16 июня Стивен Дедал в своей башне в Сэндикоув и Блум в своей супружеской постели в доме на Экклс-стрит видят один и тот же сон. Какую цель преследует Джойс этими парными снами? Он хочет показать, что в своем «восточном» сне Стивен предвидел, как смуглый незнакомец предложит ему пышные прелести своей жены. Смуглый незнакомец — это Блум. Рассмотрим другой отрывок. Блум отправляется купить почку себе на завтрак и его посещает очень сходное восточное видение: «Где-нибудь на востоке, вот таким утром, пуститься в путь на заре. Будешь двигаться впереди солнца — выиграешь у него день. А если все время так, то в принципе никогда не постареешь ни на один день. Идешь вдоль берега, в незнакомой стране, подходишь к городским воротам, там стража, тоже какой-нибудь служака с усищами старины Твиди *(отец Молли. — В. Н.)* опирается на этакую длинную пику. Бродишь по улицам под навесами. Головы прохожих в тюрбанах. Темные пещеры лавок, где торгуют коврами, внутри здоровенный турок, свирепый Турка, сидит, поджавши ноги, покуривая витой кальян. Крики разносчиков. Для питья вода с укропом, шербет. Слоняешься целый день. Можешь повстречать парочку грабителей. Ну и что, повстречаешь. Солнце к закату. Тени мечетей между колонн; мулла со свитком в руках. Дрожь по деревьям, сигнал, вечерняя свежесть. Прохожу дальше. Гаснущее золотое небо. Мать на пороге хижины. Зовет детишек домой на своем темном наречии. Из-за высокой стены звуки струн. Луна в ночном небе, лиловая, как новые подвязки у Молли. Звуки струн. Слушаешь. Девушка играет на этом инструменте, как же он называется, цимбалы. Идешь дальше».

Около трех часов Блум покидает библиотеку, и Стивен, выходя вместе с Маллиганом, впервые за этот день видит Блума, с которым он шапочно знаком. Вот здесь Стивен и узнает в Блуме незнакомца из сна: «Человек прошел между ними, вежливо кланяясь.

— Еще раз здравствуйте, — отвечал Бык Маллиган.
Портик.

Здесь я следил за птицами, гадая по их полету. Энгус с птицами. Они улетают, прилетают. Этой ночью и я летал. Летал с легкостью. Люди дивились. А потом квартал девок. Он мне протягивал нежную как сливки дыню. Входи. Ты увидишь[1].

— Странствующий жид, — прошептал Бык Маллиган в комическом ужасе. — Ты не заметил его глаза?» — и отпускает скабрезную шутку. И ниже: «Темная спина двигалась впереди. Шаги леопарда, спустился, проходит воротами, под остриями решетки.

Они шли следом».

Темная спина Блума, его шаги леопарда. Цепь замыкается.

Парный сон Блума—Стивена напомнит о себе и дальше, в кошмаре главы 12. Ремарка гласит: *«(Блум) поднимает глаза. Мираж финиковых пальм, и прямо перед ним — прекрасная женщина в костюме турчанки. Ее пышные округлости туго теснятся в алых шальварах и блузке, расшитой золотом. Широкий желтый кушак опоясывает ее стан. Белая чадра, лиловеющая в ночи, закрывает ее лицо, оставляя лишь черные большие глаза и волосы цвета воронова крыла».*

«Молли!» — восклицает Блум. В этой же сцене, но гораздо позже Стивен говорит одной из девушек: «Послушайте. Мне приснился арбуз», на что девица отвечает: «Поезжай за границу, закрути любовь с иностранкой». Арбуз из сна Стивена — предложенная ему дыня с запахом сливок — угадывается в округлостях Молли Блум (часть III, глава 2, вопросы-ответы): Блум «поцеловал смуглые круглые душистые шелковистые выпуклости ее крупа, и оба смуглые и наглые полушария, и их тенистую и пушистую ложбинку, смутным и долгим волнующим сочнобеззвучным лобзаньем».

Сны-двойники Стивена и Блума оказываются пророческими. В предпоследней главе книги у Блума возникает желание сделать то же самое, что хотел сделать незнакомец во сне Стивена, а именно: Блум хочет свести Стивена с женой, чтобы устранить таким образом Бойлана; эта тема развивается и в главе 1 части III.

---

[1] В своем экземпляре «Улисса» на полях этого абзаца В. Н. пишет: «NB. Стивен вспоминает свой сон, видя, как Блум вежливо кланяется». — *Фр. Б.*

ЧАСТЬ II, ГЛАВА 7

Она состоит из девятнадцати сцен.
Время: Без пяти три.
Место: Дублин.
Действующие лица: Их пятьдесят, включая всех наших знакомых; в данное время, 16 июня около трех часов дня, они заняты разнообразной деятельностью.
Действие: Пути персонажей пересекаются вновь и вновь в чрезвычайно замысловатом контрапункте — исполинское развитие флоберовского контрапункта в сцене сельскохозяйственной выставки в романе «Госпожа Бовари». Здесь прием — синхронизация. Она начинается с отца Конми, иезуита из церкви святого Ксаверия на Верхней Гардинер-стрит, бодрого и изящного священника, приятно совмещающего земное с нездешним, и заканчивается проездом через город вице-короля, правителя Ирландии. Путь отца Конми четко прослежен: он благословляет одноногого матроса, заговаривает по пути со встречными прихожанами, проходит мимо похоронного заведения О'Нила, на мосту Ньюкомен садится в трамвай и сходит на остановке Хоут-роуд в Малахайде, северо-восточнее Дублина. Стоит чу́дная погода, располагающая к бодрости и изяществу. Раскрасневшийся юноша выбрался на тропу через просвет в живой изгороди, за ним — девушка с поникшими полевыми ромашками в руке. Юноша, студент-медик по имени Винсент Линч, как мы узнаем позже, поспешно приподнял шляпу; девушка поспешно поклонилась и старательно принялась снимать с юбки приставший к ней стебелек (удивительный писатель!). Отец Конми степенно благословил обоих.

Синхронизация начинается уже со второй сцены. Рядом с мостом Ньюкомен в конторе гробовщика О'Нила его помощник Келлехер, организовавший похороны Дигнама, захлопывает гроссбух и коротает время с тем самым констеблем, который за несколько минут до этого поприветствовал проходящего мимо отца Конми. К этому времени отец Джон Конми преодолел расстояние до моста и сейчас (синхронизация!) на мосту Ньюкомен садится в трамвай — об этом между фразами, относящимися к Келлехеру. Улавливаете метод? Сейчас три часа. Келлехер пускает беззвучную струю травяного сока, полученного из травинки, которую он жевал, подбивая сумму в гроссбухе минуту назад, когда отец Конми проходил мимо. Итак, Келлехер пускает сквозь зубы беззвучную струю и в то же самое время в другой части города, тремя милями северо-западнее (сцена 3), щедрая белая ручка (принадлежащая Молли Блум) из окна бросает монету одноногому матросу, добравшемуся к этому моменту до Экклс-стрит. Молли прихорашивается перед свиданием с Буяном Бойланом. И в это же время Дж. Дж. О'Моллою сообщают, что Нед Лэмберт на складе с посетителем, об этом визите мы узнаем позднее, в сцене 8.

Нет ни места, ни времени разбирать детали синхронизирующего механизма во всех девятнадцати сценах этой главы. Сосредоточимся на самых ярких эпизодах. В сцене 4 Кейти, Буди и Мэгги Дедал, младшие сестры Стивена (всего у него четыре сестры) возвращаются из ломбарда ни с чем, а отец Конми шагает по полям в Клонгоузе, и стерня покалывает его лодыжки в тонких носках. Где же скомканный кораблик «Илия»? Найдите его. Что за служитель звонит — брень! — в колокольчик? Служитель в дверях аукционного зала Диллона.

Около 3.15 мы прослеживаем путь Буяна Бойлана, который пускается в небольшое путешествие в сторону Молли Блум, до которой он доберется на извозчике примерно без четверти четыре (по пути он остановится в ресторане «Ормонд»). Но пока все еще около трех, и он трамваем отправляет Молли подарки из фруктовой лавки Торнтона. До Молли десять минут езды. Люди-сандвичи с рекламой Хили в это время бредут мимо лавки. Блум сейчас рядом с Железным мостом, в пассаже Мерчентс-арч; темноспинная фигура склоняется над лотком книжного торговца. В конце этой сцены мы узнаем происхождение красной гвоздики, которую Бойлану предстоит пронести в зубах через всю главу. Он берет гвоздику у блондинки из фруктовой лавки, просит разрешения позвонить и, как мы выясним позднее, звонит своей секретарше.

Теперь появляется Стивен. Около Тринити-колледжа он встречает своего бывшего учителя итальянского языка Альмидано Артифони, и они оживленно говорят по-итальянски. Артифони упрекает Стивена в том, что он принес свою молодость в жертву идеалам. «Это жертва обдуманная», — улыбаясь, говорит Стивен. Седьмая сцена синхронизирована с пятой. Секретарша Бойлана мисс Данк читала роман, а сейчас разговаривает по телефону с Бойланом, который звонит из фруктовой лавки. Она говорит Бойлану, что его искал спортивный редактор Ленехан и что в четыре он будет в «Ормонде». (Там мы с ними встретимся в следующей главе.) В этой сцене есть еще две синхронизации. Диск, который соскальзывает по желобку и подмигивает наблюдателям номером «шесть», предваряет механический тотализатор, который Том Рочфорд, букмекер, демонстрирует в девятой сцене. И мы отмечаем пять высоких фигур в белых цилиндрах: люди-сандвичи, достигнув поставленного им предела, за углом Монипени, развернулись и пустились в обратный путь.

В сцене 8 Нед Лэмберт и Джек О'Моллой показывают посетителю, протестантскому священнику преподобному Лаву, свой склад, где прежде размещалась палата заседаний аббатства святой Марии. В этот момент девушка, встретившаяся на просеке отцу Конми, снимает стебелек с юбки. Это и есть синхронизация: одно происходит здесь, другое — там, одновременно. В начале четвертого (сцена 9) Рочфорд, букмекер, знакомит Ленехана со своим приспособлением, и диск скользит по желобку и показывает в окошечке «шесть». В это же время проходит Ричи Гулдинг, дядя Стивена, клерк в юридической конторе; в следующей главе Блум будет обедать с ним в «Ормонде». Ленехан с Маккоем (он просил Блума внести его имя в список присутствовавших на похоронах Дигнама, куда не смог пойти) оставляют Рочфорда и наведываются к другому букмекеру. По пути в «Ормонд», после остановки у Лайнема, где они справляются о начальных ставках на Корону, они замечают Блума. «Леопольдо, или История заблумшей души», — насмешничает Ленехан. Блум перебирает книги на лотке уличного торговца. Путь Ленехана в «Ормонд» синхронизирован с действиями Молли Блум: она помещает на место табличку о сдаче квартир без мебели, которая соскользнула с оконной рамы, когда она открыла окно, чтобы бросить пенни одноногому матросу. И поскольку в это же время Келлехер разговаривает с констеблем, а отец Конми садится в трамвай, мы заключаем не без эстетического удовольствия, что сцены 2, 3 и 9, происшедшие в разных местах, произошли одновременно.

В четвертом часу мистер Блум все еще праздно рассматривает книги на лотке. В конце концов он берет для Молли «Прелести греха» — американский роман, несколько фривольный, в старомодном духе. «Раскрыв наугад, он прочел:

— *И все эти доллары, которыми осыпал ее муж, она тратила в магазинах на роскошные платья и самые разорительные безделушки. Ради него! Ради Рауля!*

Да. То что нужно. Еще посмотрим.

— *Их губы слились в жадном и сладострастном поцелуе, а руки его ласкали ее пышные формы под легким дезабилье.*

Да. Это подойдет. А в конце.

— *Вы запоздали,* — произнес он хриплым голосом, бросая на нее злобный и подозрительный взгляд.

Стройная красавица сбросила отороченное собольим мехом манто, явив взору свои роскошные плечи и пышно вздымающиеся округлости. Неуловимая улыбка тронула идеальные очертания ее губ, когда она спокойно повернулась к нему».

Дилли Дедал, четвертая сестра Стивена, которая бродит у диллоновских аукционов с тех пор, как Блум увидел ее там около часа дня, слушает, как в аукционном зале звенит колокольчик при окончании торгов. Мимо проходит ее отец, жесткий, себялюбивый, умный, артистичный старик Саймон Дедал, и Дилли выуживает у него шиллинг и два пенни. Это синхронизировано с появлением кавалькады вице-короля у ворот парка, Феникс-парка, в западном предместье Дублина, и ее движением к центру города, а оттуда — на восток, к Сэндимаунт, на открытие благотворительного базара. С запада на восток кортеж проедет через весь город.

В начале четвертого гордо вышагивает Том Кернан, торговец чаем, довольный только что полученным заказом. Он бравый, коренастый протестант, этот мистер Кернан, на похоронах Дигнама Блум стоял рядом с ним. Кернан — один из немногих второстепенных персонажей книги, чей поток сознания здесь, в двенадцатой сцене, дается подробно. В этой же сцене Саймон Дедал встречает на улице отца Каули, с которым он коротко знаком. «Илия» плывет вниз по Лиффи мимо набережной сэра Джона Роджерсона, а по набережной Пембрук проезжает кавалькада вице-короля. Кернан ее уже не застает.

В следующей сцене, через несколько минут после Блума, Стивен в свою очередь останавливается у книжного развала в Бедфорд-роу. Отец Конми, бормоча молитвы, сейчас идет через деревушку Донникарни. Сестра Стивена Дилли — высокие плечики, заношенное платье — останавливается рядом с братом. На один из полученных от отца пенни она купила французский букварь. Отрешенный Стивен, остро переживающий нищету младших сестер, по-видимому, забывает, что у него в кармане есть золотой, оставшийся от его учительского жалованья. Позже, напившись, он будет готов отдать эти деньги без всякой надобности. Сцена заканчивается его жалостью к Дилли и повторением покаянного «Жагала сраму», знакомого нам по главе 1 части I.

В 14 сцене мы вновь услышим приветствие Саймона Дедала и отца Каули и вновь прочтем их диалог. У священника денежные затруднения с процентщиком Рувимом Дж. Доддом и неприятности с домовладельцем. Затем появляется Бен Доллард, певец-любитель, который старается быть полезным отцу Каули и помочь ему избежать выселения. Мистер Кэшел Бойл О'Коннор Фицморис Тисделл Фаррелл, сумасшедший джентльмен, омоноклив глаз и что-то невнятно бормоча, прошагал мимо клуба на Килдер-стрит, именно он в свое время прошел мимо Блума, когда тот беседовал с миссис Брин. Преподобный Хью Лав, совершивший паломничество на склад бывшего аббатства совместно с Лэмбертом и О'Моллоем, упоминается как домовладелец отца Каули, подавший иск о взимании платы за квартиру.

Далее Каннингем и Пауэр (также бывшие на похоронах) обсуждают фонд вдовы Дигнама, в который Блум внес пять шиллингов. Упоминается отец Конми, и мы впервые встречаем двух барменш, мисс Кеннеди и мисс Дус, которые появятся позже, в главе 8. Вице-король сейчас проезжает по Парламент-стрит. В сцене 16 брат ирландского патриота Парнелла играет в шахматы в кафе, где Бык Маллиган указывает на него Хейнсу, оксфордскому студенту, изучающему фольклор. Они обсуждают Стивена. В этой сцене синхронизирован одноногий матрос, который, горланя песню, ковыляет по Нельсон-стрит, и скомканное воззвание с Илией, встречающее в заливе прибывшую шхуну «Роузвин».

Затем в сцене 17 появляется итальянский учитель Стивена и следом за ним сумасшедший джентльмен с длинным именем. Вскоре мы поймем, что наиболее важным синхронизатором в этой главе является слепой юноша, слепой настройщик, которому около двух часов дня Блум помог перейти улицу с запада на восток. Сумасшедший Фаррелл сейчас шагает на запад по Клэр-стрит, тогда как слепой юноша идет по той же улице на восток, еще не зная, что оставил камертон в «Ормонде». Против окон дантиста мистера Блума, уже упомянутого при описании похоронной процессии и не состоящего в родстве с Леопольдом, сумасшедший Фаррелл сталкивается с тщедушным юношей, и тот клянет его.

Восемнадцатая сцена посвящена сыну покойного мистера Дигнама, Патрику-младшему, мальчику лет двенадцати, он шагает на запад по Уиклоу-стрит, прижимая к себе свиные отбивные, за которыми его послали. Он не торопится и заглядывается на витрину с изображением двух боксеров, дравшихся недавно, 22 мая. В девятой главе мы найдем восхитительную пародию на газетное описание боксерского матча: стилист от спорта все время разнообразит эпитеты — это один из самых смешных отрывков в книге: любимец Дублина, старший сержант, артиллерист-тяжеловес, солдат, ирландский гладиатор, красный мундир, дублинец, портобелльский тузила. На Грэфтон-стрит, самой освещенной улице Дублина, юный Дигнам замечает красный цветок во рту «шикарного франта» — разумеется, это Буян Бойлан. Можно сравнить мысли мальчика об умершем отце с мыслями Стивена о матери в первой главе.

В последней сцене вновь возникает кортеж вице-короля. Он нужен, чтобы вывести всех, за кем мы следили в предыдущих сценах, и несколько других персонажей, которые либо приветствуют вице-короля, либо игнорируют его. Перед нами появляются Кернан, Ричи

Гулдинг, барменши из «Ормонда», Саймон Дедал, приветствующий вице-короля подобострастно опущенной шляпой, Герти Макдауэлл, с которой мы встретимся на скалах в главе 10, преподобный Хью Лав, Ленехан и Маккой, Нолан, Рочфорд, Флинн, смешливый Маллиган и серьезный Хейнс, Джон Парнелл, не отрывающий взгляда от шахматной доски, Дилли Дедал с французским учебником, мистер Ментон с глазами-устрицами, миссис Брин, ее супруг и люди-сандвичи. Буян Бойлан в синем костюме с небесно-голубым галстуком, в соломенной шляпе и с красной гвоздикой в зубах по пути к «Ормонду» и оттуда на Экклс-стрит одобрительно оглядывает дам в экипаже; сумасшедший Кэшел Бойл О'Коннор Фицморис Тисделл Фаррелл наставляет рассерженный монокль поверх экипажей на кого-то в окне австро-венгерского консульства. И еще Хорнблоуэр, привратник Тринити-колледжа, которого по дороге в бани встретил Блум, Пэдди Дигнам-младший, двое сборщиков моллюсков и Альминадо Артифони. Процессия движется к Нижней Маунт-стрит, мимо слепого настройщика, по-прежнему следующего на восток, но через мгновение он вспомнит об оставленном камертоне и повернет на запад, к «Ормонду». В этом перечне встретится и пешеход в коричневом макинтоше, Джеймс Джойс, мастер синхронизации.

Блум трижды натыкается на Бойлана в течение этого дня (в 11 часов, в 14 и в 16) в трех разных местах, и ни разу Бойлан не замечает Блума. Первый раз в главе 3 части II Блум видит Бойлана из экипажа, в котором он с Каннингемом, Пауэром и Саймоном Дедалом едет на похороны; в начале двенадцатого, как раз когда Блум смотрит на еще влажные яркие афиши оперы возле театра «Куинз», он видит, как Бойлан выходит из дверей «Ред Бэнк», рыбного ресторана, и пока другие приветствуют его, Блум изучает свои ногти. Бойлан замечает процессию, но не замечает экипажа.

Другой раз, в главе 5 части II, когда Блум ступает на Килдер-стрит по пути в Национальную библиотеку в начале третьего, вскоре после того, как он увидел слепого настройщика, поворачивающего на Фредерик-стрит «не иначе, настраивать рояль в танцевальных классах Ливенстона», — если так, то там он камертон не забыл, поскольку в главе 7 мы видим, что он продолжает свой путь на восток. Блум замечает Бойлана: «Соломенная шляпа блеснула на солнце. Рыжие штиблеты» — и резко сворачивает направо, к музею, соединенному с библиотекой.

Третий раз — в главе 8 второй части, когда Блум (перейдя с набережной Веллингтона по мосту Эссекс с северного на южный берег Лиффи) пересекает набережную Ормонд, чтобы купить бумаги в лавке Дэли, поворачивает голову и видит Бойлана в коляске, движущейся по маршруту, уже проделанному Блумом. Бойлан заходит в бар «Ормонда», где он должен встретиться с Ленеханом, Блум решает пройти в ресторан с Ричи Гулдингом, которого он случайно встречает в дверях. Оттуда он наблюдает за Бойланом. Сейчас без нескольких минут четыре, и Бойлан вскоре уезжает из «Ормонда» на Экклс-стрит.

ЧАСТЬ II, ГЛАВА 8

Действующие лица главы 8 находятся

1. В баре ресторана «Ормонд»:

две барменши — бронзоволосая Лидия Дус и златовласая Майна Кеннеди;

коридорный, нахальный малый, который приносит им чай;

Саймон Дедал, отец Стивена;

обозреватель скачек Ленехан, который вскоре приходит, чтобы дождаться Бойлана;

сам Бойлан по пути к Молли;

грузный Бен Доллард и щуплый отец Каули, которые присоединяются к Саймону Дедалу у рояля;

мистер Лидуэлл, стряпчий, ухаживающий за мисс Дус;

Том Кернан, напыщенный чаеторговец,

а также два неназванных джентльмена, потягивающие пиво из кружек,

и в завершение слепой настройщик, возвращающийся в конце главы за своим камертоном.

2. В примыкающем зале ресторана — официант Пэт («лысый глухарь Пэт»), Блум и Ричи Гулдинг. Они слышат пение в баре, и Блум мельком видит барменш.

По ходу главы ощущается приближение трех человек до того, как они действительно появляются в «Ормонде»: Блум, Бойлан и слепой юноша, он возвращается за камертоном. Приближающийся стук палки о тротуар — его лейтмотив — слышен с середины главы, и эти постукивания раздаются там и сям, учащаясь с каждой страницей — тук, тук, тук, — и потом еще четыре раза. Саймон Дедал замечает на рояле камертон настройщика. Его приближение ощущается, когда он доходит до витрин Дэли, и наконец: «Тук. Входит юноша в зал "Ормонда" пустой».

Что касается Блума и Бойлана, мы слышим не только их появление в «Ормонде», но и уход. Поговорив о лошадях с Ленеханом, Бойлан наблюдает, попивая тягучий сладкий терновый джин, как скромница мисс Дус подражает бою часов, хлопая подвязкой по ляжке, после чего он нетерпеливо уходит, чтобы ехать к Молли, но за ним увязывается Ленехан с рассказом о Томе Рочфорде. Пока посетители бара пьют, а посетители ресторана едят, Блум и автор слышат, как, позвякивая, отъезжает коляска Бойлана; ее движение на Экклс-стрит отмечено следующими ремарками: «Звякнув, резво взяла с места коляска» и «Позвякивала по набережной коляска. Буян развалился на тугих шинах» и «По Бэйчлорз-уок позвякивала коляска на тугих шинах, катил в ней вольный холостяк Буян Бойлан — по солнцу, по жаре, под щелканье хлыста над гладким крупом кобылки — на теплом сиденье развалясь, дерзкого пыла и нетерпения полн» и «Мимо ананасных леденцов Грэма Лемона, мимо слона на вывеске Элвери, дребезжа, бежала коляска». Двигаясь медленней, чем в воображении Блума, «мимо памятников сэру Джону Грэю, Горацио однорукому Нельсону, достопочтенному отцу Теобальду Мэтью позвякивала коляска, как сказано выше только что. По солнцу, по жаре, с нагретым сиденьем. Cloche. Sonnez la. Cloche. Sonnez la. Кобылка замедлила, взбираясь на холм возле Ротонды, Ратленд-сквер. Промедленье досадно Бойлану, буяну Бойлану, горячке Бойлану, эк тащится лошаденка». Затем «Коляска позвякивала по Дорсет-стрит» — и вот подъезжает: «Кеб номер триста и двадцать четыре, на козлах Бартон Джеймс, проживающий в доме номер один, Хармони авеню, Доннибрук, а в кебе седок, молодой джентльмен в шикарном костюме синего шевиота, сшитом у Джорджа Роберта Месайеса, закройщика и портного, проживающего набережная Иден пять, в щегольской шляпе тонкой соломки, купленной у Джона Плестоу, Грейт-Брансвик-стрит дом один, шляпника. Ясно? Это и есть та коляска, что резво позвякивала. Мимо мясной лавки Длугача, мимо яркой рекламы Агендат рысила кобылка с вызывающим задом». Коляска накладывается на поток мыслей Блума, когда в ресторане он сочиняет ответное письмо Марте: «А у тебя есть какие-нибудь украшения, чтобы позвякивали?» — поскольку мысленно Блум следует за экипажем Бойлана. В воспаленном воображении Блума Бойлан прибыл и начал развлекаться с Молли раньше, чем это происходит в действительности. Когда Блум слушает музыку в баре и болтовню Ричи Гулдинга, его мысли далеко, и одна из них: «Волнистыистыистыгустыустыустые волосы не прич-причесан-ны» — означает, что в опережающем события сознании Блума любовник уже распустил ее волосы. На самом деле к этому моменту Бойлан добрался только до Дорсет-стрит. Наконец, он приезжает: «Звякнув брякнув стала коляска. Щегольской штиблет Бойлана-щеголя броские носки в стрелки и пояски соскочили легко на землю. <...>

В дверь тук-тук, в двери стук, то дружок Поль де Кок большой мастер стучать то петух потоптать кукареку прокричать. Ко-о-ко-кок».

В баре звучат две песни. Замечательный певец Саймон Дедал поет арию Лионеля «Все уж потеряно» из «Марты», оперы 1847 года немецкого композитора Фридриха фон Флетова по итальянскому либретто. «Все уж потеряно» созвучно переживаниям Блума. В примыкающем к бару зале ресторана Блум пишет письмо своей таинственной корреспондентке Марте Клиффорд, — пишет в том же игривом тоне, который задала она, и вкладывает в конверт чек на небольшую сумму. Затем Бен Доллард поет балладу «Стриженый паренек», которая, если обратиться к ее тексту, начинается приблизительно так:

> Это было в начале, в начале весны,
> Когда небеса птичьим свистом полны,
> Ноты слагались, с веток слетев,
> В Старой Ирландии вольный напев.

(Стрижеными называли ирландских повстанцев, которые в 1798 году брили головы в знак сочувствия Французской революции.)

Блум выходит из «Ормонда», прежде чем заканчивается пение, и отправляется на ближайшую почту, а затем в кабачок, где он договорился встретиться с Мартином Каннингеном и Джеком Пауэром. Его желудок начинает урчать. «Газы от этого сидра образуются. И крепит». На набережной он замечает знакомую проститутку в черной соломенной шляпке и уклоняется от встречи с ней. (Ночью она ненадолго заглянет в «Приют извозчика».) Снова урчит желудок. «От сидра, а может и от бургундского», которые он выпил за обедом. Эти урчания синхронизированы с разговором в баре, откуда он вышел, и в конце концов патриотическая беседа сливается с урчанием в животе Блума. Пока Блум в витрине лавки Лионеля Маркса рассматривает портрет ирландского патриота Роберта Эммета, мужчины в баре начинают говорить о нем и пить за его здоровье; в этот момент приходит слепой юноша. Они цитируют стихотворение Джона Ингрема 1843 года «Памяти павших». «Честные граждане, как и ты». Фразы, выделенные курсивом, обрамляют внутренние осложнения Блума и представляют собой последние слова Эммета перед казнью — их Блум видит под портретом: «Волноблум, сальноблум смотрел на последние слова. Ну, полегоньку. *Когда моя страна займет свое место среди.*

Пуррр.

Не иначе как бур.

Пффф! Ох. Перр.

Наций нашей планеты. Позади никого. Она прошла. *Вот тогда, но не прежде, чем тогда.* Трамвай. Гром гром гром. Очень кста. Подъезжает. Гррамгромгром *(грохот трамвая. — В. Н.).* Совершенно точно, это бургон. Так. Раз-два. *Пусть будет написана моя.* Дзи-дзи-дзи-и-инь. *Эпитафия. Я закон.*

Пурррпупупуррпфффф.

Чил».

Джойс при всей своей гениальности имеет болезненную склонность к отвратительному, и это в его дьявольском вкусе: закончить главу, полную музыки, патриотического пафоса и душевных страданий, пусканием ветров, соединяющим последнее слово Эммета с удовлетворенным бормотанием Блума «Закончил»[1].

ЧАСТЬ II, ГЛАВА 9

Анонимный повествователь (чья профессия — взимание оспариваемых долгов) точит лясы с папашей Троем из Дублинской городской полиции, встречает еще одного приятеля, Джо Хайнса, репортера (на похоронах Дигнама он записывал имена присутствовавших), и они сворачивают в кабачок Барни Кирнана. Там мы застаем «злодея» этой главы, именуемого «Гражданином». С Гражданином свирепый паршивый пес Гарриоун, принадлежащий его тестю, старому Гилтрапу. Гилтрап — дед по матери Герти Макдауэлл, героини следующей главы, в которой она думает о дедушкиной собачке. Таким образом, можно предположить, что Гражданин — отец Герти Макдауэлл. В предыдущей главе Герти видела, как проходящий трамвай задержал кортеж вице-короля; в этот момент она несла письма из конторы отца. (Он занимается линолеумом и пробкой.) В следующей главе мы узнаем, что ее отец, пропойца, не смог присутствовать на похоронах Дигнама из-за подагры.

Действие этой главы происходит примерно в пять часов, и, по-видимому, подагра Гражданина Макдауэлла не помешала ему дохромать до любимого кабачка, где у стойки к нему присоединяются взиматель долгов и репортер, а бармен Терри О'Райен приносит им три пинты эля. Затем приходит еще один завсегдатай, Олф Берген, обнаруживает храпящего в углу Боба Дорена и они говорят о смерти Дигнама. Берген демонстрирует диковинку: письмо начальнику дублинской полиции от палача с предложением услуг. Именно в этот момент в поисках Мартина Каннингема в кабачок входит Блум. Затем появляются два других персонажа: Джек О'Моллой, с которым мы встречались в редакции газеты и на складе Лэмберта, и сам Нед Лэмберт. К ним присо-

---

[1] В экземпляре с пометками В. Н.: «Кроме того, *"пусть будет написана моя эпитафия"* связывается с известным лимериком о вольном ветре и *"done"* («закончил») в конце главы обыгрывает оба смысла». — *Фр. Б.*

единяются Джон Уайз Нолан и обозреватель скачек Ленехан с вытянутой физиономией после проигрыша Короны на скачках. Блум отправляется в здание суда, что за углом, посмотреть, не там ли Каннингем, и прежде чем Блум вернется, в кабачок приходят Мартин Каннингем и Джек Пауэр. Втроем они отправляются в экипаже с северо-запада Дублина к дому Дигнама, который находится на юго-восточной стороне, на берегу залива. Их визит к вдове Дигнама и разговоры о ее страховке каким-то образом выпали из сознания Блума.

Темы этой главы получают развитие еще до ухода Блума из кабачка. Их две: скачки на Золотой кубок в Аскоте и антисемитизм. Некрасивый спор о патриотизме, которому Блум тщетно пытается придать разумный и гуманный характер, перерастает не без помощи Гражданина в перебранку. Дух пародии, гротескное высмеивание легендарных деяний пронизывает всю главу, в конце которой Гражданин швыряет пустую жестянку из-под печенья в удаляющийся экипаж.

ЧАСТЬ II, ГЛАВА 10

Время: Между «конфликтом со свирепым троглодитом» в кабачке Кирнана около пяти часов и настоящей главой пропущен период времени, охватывающий поездку в экипаже и посещение дома скорби — дома вдовы Дигнама в восточном Дублине, недалеко от Сэндимаунта. Действие возобновляется уже на заходе солнца, около 8 часов вечера.

Место: Берег Сэндимаунта, Дублинский залив, к юго-востоку от Дублина. Утром здесь прогуливался Стивен, в непосредственной близости от церкви Звезды Морей.

Действующие лица: На скалах сидят три девушки: две из них названы сразу. Сисси Кэффри, «получив от природы в дар золотое сердце, большие цыганские глаза с вечной смешинкой в них и губки, подобные спелым вишням, она неудержимо привлекала к себе». Стиль этот — нарочитая пародия на дамские журналы и массовую английскую прозу. Эди Бордмен — маленькая и близорукая. Третья девушка, героиня этой главы, названа на третьей странице: «Но кто же такая Герти?»

И здесь нам сообщается, что Герти Макдауэлл сидела невдалеке от своих подруг, задумавшись, и «самому пылкому воображению было бы не под силу нарисовать более прелестный образ ирландской девушки» — прекрасная пародия на банальные описания. С Сисси Кэффри два маленьких брата, Томми и Джеки, близнецы, «каких-нибудь четырех лет от роду» и, конечно, кудрявые; а брат Эди Бордмен еще посапывает в коляске. Напротив, на скалах, сидит еще один персонаж. О нем упоминается на третьей и восьмой страницах, но только позже мы поймем, что это Леопольд Блум.

Действие: Действие этой главы трудно отделить от ее совершенно особого стиля. В ответ на простой вопрос: что происходит в этой главе, — мы можем просто сказать: два маленьких мальчика играют, ссорятся и снова играют, младенец лопочет и пищит, Сисси и Эди нянчатся со своими братьями, Герти мечтает, в виднеющейся неподалеку церкви поет хор, спускаются сумерки, на базаре (куда направлялся вице-король) начинается фейерверк, и Сисси и Эди со своими питомцами бегут по пляжу, чтобы увидеть его вдалеке над домами. Но Герти не сразу присоединяется к ним: если им нравится, они могут скакать как угорелые, а она посидит, ей и отсюда хорошо видно. Блум со скалы напротив глазеет на Герти, которая, несмотря на всю ее девичью скромность, прекрасно понимает, что скрывается за его взглядом, и, наконец, она откидывается назад и бесстыдно демонстрирует подвязки, «и тут взвилась ракета, на мгновенье ослепив, Ах! и лопнула римская свеча, и донесся вздох, словно Ах! и в экстазе никто не мог удержаться, Ах! Ах! и оттуда хлынул целый поток золотых нитей, они сверкали, струились, ах! и падали вниз как зелено-золотые звезды-росинки, ах, это так прекрасно! ах, это дивно, сказочно, дивно!» Вскоре Герти встает и медленно удаляется по пляжу. «Она двигалась со спокойным достоинством, свойственным ей всегда, однако осторожно и очень медленно, потому что — потому что Герти Макдауэлл...

Туфли жмут? Нет. Она хромая! О-о!

Мистер Блум смотрел, как она ковыляет прочь. Бедняжка!»

Стиль: Глава состоит из двух частей, совершенно

различных по технике. Первая часть, описывающая трех девушек на скалах и их подопечных, — пародия на дамский журнал или бульварный роман со всеми их клише и претензиями на изящество[1]. Затем идет вторая часть, где вступает поток сознания Блума; в знакомой отрывистой манере нам явлена мешанина впечатлений и воспоминаний, которой заканчивается глава.

Пародия полна замечательно забавных клише, банальностей о добродетельной жизни и псевдопоэзии. «Летний вечер уж начинал окутывать мир своей таинственной поволокой. <...> ...Последние лучи, увы, столь быстротечного дня нежно медлили на прощанье, лаская гладь моря и песчаного пляжа... и, наконец, что всего важней. <...>

Три девушки, три подруги сидели на прибрежных скалах, наслаждаясь чудесным вечером и морским ветерком, несущим приятную, еще не холодящую свежесть. Уж сколько раз забирались они сюда, в свое излюбленное местечко, чтобы уютно потолковать под плеск искрящихся волн и обсудить разные дела девичьи». (Прилагательное, ради элегантности помещенное после существительного, конечно, дань стилю «Хаус Бьютифл».) Само построение фразы банально: «Ибо Томми и Джеки Кэффри были близнецы, каких-нибудь четырех лет от роду, большие шалуны и озорники, но при всем том очень милые и забавные мальчуганы с живыми веселыми мордашками. Они возились в песке со своими лопатками и ведерками, строили башни, как все детишки, играли в большой разноцветный мячик, и счастью их не было границ». Младенец, конечно, пухлощекий, и «юный джентльмен блаженно посапывал». Не просто посапывал, а «блаженно посапывал» — как все это кокетливо и лукаво. Таких нарочно подобранных изящных клише встречается по нескольку штук на каждой из двадцати страниц этой части главы.

Когда мы говорим «клише», «стереотип», «избитая псевдоизящная фраза» и так далее, мы подразумеваем, помимо всего прочего, что, когда ее впервые использо-

---

[1] Карандашом В. Н. позже вписал: «Это пятьдесят лет назад. Здесь и сейчас они бы соответствовали макулатурным историям о белокурых секретаршах и моложавых начальниках из "Сатедей Ивнинг Пост"». — *Фр. Б.*

вали в литературе, фраза была оригинальной и имела живой смысл. Заезженной она стала именно потому, что ее значение сперва было ярким, метким и привлекательным, и ее использовали снова и снова, пока она не стала стереотипом, клише. Таким образом, мы можем определить клише как кусочки мертвой прозы и гниющей поэзии. Однако кое-где пародия прерывается. Джойс заставляет эту мертвую и гниющую материю обнаружить свой живой источник, первоначальную свежесть. Кое-где поэзия еще жива. Описание богослужения, вскользь затрагивающего сознание Герти, по-настоящему красиво и исполнено светлого, трогательного очарования. Таково же и описание сумерек, и, безусловно, фейерверк — кульминационный отрывок, приведенный выше, — по-настоящему нежный и прекрасный: мы по-прежнему ощущаем свежесть поэзии, еще не превратившейся в клише.

Но Джойс ухитряется сделать нечто еще более тонкое. Вы отметите, что вначале мысли Герти сосредоточены на достойной, по ее понятиям, жизни и умении одеваться со вкусом, ибо она следует фасонам, предлагаемым «Дамским иллюстрированным журналом» и «Вумэн Бьютифл»: «Изящная блузка цвета электрик, которую она сама покрасила лучшей патентованной краской (когда Дамский иллюстрированный предсказал, что электрик скоро войдет в моду), с эффектным узким вырезом до ложбинки и с кармашком для платка (но платок портил бы линию, и Герти всегда там держала ватку, надушенную своими любимыми духами), и темноголубая расклешенная юбка длиной три четверти чудесно обрисовывали ее гибкую грациозную фигурку», и так далее. Но когда мы вместе с Блумом понимаем, что бедняжка хрома, сама клишированность ее мыслей приобретает трогательный оттенок. Другими словами, Джойсу удается выстроить нечто реальное: сострадание, жалость, сочувствие — из мертвых формул, которые он пародирует.

Джойс даже идет дальше. По мере того как пародия приятно скользит по своей наезженной колее, автор в приступе демонической веселости приводит мысли Герти к вопросам физиологии, на которые, естественно, и намека нет в том чтиве, которым замусорено ее сознание: «У нее была изящная тоненькая фигурка, даже, пожалуй, хрупкая, хотя таблетки с железом, которые она начала принимать, весьма помогали ей (в отличие от пилюль Вдовы Велч), уменьшая те истечения, что раньше случались у нее, и снимая чувство разбитости». Более того, когда она видит джентльмена в глубоком трауре «и на лице у него читалась повесть печали и мук», ей рисуется романтическая картина: «Перед нею явился тот, о котором она столько мечтала. Он и только он имел значение и на ее лице была радость потому что она жаждала его потому что она чувствовала всей душой что он и есть ее неповторимый, единственный. Всем своим сердцем девушки-женщины она стремилась к нему, суженому супругу ее мечтаний, потому что с первого взгляда она уже знала, что это он. И если он страдал, перед другими не был грешен, но лишь другие перед ним, и если бы даже наоборот, если бы даже он сам прежде был грешник, дурной человек, это ее не остановило бы. Если даже он протестант или методист, все равно, она его легко обратит, если только он по-настоящему ее любит. <...> И тогда, может статься, он бы нежно обнял ее, и как настоящий мужчина, до боли крепко стиснул бы ее гибкий стан, и любил бы ее лишь ради нее самой, единственную свою девочку». Тем не менее это романтическое ви́дение (которых здесь гораздо больше) легко сменяется в ее уме весьма прозаическими соображениями о гнусных джентльменах. «И руки и лицо его были в возбуждении, и ее охватила дрожь. Она сильно откинулась назад, стараясь разглядеть фейерферк, обхватила колени руками, чтобы не потерять равновесие, и совершенно никто не мог увидеть, только она и он, когда она совсем открыла свои хорошенькие ножки, вот так, они были нежно упругие, изящно округленные, словно выточенные, и ей казалось, будто она так и слышит его неровное тяжкое дыхание и гулкий стук его сердца, потому что она уже знала насчет таких вот мужчин, страстных, с горячей кровью, потому что Берта Сапл однажды ей рассказала под самым страшным секретом, чтобы никогда никому, про их квартиранта из Комиссии по Перенаселенным Районам, он вырезал из журналов картинки с полуголыми шансонетками и с танцовщицами, задирающими ноги, и она сказала он занимался кое-чем нехорошим можешь сама догадаться чем иногда у себя в постели. Но тут ведь совершенно другое потому что огромная разница потому что она почти чувствовала как он привлекает ее лицо к своему, почти осязала первое быстрое обжигающее прикосновение этих красивых губ. И потом, есть ведь и отпущение грехов, если только ты не позволила этого самого до свадьбы...»

Нет необходимости говорить о потоке мыслей Блума. Вы понимаете физиологическую ситуацию — любовь на расстоянии *(Блумизм)*. Вы чувствуете стилистический контраст между передачей блумовских мыслей, впечатлений, воспоминаний, ощущений и едкой пародией на литературное девичество в первой части главы. Мысли Блума носятся зигзагами как летучая мышь в сумерках. Конечно, мысль о Бойлане и Молли присутствует постоянно, но упоминается и первый обожатель Молли, лейтенант Малви, который поцеловал ее за садами, под Мавританской стеной на Гибралтаре, когда ей было пятнадцать лет. Мы сочувствуем Блуму, понимая, что он все же заметил, как мальчишки-газетчики на улице рядом с колонной Нельсона передразнивали его походку (глава 7, в редакции газеты). Художественное замечание Блума о летучей мыши («Похожа на человека в плаще и с крохотными ручонками») абсолютно восхитительно, и подобного восхищения заслуживает его очаровательное наблюдение о солнце: «Например, погляди на солнце, только не щурься, а как орел, и после на свой башмак: покажется желтое пятно. Хочет поставить свой штамп на всем». Так мог бы сказать Стивен. В старине Блуме дремлет художник.

В конце главы Блум на несколько минут проваливается в сон, и часы на каминной полке в доме священника неподалеку возвещают своим бом-бам, в котором отчетливо слышится ро-га, ро-га, о несчастии Блума, рогоносца. Странно, он обнаруживает, что его часы остановились в половине пятого.

ЧАСТЬ II, ГЛАВА 11

Время: Около десяти часов вечера.
Место: Первая строчка по-ирландски означает «На Полдень (от Лиффи) к Холлсу Грядем», и именно туда

отправляется Блум. Каламбур второго абзаца «Хорхорн» относится к реальному человеку, главе Национального родильного приюта на Холлс-стрит сэру Эндрю Хорну. И в следующем абзаце мы слышим, как обобщенная повитуха поднимает обобщенного новорожденного младенца: «Гоп-ля мужичок гоп-ля!» Блум приходит в приют навестить миссис Пьюрфой, которая не может разрешиться от бремени (ее ребенок рождается в течение этой главы). Блум не может увидеться с ней, но получает пиво и сардины в столовой медиков.

Действующие лица: Сестра Каллан, с которой разговаривает Блум; врач-стажер Диксон, он однажды лечил Блума от пчелиного укуса. В соответствии с гротескно-эпическим тоном главы пчела произведена в чин лютого змия. Компания студентов-медиков: Винцент Линч, которого мы и отец Конми в три часа видели с девушкой на окраине города, Мэдден, Кроттерс, Панч Костелло и изрядно выпивший Стивен. Все они сидят за столом, и Блум присоединяется к ним. Вскоре появляется Бык Маллиган со своим приятелем Алеком Бэнноном, тем Бэнноном, от которого в первой главе пришла открытка из Моллингара, что ему приглянулась Милли, дочь Блума.

Действие: Диксон оставляет компанию и уходит к пациентке, миссис Пьюрфой. Остальные сидят и пьют. «Поистине, то было живописное зрелище. Там восседал в конце стола Кроттерс в экзотическом шотландском наряде, с лицом, выдубленным суровыми ветрами Малл-оф-Галловей. Напротив него помещался Линч, на лице у которого уже читались стигматы ранних пороков и преждевременной опытности. Место рядом с шотландцем занимал Костелло, субъект с большими причудами, подле которого громоздилась грузная флегматичная фигура Мэддена. Кресло здешнего обитателя оставалось незанятым перед камином, но зато по обе стороны от него являли резкий контраст друг другу Бэннон, одетый как путешественник, в твидовых шортах и грубых воловьих башмаках, и лимонножилетный Мэйлахи Роланд Сент-Джон Маллиган, сияющий элегантностью и столичными манерами. И наконец, во главе стола обретался юный поэт, в дружеском оживлении сократической беседы нашедший убежище от педагогических трудов и метафизических созерцаний, а справа и слева от него располагались незадачливый предсказатель, явившийся прямо с ипподрома *(Ленехан. — В. Н.)*, и неутомимый наш странник *(Блум. — В. Н.)*, покрытый пылью дорог и битв, познавший неизгладимое бесчестие и позор, но вопреки всем соблазнам и страхам, тревогам и унижениям, нерушимо хранящий в своем стойком и верном сердце тот пленительно-сладострастный образ, что был запечатлен для грядущих веков вдохновенным карандашом Лафайетта *(фотограф, снимавший Молли. — В. Н.)*».

Рождается ребенок миссис Пьюрфой. Стивен предлагает всем отправиться в питейное заведение к Берку. Гвалт в кабаке передан в манере, предвосхитившей гротесковый, выспренний, рваный, подражательный, каламбурный стиль следующей и последней книги автора «Поминки по Финнегану» (1939), одной из величайших неудач в литературе.

Стиль: Вот цитата из «Небывалого путешественника» (1947) Ричарда М. Кейна: «Эта глава — ряд пародий на английскую прозу от англо-саксонских хроник до современного сленга[1]. <...> Какова бы ни была их ценность, вот список наиболее важных из узнаваемых стилей, которые здесь пародируются: ранняя англо-саксонская проза, Мандевилль, Мэлори, проза елизаветинцев, Браун, Баньян, Пепис, Стерн, "готический роман", Чарлз Лэм, Колридж, Маколей, Диккенс (одна из наиболее удачных пародий), Ньюмен, Рескин, Карлейль, современный сленг, риторика проповеди.

Когда студенты-медики напиваются за счет Стивена, проза рассыпается на бессвязные звуки, отголоски, обрывки слов — так передается оцепенение пьяных».

ЧАСТЬ II, ГЛАВА 12

Я не знаю ни одного комментатора, который бы правильно понял эту главу. Толкование психоаналитическое я, разумеется, целиком и полностью отвергаю, поскольку не исповедую фрейдизм с его заимствованной мифологией, потрепанными зонтами и черными лестницами. Считать, что в этой главе изображено воз-

---

[1] «...Неудачная глава», — добавляет В. Н. — *Фр. Б.*

действие алкоголя или вожделения на подсознание Блума, невозможно по следующим причинам:

1. Блум совершенно трезв и в данный момент бессилен.

2. Блум никак не может знать о некоторых событиях, персонажах и фактах, которые возникают в этой главе в качестве видений.

Я предлагаю рассматривать главу 12 как авторскую галлюцинацию, как забавное искажение самых разнообразных тем романа. Книга сама по себе есть сон[1] и видение; эта глава — простое преувеличение, развитие характеров, предметов и тем, привидившееся в кошмаре.

Время: Между одиннадцатью и полуночью.

Место: Вход в Ночной Город со стороны Мэббот-стрит, восточный Дублин, к северу от Лиффи, около доков, ровно в миле к западу от Экклс-стрит.

Стиль: Комедия кошмаров с мысленной благодарностью Флоберу за видения из написанного на пятьдесят лет раньше «Искушения Святого Антония».

Действие: Действие можно разделить на пять сцен:

Сцена I. Главные действующие лица: Два английских солдата, Карр и Комптон, которые позже (сцена V) нападут на Стивена; проститутка, выдающая себя за невинную Сисси Кэффри из 10 главы; Стивен и его приятель, студент-медик Линч. Уже в первой сцене рядовые окликают Стивена: «Дорогу пастору». «Эй-эй, пастор!» Стивен в трауре по матери похож на священника (Стивен и Блум — оба в черном). Другая проститутка напоминает Эди Бордмен. Тут же и близнецы Кэффри: уличные мальчишки, фантомы, похожие на близнецов, карабкаются на фонарные столбы. Стоит отметить, что эти ассоциации возникают не у Блума, который видел Сисси и Эди на берегу, — в этой сцене он не участвует, тогда как участвующий в ней Стивен не знает Сисси и Эди. Стивен и Линч направляются в веселый дом Ночного Города, остальные — и среди них

---

[1] Среди заметок В. Н. есть такой отрывок: «Бернард Шоу в письме к своему издателю Сильвии Бич назвал "Улисса" видением и в то же время правдивой хроникой отвратительной фазы цивилизации». — *Фр. Б.*

Бык Маллиган — разошлись; это единственное реальное событие первой сцены.

Сцена II: Из боковой улицы со склоненными фонарями появляется Блум; он беспокоится о Стивене и следует за ним. Сцена начинается с того, что описывается реальное событие: после бега за Стивеном запыхавшийся Блум покупает у мясника Олхаузена свиную ножку и ножку баранью и едва не попадает под трамвай. Затем появляются его умершие родители — это галлюцинация автора — и Блума. Несколько других известных Блуму женщин, включая Молли, миссис Брин и Герти, промелькнут в этой сцене наряду с лимонным мылом, морскими чайками и другими случайными персонажами, среди которых попадается даже Бьюфой, автор рассказа в «Осколках». Есть здесь и религиозные аллюзии. Нам напомнят, что отец Блума — венгерский еврей, принявший протестанство, а мать — ирландка. Блум, при рождении крещенный в протестантской церкви, позднее перешел в католичество. Он, между прочим, еще и масон.

Сцена III: Блум подходит к дому терпимости. У дверей на Нижней Тайрон-стрит — реалия, которой больше не существует, — его встречает Зоя, молодая девица в сапфировой юбке. Вскоре в авторской галлюцинации Блум предстает величайшим реформатором мира (намек на интерес Блума к различным гражданским преобразованиям), граждане Дублина, которым он разъясняет свои планы социального возрождения, провозглашают его императором, но затем клеймят как дьявольского распутника и в конце концов объявляют женщиной. Доктор Диксон (стажер в родильном приюте) зачитывает медицинское заключение: «Профессор Блум представляет собой законченный образец нового типа — женственного мужчины. Его душевные качества просты и привлекательны. По мнению многих, он очень милый человек, чудесная личность. В целом, он не лишен странностей, застенчив, однако не слабоумен, в медицинском смысле. Он написал юрисконсульту Общества Содействия Обратившимся Священникам прекраснейшее письмо, настоящую поэму, где все полностью разъясняется. Практически он абсолютный трезвенник и, как я могу подтвердить, спит на соломенной подстилке и питается лишь самой спартанской пищей, сухим горохом, подобранным у зеленщика. И летом и зимой он носит власяницу ирландской работы и каждую субботу подвергает себя самобичеванию. Насколько мне известно, он некогда содержался в исправительной колонии Гленкри для малолетних преступников, в качестве правонарушителя первого разряда. Согласно другому сообщению, он был рожден после смерти отца. Я взываю к вашему милосердию во имя самого священного слова из всех, какие только случалось произносить нашим органам речи. Он вскоре ждет ребенка.

Все охвачены сочувствием. Женщины падают в обморок. Богатый американец собирает пожертвования в пользу Блума».

И так далее. Сцена заканчивается тем, что в поисках Стивена Блум — в реальности этой книги — идет за Зоей в бордель. Теперь мы понимаем, как действует механизм главы. Та или иная деталь реальности обрастает жизнью; аллюзия начинает жить самостоятельно. Таким образом, «реальный» разговор между Зоей и Блумом у дверей борделя прерывается вставкой о Возвышении и Падении Блума перед тем, как он войдет в дом.

Сцена IV: Внутри Блум встречает Стивена и Линча. Следуют разнообразные видения. Из небытия автор извлекает Леопольда Вирага, деда Блума. Белла Коэн, тучная бандерша с заметно пробивающимися усиками, в еще одной галлюцинации автора выводит на сцену блумовские Грехи прошлого и чрезвычайно жестоко обходится с бессильным Блумом, презабавно поменявшись с ним полами. Появляются нимфы и водопады, сопровождаемые столь милой Джойсу журчащей музыкальной темой. Начинает возвращаться реальность. Блум забирает у Зои картофелину — свой талисман. Стивен пытается спустить все деньги. (Отметьте, что ни Стивен, ни Блум не проявляют интереса к окружающим их женщинам.) Блуму удается вернуть деньги Стивена и сохранить их. Один фунт семь шиллингов. «Не имеет ни малейшей важности», — говорит Стивен. Возникает еще одна авторская галлюцинация, в которой задействованы даже Бойлан и Мэрион. В реальности этой сцены Стивен очень смешно изображает парижанина, говорящего по-английски, после чего авторская галлюцинация начинает угнетать Стивена. Следует ужасающее появление его матери.

«М а т ь (*с тонкою и безумной улыбкой смерти*). Я была прежде красавицей Мей Гулдинг. Я умерла.

С т и в е н (*объятый ужасом*). Лемур, кто ты? Что за адская шутка?

Б ы к М а л л и г а н (*трясет своим бубенцом*). Смех да и только. Клинк, пес-бедолага, отправил ее на тот свет, сучку-бедолагу. Сыграла в ящик. (*Слезы растаявшего масла капают у него из глаз на булочку.*) Наша великая и нежная мать. Эпи ойнопа понтон.

М а т ь (*приближается, мягко дыша на него сыростью могильного тлена*). Всем это суждено, Стивен. Женщин больше в мире, чем мужчин. И тебе тоже. Настанет час.

С т и в е н (*задыхаясь от страха, ужаса, угрызений*). Они говорят, что я убил тебя, мама. Он оскорбил твою память. Это ведь рак, это не я. Судьба.

М а т ь (*зеленая струйка желчи сбегает у нее из уголка рта*). Ты мне пел эту песню "Горькая тайна любви".

С т и в е н (*со страстной жаждой*). Скажи мне то слово, мама, если теперь ты знаешь его. Слово, которое знают все.

М а т ь. Кто тебя спас в тот вечер, когда вы с Падди Ли вскочили на поезд в Долки? Кто тебя пожалел, когда тебе было тоскливо среди чужих? Сила молитвы безгранична. Молитва за страждущие души, она есть в наставлении урсулинок, и сорокадневное отпущение грехов. Покайся, Стивен.

С т и в е н. Упырь! Гиена!

М а т ь. Я за тебя молюсь на том свете. Пусть Дилли готовит для тебя рис по вечерам, после твоей умственной работы. Многие годы я любила тебя, о мой сын, первенец мой, кого я выносила во чреве».

Диалог продолжается в том же духе; в конце концов Стивен тростью разбивает лампу.

Сцена V: Стивен и Блум покидают заведение и оказываются неподалеку, на Бивер-стрит. Стивен все еще пьян и несет околесицу, два английских солдата, Карр и Комптон, решают, что он оскорбил их короля Эдуарда VII (который тоже является в авторской галлюцинации). Один из солдат, Карр, бросается на Стивена и сбивает его с ног. Подходят патрульные. Это реальность. В этой реальности помощнику гробовщика Келлехеру довелось оказаться поблизости и убедить патрульных, что Стивен просто разгулялся — молодо-зелено. В конце этой сцены Блум склоняется над простертым Стивеном, который бормочет: «Кто это? Черная пантера. Вампир», — и цитирует «Кто вслед за Фергусом» Йейтса. Глава заканчивается галлюцинацией Блума, в которой появляется его умерший сын Руди в виде одиннадцатилетнего волшебного мальчика — подменыш, похищенный феями, — он смотрит в глаза Блума, не видя их, читает книгу справа налево и целует ее страницу.

ЧАСТЬ III, ГЛАВА 1

Время: После полуночи.

Место: Все еще рядом с Ночным Городом, в окрестностях Эмьенс-стрит, на северо-востоке Дублина, недалеко от доков и таможни; затем — «Приют извозчика», ночлежка у Баттского моста. Говорят, что ее владелец Джеймс Фицхаррис по прозвищу Козья Шкура принимал участие в политическом убийстве в Феникс-парке. Фицхаррис принадлежал к так называемым Непобедимым, которые в 1882 году убили Главного секретаря по делам Ирландии лорда Фредерика Кавендиша и заместителя секретаря Томаса Х. Берка. Фицхаррис всего лишь вез в кебе участников убийства, и мы даже не уверены, что это он.

Действующие лица: Блум и Стивен, которые наконец сошлись в безлюдной ночи. Среди случайно встреченных ночных персонажей наиболее ярким является рыжебородый моряк Мэрфи, вернувшийся из плавания на трехмачтовом «Роузвине», с которым «Илия» встретился, когда его наконец вынесло в залив.

Стиль: Бо́льшая часть главы — снова пародия, имитация бойкого журналистского стиля, изобилующего мужскими клише, сменившими клише дамского журнала 10 главы, которую данная глава так или иначе напоминает.

Действие: На протяжении главы добродушный Блум делает все возможное, чтобы выказать дружелюбие по отношению к Стивену, а тот обращается с ним пренебрежительно-безразлично. В этой и в следующей главах Джойс тщательно обрисовывает разнообразные отличия в характере, воспитании, вкусах и проч. Блума и Стивена. Их отличие значительно перевешивает то главное, что их роднит, — оба отвергли религию отцов[1]. Однако метафизические афоризмы Стивена перекликаются с псевдонаучными сентенциями Блума. Оба обладают острым глазом и слухом, оба любят музыку и оба внимательны к таким деталям, как жест, цвет, звук. Любопытно, что в событиях этого дня ключ от двери играет одинаковую роль в жизни обоих мужчин, и если у Блума есть Бойлан, у Стивена есть Маллиган. Обоих преследуют фантомы из прошлого, у обоих за плечами опыт потерь и измен. Оба они, и Блум, и Стивен, страдают от одиночества, однако Стивен одинок не потому, что рассорился с верованиями своей семьи, восстал против общепринятого и т. п., разумеется, и не вследствие (случай Блума) социальных условий, но потому, что он был создан автором как потенциальный гений, а гений, по необходимости, одинок. Оба видят в истории — врага; для Блума она — несправедливость, для Стивена — метафизическая тюрьма. Оба — странники и изгои, и, наконец, в обоих течет поющая кровь Джеймса Джойса, их создателя.

Что касается их отличий, то, грубо говоря, Блум — посредственность, а Стивен — интеллектуал. Блум питает уважение к прикладным наукам и прикладному искусству; Стивен склонен к чистому искусству и чистой науке. Блум восторгается колонкой «Хотите верь-

---

[1] В экземпляре с пометками В. Н. в следующей главе отмечено исследование Блумом содержимого второго ящика, где он находит конверт с надписью «Моему дорогому сыну Леопольду», и его воспоминания о последних словах умирающего отца. «Почему Блум испытывал угрызения совести?» — спрашивает Джойс. И отвечает: «Потому что, будучи незрел и нетерпелив, он относился без уважения к некоторым обычаям и верованиям». На полях В. Н. пишет: «Ср. со Стивеном:

Как-то?

Запрет употреблять мясо и молоко за одной трапезой, еженедельные прения путано отвлеченных, неистово приземленных, расчетливых соэкс-единоверцев экс-соотечественников; обрезание младенцев мужского пола; сверхъестественный характер иудейского Писания; непроизносимость тетраграмматона; священность Субботы.

Какими казались ему сейчас эти обычаи и верования?

Не более разумными, нежели казались тогда, не менее разумными, нежели прочие обычаи и верования казались сейчас». — *Фр. Б.*

те — хотите нет»; Стивен — автор глубоких философских афоризмов. Блум — человек текущей воды; Стивен — опалового камня. Существует и эмоциональный контраст. Блум — добродушный, робкий, гуманный материалист; Стивен — аскетичный, жесткий, блестящий, язвительный эгоист, отвергший своего Бога вместе с человечеством. Образ Стивена строится на контрастах. Физически он неприятен, но интеллектуально — привлекателен. Джойс отмечает его трусость, нечистоплотность, скверные зубы, неопрятные, отталкивающие манеры (история с его грязным платком, а позднее, на берегу, с отсутствием такового), его похотливость и бедность со всеми ее унизительными последствиями. Однако всему этому противостоят его возвышенный ум, завораживающее творческое воображение, необычайно богатая и утонченная система ценностей, свобода духа, непреклонная гордая честность и правдивость, которая требует нравственного мужества, его независимость, доходящая до упрямства. Если в Блуме много от обывателя, то в Стивене есть что-то от безжалостного фанатика. На вопросы Блума, полные заботы и отеческой нежности, Стивен отвечает жесткими афоризмами. Блум говорит изысканным журналистским языком этой главы: «Я вовсе не собираюсь брать на себя смелость указывать вам, но все-таки почему вы оставили отчий дом?

— Искать несчастий, — был ответ Стивена». (Кстати, отметьте характерное для изысканного журналистского языка разнообразие синонимов для выражения «он сказал»: объявил, отозвался, выпалил, парировал, поддержал, решился заметить и т. д.)

Затем в бессвязной беседе неуверенный в своей образованности Блум, который старается быть как можно приятнее Стивену, высказывает соображение, что родина — это место, где ты можешь хорошо жить, если трудишься, — простой практичный подход. «Меня прошу вычеркнуть», — отвечает Стивен. «Труд в самом широком смысле», — спешит объяснить Блум». «Литературный труд... У вас ровно столько же прав добывать хлеб насущный своим пером, занимаясь философией, как у любого крестьянина. <...> Вы оба принадлежите Ирландии, голова и руки. То и другое одинаково важно».

«Вы подразумеваете, — возразил Стивен с подобием небольшого смешка, — что я приобретаю важность, оттого что принадлежу... Ирландии. <...> А я подразумеваю... что Ирландия приобретает важность, оттого что принадлежит мне». Блум обескуражен и думает, что его неправильно поняли. А Стивен довольно грубо добавляет: «Мы не можем сменить родину. Давайте-ка сменим тему».

Но главной темой здесь является Молли, с которой мы вскоре встретимся в последней главе книги. Жестом старого морского волка, достающего цветную открытку с перуанцами или демонстрирующего наколку на груди, Блум показывает Стивену ее фотографию: «Осторожно, чтобы не выпали "Прелести...", напомнившие ему, кстати, о просроченной книге из библиотеки на Кейпл-стрит, он извлек бумажник и, бегло просмотрев содержавшееся в нем содержимое, наконец.

— Между прочим, как вы считаете, — сказал он, выбрав после колебания одну поблекшую фотографию и положив ее на стол, — вот это испанский тип?

Стивен, поскольку обращались к нему, взглянул на фотографию, где была снята дама солидных размеров, в зрелом расцвете женственности, довольно открыто демонстрировавшая свои пышные телеса в вечернем платье с вырезом, нарочито низким, дабы щедро и откровенно, а не каким-нибудь туманным намеком, явить на обозрение прелести корсажа, с нарочитой серьезностью, полураскрыв полные губки, так что слегка виднелся жемчуг зубов, она стояла у рояля, на котором лежали ноты "В старом Мадриде", прекрасной по-своему баллады, необычайно модной в те дни. Глаза ее (дамы), темные и большие, смотрели на Стивена, словно готовые улыбнуться чему-то достойному восхищения; создателем же волнующего шедевра был Лафайетт с Уэстморленд-стрит, лучший мастер художественной фотографии в целом Дублине.

— Миссис Блум, моя супруга примадонна мадам Мэрион Твиди, — проинформировал Блум. — Снято несколько лет назад. Примерно в девяносто шестом году. Очень похоже схвачено, какая она была тогда».

Блум выясняет, что последний раз Стивен обедал в среду. Однажды ночью Блум привел домой собаку неизвестной породы с перебитой лапой, и сейчас он решает привести на Экклс-стрит Стивена. Хотя Стивен несколько холоден и вовсе не расположен к разговорам, Блум приглашает его к себе на чашку какао. «Жена моя, — поведал он, переходя сразу in medias res[1], — будет ужасно рада познакомиться с вами, она просто обожает всякую музыку». Они вместе отправляются к дому Блума — и это приводит нас к следующей главе.

ЧАСТЬ III, ГЛАВА 2

«Намеренная скука предыдущей главы теперь сменяется совершенно безликой интонацией вопросов, задаваемых на научный манер, и столь же сухих ответов» (Кейн). Вопросы строятся по образцу катехизиса, и формулировка их скорее псевдонаучная, нежели научная. Нам предоставлена масса информации, подытоживающей уже известное, и, возможно, разумнее было бы обсуждать эту главу с точки зрения фактов, которыми она изобилует. Это очень простая глава.

Некоторые факты уточняют или дублируют сведения, уже изложенные в книге, но есть и новые. К примеру, эти два вопроса о Блуме и Стивене и ответы на них:

«Какие темы обсуждались дуумвиратом во время странствия?

Музыка, литература, Ирландия, Дублин, Париж, дружба, женщины, проституция, диета, влияние газового освещения или же света ламп накаливания и дуговых на рост близлежащих парагелиотропических деревьев, общедоступные муниципальные мусорные урны для срочных надобностей, римско-католическая церковь, безбрачие духовенства, ирландская нация, учебные заведения иезуитов, различные профессии, изучение медицины, минувший день, коварное влияние предсубботы, обморок Стивена.

Обнаружил ли Блум общие сближающие факторы в их обоюдных сходных и несходных реакциях на окружающее?

Оба не были глухи к художественным впечатлениям, предпочитая музыкальные пластическим или живописным. <...> Оба, получив раннюю домашнюю закалку и

---
[1] К сути дела *(лат.)*.

унаследовав дерзкую склонность к инакомыслию и противостоянию, отвергали многие общепринятые религиозные, национальные, социальные и нравственные доктрины. Оба признавали попеременно стимулирующее и отупляющее влияние магнетического притяжения полов».

Внезапный (для читателя) интерес Блума к гражданским обязанностям, проявленный во время беседы со Стивеном в «Приюте извозчика», подтверждается вопросом и ответом относительно дискуссий, которые Блум вел с различными людьми по разным поводам, начиная с 1884 года и до 1893.

«Какие мысли возникли у Блума в связи с бессистемной цепочкой дат, 1884, 1885, 1886, 1888, 1892, 1893, 1904, до их прибытия к месту назначения?

Ему подумалось, что прогрессивное расширение сферы индивидуального развития и опыта регрессивно сопровождалось сужением противоположной области межиндивидуальных отношений».

Прибыв на Экклс-стрит, 7, Блум обнаруживает, что оставил ключ в других брюках. Он перелезает через ограду и проникает в полуподвальную кухню через кладовку, после чего:

«Какую прерывную последовательность образов воспринял в это время Стивен?

Прислонившись к ограде, он воспринял через прозрачные стекла кухни образы человека, регулирующего газовое пламя в 14 свечей, человека, зажигающего свечу, человека, снимающего поочередно оба своих башмака, и человека, покидающего кухню, держа горящую свечу в одну свечу.

Появился ли этот человек в другом месте?

По истечении четырех минут мерцание его свечи стало различимо сквозь полупрозрачное полукруглое веерообразное оконце над входной дверью. Входная дверь замедленно повернулась на своих петлях. В открывшемся пространстве прохода человек появился вновь, без шляпы и со свечой.

Повиновался ли Стивен его знаку?

Да, он бесшумно вошел, помог затворить дверь и

взять ее на цепочку, после чего бесшумно проследовал за спиной человека, его обтянутыми тканью ступнями и горящей свечой через прихожую, мимо луча света из-под левой двери *(Молли оставила в спальне свет. — В. Н.)* и с осторожностью вниз, по заворачивающей вбок лестнице более чем из пяти ступеней, на кухню блумова дома».

Блум готовит какао себе и Стивену, и следует несколько свидетельств его любви к техническим приспособлениям, загадкам, хитроумным затеям, словесным играм, как, например, анаграмма, которую он составил из своего имени, или акростих, посланный им Молли в 1888 году, или злободневная песенка для одной из сцен рождественской феерии театра «Гэйети» «Синбад-мореход», которую он начал сочинять, но не закончил. Дается возрастное соотношение собеседников: в 1904 году Блуму тридцать восемь лет, Стивену — двадцать два года. Дальше следуют разговоры и воспоминания. Мы узнаем их родословные и даже довольно трогательные подробности их крещения.

На протяжении главы оба остро сознают свои расовые и религиозные различия, и Джойс несколько пережимает это осознание. Стихотворные фрагменты на древнееврейском и древнеирландском языках декламируются гостем хозяину и хозяином гостю.

«Были ли познания обоих в каждом из этих языков, мертвом и возрождаемом, теоретическими или практическими?

Теоретическими, будучи ограничены синтаксисом и некоторыми случайными грамматическими правилами и практически не включая словарный запас».

Следующий вопрос такой: «Какие точки соприкосновения имелись между этими языками и между народами, на них говорившими?» Ответ обнаруживает наличие естественной связи между евреями и ирландцами, поскольку оба народа порабощены. После псевдоученого россуждения о типах двух литератур Джойс так завершает ответ: «Запрет их национального платья в уголовных кодексах и в указах об одежде евреев; восстановление царства Давидова в Ханаане и возможность политической автономии или передачи власти в Ирландии». Другими словами, движение за создание еврейского государства приравнено к борьбе Ирландии за независимость.

Но тут вступает религия, великий разобщитель. В ответ на две строчки гимна, который Блум исполняет на иврите, вольно пересказав остальное, Стивен с обычной отстраненной жестокостью приводит средневековую балладу о девочке-еврейке в зеленом наряде, заманившей христианского мальчика Гарри Хьюза на заклание, и переходит к ее обсуждению в довольно абсурдной метафизической плоскости. Блум чувствует себя обиженным, он огорчен, но по-прежнему одержим своеобразным видением роли Стивена («В живой юной мужественной знакомой фигуре ему виделся лик грядущего») — учителя Молли, ставящего ей итальянское произношение, и возможного жениха для своей дочери, белокурой Милли. Блум предлагает Стивену заночевать у него в гостиной:

«Какое предложение сделал ноктамбулическому *(бродящему ночью. — В. Н.)* Стивену диамбулический *(бродящий днем. — В. Н.)* Блум, отец сомнамбулической *(бродящей во сне. — В. Н.)* Милли?

Посвятить промежуточные часы между четвергом (в собственном смысле) и пятницей (в нормальном смысле) отдыху в импровизированном дортуаре в помещении непосредственно над кухней и непосредственно смежном с помещением для сна хозяина и хозяйки.

Какие разнообразные преимущества проистекали или могли бы проистекать от пролонгации подобной импровизации?

Для гостя: надежный кров и уединение для занятий. Для хозяина: омоложение интеллекта, заместительное удовлетворение. Для хозяйки: спад одержимости, достижение правильного итальянского произношения.

Почему эти несколько случайных нитей между гостем и хозяйкой могли бы отнюдь не помешать постоянной возможности примирительного союза между малышом и дочкой еврея, равно как и эта возможность могла бы не помешать им?

Потому что путь к дочери ведет через мать, а путь к матери через дочь».

Можно увидеть здесь намек на смутную мысль Блума, что Стивен был бы для Молли лучшим любовником, чем Бойлан. «Спад одержимости» — по-видимому, охлаждение Молли к Бойлану, и следующий ответ, хотя его можно прочесть достаточно невинно, тоже таит в себе скрытое значение.

Предложение отклоняется, но Стивен, очевидно, дает согласие заниматься с женой Блума итальянским, хотя предложение делается и принимается в весьма невнятной форме. И вскоре Стивен собирается уходить.

«Для какого создания служили врата выхождения вратами вхождения?

Для кошки.

Какое зрелище представилось им, когда они, впереди хозяин, а следом гость, явились в безмолвии, двоякотемные, из тьмы тропинки на задах дома в полумрак сада?

Звезд небодрево, усеяно влажными ночной бирюзы плодами». Оба на мгновение видят небо одинаково.

После того, как они расстанутся, мы никогда не узнаем, где и как Стивен, странник, провел остаток ночи. Сейчас почти два часа, но он не пойдет в дом отца и не вернется в кирпичную башню, ключ от которой он отдал Маллигану. Блум склонен остаться на улице и ждать рассвета, но передумывает и возвращается в дом. Джойс дает описание обстановки залы, а позднее удивительный каталог книг Блума, ясно отражающий бессистемность его знаний и пытливый ум. Блум уточняет свой бюджет, пункт за пунктом следует роспись трат и поступлений за 16 июня 1904 года, и, наконец, на 2 фунтах 19 шиллингах и 3 пенсах подводится баланс. Каждая трата уже была упомянута автором на протяжении странствий Блума в этот день. После знаменитого описания содержимого двух ящиков, которое он изучает, перед нами — некий итог, подведенный заботам этого дня:

«Какие поочередно следовавшие причины, осознанные, прежде чем подняться, накопившейся усталости мысленно перебрал Блум, прежде чем подняться?

Приготовление завтрака (жертва всесожжения); переполнение кишечника и продуманное испражнение (святая святых); баня (обряд Иоанна); погребение (обряд Самуила); реклама для Алессандро Ключчи (Урим и Туммим), легкий завтрак (обряд Мелхиседека); посещение музея и национальной библиотеки (святые места); поиски книги на Бедфорд-роу, Мерчентс-арч, Веллингтон-куэй (Симхат Тора); музыка в отеле "Ормонд" (Шира Ширим); конфликт со свирепым троглодитом в заведении Барни Кирнана (всесожжение); бесплодный период времени, включая поездку в кебе, посещение дома скорби, уход (пустыня); эротический эффект женского эксгибиционизма (обряд Онана); затянувшиеся роды миссис Майны Пьюрфой (возношение); посещение веселого дома миссис Беллы Коэн, Нижняя Тайрон-стрит, 82, с последующей стычкой и с толпой сброда на Бивер-стрит (Армагеддон); ночные странствия в ночлежку "Приют извозчика" у Баттского моста, и затем из ночлежки (искупление)».

Блум проходит из залы в спальню, дается славное описание предметов обстановки и разбросанной одежды Молли. В комнате горит свет; Молли дремлет. Блум ложится в постель.

«Что встречали его конечности, будучи постепенно распрямляемы?

Новые чистые простыни, дополнительные запахи, присутствие человеческого тела, женского, ее, отпечаток человеческого тела, мужского, не своего, какие-то соринки, какие-то разогревшиеся паштетные крошки, которые он удалил».

Его появление в двуспальной кровати будит Молли:

«Что последовало за этим безмолвным действием?

Сонное окликание, менее сонное опознание, прогрессирующее возбуждение, катехизическое опрашивание».

На подразумеваемый вопрос: «Что ты делал весь день?» — ответ Блума, по сравнению с пространными размышлениями Молли в следующей главе, занимает на удивление мало места. Он умышленно опускает три момента: 1 — тайную переписку между Мартой Клиффорд и Генри Флауэром; 2 — перепалку в кабачке Кирнана и 3 — свою эротическую реакцию на эксгибиционистский акт Герти. Он трижды лжет: 1 — о своем пребывании в театре «Гэйети»; 2 — об ужине в отеле Винна; и 3 — о «временном шоке *(Стивена. — В. Н.)*, вызванном неверным движением во время послетрапезных гимнастических упражнений», что якобы явилось причиной приглашения Стивена в их дом. Как мы узнаем позднее из внутреннего монолога Молли, Блум сообщил ей и о трех подлинных событиях: 1 — о похоронах; 2 — о встрече с миссис Брин (бывшей подругой Молли Джози Пауэлл) и 3 — о своем желании взять Стивена ей в учителя.

В конце главы Блум засыпает.

«В каком положении?

Слушательница *(Молли. — В. Н.):* полулежа на боку, левом, левая рука под головой, правая нога вытянута по прямой и покоится на левой ноге, согнутой, в позе Матери-Геи, исполнившаяся и возлегшая, груженая семенем. Повествователь: лежа на боку, левом, правая и левая ноги согнуты, большой и указательный пальцы правой руки на переносье, в позе, которую запечатлел некогда снимок, сделанный Перси Эпджоном, усталое дитя-муж, мужедитя в утробе.

В утробе? Усталый?
Он отдыхает. Он странствовал.

И с ним?
Синбад-Мореход и Минбад-Скороход и Тинбад-Тихоход и Пинбад-Пешеход и Винбад-Вездеход и Линбад-Луноход и Финбад-Виноход и Ринбад-Ракоход и Кинбад-Коновод и Бинбад-Шутоход и Шинбад-Чудоход и Зинбад-Обормот и Чинбад-Сумасброд и Динбад-Дремоход и Хинбад-Храпоход.

Когда?
На пути к темной постели было квадратное круглое Синбад-Мореход птицы рух гагары яйцо в ночи постели всех гагар птиц рух Темнобада-Солнцевосхода.

Куда?»
Ответа нет. Но он был бы «Никуда»: Блум спит.

ЧАСТЬ III, ГЛАВА 3

Около двух часов ночи или чуть позже. Блум заснул в положении зародыша, но Молли бодрствует на протяжении сорока страниц. Стиль — непрерывный поток пылающего, лихорадочного, вульгарного сознания довольно истеричной ограниченной женщины, патологически чувственной, одаренной музыкально и наделенной сверхъестественной способностью обозревать свою жизнь в непрерывном внутреннем монологе. Особа, чьи мысли сыплются с такой энергией и таким постоянством, — человек не вполне нормальный. Читатели, желающие упорядочить поток этой главы, должны взять отточенный карандаш и разделить предложения, как это показано в приведенной цитате, начинающей главу: «Да/ потому что такого с ним никогда не было/ требовать завтрак себе в постель скажи-ка пару яиц/ с самой гостиницы Городской герб когда все притворялся что слег да умирающим голосом/ строил из себя принца чтоб заинтриговать эту старую развалину миссис Риордан воображал будто с ней дело в шляпе а она нам и не подумала отказать ни гроша/ все на одни молебны за свою душеньку/ скряга какой свет не видал/ жалась себе на денатурат потратить четыре шиллинга/ все уши мне прожужжала о своих болячках/ да еще эта вечная болтовня о политике и землетрясениях и конце света/ нет уж дайте сначала нам чуть-чуть поразвлечься/ упаси Господи если б все женщины были вроде нее/ сражалась против декольте и купальников/ которых кстати никто ее не просил носить/ уверена у ней вся набожность оттого что ни один мужчина на нее второй раз не взглянет/ надеюсь я на нее никогда не буду похожа/ удивительно что не требовала заодно уж и лицо закрывать/ но чего не отнимешь это была образованная/ и ее бесконечные разговоры про мистера Риордана/ я думаю тот счастлив был от нее избавиться/ а ее пес все обнюхивал мою шубу и норовил под юбку забраться особенно тогда/ но пожалуй мне нравится в нем (*Блуме. — В. Н.*) такая деликатность со старухами и с прислугой и даже с нищими/ он не пыжится попусту хотя не всегда...» и т. д.

Прием потока сознания незаслуженно потрясает воображение читателей. Я хочу представить следующие соображения. Во-первых, этот прием не более «реалистичен» и не более «научен», чем любой другой. На самом деле, если бы вместо регистрации всех мыслей Молли описать лишь некоторые из них, то их выразительность показалась бы нам более реалистичной, более естественной. Дело в том, что поток сознания есть стилистическая условность, поскольку, очевидно, мы не думаем лишь словами — мы думаем еще и образами, но переход от слов к образам может быть зафиксирован непосредственно словами, только если отсутствует описание, как здесь. Во-вторых, некоторые из наших размышлений приходят и уходят, иные остаются; они, что ли, оседают, неряшливые и вялые, и текущим мыслям и мыслишкам требуется некоторое время, чтобы обогнуть эти рифы. Недостаток письменного воспроизведения мыслей — в смазывании временно́го элемента и в слишком большой роли, отводимой типографскому знаку.

Эти страницы Джойса имели колоссальное влияние. В их печатном бульоне зародилось множество второстепенных поэтов: наборщик великого Джеймса Джойса — крестный отец крошечного мистера Каммингса[1]. Мы не должны думать, что потоком сознания Джойс передает подлинное событие. Это реальность лишь постольку, поскольку она отражает авторскую работу мозга, сознание, заключенное в книге. Книга эта — новый мир, изобретенный Джойсом. В этом мире люди думают посредством слов и предложений. Их мысленные ассоциации диктуются главным образом структурными потребностями книги, художественными целями и планами ее автора. Я должен также добавить, что, если бы редактор включил в текст знаки препинания, размышления Молли не стали бы, в сущности, ни менее занятными, ни менее музыкальными.

Перед тем как уснуть, Блум говорит Молли фразу, которая не упоминается в постельном отчете предыду-

---

[1] Новаторство этого американского поэта-авангардиста 1930-х годов выражалось, среди прочего, в пунктуации и графике его стихов, даже свои инициалы и фамилию он писал со строчных букв: э.э.каммингс. Последнее и имеет в виду В. Н. в контексте «наборщика» и «крошечного» Э. Э. Каммингса (1894–1962). — *Примеч. ред. рус. текста.*

щей главы, — фразу, которая сильно поразила Молли. Перед сном Блум невозмутимо попросил подать ему наутро завтрак в постель: пару яиц. Теперь, когда измена Молли стала фактом, Блум, я полагаю, решил, что своим молчаливым попустительством, позволившим жене продолжить эту низкую интригу с Бойланом в следующий понедельник, он, Блум, в некотором роде взял верх над Молли, а значит не должен более хлопотать о *ее* завтраке. Пусть *она* принесет ему завтрак в постель.

Монолог Молли начинается с того, что она удивлена и раздосадована его просьбой. К этой мысли на протяжении монолога она возвращается несколько раз. Например, «а потом начинает отдавать приказания чтоб ему яйца и чаю и семгу от Финдона горячие гренки с маслом скоро увидим как будет восседать словно король на троне и ковырять яйцо не тем концом ложечки где только выучился этому...» (Вы, наверное, отметили склонность Блума ко всяким фокусам и штучкам. Из монолога Молли мы узнаем, что, когда она кормила грудью Милли, он пытался сцеживать ее молоко себе в чай; в этом же ряду его поза во сне и другие свойственные только ему привычки, например оправляться в ночной горшок стоя на коленях.) Молли никак не успокоится из-за завтрака, и яйца возникают вновь: «а после подавай ему чай свежие яйца гренки с маслом с обеих сторон я думаю я стала пустое место для него». Позже в ней опять все вскипает: «но зато я должна лезть из кожи на кухне готовить завтрак его сиятельству пока он тут валяется закутанный как мумия только буду ли я вот вопрос кто-нибудь видел когда-нибудь чтоб я носилась как угорелая сама б не прочь поглядеть прояви к ним внимание и они с тобой как с последней тряпкой...» Но каким-то образом эта идея вытесняется другой: «вдруг страшно захотелось грушу большую сочную грушу тающую во рту как в ту пору когда меня одолевали причуды потом я ему швырну его яйца и подам чай в той чашке с приспособлением для усов ее подарок чтоб у него рот стал еще шире думаю мои сливки тоже ему понравятся...», и она решает быть с ним милой и выудить из него чек на пару фунтов.

Мысль Молли скачет вокруг самых разных людей, мужчин и женщин, но одно мы отметим сразу: воспоминания о новом любовнике Бойлане по количеству и качеству значительно уступают мыслям о муже и о других людях. Вот женщина, которая несколько часов назад принимала брутального, но в целом физически удовлетворившего ее любовника, однако ее мысли заняты вполне обыденными воспоминаниями и постоянно возвращаются к мужу. Она не любит Бойлана: если она кого и любит, то Блума.

Давайте пробежим эти густо написанные страницы. Молли ценит уважение Блума к старухам и его деликатность с официантами и нищими. Она знает о похабных снимках с тореадором и женщиной, одетой испанской монахиней, хранящихся в столе Блума, и подозревает, что он строчил любовное письмо. Она размышляет о его слабостях и сомневается в некоторых деталях его рассказа о том, как он провел день. Она довольно подробно вспоминает несостоявшуюся интрижку, которую Блум было затеял с их служанкой: «как с той потаскухой Мэри которую мы держали на Онтарио-террас вертела постоянно своим турнюром чтоб его соблазнить противно когда от него запах этих размалеванных баб раза два у меня возникло такое подозрение специально подозвала его поближе а в другой раз нашла длинный волос на пиджаке это еще не считая случая когда вхожу на кухню а он тут же притворился будто пьет воду 1 женщина что говорить мало им кто же кроме него виноват если он спутается со служанкой а потом предлагает посадить ее с нами за рождественский стол как вам нравится вот уж тут нет спасибо только не в моем доме...» На мгновение ее мысль переключается на то, как Бойлан впервые сжал ее руку, причем это воспоминание мешается с обрывками слов из песенки, как это часто у нее бывает, но затем ее мысль вновь возвращается к Блуму. В ее воображении возникают приятные любовные сцены, и ей вспоминается мужественного вида священник. Кажется, что она сравнивает своеобразные манеры Блума, деликатное обхождение воображаемого юноши (подход к теме Стивена) и пахнущее ладаном облачение священника с вульгарностью Бойлана: «интересно он остался доволен мной или нет мне одно не понравилось в передней когда уже уходил до того бесцеремонно хлопнул меня по заду я хоть и засмеялась но уж знаете я ему не лошадь и не ослица...» Она томится, бедняжка, по утонченной нежности. Крепкий хмельной запах выпитого в баре «Ормонд» примешался к дыханию Бойлана, и Молли гадает, что это было: «а хорошо бы посмаковать тех напитков что потягивают денди-театралы в цилиндрах зеленые желтые видно сразу что дорогие», и появление паштета, остатки которого Блум нашел в постели, теперь объясняется: «он изо всех сил старался чтоб не заснуть после последнего раза пили потом портвейн и паштет был отличного вкуса солоноватый». Мы узнаем, что гром разразившейся в десять часов грозы, раскаты которого мы с Блумом слышим в родильном приюте, разбудили прикорнувшую после ухода Бойлана Молли — очередная синхронизация. Молли вспоминает различные физиологические подробности своего адюльтера с Бойланом.

Ее мысли перебрасываются на Джозефин Пауэлл, ныне миссис Брин, которую Блум, по его словам, встретил в этот день. Она ревниво думает о том, что Блум интересовался Джози еще до их женитьбы и, возможно, не потерял интереса и сейчас. Затем она вспоминает, каким был Блум до их свадьбы и его разговоры, гораздо более умные, чем ее; вспоминает историю сватовства, но воспоминания о Блуме того времени перемешаны со злорадством по поводу неудачного замужества Джози и ее полоумного муженька, который «прямо иногда в грязных сапогах валится на постель». Молли припоминает дело об убийстве — о женщине, отравившей мужа, — и возвращается к началу своего романа с Блумом; мелькает певец, поцеловавший ее на хорах, и вновь Блум той поры — в темной шляпе и пестром кашне. И дальше, в связи с началом ее романа с Блумом, впервые упоминается Гарднер, ее прежний возлюбленный, Блуму неизвестный. Следуют воспоминания и о восьми маках, которые Блум ей прислал, потому что она родилась 8 сентября 1870 года, а свадьба состоялась 8 октября 1888 года, когда ей было восемнадцать — целый выводок *восьмерок*. Вновь возникает Гарднер, на сей раз как лучший любовник, чем Блум; и Молли переходит к мыслям о следующем свидании с Бойланом в понедельник в четыре часа. Упоминаются известные нам портвейн и персики, присланные Бойланом, возвращение дочек Дедала из школы и одноногий матрос, поющий песню, которому она бросила пенни.

Молли думает о близких гастролях, и предстоящее путешествие на поезде напоминает ей об одном забавном случае: «в тот раз когда поехали на концерт Моллоу в Мэриборо он *(Блум. — В. Н.)* заказал для нас суп на станции потом дали сигнал к отправлению он встал и двинулся по платформе с тарелкой в руках суп проливался кругом а он на ходу отправляет в рот ложку за ложкой какое самообладание не правда ли а за ним следом официант вопит устраивает нам адскую сцену отправление поезда задерживается а он заявляет что не заплатит покуда не кончит есть но потом два господина в купе 3-го класса сказали что он был совершенно прав конечно он был прав иногда бывает упрям как бык когда что-нибудь вобьет в голову но хорошо что он тогда изловчился открыть дверь вагона своим ножом а то они нас увезли бы до Корка я думаю что это в отместку ему О я так люблю поехать куда-нибудь на прогулку на поезде или в экипаже с удобными мягкими сиденьями интересно не возьмет ли он *(Бойлан. — В. Н.)* мне 1-й класс может быть захочет этим заняться в поезде даст проводнику побольше на чай да...» Еще приятное воспоминание — лейтенант Стэнли Гарднер, умерший от брюшного тифа в Южной Африке пятью годами раньше, и их последний поцелуй: «он отлично выглядел в хаки ростом как раз в меру выше меня и храбрости наверняка тоже не занимать и он сказал что я чудесная девушка моя ирландская красавица когда мы вечером целовались на прощанье у шлюза он был весь бледный от волнения оттого что уезжал...» Опять Бойлан; нас посвящают в отвратительные подробности его и чужих страстей, после чего перед нами Бойлан, впавший в буйство: «но первые минуты когда он вернулся с газетой он был совсем как безумный билетики рвал ругался на чем свет стоит что потерял 20 фунтов а половину он ставил за меня сказал что проиграл из-за какой-то темной лошадки что вдруг пришла первой ставку Ленехан подсказал и уж он клял его на все корки...» Она вспоминает, как Ленехан «позволял себе со мной вольности когда возвращались с обеда в Гленкри и экипаж так подбрасывало на горе Фезербед лорд-мэр там все поглядывал на меня сальными глазками», — эпизод, который Ленехан не без торжества рассказал Маккою. В памяти возникают детали нижнего белья и визит принца Уэльского в Гибралтар, где прошли ее детство и юность: «он посетил Гибралтар в тот год когда я родилась не сомневаюсь что для него и там нашлись лилии он там посадил росток дерева но верно после него ростки не только такие оставались приехал бы чуть раньше мог бы оставить росток меня уж тогда бы я тут не была сейчас...» Вклиниваются денежные мытарства Блума: «ему надо бросить это дело с Фрименом еле выколачивает несколько жалких шиллингов пошел бы в контору или еще куда-нибудь на твердое жалованье или в банк где посадят его на трон целый день считать деньги но он-то конечно предпочитает болтаться дома так что некуда деться от него...» На нас вновь обрушиваются физиологические и анатомические подробности, среди которых вдруг вспыхивает *метемпсихоз*, о нем этим утром поглощенная чтением Молли интересовалась у Блума, когда он принес ей завтрак: «и еще спросила про то слово метим чего-то там а он развел насчет воплощения такое что черт ногу сломит никогда не может объяснить просто чтобы человеку понятно стало потом он удалился и сжег сковородку все из-за своей Почки...» Еще физиология и анатомия, где-то в ночи свистит поезд. Снова Гибралтар; подруга Эстер Стенхоуп (отец которой слегка приударял за Молли) и карточка Малви, ее первой любви. Упоминаются романы «Лунный камень» (1868) Уилки Коллинза и «Молль Флендерс» (1722) Дефо.

Затем следуют мысли о знаках внимания, посланиях, письмах и отсюда к любовному письму лейтенанта Малви, первому, полученному ею еще в Гибралтаре: «мне сразу захотелось подойти к нему когда я увидела в магазинной витрине что он идет следом за мной по Калье Реаль потом он прошел мимо и слегка коснулся меня я и в мыслях не имела что он мне напишет и назначит свидание я засунула его под рубашку на груди и весь день таскала с собой и перечитывала в каждом укромном уголке пока отец муштровал солдат чтобы угадать по почерку или как-нибудь по штампам по маркам помню я напевала приколю ли я белую розу и все хотела перевести противные старые ходики чтобы ускорить время он был первый мужчина который поцеловал меня под Мавританской стеной подруга юных лет моих я и понятия не имела что это значит целоваться пока он не скользнул языком ко мне в рот а его рот был как сласти совсем юный несколько раз я до него дотрагивалась коленом узнавала дорогу что же я говорила ему шутила будто помолвлена с сыном испанского дворянина по имени Дон Мигель де ла Флора и он поверил что я должна за него выйти замуж через 3 года ...» Флора почти то же, что Блум, которого она, конечно, еще не знала, но «в шутке всегда доля истины вот прекрасный цветок весь в цвету...». Идет очень подробный отчет о ее первом свидании с юным Малви, но она не может припомнить его имени: «милочка Молли он меня звал а его звали Джек Джо Гарри Малви кажется так он был лейтенант...» Ее беспорядочные мысли скачут от него к фуражке, которую она надевала смеха ради, и потом к старому епископу, рассуждавшему о высшем назначении женщины и «о современных девицах что катаются на велосипедах и носят фуражки и костюмы-блумер Господи пошли ему разума а мне денег наверно они так называются в честь него никогда не думала что это будет моя фамилия Блум... желаю всяческого блумополучия сказала Джози когда я вышла за него...» И снова в Гибралтар, к его перечным деревьям и белым тополям, к Малви и Гарднеру.

Опять свистит поезд. Блум и Бойлан, Бойлан и Блум, предстоящие гастроли — и назад в Гибралтар. Молли считает, что сейчас пятый час, но позже часы пробьют четверть третьего. Упоминается кошка, затем рыба — Молли любит рыбу. Воспоминание о пикнике с мужем, мысли о Милли и двух преотличных оплеухах, которые она дала Милли за ее наглость. Она представляет, как Блум провел Стивена Дедала на кухню, и вскоре понимает, что у нее началась менструация. Она вылезает из дребезжащей кровати. Многократное повторение слова «легче» относится к ее опасениям, что предмет, на который она примостилась, развалится под ней, — все это совершенно излишне. Блум, как мы выясняем, делает это стоя на коленях. Последнее «легче» — и она снова в кровати. Еще мысли о Блуме, затем о похоронах

Дигнама, на которых Блум присутствовал; отсюда мысль движется к Саймону Дедалу, его изумительному голосу, и от него — к Стивену, которому Блум, по его словам, показал ее карточку. Сегодня Руди было бы одиннадцть. Она пытается представить себе Стивена, которого видела маленьким мальчиком. Она думает о поэзии — как она ее понимает — и воображает роман с юным Стивеном. По контрасту ей приходит на ум неотесанность Бойлана и снова вспоминается их недавняя пылкая встреча. Ее муж лежит в постели ногами к изголовью. Его излюбленное положение: «Ах да подвинь же отсюда свою здоровую тушу ради святого Дуралея», — думает Молли. Ее мысль возвращается к схоронившему мать Стивену: «было бы таким развлечением если бы он положим стал у нас жить а почему бы нет наверху свободная комната и кровать Милли в комнате выходящей в сад он мог бы писать заниматься там стол есть для его *(Блума. — В. Н.)* бумагомарания а если ему *(Стивену. — В. Н.)* вздумается перед завтраком читать в постели как я делаю то этот *(Блум. — В. Н.)* может приготовить завтрак и для 2 точно так же как он готовит для 1 я ни за что не буду брать квартирантов с улицы для него если он делает из дома постоялый двор так приятно бы подольше поговорить с воспитанным образованным человеком я бы завела себе хорошенькие красные домашние туфли как продавались у тех турок в фесках *(парный сон Блума—Стивена. — В. Н.)* или желтые и красивый слегка прозрачный пеньюар он мне так нужен...»

Мысль о завтраке, который она должна приготовить Блуму этим утром, продолжает занимать ее, мешаясь с другими знакомыми темами: Блум и то, о чем он не знает, Стивен (о грубой сексуальности Бойлана она сейчас не думает), и Малви, и Гибралтар — все это в последнем романтическом жизнеутверждающем гимне, после которого Молли тоже засыпает: «четверть пробило экое несусветное время сейчас наверно в Китае как раз встают заплетают на день свои косички скоро у монахинь утренний благовест к ним никто не является испортить им сон разве что один-два священника для ночного богослужения у соседей будильник с первыми петухами трезвонит так что того гляди надорвется посмотрим сумею ли я хоть задремать 1 2 3 4 5... лучше притушить лампу и опять попытаться так чтобы смогла встать пораньше пойду к Лэм что рядом с Финдлейтером скажу чтобы прислали цветов поставить в доме на случай если он опять его приведет завтра то есть сегодня нет нет пятница несчастливый день сначала надо хоть прибрать в доме можно подумать пыль так и скапливается пока ты спишь потом можно будет музицировать и курить я могу аккомпанировать ему только сначала надо протереть у пианино клавиши молоком а что мне надеть приколю ли я белую розу... красивое растение в середину стола это можно взять подешевле ну погоди где ж это я недавно их видела я так люблю цветы я бы хотела чтобы все здесь вокруг утопало в розах Всевышний Боже природа это самое прекрасное дикие горы и море и бурные волны и милые сельские места где поля овса и пшеницы и всего на свете и стада пасутся кругом сердце радуется смотреть на озера реки цветы всех мыслимых форм запахов расцветок что так и тянутся отовсюду из всякой канавы фиалки примулы все это природа а эти что говорят будто бы Бога нет я ломаного гроша не дам за всю их ученость... с тем же успехом они могли бы попробовать запретить завтра восход солнца это для тебя светит солнце сказал он *(Блум. — В. Н.)* в тот день когда мы с ним лежали среди рододендронов на мысу Хоут он в сером твидовом костюме и в соломенной шляпе в тот день когда я добилась чтоб он сделал мне предложение да сперва я дала ему откусить кусочек печенья с тмином из моих губ это был високосный год как сейчас да... он сказал я горный цветок да это верно мы цветы все женское тело да это единственная истина что он сказал за всю жизнь и еще это для тебя светит солнце сегодня да этим он и нравился мне потому что я видела он понимает или же чувствует что такое женщина и я знала что я всегда смогу сделать с ним что хочу и я дала ему столько наслаждения сколько могла и все вела и вела его пока он не попросил меня сказать да а я не стала сначала отвечать только смотрела на море и небо и вспоминала обо всем чего он не знал Малви и мистера Стенхоупа и Эстер и отца и старого капитана Гроува... и часового перед губернаторским домом в белом шлеме с околышем бедняга чуть не расплавился и смеющихся испанских девушек в шалях с высокими гребнями в волосах... и бедных осликов плетущихся в полудреме и неведомых бродяг в плащах дремлющих на ступеньках в тени и огромные колеса повозок запряженных волами и древний тысячелетний замок да и красавцев мавров в белых одеждах и тюрбанах как короли приглашающих тебя присесть в их крохотных лавчонках и Ронду где posadas[1] со старинными окнами где веер скрыл блеснувший взгляд и кавалер целует решетку окна и винные погребки наполовину открытые по ночам и кастаньеты и ту ночь когда мы пропустили пароход в Альхесирасе и ночной сторож спокойно прохаживался со своим фонарем и Ах тот ужасный поток кипящий внизу Ах и море море алое как огонь и роскошные закаты и фиговые деревья в садах Аламеды да и все причудливые улочки и розовые желтые голубые домики аллеи роз и жасмин герань кактусы и Гибралтар где я была девушкой и Горным цветком да когда я приколола в волосы розу как делают андалузские девушки или алую мне приколоть да и как он *(Малви. — В. Н.)* целовал меня под Мавританской стеной и я подумала не все ли равно он *(Блум. — В. Н.)* или другой и тогда сказала ему глазами чтобы он снова спросил да и тогда он *(Блум. — В. Н.)* спросил меня не хочу ли я да сказать да мой горный цветок и сначала я обвила его руками да и привлекла к себе так что он почувствовал мои груди их аромат да и сердце у него колотилось безумно и да я сказала да я хочу Да».

Да: наутро Блум получит свой завтрак в постель.

---

[1] Постоялые дворы *(исп.)*.

ИСКУССТВО ЛИТЕРАТУРЫ И ЗДРАВЫЙ СМЫСЛ

Всякий раз, когда ровное течение времени вдруг разливается мутным половодьем и наши подвалы затопляет история, люди серьезные задумываются о значении писателя для народа и человечества, а самого писателя начинает тревожить его долг. Писателя я имею в виду абстрактного. Кого мы можем вообразить конкретно, особенно из немолодых, те либо до того упоены своим гением, либо до того смирились со своей бездарностью, что долгом уже не озабочены. Невдалеке они уже ясно видят уготованное судьбой — мраморный пьедестал или гипсовую подставку. Но возьмем писателя, охваченного тревогой и интересом. Выглянет ли он из раковины, чтобы разузнать о погоде? О спросе на вождей? Стоит ли — и надо ли быть пообщительней?

В защиту регулярного слияния с толпой сказать можно многое — и какой писатель, кроме совсем уж глупого и близорукого, откажется от сокровищ, обретаемых благодаря зоркости, жалости, юмору в тесном общении с ближним. Да и кое-каким сбитым с толку литераторам, мечтающим о темах поболезненнее, пошло бы на пользу возвращение в волшебную нормальность родного городка или беседа на прибауточном диалекте с дюжим сыном полей, если таковой есть в природе. Но при всем при том я все же рекомендую писателю — не как темницу, а просто как постоянный адрес — пресловутую башню из слоновой кости, при наличии, разумеется, телефона и лифта — вдруг захочется выскочить за вечерней газетой или позвать приятеля на шахматную партию, мысль о которой навевают и абрис и материал резной обители.

Итак, перед нами жилище приятное, тихое, с грандиозной круговой панорамой, уймой книг и полезных домашних устройств. Но чтобы было из чего башню построить, придется прикончить десяток-другой слонов. Прекрасный экземпляр, который я намерен подстрелить ради тех, кто не прочь понаблюдать за охотой, довольно-таки невероятная помесь слона и двуногого. Имя ему — здравый смысл.

Осенью 1811 года Ной Вебстер дал выражению «здравый смысл» такое определение: «дельный, основательный, обиходный смысл... свободный от пристрастности и хитросплетений ума. <...> Иметь з.с. — стоять обеими ногами на земле». Портрет оригиналу скорее льстящий, поскольку читать биографию здравого смысла нельзя без отвращения. Здравый смысл растоптал множество нежных гениев, чьи глаза восхищались слишком ранним лунным отсветом слишком медленной истины; здравый смысл пинал прелестнейшие образцы новой живописи, поскольку для его прочно стоящих конечностей синее дерево — признак психопатии; по наущению здравого смысла уродливое, но могучее государство крушило привлекательных, но хрупких соседей, как только история предоставляла шанс, которым грех не воспользоваться. Здравый смысл в принципе аморален, поскольку естественная мораль так же иррациональна, как и возникшие на заре человечества магические ритуалы. В худшем своем варианте здравый смысл общедоступен и потому он спускает по дешевке все, чего ни коснется. Здравый смысл прям, а во всех важнейших ценностях и озарениях есть прекрасная округленность — например, Вселенная или глаза впервые попавшего в цирк ребенка.

Полезно помнить, что ни в этой, более того — ни в одной комнате мира нет ни единого человека, кого в некой удачно выбранной точке исторического пространства-времени здравомыслящее большинство в своем праведном гневе не осудило бы на смерть. Окраска кредо, оттенок галстука, цвет глаз, мысли, манеры, говор где-нибудь во времени или в пространстве непременно наткнутся на роковую неприязнь толпы, которую бесит именно это. И чем ярче человек, чем необычней, тем ближе он к плахе. Ибо на «странное» всегда откликается «страшное». От кроткого пророка, от чародея в пещере, от гневного художника, от упрямого школьника исходит одна и та же священная угроза. А раз так, то благословим их, благословим чужака, ибо естественный ход эволюции никогда бы не обратил обезьяну в человека, окажись обезьянья семья без урода. Чужак — это всякий, чья душа брезгует давать положенный породе приплод, прячет в глубине мозга бомбу; и поэтому я предлагаю просто забавы ради взять и аккуратно уронить эту частную бомбу на образцовый город здравого смысла. В ослепительном свете взрыва откроется масса любопытного; на краткий миг наши более штучные способности оттеснят хамоватого выскочку, коленями стиснувшего шею Синдбада в той борьбе без правил, что идет между навязанной личностью и личностью собственной. Я победоносно смешиваю метафоры, потому что именно к этому они и стремятся, когда отдаются ходу тайных взаимосвязей — что, с писательской точки зрения, есть первый положительный результат победы над здравым смыслом.

Вторым результатом будет то, что после такой победы иррациональная вера в то, что человек по природе добр (это авторитетно отрицают фарсовые плуты по имени Факты) — уже не просто шаткий базис идеалистических философий. Эта вера превращается в прочную и радужную истину. А это значит, что добро становится центральной и осязаемой частью вашего мира, — мира, в котором на первый взгляд нелегко узнать современный мир сочинителей передовиц и прочих бодрых пессимистов, заявляющих, что не очень-то, мягко говоря, логично рукоплескать торжеству добра, когда нечто, известное как полицейское государство или коммунизм, пытается превратить планету в пять миллионов квадратных миль террора, тупости и колючей проволоки. И к тому же, скажут они, одно дело — нежиться в своей частной Вселенной, в уютнейшем уголке укрытой от обстрелов и голода страны, и совсем другое — стараться не сойти с ума среди падающих в ревущей и голосящей темноте домов. Но в том подчеркнуто и неколебимо алогичном мире, который я рекламирую как жилье для души, боги войны нереальны не оттого, что они удобно удалены в физическом пространстве от реальности настольной лампы и прочности вечного пера, а оттого, что я не в силах вообразить (а это аргумент весомый) обстоятельства, которые сумели бы посягнуть на этот милый и восхитительный, спокойно пребывающий мир, — зато могу вообразить без всякого труда, как мои сомечтатели, тысячами бродящие по земле, не отрекаются от наших с ними иррациональных и изумительных норм в самые темные и самые слепящие часы физической опасности, боли, унижения, смерти.

В чем же суть этих иррациональных норм? Она — в превосходстве детали над обобщением, в превосходстве части, которая живее целого, в превосходстве мелочи, которую человек толпы, влекомой неким общим стремлением к некой общей цели, замечает и приветствует дружеским кивком. Я снимаю шляпу перед героем, который врывается в горящий дом и спасает соседского ребенка, но я жму ему руку, если пять драгоценных секунд он потратил на поиски и спасение любимой игрушки этого ребенка. Я вспоминаю рисунок, где падающий с крыши высокого здания трубочист успевает заметить ошибку на вывеске и удивляется в своем стремительном полете, отчего никто не удосужился ее исправить. В известном смысле мы все низвергаемся к смерти — с чердака рождения и до плиток погоста — и вместе с бессмертной Алисой в Стране Чудес дивимся узорам на проносящейся мимо стене. Эта способность удивляться мелочам — несмотря на грозящую гибель — эти закоулки души, эти примечания в фолианте жизни — высшие формы сознания, и именно в этом состоянии детской отрешенности, так непохожем на здравый смысл и его логику, мы знаем, что мир хорош.

В этом изумительно абсурдном мире души математическим символам нет раздолья. При всей гладкости хода, при всей гибкости, с какой они передразнивают завихрения наших снов и кванты наших соображений, им никогда по-настоящему не выразить то, что их природе предельно чуждо, — поскольку главное наслаждение творческого ума — в той власти, какой наделяется неуместная вроде бы деталь над вроде бы господствующим обобщением. Как только здравый смысл с его счетной машинкой спущен с лестницы, числа уже не досаждают уму. Статистика подбирает полы и в сердцах удаляется. Два и два уже не равняются четырем, потому что равняться четырем они уже не обязаны. Если они так поступали в покинутом нами искусственном мире логики, то лишь по привычке: два и два привыкли равняться четырем совершенно так же, как званые на ужин гости предполагают быть в четном числе. Но я зову числа на веселый пикник, где никто не рассердится, если два и два сложатся в пять или в пять минус замысловатая дробь. На известной стадии своей эволюции люди изобрели арифметику с чисто практической целью внести хоть какой-то человеческий порядок в мир, которым правили боги, путавшие, когда им вздумается, человеку все карты, чему он помешать никак не мог. С этим то и дело вносимым богами неизбежным индетерминизмом он смирился, назвал его магией и спокойно подсчитывал выменянные шкуры, штрихуя мелом стену пещеры. Боги пусть себе вмешиваются, но он по крайней мере решил придерживаться системы, которую ради того только, чтобы ее придерживаться, и изобрел.

Потом, когда отжурчали тысячи веков и боги ушли на сравнительно приличную пенсию, а человеческие вычисления становились все акробатичнее, математика вышла за исходные рамки и превратилась чуть ли не в органическую часть того мира, к которому прежде только прилагалась. От чисел, основанных на некоторых феноменах, к которым они случайно подошли, поскольку и мы сами случайно подошли к открывшемуся нам мировому узору, произошел переход к миру, целиком основанному на числах, — и никого не удивило странное превращение наружной сетки во внутренний скелет. Более того, в один прекрасный день, копнув поглубже где-нибудь около талии Южной Америки, лопата удачливого геолога того и гляди зазвенит, наткнувшись на прочный экваторный обруч. Есть разновидность бабочек, у которых глазок на заднем крыле имитирует каплю влаги с таким сверхъестественным совершенством, что пересекающая крыло линия слегка сдвинута именно там, где она проходит сквозь это пятно или — лучше сказать — под ним: кажется, что этот отрезок смещен рефракцией, словно мы видим узор на крыле сквозь настоящую шаровидную каплю. В свете странной метаморфозы, превратившей точные науки из объективных в субъективные, отчего бы не предположить, что когда- то сюда упала настоящая капля и каким-то образом филогенетически закрепилась в виде пятна? Но, наверное, самое забавное следствие нашей экстравагантной веры в природное бытие математики было предъявлено несколько лет назад, когда предприимчивый и остроумный астроном выдумал способ привлечь внимание марсиан, если таковые имеются, посредством изображающих какую-нибудь несложную геометрическую фигуру гигантских, в несколько миль длиной, световых линий, в основе чего лежала надежда, что, распознав нашу осведомленность о наличии треугольников, марсиане сразу придут к выводу, что возможен контакт с этими разумными теллурийцами.

Здесь здравый смысл шныряет обратно и хрипло шепчет, что хочу я того или нет, но одна планета плюс другая будет две планеты, а сто долларов больше пятидесяти. Возрази я, что одна из планет может оказаться двойной или что небезызвестная инфляция славится своим умением сократить за ночь сотню до десятки, здравый смысл обвинит меня в подмене общего частным. Но такая подмена опять-таки один из центральных феноменов в том мире, куда я вас приглашаю на экскурсию.

Я сказал, что мир этот хорош — и «хорошесть» его есть нечто иррационально-конкретное. Со здравомысленной точки зрения «хорошесть», скажем, чего-то съедобного настолько же абстрактна, как и его «плохость», раз и та и другая — свойства, не представляемые ясным рассудком в виде осязаемых и отдельных объектов. Но, проделав такой же мысленный фокус, какой необходим, чтобы научиться плавать или подрезать мяч, мы осознаем, что «хорошесть» — это что-то круглое и сливочное, красиво подрумяненное, что-то в чистом фартуке с голыми теплыми руками, нянчившими и ласкавшими нас, что-то, одним словом, столь же реальное, как хлеб или яблоко, которыми пользуется реклама; а лучшую рекламу сочиняют хитрецы, умеющие запускать шутихи индивидуального воображения, это умение — как раз коммерческий здравый смысл, использующий орудия иррационального восприятия в своих совершенно рациональных целях.

Ну а «плохость» в нашем внутреннем мире чужак; она от нас ускользает; «плохость», в сущности, скорее нехватка чего-то, нежели вредное наличие; и, будучи абстрактной и бесплотной, она в нашем внутреннем мире реального места не занимает. Преступники — обычно люди без воображения, поскольку его развитие, даже по убогим законам здравого смысла, отвратило бы их от зла, изобразив гравюру с реальными наручниками; а воображение творческое отправило бы их на поиски отдушины в вымысле, и они бы вели своих персонажей к успеху в том деле, на каком сами бы погорели в реальной жизни. Но, лишенные подлинного воображения, они обходятся слабоумными банальностями вроде триумфального въезда в Лос-Анджелес в шикарной краденой машине с шикарной же блондинкой, пособившей искромсать владельца машины. Разумеется, и из этого может получиться искусство, если перо писателя точно соединит нужные линии, но само по себе преступление — настоящее торжество пошлости, и чем оно удачнее, тем глупее выглядит. Я никогда не признавал, что задача писателя — улучшать отечественную нравственность, звать к светлым идеалам с гремящих высот случайной стремянки и оказывать первую помощь маранием второсортных книг. Читая мораль, писатель оказывается в опасной близости к бульварной муре, а сильным романом критики обычно называют шаткое сооружение из трюизмов или песчаный замок на людном пляже, и мало есть картин грустнее, чем крушение его башен и рва, когда воскресные строители ушли и только холодные мелкие волны лижут пустынный песок.

Кое-какую пользу, однако, настоящий писатель, хотя и совершенно бессознательно, окружающему миру приносит. Вещи, которые здравый смысл отбросил бы как никчемные пустяки или гротескное преувеличение, творческий ум использует так, чтобы сделать несправедливость нелепой. Наш настоящий писатель не задается целью превратить злодея в клоуна: преступление в любом случае жалкий фарс, независимо от того, принесет обществу пользу разъяснение этого или нет; обычно приносит, но задача или долг писателя не в этом. Огонек в писательских глазах, когда он замечает придурковато разинутый рот убийцы или наблюдает за розысками в богатой ноздре, учиненными крепким пальцем уединившегося в пышной спальне профессионального тирана, — огонек этот карает жертву вернее, чем револьвер подкравшегося заговорщика. И наоборот, нет ничего ненавистнее для диктатора, чем этот неприступный, вечно ускользающий, вечно дразнящий блеск. Одной из главных причин, по которой лет тридцать назад ленинские бандиты казнили Гумилева, русского поэта-рыцаря, было то, что на протяжении всей расправы: в тусклом кабинете следователя, в застенке, в плутающих коридорах по дороге к грузовику, в грузовике, который привез его к месту казни, и в самом этом месте, где слышно было лишь шарканье неловкого и угрюмого расстрельного взвода, — поэт продолжал улыбаться.

Земная жизнь всего лишь первый выпуск серийной души, и сохранность индивидуального секрета вопреки истлеванию плоти — уже не просто оптимистическая догадка и даже не вопрос религиозной веры, если помнить, что бессмертие исключено только здравым смыслом. Писатель-творец — творец в том особом смысле, который я пытаюсь передать, — непременно чувствует, что, отвергая мир очевидности, вставая на сторону иррационального, нелогичного, необъяснимого и фундаментально хорошего, он делает что-то черновым образом подобное тому, что *[двух страниц в оригинале не хватает. — Фр. Б.]* под облачными небесами серой Венеры.

Здесь здравый смысл меня прервет и скажет, что если и дальше потакать этим бредням, то можно попросту рехнуться. И впрямь можно, если болезненные преувеличения нашего бреда оторвать от холодного и сознательного труда художника. Сумасшедший боится посмотреть в зеркало, потому что встретит там чужое лицо: его личность обезглавлена; а личность художника увеличена. Сумасшествие — всего лишь больной остаток здравого смысла, а гениальность — величайшее духовное здоровье, и криминолог Ломброзо все перепутал, когда пытался установить их родство, потому что не заметил анатомических различий между манией и вдохновением, между летягой и птицей, между сухим сучком и похожей на сучок гусеницей. Лунатики потому и лунатики, что, тщательно и опрометчиво расчленив привычный мир, лишены — или лишились — власти создать новый, столь же гармоничный, как прежний. Художник же берется за развинчивание когда и где захочет и во время занятия этого знает, что у него внутри кое-что помнит о грядущем итоге. И рассматривая завершенный шедевр, он видит, что пусть мозги и продолжали незаметно шевелиться во время творческого порыва, но полученный итог — это плод того четкого плана, который заключался уже в исходном шоке, как будущее развитие живого существа заключено в генах.

Переход от диссоциации к ассоциации отмечен своего рода духовной дрожью, которую по-английски очень расплывчато называют inspiration. Прохожий начинает что-то насвистывать именно в тот момент, когда вы замечаете отражение ветки в луже, что, в свою очередь и мгновенно, напоминает сочетание сырой листвы и возбужденных птиц в каком-то прежнем саду, и старый друг, давно покойный, вдруг выходит из былого, улыбаясь и складывая мокрый зонтик. Все умещается в одну сияющую секунду, и впечатления и образы сменяются так быстро, что не успеваешь понять ни правила, по которым они распознаются, формируются, сливаются, — почему именно эта лужа, именно этот мотив, — ни точное соотношение всех частей; так кусочки картины вдруг мгновенно сходятся у вас в голове, причем самой голове невдомек, как и отчего сошлись все части, и вас пронзает дрожь вольного волшебства, какого-то внутреннего воскрешения, будто мертвеца оживили игристым снадобьем, только что смешанным у вас на глазах. На таком ощущении и основано то, что зовут inspiration, — состояние, которое здравый смысл непременно осудит. Ибо здравый смысл скажет, что жизнь на земле, от улитки до утки, от смиреннейшего червя до милейшей женщины, возникла из коллоидного углеродистого ила под воздействием ферментов и под услужливое остывание земли. Хорошо — пусть у нас по жилам льется силурийское море; я согласен даже на эволюцию, по крайней мере как на условную формулу. Пусть практические умы умиляются мышами на побегушках у профессора Павлова и колесящими крысами д-ра Гриффита и пусть самодельная амеба Рамблера окажется чудной зверушкой. Но нельзя забывать: одно дело — нашаривать звенья и ступени жизни, и совсем другое —

понимать, что такое в действительности жизнь и феномен вдохновения.

В приведенном мной примере — мотив, листва, дождь — имеется в виду сравнительно несложная форма. Такие переживания знакомы многим, необязательно писателям; большинство просто не обращает на них внимания. В моем примере память играет центральную, хотя и бессознательную роль и все держится на идеальном слиянии прошлого и настоящего. Вдохновение гения добавляет третий ингредиент: во внезапной вспышке сходятся не только прошлое и настоящее, но и будущее — ваша книга, то есть воспринимается весь круг времени целиком — иначе говоря, времени больше нет. Вы одновременно чувствуете и как вся Вселенная входит в вас, и как вы без остатка растворяетесь в окружающей вас Вселенной. Тюремные стены вокруг эго вдруг рушатся, и не-эго врывается, чтобы спасти узника, а тот уже пляшет на воле.

В русском языке, вообще-то довольно бедном абстрактными понятиями, для творческого состояния есть два термина: «восторг» и «вдохновение». Разница между ними главным образом температурная: первое — жаркое и краткое, второе — холодное и затяжное. До сих пор я говорил о чистом пламени «восторга», исходного восхищения, при котором еще нет никакой сознательной цели, но без которого невозможно связать разрушение прежнего мира с построением нового. Когда настанет срок и писатель примется за собственно сочинение книги, он положится на второй — ясный и устойчивый — вид, на «вдохновение», на испытанного товарища, который поможет воссоединить и заново построить мир.

Силе и оригинальности первичной судороги восторга прямо пропорциональна ценность книги, которую напишет писатель. В самом низу шкалы — та слабенькая дрожь, которая доступна среднему сочинителю, когда ему, скажем, вдруг откроется внутренняя связь между фабричными трубами, чахлой дворовой сиренью и бледнолицым ребенком; но сочетание до того незатейливо, тройной символ до того очевиден, мост между образами до того истоптан литературными паломниками и изъезжен телегами с грузом шаблонных идей, итоговый мир до того похож на общепринятый, что начатая книга неизбежно будет иметь небольшую ценность. С другой стороны, я вовсе не имею в виду, что изначальный толчок к великой прозе всегда плод чего-то поступившего через глаза, уши, ноздри, язык, кожные поры во время броуновских брожений длинноволосого служителя собственной красоты. Хотя всегда пригодится умение ткать внезапные гармоничные узоры из далеко друг от друга отстоящих нитей, и хотя, как в случае Марселя Пруста, конкретная идея романа может родиться из таких конкретных ощущений, как таяние пирожного на языке или неровность плиток под ногами, слишком поспешным был бы вывод, что сочинение всякого романа обязано опираться на прославленный физический опыт. В изначальном импульсе есть место стольким же разным аспектам, сколько есть темпераментов и талантов; возможно и постепенное накопление нескольких практически неосознанных импульсов, и внезапное объединение нескольких отвлеченных идей без отчетливой бытовой подоплеки. Но так или иначе процесс этот все равно можно свести к самой естественной форме творческого трепета — к внезапному живому образу, молниеносно выстроенному из разнородных деталей, которые открылись все сразу в звездном взрыве ума.

Когда писатель принимается за труд воссоединения, творческий опыт говорит ему, чего избегать во время приступов той слепоты, которая нападает даже на самых великих, когда бородавчатая жирная нежить условностей или склизкие бесенята по имени «текстовые затычки» карабкаются по ножкам письменного стола. Пылкий «восторг» выполнил свое задание, и холодное «вдохновение» надевает строгие очки. Страницы еще пусты, но странным образом ясно, что все слова уже написаны невидимыми чернилами и только молят о зримости. Можно по желанию развертывать любую часть картины, так как идея последовательности не имеет значения, когда речь идет о писателе. Последовательность возникает лишь потому, что слова приходится писать одно за другим на одна за другой идущих страницах, как и читательскому уму требуется время, чтобы прочесть книгу, по крайней мере в первый раз. Ни времени, ни последовательности нет места в воображении автора, поскольку исходное озарение не подчинялось стихиям ни времени, ни пространства. Будь ум устроен по нашему усмотрению и читайся книга так же, как охватывается взглядом картина, то есть без тягостного продвижения слева направо и без нелепости начал и концов, это и было бы идеальное прочтение романа, ибо таким он явился автору в минуту замысла.

И вот он готов его написать. Он полностью снаряжен. Вечное перо залито чернилами, в доме тихо, табак рядом со спичками, ночь еще молода... и в этом приятном положении мы его и покинем, осторожно выскользнем, прикроем дверь и решительно столкнем с крыльца зловещего монстра здравого смысла, который топает по ступеням, готовясь скулить, что книгу не поймет широкая публика, что книгу ни за что не удастся — и как раз перед тем, как он выдохнет слово П,Р,О,Д,А,Т, Мягкий Знак, нужно выстрелить здравому смыслу в самое сердце.

L'ENVOI[1]

Кому-то из вас может показаться, что при нынешнем крайне неспокойном положении в мире изучать литературу, и уж тем более изучать структуру и стиль, — пустая трата сил. Я допускаю, что при известном складе ума — а он у всех у нас разный — изучение стиля покажется пустой тратой сил в любом положении. Но отвлекаясь от этого, я всегда считал, что в любом уме — художественного или практического склада — всегда найдется зона, восприимчивая к тому, что неподвластно страшным невзгодам обыденной жизни.

Романы, которые мы тут усваивали, не научат вас ничему, что пригодилось бы в обычных житейских ситуациях. Они бесполезны в конторе и на военных сборах, в кухне и в детской. Знания, которые я стремился вам передать, в сущности, предмет роскоши. Они не помогут вам разобраться ни в политэкономии Франции, ни в тайнах женского или юношеского сердца. Но они вам помогут — при соблюдении моих инструкций — испытать чистую радость от вдохновенного и точно выверенного произведения искусства; от самой же этой радости появится тот истинный душевный покой, когда понимаешь, что при всех ошибках и промахах внутреннее устройство жизни тоже определяется вдохновением и точностью.

В этом курсе я попытался раскрыть механизм чудесных игрушек — литературных шедевров. Я попытался сделать из вас хороших читателей, которые читают

---
[1] Посвящение *(фр.)*.

книги не из детского желания отождествиться с героем, не из подросткового желания узнать жизнь и не из университетского желания поиграть обобщениями. Я попытался научить вас чтению, открывающему форму книги, ее образы, ее искусство. Я попытался научить вас трепету эстетического удовольствия, сочувствию не к персонажам книги, но к ее автору — к радостям и тупикам его труда. Наши беседы велись не вокруг книг, не по их поводу: мы проникали в самое средоточие шедевра, к его бьющемуся сердцу.

Курс подошел к концу. Работа с вашей группой была необычайно приятным взаимодействием между фонтаном моей речи и садом ушей — иных открытых, иных закрытых, чаще — восприимчивых, иногда — чисто декоративных, но всегда человеческих, всегда божественных. Окончив университет, кто-то из вас продолжит чтение великих книг, кто-то прекратит; а кто чувствует, что никогда не разовьет в себе способность наслаждаться великими мастерами, тому лучше вообще их не читать. В конце концов, и в других областях встречается этот трепет восторга — упоение чистой наукой бывает не менее сладостно, чем наслаждение чистым искусством. Главное — этот озноб ощутить, а каким отделом мозга или сердца — неважно. Мы рискуем упустить лучшее в жизни, если этому ознобу не научимся, если не научимся привставать чуть выше собственного роста, чтобы отведать плоды искусства — редчайшие и сладчайшие из всех, какие предлагает человеческий ум.

ПРИЛОЖЕНИЕ

Мигель де Сервантес Сааведра
(1547—1616)

ИЗ ЛЕКЦИЙ О «ДОН КИХОТЕ»[1]

ВВЕДЕНИЕ

«ЖИЗНЬ» И ЛИТЕРАТУРА

Мы постараемся избежать роковой ошибки и не будем искать в романах так называемую «жизнь». Оставим попытки помирить фиктивную реальность с реальностью фикции. «Дон Кихот» — сказка, как «Холодный дом» или «Мертвые души». «Госпожа Бовари» и «Анна Каренина» — великолепные сказки. Правда, без таких сказок и мир не был бы реален. Литературный шедевр — это самостоятельный мир и поэтому вряд ли совпадет с миром читателя. А с другой стороны, что такое эта хваленая «жизнь», что такое эти прочные «истины»? В них начинаешь сомневаться, увидев, как биологи грозят друг другу тычинками и пестиками, а историки, сцепившись намертво, катаются в пыли веков. Пусть даже главные источники так называемой «жизни» так называемого среднего человека — это его газета и набор чувств, сокращенный до пяти — неважно, так это или нет, одно, к счастью, можно знать наверное: сам этот средний человек всего лишь плод вымысла, хитросплетение статистики.

Так что понятие «жизнь» основано на системе абстракций, и, только став абстракциями, так называемые

---

[1] Перевод сделан по изданию: *Nabokov V.* Lectures on Don Quixote. Ed. by Fredson Bowers. N.Y.; L., 1983.

«факты» так называемой «жизни» соприкасаются с произведением литературы. Поэтому чем меньше в книге отвлеченного, тем труднее применить к ней «жизненные» нонятия. Или, иначе говоря, чем ярче и новее подробности в книге, тем дальше она отходит от так называемой «жизни», поскольку «жизнь» — это обобщенный эпитет, заурядное чувство, одураченная толпа, мир общих мест. Я нарочно сразу ныряю в ледяную воду — это неизбежно, когда хочешь разбить лед. Итак, бессмысленно искать в этих книгах подробного и достоверного изображения так называемой «реальной жизни». Но при этом между абстракциями вымысла и жизни есть иногда некое соответствие. Например, физическая или душевная боль, сны, безумие или такие вещи, как доброта, милосердие, справедливость, — посмотрите на эти универсальные категории человеческого бытия, и вы согласитесь, что узнать, как мастера литературы претворяют их в искусство, — стоящее дело.

ГДЕ? «ДОН КИХОТА»

Не стоит себя обманывать: землемером Сервантес не был. Шаткий задник «Дон Кихота» — выдумка, и притом довольно неубедительная. Нелепые постоялые дворы, где толпятся запоздалые герои итальянских новелл, нелепые горы, которые кишат тоскующими рифмоплетами в костюмах аркадских пастухов, делают картину страны, нарисованную Сервантесом, примерно настолько же точной и типичной для Испании XVII века, насколько фигура Санта-Клауса точна и типична для Северного полюса века двадцатого. Видимо, Сервантес знал Испанию не лучше, чем Гоголь — центральную Россию.

И все равно это — Испания; как раз здесь и можно сопоставить абстракции «жизни» (в данном случае географические) с абстракциями книги. Говоря приблизительно, приключения Дон Кихота в первой части разыгрываются около деревень Аргамасилья и Тобосо в Ламанче, на запекшейся кастильской равнине, и южнее — в горах Моренской гряды, в Сьерре-Морене. Предлагаю познакомиться с этими местами по карте, которую я нарисовал. Как видите, Испания простирается, говоря на тупо-, простите, топографическом языке, от 43 до 36 градуса широты, то есть от Массачусетса до Северной Каролины, а область, где происходят главные события, соответствует Виргинии. На западе, рядом с португальской границей, вы найдете университетский город Саламанку, а в центре Испании восхититесь Мадридом и Толедо. Во второй части общий курс странствия влечет нас на север, к Сарагосе в Арагоне, но потом, по причине, о которой я скажу позже, автор меняет планы и отправляет своего героя в Барселону, на восточное побережье.

Однако, попробовав изучить вылазки Дон Кихота по карте, мы столкнемся с невыносимой путаницей. Я избавлю вас от подробностей и скажу только, что в его приключениях полно чудовищных несообразностей на каждом шагу. Наш автор уклоняется от определенных, поддающихся проверке описаний. Нет никакой возможности проследить блуждания героя через четыре или шесть провинций центральной Испании, в ходе которых до самой Барселоны на северо-востоке не попадаешь ни в один известный город и не переправляешься ни через одну реку. Сервантес — полный и законченный невежда в географии, даже когда дело касается Аргамасильи в Ламанчском округе, хотя кое-кто и видит в ней более или менее надежную отправную точку[1].

«КОГДА?» КНИГИ

Вот и все о пространстве. Теперь о времени.

Из 1667 года, когда был издан «Потерянный рай» Мильтона, мы соскальзываем обратно в спаленный солнцем ад, к первым двум десятилетиям XVII века.

Одиссей, блистая латами, с порога расстреливает

---

[1] В конце этого предложения В. Н. называет Аргамасилью «деревней Дон Кихота», которая упоминается на последних страницах первой части». Что этой деревней была Аргамасилья, скорее правдоподобное и устоявшееся мнение, чем установленный факт. Оно основано на том, что там жили все шесть вымышленных академиков, чьими эпитафиями и другими стихами заканчивается первая часть. Первая глава первой части в переводе Путнама начинается такими словами: «В одной деревушке в Ламанче, название которой у меня нет ни малейшей охоты вспоминать, жил да был не так давно...» В своей книге Сервантес так нигде и не упоминает ее названия. — *Фр. Б.*

женихов; Данте жмется, дрожа, к Вергилию, видя, как змея и грешник сливаются воедино; Сатана атакует ангелов — все они принадлежат той форме или фазе искусства, которую мы зовем эпосом. Кажется, великим литературам прошлого суждено было рождаться на европейских окраинах, на границе известного мира. Мы знаем юго-восточную, южную и северо-западную точки, соответственно Грецию, Италию и Англию. Четвертой точкой теперь станет Испания на юго-западе.

Здесь мы видим эволюцию эпической формы: ее метрическая кожа сползает, стопы привыкают к пешей ходьбе, и от крылатого эпического чудовища и занимательного прозаического рассказа внезапно рождается плодовитый гибрид — довольно-таки ручное млекопитающее, если уж завершить это хромающее сравнение. В итоге — плодовитая помесь, новый вид, европейский роман.

Итак, место — Испания, время — с 1605 по 1615 год; очень удобное десятилетие, карманное и сподручное. Испанская словесность процветает, Лопе де Вега строчит свои пятьсот пьес, которые сегодня столь же мертвы, как и горстка пьес его современника, Мигеля де Сервантеса Сааведры. Наш герой неслышно выбирается из своего угла. На его жизнь я взгляну лишь краем глаза, но вы легко отыщете ее в разных предисловиях. Нас интересуют книги, а не люди. Об изувеченной руке Сааведры вы узнаете не от меня.

Мигель де Сервантес Сааведра (1547—1616); Уильям Шекспир (1564—1616). Когда Сервантес родился, Испанская империя была на вершине власти и славы. Ее худшие беды и лучшая литература начались в конце века. Пока, начиная с 1583 года, длилось литературное ученичество Сервантеса, Мадрид наполняли нищие рифмоплеты и сочинители более или менее гладкой кастильской прозы. Имелся, как я уже сказал, Лопе де Вега, который совершенно затмил драматурга Сервантеса и мог за двадцать четыре часа написать целую пьесу со всеми положенными шутками и смертями. Имелся и сам Сервантес — неудавшийся солдат, поэт, драматург, чиновник (он получал 60 центов в день за зерновые реквизиции для горемычной Испанской армады), и вот в 1605 году он издает первую часть «Дон Кихота».

Наверное, стоит окинуть беглым взглядом мир словесности между 1605 и 1615 годами — датами выхода двух частей «Дон Кихота». Вот что поражает воображение наблюдателя: почти болезненный разгул сонетотворчества по всей Европе — в Италии, Испании, Англии, Польше, Франции; достойная удивления, но не окончательного презрения страсть заключать образ, чувство, идею в четырнадцатистрочную клетку, за золоченую решетку пяти или семи рифм — пяти в романских странах, семи в Англии.

Обратимся к Англии. В ослепительном закатном зареве елизаветинских времен уже написана или пишется череда несравненных шекспировых трагедий: «Гамлет» (1601), «Отелло» (1604), «Король Лир» (1605), «Макбет» (1606). (Выходит, что безумный рыцарь Сервантеса и безумный царь Шекспира могли создаваться одновременно.) А в раскидистой тени Шекспира подрастали Бен Джонсон, Флетчер и другие драматурги — густой подлесок гения. В 1609 году были изданы сонеты Шекспира — высшее достижение жанра, а в 1611-м вышла Библия короля Якова — влиятельный памятник прозы. Мильтон родился в 1608 году, между изданиями первой и второй частей «Дон Кихота». В английской Вирджинской колонии капитан Джон Смит в 1608 году выпустил «Правдивый рассказ», а в 1612-м — «Карту Вирджинии». Он сложил сагу о Покахонтас[1] и был хоть и неуклюжим, но сильным рассказчиком, первым певцом фронтира в этой стране.

Для Франции десятилетие было временем короткого упадка между двумя великими эпохами вслед за восхитительно яркой эрой поэта Ронсара и эссеиста Монтеня. Поэзия умирала пристойной смертью на руках у бледных гладкописцев, ловко рифмующих, но с немощным воображением — как знаменитый и влиятельный Малерб. Тон задавали нелепые чувствительные романы вроде «Астреи» Оноре д'Юрфе. Следующий по-настоящему великий поэт — Лафонтен — еще не родился, а пьесы Мольера и Расина еще не увидели сцены.

В Италии, где длилась эпоха угнетения и тирании, начавшаяся в середине XVI века, где мысль была под

---

[1] Дочь индейского вождя, спасла жизнь капитану Смиту.

подозрением, а высказанная мысль — в оковах, — там в оное десятилетие царила напыщенная поэзия, так что, кроме вычурных метафор и натянутых выдумок Дж. Марино и его приверженцев, нечего и вспомнить. Десять лет назад поэт Торквато Тассо окончил свою трагически неумелую жизнь, а совсем недавно (в 1600-м) сожгли на костре великого вольнодумца Джордано Бруно.

Что касается Германии, никаких великих писателей там нет в эти десять лет, которые можно считать преддверием так называемого немецкого Возрождения (1600—1740). Разные второстепенные поэты перепевали французскую литературу, множество литературных обществ составлялось по итальянскому образцу.

В России между горячечными посланиями Ивана Грозного (конец XVI века) и рождением величайшего из писателей Руси (до Возрождения XIX века) протопопа Аввакума (1620—1682), в затянувшуюся эпоху гнета и обособленности, мы можем различить только анонимные сказки и повествования в белых стихах, которыми сказители нараспев прославляли богатырей (древнейший текст такой «былины» был записан в 1620 году для англичанина Ричарда Джеймса). В России, как и в Германии, литература была еще в зародыше.

ОБОБЩЕНИЕ КРИТИЧЕСКИХ ОТКЛИКОВ

Некоторые критики (расплывчатое, давно почившее меньшинство) пытались доказать, что «Дон Кихот» всего лишь безвкусный фарс. Другие объявляли «Дон Кихота» величайшим из романов. Сто лет назад один восторженный французский критик, Сент-Бев, назвал его «Библией человечества». Не будем поддаваться чарам этих заклинателей.

Переводчик Сэмюэл Путнам в Викинговом издании хвалит книги о «Дон Кихоте» Белла и Кратча[1]. Я резко возражаю против многого в этих книгах. Я не согласен с утверждениями вроде того, что «тонкостью восприятия, изяществом ума, живостью воображения и изыс-

---

[1] *Bell A. F. G.* Cervantes. Norman: University of Oklahoma Press, 1947; *Krutch J. W.* Five Masters: A Study in the Mutations of the Novel. N.Y., 1930.

канностью юмора [Сервантес] не уступал Шекспиру». Ну нет — даже если свести Шекспира к одним комедиям, Сервантес сильно отстает по всем пунктам. «Дон Кихот» всего лишь оруженосец «Короля Лира», и оруженосец хороший. Шекспир и Сервантес ровня только в одном: в силе воздействия, духовного влияния. Я имею в виду ту длинную тень, которую отбрасывает на восприимчивое потомство созданный образ, чья жизнь может продолжаться независимо от самой книги. Правда, пьесы Шекспира будут жить и без падающей от них тени.

Было замечено, что оба писателя умерли в день св. Георгия в 1616 году, «заключив союз для истребления дракона лживых видимостей», как затейливо, но неверно пишет Белл. Не помышляя об истреблении дракона, и Сервантес и Шекспир — каждый на свой лад — выгуливали на поводке этого милого зверя, чтобы слова навечно сберегли его переливчатую чешую и грустный взгляд (кстати, хотя днем смерти обоих считается 23 апреля — мой день рождения, но Сервантес и Шекспир умерли по разным календарям и между двумя датами — десятидневный разрыв).

Вокруг «Дон Кихота» раздается гулкий звон скрещивающихся мнений — иногда с призвуком здравого, но прозаического рассудка Санчо, иногда напоминая о ярости Дон Кихота, нападающего на мельницы. Католики и протестанты, тощие мистики и тучные политики, благонамеренные, но велеречивые и безжизненные критики, вроде Сент-Бева, Тургенева и Брандеса, и тьмы сварливых ученых излагали свои мнения о книге и создавшем ее человеке. Есть те, кто вместе с Обри Беллом думают, что нельзя создать шедевр без помощи Вселенской Церкви; он хвалит «снисходительность и терпимость церковных цензоров в Испании» и заявляет, что Сервантес и его герой были добрыми католиками в лоне доброй Контрреформации. Но есть и грубоватые протестанты, которые, напротив, намекают, будто у Сервантеса были какие-то связи с реформатами. Далее, Белл утверждает, что мораль книги — в том, что Дон Кихот слишком много на себя берет, безумно стремясь к общему благу, ибо радеть о нем надлежит одной лишь церкви. Эта же школа заявляет, что Сервантесу было до инквизиции так же мало дела, как драматургу Лопе де Веге или живописцу Веласкесу, и поэтому насмешки над священниками в романе — это добродушный, домашний юмор, в прямом смысле слова дело семейное, монастырские остроты, шалости на лужайке. Но другие критики упрямо защищают противоположную точку зрения и стараются доказать (не очень успешно), что в «Дон Кихоте» Сервантес бесстрашно обнаружил свое презрение к тому, что суровый протестантский комментатор Даффилд называет «римскими ритуалами» и «поповской тиранией»; и он же заключает, что не один только Дон Кихот был маньяком, но что и всю «Испанию в XVI веке наводняли помешанные того же толка, "мономаньяки"», поскольку «король, инквизиция, знать, кардиналы, священники, монахини... — все были одержимы, — с напором продолжает критик, — одной властной и всесильной идеей, будто путь на небеса проходит через ту дверь, ключи от которой хранятся у них».

Мы не встанем на эту пыльную тропу набожных и вольнодумных, фривольных и возвышенных обобщений. На самом-то деле не так уж важно, был ли Сервантес хорошим католиком или дурным — более того, неважно и был ли он хорошим или дурным человеком; не придаю я особого значения и его взглядам на современную ему жизнь. Лично я более склонен разделить то мнение, что современность его не очень-то беспокоила. А что нас занимает, так это сама книга, определенный испанский текст в более или менее верном английском переводе. Конечно, отправляясь от этого текста, мы столкнемся и с некоторыми моральными положениями, которые должно оценивать в свете, распространяющемся за рамки самой книги, и мы не дрогнем, наткнувшись на эти шипы. «L'homme n'est rien — l'œuvre est tout» («Создатель — ничто, создание — все»), — сказал Флобер. Многие сторонники искусства для искусства таят в себе отчаявшегося моралиста, и в нравственности «Дон Кихота» есть нечто, освещающее мертвенной синью лабораторных ламп гордую плоть отдельных пассажей. Мы еще скажем о жестокости книги.

ОБЩИЕ ЗАМЕЧАНИЯ О ФОРМЕ

Романы можно разделить на «одноколейные» и «многоколейные».

В одноколейных — только одна линия человеческой жизни.

В многоколейных — таких линий две или больше.

Одна или многие судьбы могут непрерывно присутствовать в каждой главе, или же автор может применять прием, который я называю большой или малой стрелкой.

Малая — когда главы, в которых деятельно присутствует основная жизнь (или жизни), чередуются с главами, в которых второстепенные персонажи обсуждают эти центральные судьбы.

Большая — когда в многоколейном романе автор полностью переключается с рассказа об одной жизни на рассказ о другой и потом обратно. Судьбы многих персонажей могут подолгу развиваться врозь, но многоколейному роману, как литературной форме, присуще то, что раньше или позже эти многочисленные жизни должны пересечься.

«Госпожа Бовари», например, — это одноколейный роман почти без стрелок. «Анна Каренина» — многоколейный с большими стрелками. Что же такое «Дон Кихот»? Я бы назвал его полутораколейным романом с редкими стрелками. Рыцарь и оруженосец, в сущности, составляют одно целое, и в любом случае оруженосец только подыгрывает хозяину; правда, в известный момент во второй части они расходятся. Стрелки при этом не слишком плавные: автор неловко снует от острова Санчо к замку Дон Кихота и все заинтересованные лица — автор, герои, читатель — испытывают подлинное облегчение, когда наша пара воссоединяется и возвращается к естественному сочетанию «рыцарь—оруженосец».

Если рассматривать тонкости уже не смысла, а ремесла, то современные романы можно разделить на такие разряды: семейные, психологические (они часто написаны от первого лица), романы тайн и т. д. Выдающиеся книги обычно оказываются соединением нескольких разных видов. Как бы то ни было, постараемся не впасть в педантство. Это занятие может отчаянно надоесть, и сам вопрос о типах просто перестанет интересовать, если нам придется разбирать почти или совсем ничего не стоящие книги или, наоборот, запихивать орлиное чучело шедевра в тесную клетку классификации[1].

«Дон Кихот» относится к очень раннему, очень примитивному виду романа. Он тесно примыкает к плутовскому роману — тому роду рассказа, древнему, как виноградники, в котором роль героя отдана проныре, лодырю, шарлатану или еще какому-нибудь достаточно забавному проходимцу. И этот герой пускается в более или менее анти- или асоциальные странствия, переходя от занятия к занятию и от затеи к затее в череде ярких, слабо связанных эпизодов, в которых комическая стихия берет верх над любым трагическим или лирическим порывом. Примечательно и то, что во времена политического гнета, когда правительство или церковь требуют от писателя нравоучений, автор, выбрав в герои мошенника, тайком снимает с себя рискованную ответственность за социально-религиозно-политический облик своего героя, так как бродяга, авантюрист, безумец есть, по определению, лицо асоциальное и безответственное[2].

Разумеется, в приключениях нашего мечтательного Дона мы видим гораздо больше, чем просто невзгоды двух паяцев — тощего и толстого, но, в сущности, книга относится к примитивному типу — разболтан-

---

[1] Далее следует вычеркнутый отрывок, в котором В. Н. писал: «Так что совершенно наплевать, к какой именно категории отнести романы таких писателей, как, например, — простите, я дал себе слово современных не называть». Извинение после тире вписано над взятым в скобки (для возможного пропуска) перечислением: «Голсуорси или Маннсуорси, Эптон Льюис или Жюль Роллан». Такое переплетение имен было одним из любимых приемов Набокова. Томас Манн, Эптон Синклер, Синклер Льюис, Жюль Ромен и Ромен Роллан не относились к числу его любимых авторов. — *Фр. Б.*

[2] В вычеркнутом отрывке В. Н. продолжает: «Времена угнетения в России — при Николае I, Ленине или Сталине — тоже сопровождались появлением плутовских романов. Я допускаю, что Сервантес выбрал плутовской жанр потому, что в ту жестокую и корыстную эпоху он был самым безопасным; а для пущей безопасности Сервантес пристегнул к нему еще и первую попавшуюся мораль, которая сейчас звучала бы так: от некоторых комиксов можно свихнуться». — *Фр. Б.*

ному, сумбурному, пестрому плутовскому жанру, и именно такой воспринимали и любили ее простые читатели.

ДЛИННАЯ ТЕНЬ ДОН КИХОТА

Читая других романистов, с Дон Кихотом мы в каком-то смысле не расстанемся ни на минуту. Мы узнали его наиболее важную и памятную черту — сумасбродное благородство — в донкихотстве хозяина совсем не холодного дома Джона Джарндиса, одного из самых милых и привлекательных литературных героев. Приступив к роману Гоголя «Мертвые души», мы легко различим в его лжеплутовском сюжете и в странном предприятии героя причудливый отклик и мрачную пародию на приключения Дон Кихота. А открыв «Госпожу Бовари» Флобера, мы не только увидим, что сама госпожа погружается в романические глубины почти так же исступленно, как долговязый идальго, но обнаружим и нечто более любопытное: Флобер, с угрюмым упрямством героя сочиняя свою книгу, оказался истым Дон Кихотом именно в том, что отличает величайших писателей — в честности непреклонного искусства. И наконец, задумчивый рыцарь снова забрезжит в одном из главных персонажей «Анны Карениной» Толстого — Левине.

Поэтому мы могли бы представить Дон Кихота и его оруженосца двумя маленькими силуэтами, которые трусят вдали на фоне огромного горящего заката, а их гигантские черные тени, одна особенно вытянутая, простираются через равнину веков и добираются до нас. Во второй лекции мы посмотрим на эти фигуры сквозь некие, изготовленные мной, очки и in vitro[1]. В третьей лекции я займусь разными особенностями композиции — композиционными приемами, прежде всего Аркадской темой, темой «вставной новеллы», темой «рыцарских романов». Моя четвертая лекция будет посвящена Жестокости, Розыгрышам, Колдовству. Лекция номер пять коснется темы Лжелетописцев и Зеркал и не оставит без присмотра крошку Альтисидору, Дуль-

---

[1] В стекле, то есть в пробирке (*лат.*).

цинею и Смерть. Моя последняя донкихотская лекция будет итоговой таблицей побед и поражений Дон Кихота.

ДВА ПОРТРЕТА: ДОН КИХОТ И САНЧО ПАНСА

ТОТ САМЫЙ ДОН КИХОТ

Даже если сделать скидку на сумерки перевода, в которых блекнет испанский язык, все равно шутки и прибаутки Санчо не особенно веселят — что по отдельности, что в утомительных нагромождениях. Сегодня самая избитая реприза и та смешнее. Да и балаганные сцены романа не очень надрывают современные животы. Рыцарь Печального Образа — неповторимая личность, а Санчо-Нечесаная борода, Санчо-Красный нос — это, с некоторыми оговорками, заурядный шут.

Трагедия вообще сохраняется лучше комедии. Драму хранит янтарь; гогот распылен по пространству и времени. Безымянный озноб искусства, несомненно, ближе мужественному трепету священного ужаса или влажной улыбке женственной жалости[1], чем мимолетной ухмылке; и, само собой, есть кое-что получше и оглушительных стонов и оглушительного хохота — это томное мурлыканье, вызванное уколом осязаемой мысли; а «осязаемая мысль» есть иное имя подлинного искусства, которое присутствует в нашей книге в малой, но бесконечно ценной дозе.

Разберемся с печальным человеком. Пока он не окрестил себя Дон Кихотом, его звали просто Кихада или Кесада. Он сельский дворянин, владелец виноградника, дома и двух акров пахоты; примерный католик (который затем перестанет соответствовать меркам католической морали); высокий, тощий человек лет пятидесяти. Посередине спины у него — черная волосатая родинка, что, по мнению Санчо, есть признак силы, о ней же говорит и густая поросль на его груди. Правда, на его крупных костях не так много плоти; и, как его

---

[1] Слово «comparison» в тексте оригинала исправлено на «compassion» по фотографии рукописи на с. 14 американского издания. — *Примеч.пер.*

ум представляет собой шахматную доску затмений и озарений, так и телесное его состояние есть сумасшедшее шитье из лоскутьев силы, усталости, стойкости и приступов отчаянной боли. Возможно, патетика потерянных поединков мучит Дон Кихота сильнее, чем боль от уморительного мордобоя, но нельзя забывать и о том ужасном постоянном недуге, который его нервная бодрость и угрюмая страсть спать на улице могут превозмочь, но не в силах исцелить: бедняга много лет страдал от серьезной болезни почек.

Потом мне много придется говорить о жестокости книги и о том, как странно отнеслись к ее бессердечию и специалисты, и простые читатели, увидевшие в ней доброе, человечное произведение.

То и дело, чтобы на грубый средневековый лад потешить читателя, Сервантес показывает своего героя в одной рубашке, подчеркивая, что она слишком коротка и не закрывает его бедра. Я прошу прощения за эти стыдные подробности, но они нам нужны, чтобы опровергнуть сторонников здоровых забав и гуманной ухмылки. Ноги у него длинные, худы и волосатые и отличаются чем угодно, кроме чистоты; однако его иссохшая кожа не сулит выгод блохам, терзающим его тучного спутника, и не привлекает их. Теперь займемся нарядом нашего подопечного. Вот его камзол, облегающая куртка из замши с недостающими или неподходящими пуговицами, — она вся задубела от ржавого пота и дождя, орошавших ветхие латы. На мягком воротнике, какие в моде у школяров Саламанки, нет галуна; на коричневых штанах — рыжие заплаты; зеленые шелковые чулки в стрелках от спустившихся петель; башмаки — цвета финика. Добавьте сюда фантастические доспехи, которые при луне превращают его в вооруженный призрак, вполне уместный на укреплениях Эльсинора в Датском королевстве, вздумай шалуны-приятели Гамлета разыграть унылого виттенбергского студента.

Так вот, доспехи Дон Кихота — старые, черные, в плесени. В первых главах самодельный шлем подвязан зелеными лентами, чьи узлы можно распутать, лишь потратив несколько глав. Некогда этот шлем был цирюльничьим тазом с круглой выемкой сбоку — в нее клали подбородок клиенты, через нее в сей чепец Дон

Кихота залетела пчела. С круглым щитом на тощей руке и с засохшим суком вместо копья он восседает на Росинанте, который делит с хозяином худобу, длинношеесть, скрытую кротость, у которого те же задумчивые глаза, степенность повадок и костлявая величавость, что присущи и самому Дон Кихоту, если дело не дошло до драки, ибо в этом случае он дергает и шевелит бровями, раздувает щеки, свирепо озирается и бьет оземь правой ногой, словно беря на себя и роль скакуна тоже, пока Росинант стоит рядом, понурив голову.

Подняв картонное забрало, Дон Кихот открывает изможденное, запыленное лицо с крючковатым носом, запавшими глазами, с редкими передними зубами и длинными унылыми усами, еще черными в отличие от жидкой седины на голове. Это вытянутое лицо отличают важность и худоба; вначале оно покрыто болезненной бледностью, которую затем палящее солнце Кастильской равнины меняет на простонародный загар. Лицо такое тощее, щеки так ввалились, так мало зубов, что кажется, будто щеки (как выразился автор) «целуются внутри рта».

Своего рода переход от его наружности к загадочной двойственной натуре отмечается в его манерах. Хладнокровие, серьезность, великолепное спокойствие и самообладание составляют странный контраст с безумными припадками воинственной ярости. Он любит тишину и благолепие. Он тщательно, но не впадая в манерность, выбирает выражения. Он строгий пурист: не выносит вульгарного коверканья слов и сам никогда не употребит неверного оборота. Он целомудрен, влюблен в туманную грезу, его преследуют волшебники; и, сверх всего, он учтивый джентльмен, человек бесконечной храбрости, герой в подлинном смысле слова. (Эту важную черту нельзя ни на минуту упускать из виду.) Хотя и крайне любезный и готовый угодить, одного он ни за что не стерпит — и малейшего сомнения в достоинствах Дульцинеи, госпожи его мечтаний. По верному замечанию оруженосца, отношение Дон Кихота к Дульцинее религиозно. Он и в мыслях не посягает ни на что, кроме бескорыстного поклонения Дульцинее, и надеется лишь на одну награду — быть принятым в число ее воздыхателей. «Подобного рода любовью до́лжно любить господа Бога, — такую я слыхал проповедь, — сказал Санчо, — любить ради него самого, не надеясь на воздаяние и не из страха быть наказанным»[1].

Я прежде всего имею в виду первую часть, потому что во второй характер Дон Кихота претерпевает кое-какие любопытные изменения: к припадкам помешательства добавляются периоды страха. Поэтому, продолжая настаивать на его безграничной отваге, мы пока оставляем в стороне ту сцену из второй части, когда он трясется от страха в комнате, вдруг заполнившейся котами. Но в общем и целом он храбрее всех рыцарей на белом свете и несчастнее всех влюбленных. В нем нет и тени злобы; он доверчив как ребенок. Более того, его ребячливость, возможно, превосходит задуманную автором. Когда в одной из сцен романа в двадцать пятой главе первой части он решает каяться, совершая «безумства» — добровольные «безумства» вдобавок к обычному своему безумию, то оказывается, что по части шалостей его воображение не превышает школьного уровня.

«Во всяком случае, мне угодно, Санчо, — ибо так нужно», — говорит Дон Кихот, когда Санчо собирается отправиться из Сьерры-Морены с письмом к Дульцинее, — «мне угодно, говорю я, чтобы ты посмотрел, как я в голом виде раз двадцать пять побезумствую, причем все это я в какие-нибудь полчаса сумею проделать, — впоследствии же, коль скоро ты все это видел своими глазами, ты можешь, положа руку на сердце, поклясться, что видел и другие мои выходки, какие тебе вздумается присовокупить. Но уверяю тебя, что сколько бы ты их ни описал, а все-таки у меня их будет больше...» Тут он с необычайною быстротою снял штаны и, оставшись в одной сорочке, нимало не медля дважды перекувырнулся в воздухе — вниз головой и вверх пятами, выставив при этом напоказ такие вещи, что Санчо, дабы не улицезреть их вторично, довольный и удовлетворенный тем, что мог теперь *[Сервантес заканчивает главу]* засвидетельствовать безумие своего господина, дернул поводья».

Теперь о его главном сумасшествии. Мирный сель-

---

[1] Перевод Н. Любимова цит. по изданию: *Мигель де Сервантес Сааведра.* Хитроумный идальго Дон Кихот Ламанчский. — М.: Худож. лит., 1970.

ский дворянин сеньор Алонсо, он жил себе, управлял своим поместьем, вставал на заре, был заядлым охотником. В пятьдесят лет он погрузился в чтение рыцарских романов и принялся есть тяжелые обеды, включая блюдо, которое один переводчик назвал «resurrection pie» (duelos y quebrantos, буквально: «муки и переломы»), — «котелок варева, на которое идет мясо скотины, сломавшей шею, упав с обрыва». «Муки» относятся не к мучениям скотины — о них никто и не думал, — а к чувствам, которые испытывали хозяева овец и пастухи, обнаружив потерю. Недурной ход мысли. То ли все дело в меню из героической свинины, из дерзких коров и овец, столь катастрофически обращенных в говядину и баранину, то ли он с самого начала был слегка не в себе — так или иначе Дон Кихот принимает благородное решение оживить и вернуть бесцветному миру яркое призвание странствующего рыцарства с его особым строгим уставом и со всеми его блистательными миражами, страстями и подвигами. С мрачной решимостью он принимает как свою судьбу «труды, тревоги и сражения»[1].

С этих пор он выглядит разумным человеком не в своем уме или безумцем на грани здравомыслия; полосы полоумия, помраченный рассудок с просветами разума. Таков он в чужих глазах, но и ему вещи явлены в столь же двойственном виде. Реальность и иллюзия переплетены в жизненном узоре. «Как могло случиться, — говорит он своему слуге, — что, столько странствуя вместе со мной, ты еще не удостоверился, что все вещи странствующих рыцарей представляются ненастоящими, нелепыми, ни с чем не сообразными. <...> Однако на самом деле это не так, на самом деле нас всюду сопровождает рой волшебников, — вот они-то и видоизменяют и подменивают их и возвращают в таком состоянии, в каком почтут за нужное, в зависимости от того, намерены они облагодетельствовать нас или же сокрушить».

В «Одиссее», как вы помните, у героя могучие по-

---

[1] В. Н. добавляет, сначала взяв в скобки, затем вычеркнув: «или "пот, кровь и слезы", как выразился более тучный джентльмен в более трагических обстоятельствах». — *Фр. Б.* (Из выступления У. Черчилля в парламенте в мае 1940 г.)

мощники. Пока он прячется и притворяется, мы лишь слегка опасаемся, как бы он ложным шагом не выдал своей силы раньше времени; в случае же с Дон Кихотом как раз скрытая и милая слабость бедного рыцаря заставляет нас бояться, что ее заметят его грубые друзья и недруги. Одиссею, в сущности, ничто не грозит; он словно здоровый человек в здоровом же сне: что с ним ни случись — он проснется. Планида грека светит ровным светом сквозь все тяготы и опасности. Пусть один за другим исчезают его спутники, проглоченные чудовищами или спьяну сверзившиеся с кровли, ему все равно в голубой дали будущего обеспечена тихая старость. Ласковая Афина — не идиотка Доротея и не дьяволица-герцогиня из «Дон Кихота», — ласковая Афина держит скитальца в мерцающем совооком луче (то сером, то бирюзовом, меняющем цвет от ученого к ученому); он ступает за ней след в след, хитро и тихо. А в нашей книге грустный Дон может рассчитывать только на себя. Бог христиан поразительно безразличен к его невзгодам — то ли занят другими делами, то ли — вполне возможно — сбит с толку безбожным усердием своих штатных служителей той подноготной эпохи.

Когда Дон Кихот отрекается от прошлого в конце книги, в самой печальной ее сцене, то дело не в его благодарности христианскому Богу и не в Божественном вмешательстве — просто это отвечало тогдашней мрачной морали. Внезапная сдача, жалкое отступничество — вот что случилось с ним на смертном одре, когда он отрекся от славы романтического безумия, составлявшего его суть. Эта сдача вряд ли сравнима с мужицким отречением вздорного старика Толстого, отказавшегося от восхитительной иллюзии «Анны Карениной» ради азбучных банальностей воскресной школы. Не приходит на ум и Гоголь, ползающий в покаянных слезах перед печкой, где догорает вторая часть «Мертвых душ». Ситуация Дон Кихота сродни, пожалуй, тому, что приключилось с Рембо, французским поэтом несравненной одаренности, который в 80-х годах прошлого века бросил писать стихи, придя к выводу, что поэтические грезы греховны. С некоторым смущением я замечаю, что вообще-то тщательно составленный «Новый академический словарь Вебстера» не упоминает Рембо, хотя в нем уместились Радецкий, австрийский фельдмаршал; Раизули, разбойник из Марокко; Генри Гендель Ричардсон — псевдоним Этель Флоренс Линдсей Ричардсон, австралийской романистки; Распутин, чудотворец и политик; и старина Рамзей, Джеймс Эндрю Браун (1812—1860), десятый граф и первый маркиз Дальхауза, британский колониальный чиновник.

Наверное, Санчо Панса составлял этот список.

ТОТ САМЫЙ САНЧО ПАНСА
(СВИНОЕ БРЮХО, НОГИ ЖУРАВЛЯ)

Кто он? Работяга, в юности пастух, одно время сельский старшина. Он человек семейный, но бродяга в душе, этот Санчо Панса, восседающий на осле, как некий патриарх, — фигура, от которой веет тупой важностью и зрелостью лет. Чуть позже его образ и ум проясняются; но он никогда не достигает отчетливости Дон Кихота, и эта разница хорошо согласуется с тем, что характер Санчо есть плод обобщения, а Дон Кихот создан по индивидуальной мерке. У Санчо густая, всклокоченная борода. Ростом он хотя и невелик (чтобы лучше оттенить своего долговязого хозяина), но с огромным пузом. Туловище у него короткое, зато ноги длинные — ведь, кажется, и само имя Санчо происходит от слова «Zankas» — голени или тонкие, как у цапли, ноги. Читатели и иллюстраторы горазды пропускать эту его длинноногость, чтобы не ослаблять контраста между ним и Дон Кихотом. Во второй части книги Санчо, пожалуй, еще толще, чем в первой, а солнце покрыло его тем же темным загаром, что и его господина. Однажды он виден с предельной четкостью, но этот миг краток — речь идет о его отправке губернатором на континентальный остров. Тут он выряжен под важного судейского. Шляпа и плащ у него из верблюжьей шерсти. Везет его мул (приукрашенный осел), а сам серый ослик, ставший чуть ли не частью или свойством его личности, плетется сзади под блестящей шелковой попоной. И здесь маленький тучный Санчо выезжает с той же дурацкой важностью, что отличала его первое появление.

Сначала может показаться, что Сервантес решил дать храброму как лев лунатику тупого труса в оруженосцы для контрастного контрапункта: небесное безумие и низменная глупость. Однако Санчо выказывает слишком много смекалки, чтобы счесть его законченным идиотом, хотя он и бывает законченным занудой. Он вовсе не дурак в десятой главе первой части, когда после битвы с бискайцем точно оценивает храбрость Дон Кихота: «По правде сказать, я за всю свою жизнь не прочел ни одной книги, потому как не умею ни читать, ни писать, — признался Санчо. — Но могу побиться об заклад, что никогда в жизни не служил я такому храброму господину, как вы, ваша милость». И он проявляет глубокое почтение к изысканному стилю рыцаря, слушая его письмо к Дульцинее, которое должен передать: «Ах ты, будь я неладен, и как это вы, ваша милость, сумели сказать в этом письме все, что вам надобно, и как это все ловко подогнано к подписи "Рыцарь Печального Образа"! Ей-ей, ваша милость, вы дьявол, а не человек, — нет ничего такого, чего бы вы не знали». Здесь есть особый подтекст, поскольку именно Санчо нарек Дон Кихота Рыцарем Печального Образа. С другой стороны, Санчо не чужд и чародейства: своего хозяина он дурачит самое меньшее трижды, а у смертного одра Дон Кихота Санчо вовсю ест и пьет, весьма утешенный обещанным наследством.

Он отъявленный плут, но плут остроумный, состряпанный из ошметков несметных литературных плутов. Его делает хоть сколько-то индивидуальным лишь одно — различимые в нем гротескные отзвуки величавой музыки его хозяина. Говоря с горничной, он дает очень складное определение странствующего рыцаря: то он корчится от побоев, то получает корону, что недалеко от возможной формулы для другого фантома, чья борода длиннее, а родина холоднее, — короля Лира. Конечно, нельзя сказать, что благородное сердце Кента или забавный лиризм шута могут найтись и у Санчо Пансы, который, несмотря на все свои смутные достоинства, — толстозадое дитя фарса, и больше ничего; но он верный товарищ, и Сервантес не шутя пользуется словом «благородство», говоря о решении Санчо остаться со своим господином в минуту особой опасности. Вот эта привязанность к хозяину вместе с любовью к ослику составляют самую человечную его черту. А когда вообще-то черствый и корыстный Санчо добросердечно дает денег галерному рабу, слегка вздрагиваешь, вдруг осознавая, что его могло тронуть сходство раба с хозяином Санчо — оба они старики, мучающиеся от больного пузыря. Не будучи болваном, он и не просто трус. Несмотря на свое миролюбие, он наслаждается сражениями, если как следует разгорячится, а выпив, видит в опасных и фантастических приключениях замечательную забаву.

Это подводит меня (выражаясь художественно) к уязвимым местам в душевном складе Санчо. Взять, например, его подход к заблуждениям Дон Кихота. Сперва Сервантес подчеркивает здравомыслие жирного оруженосца, но вскоре, в двадцать шестой главе, мы замечаем в нем интересную рассеянность и своеобразную мечтательность — это видно из того, что он потерял письмо, которое принесло бы ему трех ослят. Он постоянно пытается образумить Дон Кихота, но вдруг в начале второй части сам берет на себя роль обманщика и самым уродливым, ужасным и жестоким образом помогает укрепить главную иллюзию своего господина — ту, что касается Дульцинеи. Правда, потом ему стыдно за участие в этом обмане. Многие комментаторы указывали, что безумие Дон Кихота и здравомыслие Санчо взаимно заразительны и что, пока во второй части книги Дон Кихот обретает санчевскую рассудочность, Санчо со своей стороны по-хозяйски сходит с ума. Например, он старается внушить жене веру в острова и графства, что точно соответствует усилиям Дон Кихота убедить его в том, что мельницы — великаны, а постоялые дворы — замки. В то время как один известный, но очень скучный критик Рудольф Шевилл подчеркивает контраст между бескорыстным старомодным идальго и его практичным неромантическим слугой, тонкий и вдохновенный испанский критик Сальвадор де Мадарьяга видит в Санчо нечто вроде переложения Дон Кихота в другую тональность. И действительно, кажется, что наша пара к концу книги обменялась снами и судьбами, ибо Санчо возвращается в родную деревню исступленным искателем приключений, а Дон Кихот сухо бросает ему: «Оставь эти глупости». С живым и мужественным характером, гневливый, вразумленный пережитым, Санчо, можно сказать, избежал неравной и бесцельной схватки не потому, что боязлив, а потому, что он более осторожный боец, чем Дон Кихот. Наивный от природы и невежества (тогда как Дон Кихот наивен, несмотря на всю свою ученость), Санчо дрожит перед неизведанным и сверхъестественным, но от его дрожи всего шаг до восхищенного трепета его доблестного господина. Во второй части, «пока дух Санчо восходит от реальности к иллюзии, дух Дон Кихота спускается от иллюзии к реальности. И две кривые пересекаются в самом грустном и одном из самых жестоких в книге приключении, когда Санчо околдовывает Дульцинею, ставя благороднейшего из рыцарей, влюбленного в чистейшую иллюзию, на колени перед самой отталкивающей реальностью: Дульцинея неотесанна, неуклюжа и воняет чесноком». Другой критик с благоговением говорит о «сочувствии» автора «крестьянам» и, чтобы оправдать карикатурность фигуры Санчо, делает удивительное заявление, утверждая, будто Сервантес считался с мнением утонченных читателей, которые ждали сатирической трактовки крестьянских персонажей, если уж последние вводятся (в чем здесь утонченность и почему Сервантес был обязан перед ней пресмыкаться, остается неясным). Этот же критик продолжает: Сервантесу втайне известно (как и данному критику), что «мудрым и милым» Санчо (который не так уж мил и не так уж мудр) нужно отчасти пожертвовать в угоду литературным требованиям, так как он должен служить фоном для серьезных и возвышенных порывов Дон Кихота. А еще один смешной комментатор полагает, что в развитии характера и ума Санчо Пансы (гораздо больше, чем в обрисовке Дон Кихота) Сервантес выразил тот тип мудрости и красноречия, то тонкое понимание жизни, которые составляют сущность гуманизма. Слов много — смысла мало.

Я подозреваю, что объяснение любопытной разницы в отношении критиков к обоим героям состоит в том, что всех читателей можно поделить на Дон Кихотов и

Санчо Панс. Если в библиотечном экземпляре книги Шевилла я натыкаюсь на жирные и небрежные подчеркивания и если подчеркнута фраза: «Сервантес дает реалистическую картину буржуазного того-сего», то я могу с уверенностью сказать, кем был читатель — Дон Кихотом или Санчо.

Мы несколько уклонились от тела текста к читательскому духу; давайте вернемся к роману.

Санчо прежде всего отличается тем, что набит поговорками и сомнительными истинами, которые тарахтят в нем, словно щебенка. Я уверен, что между рыцарем и оруженосцем есть неожиданные и изысканные переклички, но и готов поспорить, что, какая бы индивидуальность ни наметилась, если смыть с Санчо жир, ее поглотит так называемый простонародный юмор. Незаметно, чтобы ученые, рассуждающие об уморительных до колик эпизодах, действительно жаловались на живот. А мнение одного критика, будто юмор романа содержит «глубокие философские прозрения и подлинную человечность, и в этом смысле остается непревзойденным», кажется мне ошеломляющим преувеличением. Дон Кихот определенно не смешон. Оруженосец, помнящий все старые остроты, еще менее смешон, чем хозяин.

Вот перед нами два героя, чьи тени сливаются и перекрываются, образуя некое единство, которое мы должны воспринять.

Во время первой вылазки Дон Кихота, то есть во время первых четырех приключений (считая четвертым сон, венчающий первые три схватки), Санчо отсутствует. Его выход на сцену, его поступление в оруженосцы — это пятое приключение Дона. Два главных героя готовы. Теперь я собираюсь заняться средствами и способами, которые Сервантес изобретает, чтобы поддерживать жизнь в рассказе. Я намерен изучить состав книги, ее композиционные приемы — общим числом десять.

КОМПОЗИЦИЯ

Я перечислил приметы Дон Кихота: крупные кости, родинка на спине, больные почки, длинные руки и ноги, печальное, вытянутое, загорелое лицо, призрачное ржавое вооружение в несколько кротовьем свете луны[1]. Я перечислил его душевные черты: степенность, достоинство поведения, беспредельную смелость, помешательство, шахматную доску рассудка в квадратах затмений и озарений, по которым он скачет ходом коня от ясной логики к логике снов и обратно[2]. Я сказал о его возвышенной кроткой беспомощности — и скажу подробнее, когда дойдем до красоты книги. Равным образом я перечислил свойства Санчо: по-донкихотски тощие ноги, брюхо и лицо «Августа» — клоуна-наглеца в сегодняшнем цирке. Я сказал о некоторых связях этой вообще-то шутовской личности с трагической тенью его хозяина. О Санчо в роли волшебника мне придется сказать подробнее.

Теперь я примусь за проверку сюжетных жердей, на которых болтается наша книга — сущее пугало среди шедевров; зато глаз приобретает замечательную способность — глядеть против слепящего света эпохи, даже всматриваясь в его складки — с, к, л, а, д, к, и.

Но сначала несколько общих соображений. «Дон Кихот» был назван величайшим из романов. Это, конечно, чушь. На самом деле он даже не входит в число величайших мировых романов, но его герой, чей образ был гениальной удачей Сервантеса, так чудесно маячит на литературном горизонте каланчою на кляче, что книга не умирает и не умрет из-за одной только живучести, которую Сервантес привил главному герою лоскутной, бессвязной истории, спасенной от распада лишь изумительным инстинктом автора, всегда готового рассказать еще одну историю из жизни Дон Кихота, причем в нужную минуту. По-моему, вряд ли можно сомневаться в том, что первоначально «Дон Кихот» был задуман Сервантесом как длинный рассказ, развлечение на час-другой. Первая вылазка, еще без Санчо, явно рассчитана на отдельную новеллу: в ней видно единство замысла и

---

[1] В. Н. продолжает сравнение Дон Кихота с тенью отца Гамлета; отсюда «кротовий»: «кротом» Гамлет называет тень отца (Шекспир. «Гамлет». Акт I, сцена 5). — *Примеч.пер.*

[2] По поводу смысла, который В. Н. вкладывал в выражение «ход конем», см. его лекцию о «Мэнсфилд-парке» Джейн Остен: «Остен использует прием, который я называю "ход конем" — шахматный термин, обозначающий рывок в ту или другую сторону на черно-белой доске переживаний Фанни». — *Фр. Б.*

исполнения, приправленное моралью. Но потом книга растет, ширится и захватывает всевозможные темы. Первая часть имеет уже четыре раздела — восемь глав, потом шесть, потом тринадцать и потом двадцать пять. Во второй части разделов нет. Мадарьяга замечает, что быстрая и бурная вереница происшествий и вставных новелл, которая внезапно врывается в основное повествование к концу первой части, задолго до того, как была задумана вторая, — это то, что попалось под руку писателю, которого усталость заставляла распылять силы на второстепенные задачи, поскольку этих сил уже не хватало на главное. Во второй части (без разделов) Сервантес снова овладевает центральной темой.

Чтобы придать книге несколько неуклюжую связность, Санчо вынужден то и дело перебирать прежние происшествия. Но к семнадцатому веку литературная эволюция еще не наделила роман — особенно плутовской — самосознанием, то есть пронизывающей всю книгу памятью, ощущением, что персонажи помнят и знают все то, что мы помним и знаем о них. Это было достигнуто только в XIX веке. А в нашей книге искусственные возвраты к былому и половинчаты и отрывочны. У Сервантеса, сочинявшего книгу, словно чередовались периоды ясности и рассеянности, сосредоточенной обдуманности и ленивой небрежности, что очень похоже на полосатое помешательство его героя. Сервантеса спасала интуиция. Книга, как замечает Груссак, никогда не предносилась автору в виде законченного сочинения, стоящего особняком, полностью отделившегося от хаотического материала, из которого она выросла. Мало того, он не только ничего не предвидел — он никогда и не оглядывался. Начинает казаться, что, пока он писал вторую часть, перед ним на письменном столе не лежал экземпляр первой; что он в него даже не заглядывал: кажется, что он помнил эту первую часть не лучше рядового читателя, а не как подобает писателю или ученому. Иначе нельзя понять, как он, например, умудрился, критикуя ошибки, сделанные автором подложного продолжения «Дон Кихота», совершить еще худшие промахи в том же направлении, относительно тех же персонажей.

Но, повторяю, его спасала гениальная интуиция.

СТРУКТУРНЫЕ ПРИЕМЫ

Теперь я перечислю и вкратце опишу десять структурных приемов, которые входят в рецепт нашего пирога.

1. Обрывки старых баллад, которые отдаются эхом в углах и закоулках романа, добавляя там и сям прозаическому предмету небывалую мелодическую прелесть. Почти все эти популярные баллады или отсылки к ним неизбежно смазываются в переводе. Кстати, из старой баллады взята фраза, открывающая книгу: «В некоем селе ламанчском» (En un lugar de la Mancha). Из-за нехватки времени я не могу вдаваться в балладную тему сколько-нибудь подробно.

2. Пословицы: из Санчо, особенно во второй части, поговорки и прибаутки сыплются как из рваной рогожи. Эта брейгелевская сторона книги для читателей перевода не живее утопленника. И здесь то же самое — обойдемся без подробностей.

3. Игра слов: аллитерации, каламбуры, оговорки. Все это тоже теряется в переводе.

4. Драматический диалог: не забудем, что Сервантес подался в романисты после драматургического провала. Естественность тона и ритмичность разговоров изумляют даже в переводе. С этой темой все ясно. В уединенном спокойствии спален вы сами насладитесь беседами семейства Санчо.

5. Условно-поэтические или, вернее, лжепоэтические описания природы, замкнутые в отдельные абзацы и никогда органически не связанные с повествованием или диалогом.

6. Вымышленный историк: я посвящу пол-лекции изучению этого магического приема.

7. Новелла, вставной рассказ по образцу «Декамерона» (буквально: десять-за-день) — итальянского сборника ста историй, написанного Боккаччо в XIV веке. В свое время я вернусь к этому.

8. Аркадская (или пасторальная) тема, тесно связанная с итальянской новеллой и рыцарским романом, иногда сливается с ними. Этот Аркадский уклон проистекает из следующего сочетания идей: Аркадия, горный район легендарной Греции, была приютом скромно живших людей — так нарядимся пастухами и будем

проводить летние сезоны XVI века, блуждая в идиллическом блаженстве или в романтическом унынии по каменистым испанским горам. Особая тема уныния относится к рыцарским историям о кающихся, несчастных или безумных рыцарях, которые удалялись в пустыню, чтобы жить на манер вымышленных пастухов. Аркадские затеи (за исключением уныния) позже охватили и остальные горы Европы усилиями писателей XVIII века из так называемой сентиментальной школы в рамках движения «Назад к природе», хотя на самом-то деле нет ничего искусственнее ручной и смирной природы, воображаемой пасторальными писателями. Настоящие овечки и козочки воняют.

9. Рыцарская тема, отсылки к рыцарским романам, пародирование присущих им ситуаций и приемов — одним словом, постоянная оглядка на романы о странствующих рыцарях. В ваши прилежные руки будут вложены образцы — копии отрывков из двух книг этого рода, лучших книг. Прочтя эти отрывки, вы не кинетесь на поиски ржавого оружия или дряхлого пони для поло, но, может быть, ощутите отчасти то благоухание, которым эти истории овевали Дон Кихота. Вы также заметите сходство некоторых ситуаций.

Прирожденный рассказчик и волшебник, Сервантес вовсе не был пылким борцом против социального зла. Ему нет никакого дела, популярны ли рыцарские романы в Испании; а если популярны, то вредны ли они; а если вредны, то сможет ли из-за них свихнуться невинный дворянин пятидесяти лет. Хотя Сервантес и выпячивает всячески свою высоконравственную обеспокоенность такими проблемами, но это рыцарское или антирыцарское предприятие интересно ему лишь тем, что его, во-первых, можно превратить в литературную условность, в инструмент, которым удобно двигать, подталкивать и направлять ход повествования; и, во-вторых, оно дает простор праведному негодованию, горячему нравоучению, которые могли очень пригодиться писателю в то благочестивое, корыстное и опасное время. Было бы пустой тратой моего труда и вашего внимания попасться на это надувательство и всерьез обсуждать совершенно надуманную и просто дурацкую мораль «Дон Кихота», если она там вообще есть, но способ, которым Сервантес ставит рыцарскую тему на службу повествованию, — это увлекательный и важный предмет, который я рассмотрю обстоятельно.

10. Наконец, тема мистификаций, жестоких бурлескных потех (так называемая burla), которой можно дать такое определение: тонколепестковый цветок Возрождения на мохнатом средневековом стебле. Хорошим примером могут служить розыгрыши, которые устраивает герцогская чета, издеваясь над величавым безумцем и его простодушным слугой.

СОДЕРЖАНИЕ

Андрей Битов
«Музыка чтения». *Предисловие к русскому изданию* — 7

Джон Апдайк
Предисловие. *Перевод В. Голышева.* — 9

О ХОРОШИХ ЧИТАТЕЛЯХ И ХОРОШИХ ПИСАТЕЛЯХ
Перевод М. Мушинской. — 23

ДЖЕЙН ОСТЕН (1773–1817)
Перевод И. Бернштейн.
«МЭНСФИЛД-ПАРК» (1814) — 33

ЧАРЛЗ ДИККЕНС (1812–1870)
Перевод В. Кулагиной-Ярцевой.
«ХОЛОДНЫЙ ДОМ» (1852–1853) — 101

ГЮСТАВ ФЛОБЕР (1821–1880)
Перевод Г. Дашевского.
«ГОСПОЖА БОВАРИ» (1856) — 183

РОБЕРТ ЛУИС СТИВЕНСОН (1850–1894)
Перевод Н. Кротовской.
«СТРАННАЯ ИСТОРИЯ ДОКТОРА ДЖЕКИЛА И МИСТЕРА ХАЙДА» (1885) — 241

МАРСЕЛЬ ПРУСТ (1871–1922)
Перевод Г. Дашевского.
«В СТОРОНУ СВАНА» (1913) — 275

ФРАНЦ КАФКА (1883–1924)
Перевод В. Голышева.
«ПРЕВРАЩЕНИЕ» (1915)   325

ДЖЕЙМС ДЖОЙС (1882–1941)
Перевод Е. Касаткиной.
«УЛИСС» (1922)   367

**ИСКУССТВО ЛИТЕРАТУРЫ
И ЗДРАВЫЙ СМЫСЛ.** *Перевод Г. Дашевского.*   465

L'ENVOI
Перевод М. Мушинской.   478

**ПРИЛОЖЕНИЕ
МИГЕЛЬ ДЕ СЕРВАНТЕС СААВЕДРА** (1547–1616)
Перевод Г. Дашевского.
Из лекций о «ДОН КИХОТЕ»   481

Владимир Владимирович Набоков
ЛЕКЦИИ ПО ЗАРУБЕЖНОЙ ЛИТЕРАТУРЕ

Директор издательства *О. Морозова*
Маркетинг *Т. Киселева*
Менеджеры *Ю. Кручинова, О. Орлова*
Техническое обеспечение
А. Полторакин
Редактор *А. Райская*
Корректор *О. Колупаева*
Художник *А. Рыбаков*
Компьютерная верстка *П. Ворсанов*

ЛР № 071895 от 09.06.99.
Подписано в печать 20.05.00.
Формат 84х108/32. Гарнитура NewtonC.
Печать офсетная. Тираж 7000 экз.
Заказ № 309

Издательство Независимая Газета.
101000, Москва, ул. Мясницкая, 13.
E-mail: ngbooks@ng.ru

ОАО Типография «Новости».
107005, Москва, ул. Фр. Энгельса, 46.